# बौद्ध वचन तथा आंबेडकर विचार

# बौद्ध वचन तथा आंबेडकर विचार

सी. डी. नाईक

Publications

कल्पाज़ पब्लिकेशन

दिल्ली – ११००५२

# बौद्ध वचन तथा आंबेडकर विचार

मूल्य : 750



ISBN : 81-7835-480-2

भारत में सन् 2006 में प्रकाशित
**कल्पाज़ पब्लिकेशन,**
सी–30, सत्यवती नगर,
दिल्ली–110052
ई-मेल : kalpaz@hotmail.com

लेजर टाइपसेटिंग: *टैक्ट कम्प्यूटर ग्राफिक्स*, दिल्ली
मुद्रित: *सालासर ऐमेजिंग सिसटम*, दिल्ली

# अनुक्रमणिका

# प्रवेक्ष

मैंने पूज्य भन्ते की 'बुद्धिज्म् एंड ऑदर रिलिजन' पुस्तिका पढ़ी। पढ़कर मुझे भी ऐसा ही लगा जैसा श्री श्रीनिवासनजी ने उक्त पुस्तिका की भूमिका में लिखा है 'उन लोगों के लिए जिनको फालतू समय नहीं है और जो संक्षेप में बौद्ध धर्म को समझना चाहते हैं, यह एक अत्यन्त उपयोगी कृति है।'

बौद्ध-धर्म-दर्शन की शब्दावली अपने सयुक्तिक, सार्थक और पूर्ण स्वरूप में पालि-भाषा किसी भी भारतीय भाषा की अपेक्षा अभारतीय भाषाओं के लिये ज्यादा निकट नहीं। शायद इसी वजह से लेखक ने अपनी मूल अंग्रेजी पुस्तिका में लिखा है 'क्योंकि ऐसी संज्ञाओं को अभारतीय भाषा में लाना आसान नहीं होता, इसीलिये हम उन्हें वैसे ही ग्रहण करें और उनके स्पष्टीकरण में संतोष मानें।'

मुझे इस पुस्तिका को समझने के लिये लेखक के साथ बैठकर इसे हृदयंगम करना पड़ा और तब से इसका हिन्दी अनुवाद पाठकों तक पहुंचाने के लिये मन बार-बार उत्सुक हुआ, किन्तु साथ ही हिम्मत नहीं होती थी। अन्त में लेखक के पुन: उत्साहित करने से जैसे तैसे आज यह हिन्दी-संस्करण पाठकों के सामने उपस्थित करने में सफल हुआ हूं।

यूं तो इस पुस्तिका को सुगम बनाने के लिये शायद पाद-टिप्पणियों आदि की कुछ जरूरत हो सकती थी लेकिन यूं यह सारी पुस्तिक सुसंगत क्रम से लिखी गई है और वह अपने प्रतिपाद्य विषय को लेकर अपने आरम्भ और अन्त में एक ही है। इसका अंग्रेजी नाम 'बुद्धिज्म एंड ऑदर रिलिजन' है, तथापि हमें इस हिन्दी अनुवाद का 'बौद्ध-धर्म ही क्यों?' नाम अधिक जंचा। वह नाम इस के प्रतिपाद्य विषय के अनुरूप है।

किसी भी कल्याणकारी धर्म का अपना उत्थान और पतन का इतिहास होना ही चाहिये, ताकि इस धर्म विशेष का सही रूप समाज उसके ऐतिहासिक आइने में देख सके और परख सके। प्रस्तुत पुस्तिका में वही इसका आरम्भिक हिस्सा है।

विकासशील समाज में कोई भी धर्म दर्शन एक ही सांचे में ढला नहीं रह सकता। उसमें परिवर्तन होना विकास के लिये आवश्यक होता है। चौथी शताब्दी के उत्तरार्ध में बौद्ध-धर्म अपने विकास के शिखर पर था और उसी समय उसमें भी परिवर्तन होकर स्पष्ट रूप से चार प्रधान बौद्ध-दर्शन संप्रदायों का उदय हुआ। इन चारों निकायों के वादों और भेदों की स्पष्ट और व्यापक ऊहापोह इस पुस्तिका में है।

रसायन-शास्त्र में अपने रासायनिक सूत्र होते हैं, जिससे बड़े-बड़े समीकरणों को समझने और स्मरण रखने में सुविधा होती है। बौद्ध-धर्म को समझने और स्मरण में रखने के लिये उसके भी अपने सूत्र हैं, वह हैं (1) अनित्य (2) दुःख और (3) अनात्म। इन सभी की चर्चा इस पुस्तिका में आई है और उन्हें विषद रूप से समझाया गया है। आगे संसार के सभी पदार्थ और मनुष्यों का अभिधर्म के अनुसार विश्लेषण और पृथक्करण किया गया है। और बौद्ध-धर्म के स्कंध, आयतन और धातुओं की भी चर्चा की गई है।

यहीं आत्मा जैसी तथाकथित कूटस्थ और शाश्वत सत्ता का बुद्ध द्वारा स्पष्ट शब्दों में निषेध और खण्डन कैसे और क्यों किया गया है, यह बताया गया है।

आगे 'प्रतीत्य-समुत्पाद' का सोदाहरण स्पष्टीकरण किया गया है। उसके संबंध में लेखक का कहना है कि यह अनित्यतावाद और अनात्मवाद को अभिन्न सिद्ध करने वाला सिद्धांत है।

बाद में चित्त या मन का बौद्ध-दर्शन के अनुसार जो विश्लेषण और पृथक्करण किया गया है उसको स्पष्ट किया गया है। नवासी तरह के भिन्न-भिन्न चित्तों का बावन चैतसिकों के साथ जो योग-संयोग रहता है, उसे स्पष्ट किया गया है।

इसके पश्चात् चार निकायों से ज्ञापित सत्य जैसे कि वैभाषिकों के अनुसार सभी स्कंध, आयतन और धातु द्रव्य सत्य हैं और अट्ठारह धातु छोड़कर सभी स्कंध और आयतन और आयतन सोत्रान्तिकों के अनुसार प्रज्ञप्ति-सत्य हैं, इसका उल्लेख है। इसके बाद बौद्ध-धर्म, एक धर्म है या नहीं, इसकी बड़ी रोचक ऊहापोह है। वे कहते हैं, 'विज्ञान का कोई भी मान्य ग्रंथ चाहे वह राज्यशास्त्र का हो, चाहे अर्थशास्त्र का बिना अपवाद के आरम्भ में कुछ अनुच्छेदों में वह शास्त्र-विशेष कला है या विज्ञान है इस विषय की चर्चा करता है। उसी तरह बौद्ध-धर्म के अनेक ग्रंथ भी बौद्ध-धर्म, एक धर्म है या नहीं है, इस विषय की ऊहापोह करते हैं।'

यहां पर बौद्ध-धर्म अपनी विशेषता के कारण अन्य धर्मों से कैसे अद्वितीय है, इसे बताया गया है।

अन्त में आर्य अष्टांगिक मार्ग की चर्चा की गई और बौद्ध-धर्म में नैतिकता का स्थान कितना ऊंचा है, इसे बताकर आज समाज को इसकी कितनी आवश्यकता है। इसे स्पष्ट किया गया है।

आज बौद्धों में जो जागृति और पुनर्जागरण हो रहा है उसमें और आधुनिक सभ्यता के साधनों में कैसा सहयोग है- स्पष्ट शब्दों में इसका वर्णन किया गया है।

निस्संदेह पुस्तिका लेखक के अनुभव, ज्ञान, विनोदप्रियता, तिलमिलाने वाले तीखे व्यंग और सरस स्पष्ट व सुरूचिपूर्ण भाषा-शैली का प्रतिनिधित्व करती है। ऐसी कृति के हिन्दी अनुवाद में लाख सावधानी के बावजूद कमियां रहें तो आश्चर्य का विषय नहीं। जो भी न्यूनता रही है वह अनुवादक की है और उसके लिये अनुवादक क्षमा प्रार्थी है।

अनुवादक अपने काम में कहां तक सफल हुआ इसका निर्णय पाठक ही करेंगे।

इस अनुवाद को करने में मुझे जिनसे प्रेरणा मिली है ऐसी प्रेरक शक्ति श्रद्धेय भन्तेजी के प्रति मैं किन शब्दों में अपना आभार प्रदर्शित करुं?

जहां तक इस अनुवाद को छापने का काम है, मैं अरुण दत्त मुद्रण के श्री. टी. आर. मेश्राम जी और श्री. य. के. देशमुख और अन्य सभी सहयोगियों का आभारी हूं।

पुस्तिका के प्रूफ लाने, ले जाने में भिक्षु महेंद्र, श्री. मधुकरजी और श्री नरेंद्र ने अनल्प सहयोग दिया है और किताब के छापते समय मेरे अक्षरों की अस्पष्टता के कारण पुनः पाण्डुलिपि की कॉपी करनी पड़ी थी, उस समय श्री कल्याण-मित्र ने सारी कॉपी नकल कर दी थी, मैं उनका हृदय से ऋणी हूं।

भन्ते की अनुपस्थिति में भिक्षु मेधंकरजी ने पुस्तिका के प्रूफ देखकर मुद्रण कार्य में बाधा न पड़ने दी इसके लिये में उनका कृतज्ञ हूं।

इसी सिलसिले में मुझे जब इधर-उधर आना जाना पड़ा तब भिक्षु सत्यशील जी ने वाहन व्यय में मदद की, उनका भी में अत्यंत आभारी हूं।

भिक्षु निवास
दीक्षा-भूमि, नागपुर

**भिक्षु चन्द्र बोधि**

# 1
# स्मृति के आनंद

**''फुलासंगे मातीस वास येई''**

उक्त मराठी की कहावत मुझे अनायास याद आ रही है जब मैं भंते आनंद कौसल्यायन और अपना भंतेजी के संपर्क में आने के पूर्व का जीवन याद करता हूं।

भंते कौसल्यायन जी को सुगंधित पुष्प की उपमा देना और स्वयं को मिट्टी समझना कोई अतिशयोक्ति या अवमूल्यन करना नहीं है।

22 जून 1954 में नागपुर जिले के भिवापुर ब्लॉक के एक छोटे से गांव गोंडबोरी में जन्मा बालक चंद्रशेखर अपनी उम्र के 17वें वर्ष तक कॉलेज में प्रि-युनिवर्सिटी का सामान्य छात्र था। और नागपुर में दीक्षाभूमी के भिक्खु निवास में भंतेजी के संपर्क में आकर ही वास्तविक रूप में एक विद्यार्थी कैसे होना चाहिए के बारे में कुछ समझ सका।

**परिक्षार्थी:** सन् 1971 में डॉ. आंबेडकर कॉलेज, दीक्षा भूमि, नागपुर में पढ़ते समय प्रथम बार मैं भंतेजी के संपर्क में आया। उन्होंने मुझे अपने निवास में बुलाकर मैट्रिक परिक्षा का मेरा रिकॉर्ड पूछा और बाकी सवाल किए। उन्होंने यह भी कहा कि उच्चतर अध्ययन के लिए वे मुझे रूस में भी भेज सकते हैं। परंतु भारत में रहकर बी.ए. तक की स्नातक की उपाधि प्राप्त करने के बाद ही विदेश जाना उचित है। मौन रहकर भंतेजी की सारी बातें मैं सुनता रहा।

उन्होंने मुझे छुट्टी के दिन भिक्षु निवास में आने और अध्ययन करने की सलाह दी। मैं वहां जाने लगा और धीरे-धीरे मेरा संपर्क भंतेजी के साथ बढ़ता गया।

उसी वर्ष थाईलैंड से एक डेलिगेशन अपने साथ चालीस युवकों को प्रव्रज्या देने लायक आवश्यक सामग्री लेकर दीक्षा भूमि पर आये। हमारी ग्रीष्म ऋतु की दो महिने की छुट्टियां लगनेवाली थी। उस अवकाश काल में प्रव्रज्जित

चालीस श्रमणेरों में मैं भी एक सत्रह वर्षीय छात्र शामिल हुआ। तब से भंते जी के साथ सहवास में और वृद्धि हुई।

भंते कहते थे कि श्रामणेर के वस्त्र पहनकर बौद्ध धर्म की शिक्षा भिक्खु निवास में करो और जनरल शिक्षा डॉ. आंबेडकर कॉलेज में। परंतु कॉलेज और विश्वविद्यालय में आज कल जो कुछ पढ़ाया जाता है उससे विद्यार्थी कम और परिक्षार्थी ज्यादा पैदा होते हैं। इस अवसर पर वे राहुल सांकृत्यायन जी को याद कर कहते थे, "राहुल सांकृत्यायन आठवीं दर्जे तक मुश्किल से पढ़ पाये परंतु उनकी पुस्तकें देश विदेश के शिक्षा संस्थानों में पाठय पुस्तकें हैं और वे स्वयं श्रीलंका, रूस और स्वदेश के विश्वविद्यालयों मे प्रोफेसर रहें"।

उनकी ऐसी बातें सुनते-सुनते मेरे मन में भी परिक्षार्थी से विद्यार्थी बनने का सुप्त संकल्प जाग उठता था और तब से मैंने अपनी रुचि परीक्षा में कम और स्वाध्याय में अधिक लगाई।

**दीक्षा भूमिः** उस समय "दीक्षा भूमि" नामक भंते द्वारा संपादित और प्रकाशित पाक्षिक का काम करते-करते कुछ-कुछ लिखने का भी अभ्यास चल रहा था। पास के डॉ. आंबेडकर कॉलेज में भी बी.ए. स्नातक की प्रथम और द्वितीय वर्ष की परिक्षाएं देकर दो वर्ष निकाल लिये। अंतिम वर्ष के लिये दस-ग्यारह वर्ष तक परीक्षा का फॉर्म भरता रहा लेकिन परीक्षा के दिनों में नौ-दो ग्यारह होता था।

सन् 1974 में भंते ने मेरी उपसम्पदा यानी भिक्षु की दीक्षा बोधागया के थाई विहार में कराई और मेरा नाम तब से चंद्रबोधि हुआ।

दीक्षाभूमि से ही नागपुर के सभी वार्डों में बसे लोगों का पंजीयन करने का प्रोजेक्ट भंतेजी ने चलाया तो हम लोग जनगणना अधिकारी की तरह वार्ड-वार्ड में जाकर बौद्ध परिवारों का पंजीयन करने में और पंजीकृत प्रत्येक परिवार से पच्चीस पैसे शुल्क लेकर भिक्खु निवास में जमा करने के कार्य में लगे रहते थे।

कॉलेज की पढ़ाई में कम ध्यान देने का एक परिणाम यह भी हुआ कि मैंने अपना मन मराठी के बजाय अंग्रेजी में अधिक लगाया। हिन्दी में मैंने "मैं मन हूं" नामक शीर्षक से दीक्षा भूमि पाक्षिक में प्रकाशित एक लेख भी लिखा था, जिसकी भंतेजी ने प्रशंसा कर मेरी हौसला अफजाई की थी। भंतेजी के पास "मिलाप" नामक दैनिक उर्दू अखबार भी आता था, जिसे पढ़ने के लिए भंते के अलावा और कोई नहीं था। अतः वे मुझे उर्दू पढ़ने की भी तरकीब सिखाते थे।

एक बार सिध्दार्थ एजुकेशन सोसायटी गोल्लाहल्ली (अब सिध्दार्थ नगर), जिला तुमकुर कर्नाटक राज्य के संस्थापक श्री. एच. एम. गंगाधरैया भंतेजी से मिलने आये। उन्होंने निवेदन किया कि उन्हें उनकी सोसायटी के लिये अंग्रेजी बोलने वाला और बुद्ध संदेश को लोगों को बताने वाला धम्मदूत चाहिये। तब भंतेजी ने मेरी नियुक्ति कनार्टक में की और वहां मैं दो वर्ष तक धर्म प्रचार करते-करते कन्नड़ भाषा से परिचित हुआ।

उसी बीच डॉ. आंबेडकर मेमोरियल कमिटी ऑफ ग्रेट ब्रिटेन के अध्यक्ष ने भंतेजी को लिखित रूप में विनती की कि उन्हें इंग्लैंड में बसे पंजाबी बौद्ध के मार्गदर्शन के लिये अंग्रेजी बोलने और डॉ. अम्बेडकर के संदेश का प्रचार करने हेतु एक शिक्षित भिक्षु चाहिये। उस समय भी भंतेजी ने मुझे ग्रेट ब्रिटेन के पंजाबी लोगों को डॉ. आंबेडकर के जीवन और मिशन के बारे में शिक्षित करने हेतु वुल्वरहैम्पटन के बुद्ध विहार में भेज दिया। वहां के पंजाबियों ने मेरे द्वारा प्रेषित बाबासाहेब का संदेश आत्मसात किया और मैंने उनकी पंजाबी भाषा को।

सन् 1981 में मैंने वहां एक अंतर्राष्ट्रीय बुद्ध जयंती का आयोजन जुलूस निकाल कर वहां के लिये अनोखे तरीके से किया। उसमें भिन्न-भिन्न देशों के चालीस बौद्ध भिक्षु और भारी तादाद में लोग उपस्थित हुये। उस अवसर पर मैंने बुद्ध जयंती सूवनिर विशेषांक भी प्रकाशित किया था, जिसमें भंतेजी का सचित्र खास संदेश दर्ज है।

इसी इंग्लैंड के विहार में आदम कद की फायबर ग्लास की बाबासाहेब आंबेडकर की खड़ी मुद्रा में एक अंग्रेज शिल्पकार श्री आलन पोप द्वारा बनवाई गई मूर्ति को स्थापित किया जाना था। उस वक्त भंतेजी का वहां शुभागमन हुआ और उन्हीं के शुभ हस्ते बाबासाहेब की मूर्ति का अनावरण हुआ।

उस समय भंते जी के सानिध्य में विदेश में रहने का मुझे सौभाग्य प्राप्त हुआ। बुद्ध विहार में वे कई सप्ताह रहे। उस समय उन्हें ब्रिटेन के महाबोधि मिशन के सेन्टर, केम्ब्रिज और ऑक्सफोर्ड की पुरानी यादें आ रही थी, जब वे राहुल सांकृत्यायन जी के साथ प्रथम बार वर्ष 1932-33 में ब्रिटेन में आये थे। इसके अलावा वहां भंतेजी ने बाबासाहेब को जहां से एम.एस.सी. और डी.एससी. की उपाधि मिली उस लंदन स्कूल ऑफ इकॉनॉमिक्स व पोलिटिकल सायंस को और जहां से वे बैरिस्टर बने थे उस ग्रेज इन इन्स्टिटयूट को भेंट दी। ब्रिटेन के उत्तर में स्थित स्काटलैंड की राजधानी ग्लासगो में भी भंतेजी गये थे। वहां दीपक इंडियन रेस्टोरेंट का उद्‌घाटन किया और उसके समीप के डम्फ्रीशायर नामक शहर के तिबेटन बौद्ध केन्द्र को देखा। इंग्लैंड में ही बेडफोर्ड के भीम

एसोशिएशन ने दिनांक 15 जुलाई 1971 को स्थानीय मांडर कॉलेज में डॉ. बी.आर. आंबेडकर की जयंती मनाई। उस समारोह में भंतेजी मुख्य अतिथि वक्ता थे।

वुल्वरहैम्पटन बुद्ध विहार में भंतेजी के होने की खबर जब अमेरिका और कनाडा के बौद्धानुयायिओं के पास पहुंची तो न्यूयार्क के बुद्धिस्ट कल्चरल इन्स्टिटयूट और टोरंटो के आंबेडकर मिशन कार्पोरेशन नामक संगठनों द्वारा वहां जाने के निमंत्रण प्राप्त हुये। भंतेजी के साथ मुझे भी निमंत्रित किया गया। सुश्री सुजाता और श्री योगेश ने अपने-अपने संगठनों की ओर से यात्रा का प्रबंध किया और हम रवाना होकर वहां पहुंचे।

न्यूयार्क में भंतेजी के व्याख्यानों के अलावा हम ने बाबासाहेब ने जहां से पी.एच.डी. की उपाधि और बाद में एल.एल.डी. की मानद उपाधि हासिल की उस कोलंबिया विश्वविद्यालय और उसके कैम्पस के छात्रावास में जिस कमरे में डॉ. आंबेडकर रहते थे उसके भी दर्शन तीर्थों की तरह किये। कुछ समय निकाल कर भंतेजी वहां स्थित जैन मुनि सुशील कुमार जी से मिले और हमने उन्हीं के साथ भोजन भी किया। दिवंगत तिबेटन बौद्ध भिक्खुनी फरिदा बेदी के अभिनेता पुत्र कबीर बेदी के दावतनामे पर उनके सुदूर हालिवुड के निवास पर दूरी के कारण नहीं जा सके। अतः दूरभाषा से ही भंतेजी ने बेदी जी से बातचीत की।

कनाडा में टोरंटो स्थित श्रीलंका महा विहार में रुके थे। वहीं भंते जी ने कुछ पंजाबी परिवारों को बौद्ध धर्म की दीक्षा दी। वहां के ओटावा, मान्ट्रीयल, ब्राक्स आदि विश्वविद्यालयों में भंतेजी के व्याख्यान हुये। टोरंटो से वेलंड गये और वहां श्री वराडे के निवास पर विश्राम किया। कनाडा का टॉप ऑफ टोरंटो नामक टावर जगत् प्रसिद्ध है। ऊंचाई में उसका दूसरा कोई सानी नहीं। उस पर चढ़ने के विद्युतचालित एलिवेटर हैं और उसके बावत सारी जानकारी हैंडसेट से ऑटोमेटिक मिलती है। टावर के ऊपर सदा रोटेट करनेवाला रेस्टोरेंट है। वहां से सारे शहर का आकर्षक दृश्य दिखाई देता है। उस समय हमारे मेजबानों ने हमें घुमनेवाले रेस्तरां में ही खिलाया था। इतनी सारी यादें लेकर हम सुदूर कनाडा से अमेरिका होते हुये इंग्लैंड वापिस लौट गये।

भन्तेजी राहुल जी के साथ सन् 1932-33 के दौरान ब्रिटेन में आने के बाद अपने यूरोप यात्रा के समय ही जर्मनी और फ्रांस में जा चुके थे। अमेरिका और कनाडा का दौरा उनका प्रथम और अंतिम दौरा साबित हुआ। हिथ्रो एयरपोर्ट पर जब भंते विदा हो रहे थे तब कभी न भावुक होनेवाली उनकी आंखें आसुओं से डबडबा रही थी।

इसके बाद मैं ही बीच-बीच में भारत जाकर भंतेजी के दर्शन करता रहा। सन् 1984 में जब मैं स्वदेश आया तो भंते जी उस समय नागपुर में धंतोली के निवास पर मिलें। वहीं से मैने फिर अंतिम बार बी.ए. फाइनल वर्ष की परीक्षा हेतु नागपुर विश्वविद्यालय के केंद्र से परिक्षा फॉर्म भरा और श्रीलंका चला गया। श्रीलंका में मुझे दिनांक 3.2.84 का मेंधकर जी का खत मिला, जिसमें उन्होंने लिखा था, "मेरे ख्याल से आपको मेरा पत्र देखकर लौट आना चाहिए। आपने फॉर्म भरा है तो किसी भी परिस्थिती में परीक्षा देनी चाहिये। बी.ए. करने के बाद यूरोप में कुछ किया जा सकता है। 1949 में मैं लंका गया तो 23 साल का था। शिक्षा के नाम पर शून्य था। इत्यादी। आपका हित चिंतक भिक्षु मेंधकर।"

परीक्षा केंद्र में सभी अनिवार्य प्रश्नों के उत्तर मैंने अंग्रेजी में लिखे थे। और इंग्लैंड लौट गया। भंतेजी की चिट्ठी मिली कि "बी.ए. का रिजल्ट आउट हो गया और तुम्हारा रौल नंबर पास हुये परिक्षार्थियों में है। बधाईयां। शुभेच्छुः आनंद कौसल्यायन।"

**बुद्धभूमिः** वर्ष 1985 में नागपुर कामठी रोड पर स्थित साढे तेरह एकड़ भूखंड पर बनाये गये महाविहार का उद्घाटन भंतेजी के 8वें वर्धापन दिवस अर्थात 5 जनवरी को परम पावन दलाई लामा जी के शुभहस्ते हुआ। उसके बाद का भंते जी के साथ मेरा पत्र व्यवहार उसी पते पर होता रहा। बुद्धभूमि भंतेजी द्वारा ही दिया गया नाम है।

भंतेजी ने लगभग तेरह वर्ष दीक्षाभूमि, और कुछ वर्ष धंतोली में निवास किया और अब बुद्धभूमि पर रहने लगे। सन् 1983 में मैं भंतेजी की सिफारिश पर ब्रिटेन के लंकास्टर युनिवर्सिटी में एम.फिल. कर रहा था। वहां का सिस्टम अलग है। मौखिक परीक्षा में ही उम्मीदवार की क्षमता का अंदाजा लगाकर उसे पी.एच.डी. के लिये भी सीधे प्रवेश दिया जाता है। मुझे भी वही ऑफर मिला परंतु मैंने एम.फिल. में एक वर्ष अध्ययन कर वहां की प्रणाली को पहले समझना उचित माना। उसके बाद मैं थाईलैण्ड, मलेशिया और सिंगापुर के रास्ते भारत लौट आया।

बुद्धभूमि पर रहते समय भंतेजी को पीलिया की बीमारी ने घेर लिया था। अब वे मेयो अस्पताल में काफी दिन भर्ती रहे। तिरासी वर्षों तक जिन के पांव कभी एक जगह नहीं टिके वे आज बिस्तर में कैद हो गये थे। और दुनिया की आबो हवा लेनेवाली नाक में आक्सीजन की नलियां लगी हुई थी। पेट के नीचे से नली द्वारा पीले रंग का मुत्र पलंग के नीचे रखे पात्र में जा रहा था। जिस

मुंह से मधुर नाद से बुद्धवचन निकलता था और श्रोताओं को मंत्रमुग्ध करता था वह आज कानों को घर-घर की ध्वनी दे रहा था। बौद्धों का ईशु मानो सूली पर दुनिया के सारे कष्ट झेल रहा था।

बुद्धभूमि पर तीन साल व्यतीत करने के बाद 22 जून की शाम को ही इस मसीहा ने हम से हमेशा के लिये विदा ली। उनके दाह संस्कार को संपन्न करते समय सृष्टी ने चारों ओर वर्षा को बरसाया परंतु भंतेजी के शव और उनके शोक में डूबी जनता को गीला न होने दिया। सबके सम्मुख इस पंक्ति के लेखक ने भंते आनंद कौसल्यायन जी के चिर स्मरणीय वचन को दोहराया:

**"ऐ मेरे श्रध्दालुओं! मेरे मरने के बाद मेरी कब्र पर बस इतना ही लिखना कि यह चीवरधारी बाबासाहेब के मिशन का कार्य करने हेतु जीवन भर जुझते-जुझते फना हो गया।"**

अजीब इत्तफाक है, 22 जून भंते जी के इहलोक से प्रयाण करने की और लेखक के इहलोक में प्रवेश करने की तिथि है।

# 2
# प्रो. डॉ. भदन्त आनन्द कौसल्यायन

## परिचय

लेखक ने 5 जनवरी 2004 को ही कल्पज पब्लिकेशन, दिल्ली से प्रकाशित 421 पृष्ठीय अपने एम. फिल. तथा पी.एच.डी. के शोध प्रबंधों को पूज्यपाद भदन्त डॉ. आनन्द कौसल्यायन जी की प्रथम जन्म शताब्दी पर पुष्पांजली के रूप में समर्पित किया था। यह इत्तेफाक ही कहना चाहिये कि डॉ. बाबासाहेब आम्बेडकर का जन्म जिस तिथि को हुआ उस तिथि को महापण्डित राहुल सांकृत्यायन (14 अप्रैल) को देहावसान हुआ और जिस तिथि को प्रो. डॉ. भदन्त आनन्द कौसल्यायन का देहावसान हुआ वह तिथि उपरोक्त लेखक की जन्म तिथि (22 जून) है।

कहते है कि इमर्सन के बारे में लिखने के लिये इमर्सन जैसा ही महान लेखक चाहिये। यह उक्ति कौसल्यायन जैसे महापुरुष के बारे में लिखने के लिये भी लागू होती है। परंतु संसार का दुर्भाग्य ही मानना चाहिये कि दुनिया में केवल एक और मात्र केवल एक ही इमर्सन या कौसल्यायन या कालिदास पैदा होते हैं। और जो जनता के होते हैं वे ही अमर हो जाते हैं। इस आलेख के नायक जनता के प्राण में बसे थे।

पंजाब और चंडीगढ़ राज्यों के मध्य में स्थित सोहाना गांव में हिन्दु-मुस्लिम स्कूल के हेडमास्टर तथा अंबाला गुरुद्वारा के ज्ञानी श्री राम शरण दास के कट्टर खत्री घर में आज से एक शताब्दी पहले पांच जनवरी 1905 को एक पुत्ररत्न पैदा हुआ। उसका नाम हरिनामदास रखा गया। उसके एक छोटा भाई श्री हरि दास (अब नहीं रहे) और उनके पुत्र श्री मंगत राय, और पुत्रियां सुश्री इन्दिरा, वीणा आदि बुढलाड़ा में रहते हुये अपने ताया जी की स्मृति को ताजा कर रहे हैं।

ब्रिटिश भारत में मैट्रीक्युलेशन तक भी शिक्षा प्राप्त करना बड़ी बात थी। हरिनाम दास ने बड़ी कठिनाई से गुजर कर, सुबह अखबार बेचकर, शाम को

ट्युशन देकर, तथा अपनी बीमारी से जूझकर सन् 1924 में स्नातक की उपाधि प्राप्त की थी। उन्होंने जिस विश्वविद्यालय से स्नातक तक की शिक्षा प्राप्त की थी वह उसी लाला लाजपत राय द्वारा स्थापित लाहौर का कौमी विश्वविद्यालय था, जहां हरिनाम दास के सहपाठी भगत सिंह, सुखदेव और यशपाल जैसे क्रान्तिकारी देशभक्त थे। डॉ. आंबेडकर ने अमेरिका में सन् 1915 में अपनी पी.एच.डी. की पढ़ाई करते समय उनकी गदर पार्टी में शामिल होकर राजनीतिक कार्य करने की उन्हीं लाला लाजपत राय की विनती को ठुकरा दिया था।

पहले उन्होंने राष्ट्रीय कांग्रेस के साथ कार्य कर देश की आजादी की लड़ाई में अपने को झोंक दिया। यह वही समय था जब ब्रिटेन में डॉ. आंबेडकर द्वारा लिखित *रुपये की समस्या* नामक डाक्टर ऑफ सायन्स (डी.एस.सी.) की उपाधि का शोध प्रबंध ने वहां के बौद्धिक जगत में तहलका मचा दिया था। इधर हरिनाम दास जी ब्रिटिश सरकार की खुफिया एजेन्सी को परेशान कर रहे थे। आजादी के दिनों में उनका जोश देखिये। 70–80 कि. मी. दौड़ते हुये थके–मांदे वह एक स्कूल में पहुंचे, वहां एक अनजान भिखारी ने उनके पांव दबाकर कैसे सेवा की और एक परिचित्त जैन स्कूल मास्टर ने उन्हें कैसे सिला दिया, इस की कहानी उन्होंने अपने आतिथ्य नामक निबंध में *जो न भूल सका* इस ग्रंथ में बखूबी बयान की है।

कांगड़ा जिले में उन्होंने शिडयुल्ड कास्ट संवर्ग की दो उपजातियों की भी सेवा की। दो उपजातियां सराडे और डुमने परस्पर वैरी थी। जैसे महाराष्ट्र में महारों में भी बावने, बारके आदि उपजातियां आपस में लड़ती थी वैसे ही उत्तर पश्चिम भारत में था। वे लोग शाम को शराब पीते और मांस खाकर आंगन के चारों ओर चारपाईयां डालकर सुस्ताते थे तब हरिनाम दास जी उन्हें शिक्षा की बातें बताते थे।

हरिनाम दास बालपन में ही माँ–बाप के गुजर जाने से अनाथ हो गये थे। उसके दो वर्ष के पश्चात् जब हरिनाम दास अपने बहन के घर में ठहरे हुये थे तो उनको ऐसा बुखार आया कि वह किसी भी दवा से ठीक ही नहीं हो रहे थे। उसके बावजूद वे उस घर को छोड़ना चाहते थे। उसके लिये उन्होंने बहाना बनाया कि उनको एक सपना आया कि उनका बुखार गंगा में स्नान करने से उतर गया। अतः गंगा में स्नान करने हेतु निकलना चाहिये कहकर घरवालों से विदा ली। रुढ़िवादी लोग पवित्र गंगा में डुबकी लगाने से अपने ही घरवाले को कैसे मना करते। बेचारे रिश्तेदारों ने मन मारकर उन्हें घोड़ी पर सवार करा दिया और उन्हें बाहर जाने की इजाजत दी। कुछ दूर जाकर हरिनाम दास ने घोड़ी को घर

की तरफ लौटा दिया और स्वयं जीवन की अज्ञात मंजिल की ओर बढ़े। तब से वे घर छोड़कर बेघर हो गये।

सन् 1926 के अन्त में जब वह मेरठ में इधर-उधर घूम रहे थे, तो इत्तेफाक से उनकी मुलाकात आर्य समाजी परिव्राजक साधू रामोदर दास पांडेय उपाख्य राहुल सांकृत्यायन से हुई। उनकी संगति में हरिनाम दास भी ब्रह्मचारी विश्वनाथ के नाम से आर्यसमाजी बने और धार्मिक स्थलों की यात्रा करते रहे। वे निरंतर पढ़ते भी रहते थे। उस समय उनकी रुचि रस्किन की प्रसिद्ध कृति *हिरो एण्ड हिरो वर्शिप* में थी। उनके हाथ में यह पुस्तक देखकर लोग कहते थे, "देखो, दुबला-पतला साधु है लेकिन अंग्रेजी में किताब पढ़ रहा है।" बाद में हरिनाम दास और रामोदर दास दोनों ही साधु आर्यसमाज के दर्शन के अपौरुषेय वैदिक आधार के प्रति साशंक हुए। रामोदर दास को स्वामी दयानन्द जी के आर्य समाज को छोड़ने में कतई देर न लगी। वे श्रीलंका गये और वहां जाकर विद्यालंकार पिरिवेण, केलानिया के प्राचार्य आदरणीय लुनुपोकने धम्मानन्द जी के अधीन बौद्ध भिक्षु बने। तभी से उनका नाम राहुल सांकृत्यायन पड़ा। बाद में उसी पिरिवेण में राहुल जी संस्कृत पढ़ाते थे।

21 साल की उम्र में उन्होंने संकल्प किया था कि I have already lived the life of my share, and if I am to live further then, let me live for the sake of my country. अर्थात मैंने अपने हिस्से का जीवन तो जी लिया, अब यदि मैं और आगे जिऊं तो मुझे देश के लिये जीना चाहिए।

सन् 1927 के दिसम्बर माह में श्रीलंका से राहुल जी ने विश्वनाथ को भी अपने पास बुला लिया। विश्वनाथ जी भी मद्रास-धनुष्कोड़ी होते हुये श्रीलंका पहुंचे। वहां सन् 1928 के 10 फरवरी के दिन श्री विश्वनाथ जी की भी आदरणीय लुनुपोकने धम्मानन्द जी के अधीन उपसम्पदा हुई और उन्हें नया नाम "आनन्द कौसल्यायन" मिला। उसी पिरिवेण में उन्होंने पालि और बौद्ध दर्शन का अध्ययन किया। भिक्षु बनने पर उनको लगा कि वे बुद्ध के वैचारिक स्वतंत्रता के वारिस बने, सामाजिक कटिबध्दता के जिम्मेदार नागरिक बने और वह लोक को अधिक से अधिक देना व उस से कम से कम लेना की सम्यक आजीविकाधारी श्रमण बन चुके हैं। वे प्रति दिन 18 घंटे अपने अध्ययन में लगाते थे और ड़ेढ़ साल में उन्होंने पूरे त्रिपिटक का मंथन कर डाला था। इसी प्रकार वे पांच वर्ष लगातार बौद्ध धर्म का गंभीर अध्ययन करते रहे।

परिणामस्वरूप अनागरिक धर्मपाल द्वारा स्थापित महाबोधि सभा ने धर्म प्रचार का कार्य करने हेतु लन्दन में स्थित अपने केन्द्र पर आनन्द जी और राहुल

जी को नियुक्त किया। अतः सन् 1932 के 27 जुलाई को दोनों धम्मदूत वहां गये। कुछ माह के पश्चात राहुल जी वहां से भारत लौट आये। परंतु कौसल्यायन जी वहां डटे रहे। इंग्लैंड में डेढ़ वर्ष से भी अधिक वास्तव्य कर कौसल्यायन जी फ्रांस और जर्मनी में भी धम्म प्रचार करते रहे। सन् 1934 में वे श्रीलंका लौटे और वहां सिंहल भाषा में सिंहलियों को भी अपनी धम्मदेशना से उन्होंने आकर्षित किया। उसी वर्ष एक ही गुरु के तीन शिष्य अर्थात् भन्ते जगदीश कश्यप, राहुल जी और कौसल्यायन जी का श्रीलंका में एकत्र मिलन हुआ और उन्होंने भारत में बौद्धधर्म के पुनर्जीवन पर चिंतन किया। सन् 1936 में डॉ. आंबेडकर की येवला सम्मेलन में "हिन्दू के रूप में नहीं मरुंगा" की घोषणा के पश्चात् ये त्रिमूर्ति एक दिन इलाहाबाद में धम्म प्रचार के व्यक्तिगत संकल्पों की एक दूसरे की साक्षी में उदघोषणा कर रहे थे। राहुल जी ने अधिक से अधिक ग्रंथ निर्माण करने का बेड़ा उठाया तो जगदीश कश्यप ने अध्ययन, अध्यापन, शोध और संस्थान के स्थापनार्थ अपनी आस्था जताई और भदन्त आनन्द कौसल्यायन ने कहा कि वे व्याख्यान, यात्रा, आलेख, पत्र-पत्रिकाओं का संपादन, पालि भाषा, बौद्ध धर्म और हिन्दी साहित्य के माध्यम से देश की सेवा करेंगे।

सन् 1933 में जब भन्ते जी इंग्लैंड में थे तो राहुल जी ने उन्हें जातक के अनुवाद का काम सौंप दिया। अगले वर्ष वे सिंहल जाकर मलेशिया पहुंचे और पिनांग में स्थविर गुणरत्न जी के सानिध्य में रहकर सौ जातक कथाओं का अनुवाद 1935 तक पूर्ण किया, जिसका प्रकाशन पंजाब विश्वविद्यालय के संस्कृत डिपार्टमेन्ट के अध्यक्ष डॉ. लक्ष्मण स्वरूप ने किया था। सम्पूर्ण जातक खण्डों को हिन्दी साहित्य सम्मेलन प्रयाग के प्राण आदरणीय श्री पुरुषोत्तम दास जी टण्डन ने क्रमशः 1941, 1942, 1946, 1951, 1954 व 1956 में प्रकाशित किया। इस कार्य हेतु भन्ते जी ने पालि अट्ठकथायें, तथा सिंहली, बंगाली, बर्मी, थाई, अंग्रेजी अनुवाद आदि स्रोतों का उपयोग किया था। अपने जातक अनुवाद को समर्पित करते हुये कौसल्यायन जी लिखते है, "प्रथम परिचय के दिन से ही मेरे परम श्रध्दाभाजन राहुल सांकृत्यायन को।" सारनाथ के मूलगन्धकुटी विहार से दिनांक 23 अगस्त 1941 को अपनी वस्तु-कथा में उन्होंने लिखा था, "मेरे सारे अनुवाद को श्री कोसम्बी जी ने सुनने की कृपा की, पूज्य महास्थविर बोधानन्द जी का आशीर्वाद मिलता रहा, भाई जगदीश कश्यप जी अनेक प्रकार से सहायक होते रहे। अपनों को क्या धन्यवाद दिया जाए?"

सन् 1938 में गांधी जी और अन्य कांग्रेस नेताओं ने गैर-हिन्दी क्षेत्रों में हिन्दी के प्रचारार्थ राष्ट्रभाषा प्रचार समिति की वर्धा, महाराष्ट्र में स्थापना की थी।

बाद में गांधी जी ने हिन्दुस्तानी के पक्ष में समिति से अपना नाता तोड़ दिया। जवाहरलाल नेहरु और डॉ. राजेन्द्र प्रसाद आदि अन्य नेता भी उन्हीं के नक्शे-कदम पर चले गये। ऐसी अवस्था में सन् 1941 में महर्षि पुरुषोत्तम दास टण्डन जी के कहने पर कौसल्यायन जी ने उस समिति के महामन्त्री पद का भार वहन किया। और अगले दस वर्ष तक वे हिन्दी की निरन्तर सेवा करते रहे। समिति के आरम्भ में शून्यावस्था थी। उसे भन्ते ने आत्म निर्भर संस्थान बना डाला, हिन्दी नगर बसाया, बड़ा मुद्रणालय स्थापित किया और समिति के बचत खाते में 4 लाख रुपयों की पूंजी का इजाफा किया। उनके हिन्दी भाषा के योगदान से हिन्दी साहित्य सम्मेलन, प्रयाग ने भन्ते जी को साहित्य वाचस्पति की उपाधि से सम्मानित किया।

सन् 1939 के मार्च महीने की बात है। महाबोधि सभा द्वारा दिल्ली में स्थापित बुद्ध विहार का उद्घाटन प्रचंड जनसमुदाय की उपस्थिति में महात्मा गांधी जी कर रहे थे। कौसल्यायन जी भी वहां मौजूद थे। उनके एक पुराने परिचित ने उन्हें पहचान कर कार्यक्रम के उपरान्त पूछा, "घर वापिस क्यों नहीं जा रहे आप?" भन्ते जी ने कहा, "इन दिनों ऐसा कोई काम ही नहीं कर रहा हूं कि घर जाना पड़े।" उनके मामा जी को जैसे ही खबर मिली कि आनन्द जी दिल्ली में है, तो वे 16 वर्षों के अंतराल के बाद आशान्वित होकर उनसे मिलने पंजाब से दिल्ली गये। परंतु उनके दिल्ली पहुंचने तक भन्तेजी सारनाथ जा चुके थे। अतः मामाजी दिल्ली से सारनाथ गये और अन्त में देखा कि हरिनाम दास तो सिर मुंडाकर काषाय वस्त्र परिधान कर बौद्ध भिक्षु बन गये हैं और वहीं से वह खाली हाथ घर लौट आये।

सारनाथ में भन्ते ने महाबोधि सभा द्वारा प्रकाशित धर्मदूत नामक हिन्दी मासिक का संपादन किया। इन्हीं दिनों सारनाथ में महाबोधि सभा की जमीन पर सेठ जुगल किशोर बिड़ला ने एक धर्मशाला भी बनवाई थी। उसका उद्घाटन वैदिक कर्मकांड से हो रहा था। भन्ते जी को यह बात बहुत खटक रही थी। परंतु भारतीय महाबोधि सभा के तत्कालीन महासचिव देवप्रिय वलिसिंह के इशारे पर कौसल्यायन जी उस समय चुप रहे परंतु दूसरे ही दिन कलकत्ता जाकर उन्होंने अपना आलेख छपवाया, जिसका शीर्षक था– यह है आर्य धर्म संगठन।

सन् 1941 से 1951 तक का काल जिस प्रकार डॉ. आंबेडकर के जीवन में ब्रिटिश भारत में लेबर मेम्बर और आजाद भारत में संविधान और हिन्दु कोड बिल आदि के जरिये देश की सेवा करने में महत्वपूर्ण रहे, उसी प्रकार उक्त समय भदन्त आनन्द कौसल्यायन के जीवन में हिन्दी के पक्ष में और पुरुषोत्तम

दास टंडन के नेतृत्व में तथा हिन्दुस्तानी के विपक्ष में और महात्मा गांधी, जवाहरलाल नेहरु, श्रीमन्नारायण, डॉ. राजेन्द्र प्रसाद आदि के विरुद्ध वर्धा की राष्ट्रभाषा प्रचार समिति का प्रधानमंत्री का भार वहन कर देशसेवा के लिये महत्वपूर्ण रहा। काकावाड़ी से गोरक्षण का एक कमरा जिस समिति का कार्यालय था वह वर्तमान में हिन्दी नगर के रूप में बस चुका है। इसका सारा श्रेय जिस किसी एक व्यक्ति को जाता है वह भन्ते कौसल्यायन है। जिस प्रकार बाबासाहेब के शैक्षणिक और साहित्यिक योगदानों से प्रभावित होकर हैदराबाद के उस्मानाबाद विश्वविद्यालय ने उन्हें डी. लिट. की उपाधि बहाल कर उनके प्रति अपनी कृतज्ञता व्यक्त की थी, उसी प्रकार भदन्त जी के भाषण, लेखन और विद्वत्ता से प्रभावित होकर हिन्दी साहित्य सम्मेलन प्रयाग और नव नालन्दा महाविहार ने उन्हें क्रमशः साहित्य वाचस्पति तथा डी. लिट की उपाधि से भी सम्मानित किया था। वे कहा भी करते थे कि उनके जीवन रथ के दो पहिये हैं: हिन्दी और बौद्ध धर्म। दोनों को वे हमेशा एक साथ खींचते रहे।

वर्ष 1951 में जहां एक तरफ डॉ. बाबासाहेब आंबेडकर ने भारतीय स्त्री-पुरुषों में समानता का दर्जा प्रस्थापित करने के उद्देश्य से स्वयं रचित हिन्दु कोड बिल को नेहरु जी के वादे के बावजूद संसद में पारित न होने देने की सनातनी हिन्दुओं के प्रतिकारी रवैये को देखकर कानून मन्त्री के पद से इस्तीफा दिया तो उसी समय दूसरी ओर डॉ. कौसल्यायन ने राष्ट्र भाषा प्रचार समिति को शिखर तक पहुचा कर महामन्त्री पद से त्यागपत्र दिया। इस कालावधि में उनकी कलम से निम्नलिखित प्रमुख रचनायें प्रसृत हुई यथाः बुद्ध वचन, भिक्षु के पत्र, भगवद्गीता की बुद्धिवादी समीक्षा, तुलसी के तीन पात, बहानेबाजी, जो न भूल सका, कहां क्या देखा, जो लिखना पड़ा, रेल का टिकट।

इसी कालावधि में महावंस, जातक, अंगुत्तर निकाय, धम्मपद, अभिधम्मत्थसङ्गहो, सच्चसङ्गहो, आदि पालि ग्रंथों का उन्होंने हिन्दी में अनुवाद भी किया। इसके अतिरिक्त उन्होंने अंग्रेजी की महत्वपूर्ण कृतियों यथा पच्चीसवा घंटा, स्वतन्त्र चिन्तन, धर्म के नाम पर, देश की मिट्टी बुलाती है इत्यादी को भी अनुदित किया। इसी दौरान भन्ते जी भारत में ही नहीं बल्कि ब्रह्मदेश, श्रीलंका, जापान, चीन और नेपाल आदि देशों में बौद्ध धर्म प्रचारार्थ पर्यटन करते रहे।

इसके पश्चात् भन्ते जी कुछ वर्ष कालिंगपोंग में रहे। उस समय नेपाल में राणा सरकार का शासन था। उसने नेपाल से सारे भिक्षुओं को निष्कासित कर दिया। ऐसे एग्जाईल्ड भिक्षुओं को इक्ट्ठा कर भन्ते जी ने उनको **धर्मादाय सभा**

नामक संगठन में एकत्रित किया। उस सभा के अध्यक्ष बाबासाहेब के दीक्षागुरु चंद्रमणि महास्थविर ही थे और उसका सारा कार्य भन्ते जी संभालते थे।

सन् 1950, 1952-1954 और 1956 में क्रमशः श्रीलंका, बर्मा और नेपाल में चार विश्व बौद्ध सम्मेलन हुये थे, जिस में डॉ. आंबेडकर और आनन्द कौसल्यायन दोनों सम्मिलित रहे। बर्मा के सम्मेलन का किस्सा भन्ते ने हमें भी सुनाया था। उस में एक सत्र में सीढ़ी चढ़कर भवन के ऊपर के मंजिल वाले कक्ष में जाना पड़ता था। सारे भिक्षु लोग जूते पहनकर ही प्रवेश कर रहे थे तो बाबासाहेब भी वैसे ही अन्दर दाखिल होने लगे। परन्तु सम्मेलन के स्वयंसेवक ने उन्हें जूते बाहर निकालने का आग्रह किया। बाबासाहेब अपने जूते उतारते हुये पास में स्थित भन्ते आनन्द कौसल्यायन को कहने लगे, "यह क्या, आप जूते पहने हो और मुझे उसके बिना ही जाने को कहा जा रहा है?" भन्ते जी ने कहा, "यह किसी व्यक्ति का अधिकार थोड़े ही है, यह तो सभी भिक्षुओं का विशेषाधिकार है। आप भी भिक्षु बनो तो आप भी उस विशेषाधिकार को भोग सकते है।"

सन् 1956 का वर्ष जहां एक ओर डॉ. आंबेडकर के जीवन का धम्मक्रांति और महाप्रयाण की घटनाओं से प्रभावित रहा, वहां दूसरी ओर भदन्त आनन्द कौसल्यायन के लिये वह वर्ष चीन में अंतर्राष्ट्रीय बौद्ध भिक्षुओं के प्रतिनिधिमंडल और भारत में डॉ. आंबेडकर के धम्मक्रांति और अन्तिम संस्कार का नेतृत्व करने में महत्वपूर्ण रहा। 6 दिसंबर 1956 को बाबासाहेब अपने दिल्ली के निवास में नींद में ही महाप्रयाण कर गये। भन्ते जी उस समय बाबा के शव को लेकर चार्टर्ड प्लेन से मुंबई ले आये और उन्होंने चैत्य भूमि पर बौद्ध परंपरा से उनका अन्तिम संस्कार किया। उसके दूसरे ही दिन वही उन्होंने एक लाख लोगों को बौद्ध धर्म की दीक्षा दी। अगले दो वर्षों तक भन्ते जी महाराष्ट्र में बाबासाहेब के संदेश को गांव-गांव और नगर-नगर पहुंचाते रहे। बाबासाहेब द्वारा लिखित सबसे महान और उनका अन्तिम ग्रंथ द बुद्ध एण्ड हिज धम्म सन् 1957 में प्रकाशित हुआ था। भन्ते जी ने उसका हिन्दी में अनुवाद बैंकाक में रहते हुये पूर्ण किया। भन्ते जी ने उसके पालि और संस्कृत मूल के संदर्भ श्रीलंका में रहते हुये एकत्र किये और उन्हें प्रकाशित कराने हेतु सिद्धार्थ एज्युकेशन सोसायटी को मुंबई में भेज दिया।

भन्ते आनन्द जी ने सन् 1958 में भोपाल से 45 कि. मी. दूर सांची के महाबोधि सोसायटी के बुद्ध विहार में निवास किया था। भन्ते जी शायद मध्य प्रदेश में इन्दौर जिले तक तो आये थे परंतु बाबासाहेब की जन्मस्थलि महू जिसे

आज डॉ. आंबेडकर नगर से जाना जाता है, में नहीं गये। हालांकि उनके प्रथम शिष्य भिक्षु सत्यशील मेरे पूर्व और मेरे यहां स्थानापन्न होने के पश्चात् भी यहां आ चुके हैं।

वर्ष 1959 में उन्होंने श्रीलंका के विद्यालंकार विश्वविद्यालय में हिन्दी विभागाध्यक्ष की हैसियत से प्रोफेशर का कार्यभार संभाला। उसी समय भन्ते मेधंकर भी वहां जाकर भन्ते कौसल्यायन जी के कृपाभाजन बने। एक बार भिष्मचारी महाराज ने बताया था कि वडसा जिले के सावंगी गांव में एक खुजली से पीड़ित बालक को उन्होंने गोद लिया था। उसे चार दर्जे तक पढ़ाया भी। वह बालक मेश्राम कुल से था। आगे वह भिक्षु बनकर सन् 1957 में भन्ते जी के संपर्क में आकर अच्छा लेखक और संगठक बन गया। लोग उन्हें भिक्षु मेधंकर के नाम से जानते हैं। कुछ माह पूर्व उनके अकाल निधन से बौद्ध प्रशिक्षण संस्थान को जो क्षति हुई उसकी पूर्ति असंभव हैं।

1984 में जब मैं श्रीलंका में था तो मेधंकर जी ने तीन फरवरी की अपनी चिट्ठी में मुझे बी.ए. पास करने का परामर्श दिया और अपने बारे में लिखते हुए कहा कि 1949 में जब वे लंका गये थे तो उनकी आयु 23 साल की थी और शिक्षा के नाम पर जीरो थे। सन् 1959 के 17 जून को श्रीलंका की सरकार ने उस प्राचीन विद्यालंकार पिरिवेण को विद्यालंकार विश्वविद्यालय के रूप में नामांतरित किया। उस समय डॉ. शान्ति भिक्षु शास्त्री, राहुल जी और भन्ते जी क्रमशः संस्कृत, दर्शन और हिन्दी विभागों के मुख्य प्रोफेसर थे।

भन्ते जी ने श्रीलंका मे लगभग 9 साल व्यतीत करते समय निम्नलिखित ग्रंथों की रचना कीः पालि-हिन्दी कोष, श्रीलंका, मोग्गल्लान व्याकरण, बुद्धालंकार, सिंहल भाषा और साहित्य, अनात्मवाद, संयोजन-दस भव बंधन और बौद्ध धर्म एक बुद्धिवादी अध्ययन। श्रीलंका में रहते हुये भी भन्ते जी भारत में बाबासाहेब के मिशन की गतिविधियों को देखने हेतु समय-समय पर यहां आते रहे और उत्तर तथा दक्षिण भारत का दौरा करते रहे। सन् 1968 में भन्ते जी विद्यालंकार विश्वविद्यालय से सेवानिवृत्त हुये।

1969 से उन्होंने बाबासाहेब की दीक्षा भूमि को अपनी कर्म भूमि बनाकर 1981 तक के 13 वर्षों के कार्यकाल में उन्होंने निम्नवत महान कार्य सम्पन्न कियाः भिक्षुओं के रहने हेतु भिक्षु निवास की स्थापना की, चालीस युवा छात्रों को श्रामणेर-भिक्षु बनाकर उन्हें जीवन में बेहतर स्थिति तक उन्नत करने में सफलता हासिल की। उनमें से नंदवर्धनबोधि ने नागपूर में ही एक बस्ती को कौसल्यायन नगर से नामांतरित किया, उत्तमबोधि उपाख्य हिम्मतराव देशभ्रतार

को पुलिस विभाग में एस.पी का ओहदा मिला। महेन्द्र ने महाराष्ट्र शासन के अभिलेख विभाग में उपनिदेशक के पद तक तरक्की की, बोधितिस्स उपाख्य भिमराव जूनघरे केन्द्रीय शासन में आडिट एण्ड अकाउन्ट विभाग में कार्यरत हैं, सुभाष गेडाम अमेरिका में वैज्ञानिक है, चन्द्रबोधि मध्य प्रदेश में बाबासाहेब की जन्मस्थलि के समीप भारत के एकमेव एम.फिल व पी.एच. डी के अध्ययन व शोध केन्द्र वाले संस्थान, डॉ. अम्बेडकर नगर, महू में डॉ. आंबेडकर विचार एवं दर्शन विभाग के विभागाध्यक्ष तथा डॉ. आंबेडकर चेअर के प्रोफेसर के पद पर गत 1996 से सेवारत है, विमलकीर्ति अधिव्याख्याता और लेखक है, सत्यशील कर्मठ धर्मप्रचारक है, और कई नाम है, जिन्हें डायरेक्ट्री के रूप में पेश किये जा सकते हैं। जब कभी स्थानीय संगठन के मदद के अभाव में अपनी शिक्षा, निवास, भोजन और रखरखाव में उनके शिष्यों के चेहरों पर आर्थिक अड़चन की उदासी झलकती तो कौसल्यायन जी उन्हें कहते, "अरे! चिन्ता मत करना, आनन्द कौसल्यायन जिंदा है और उसकी लेखनी और रायल्टी अभी थमी नहीं है।"

इसी वर्ष की 14 अप्रैल को दीक्षा भूमि से प्रकाशित प्रथम पुस्तक के रूप में उनके द्वारा स्वरचित बाबासाहेब का चरित्र ग्रंथ, यदि बाबा न होते का उल्लेख करना पड़ेगा। उक्त लेखक ने उसका हिन्दी से अंग्रेजी में तर्जमा हैड देअर *बीन नो आंबेडकर* के शीर्षक से 1978 के दौरान यू.के. में रहते समय किया था और उसका प्रूफ व टंकलेखन भन्ते जी के मार्गदर्शन में उनके यू.के, अमेरिका व कनाडा यात्रा वर्ष 1979 के सितम्बर माह के समय पूर्ण किया गया हालांकि उसे यथावत प्रकाशित करने का कार्य अभी भी लम्बित है। यह पुस्तक मूल लेखक ने बाबासाहेब के धम्मगुरु चंद्रमणि महास्थविर को समर्पित की है। उन्हीं के नाम पर एक चंद्रमणि कुटीर दीक्षा भूमि पर बनाने का उनका संकल्प था पर वह पूरा नहीं हुआ। उक्त लेखक ने इसके पूर्व भन्ते द्वारा वर्ष 1963 में रचित *बुद्धिज्म एण्ड अदर रिलिजन* नामक अंग्रेजी पुस्तिका का भी हिन्दी में अनुवाद किया था, जिसे *बौद्ध धर्म ही क्यों* के शीर्षक से सन् 1975 में दीक्षा भूमि से ही प्रकाशित किया गया। यह बाबासाहेब डॉ. आंबेडकर की पुण्यस्मृति को लेखक की श्रद्धांजली है। सन् 1967 से 1982 तक की कालावधि के दौरान भिक्षु निवास से दीक्षा भूमि संदेश और बाद में दीक्षा भूमि पाक्षिक लगातार निकलता रहा। उसमें उक्त लेखक द्वारा रचित प्रथम आलेख "मैं मन हूं" के शीर्षक से प्रकाशित हुआ और तभी से उक्त लेखक को कलम के प्रयोग का इल्म हुआ।

यदि बाबा न होते के अनन्तर कौसल्यायन जी ने अनेक विधाओं में अपना लेखन जारी रखा। उनमें से कुछ ग्रंथ तथा पॅम्फलेट्स निम्नांकित है: क्रांति के अग्रदूत भगवान बुद्ध, तथागत का शाश्वत संदेश, भगवान बुद्ध का धर्म, बोध गया, बौद्ध जीवन पद्धति, राहुल सांकृत्यायन, बौद्ध धर्म और मार्क्सवाद, भगवत्‌गीता तथा धम्मपद, राम कहानी राम की जबानी रामचरित मानस में ब्रह्मणशाही तथा नारीनिंदा, मनुस्मृति जलाई गई क्यों?, दर्शन वेद से मार्क्स तक, *एन इंटेलिजेन्ट मैन्स गाईड टू बुद्धिज्म,* और द *बुद्ध एण्ड हिम* धम्म का पंजाबी में अनुवाद। भन्ते जी के इन साहित्यिक योगदान के फलस्वरूप सन् 1971 में नवनालंदा महाविहार, नालंदा ने उन्हें विद्यावारिधि अर्थात् डी.लिट. की उपाधि बहाल कर सम्मानित किया।

कनाडा के दौरे में भन्ते जी ने टोरन्टो, ब्राक तथा आटावा विश्वविद्यालयों में बौद्ध धर्म पर व्याख्यान दिए। उसी समय भन्ते जी के हस्ते नसीब सल्लन, मोहन वर्दी और दर्शन चौधरी और उनके समस्त परिवारों ने बौद्ध धर्म की दीक्षा ग्रहण की। अंबेडकर मिशन कनाडा के उपाध्यक्ष श्री योगेश वराडे भी 13 सितम्बर 1981 में वुल्वरहैम्पटन विहार, यू.के. में ब्रिटिश शिल्पकार श्री आलन पोप द्वारा बनवाई गई बाबासाहेब की आदम कद ऊंची फायबरग्लास की मूर्ति के भन्ते जी के हस्ते तथा भारत के उच्चायुक्त डॉ. सईद मोहम्मद की मौजूदगी में हुए अनावरण मौजूदगी में हुये अनावरण के कार्यक्रम में शरिक होने आये थे। उसी वर्ष उक्त अनावरन के चालीस दिन बाद श्री बी.पी. मौर्य जी भी वहां आकर लेखक से मिले थे। उसी वर्ष अंतर्जातीय संबंध को बढ़ावा देने हेतु दिल्ली में मौर्य जी के निवास पर भन्ते जी की भतीजी वीणा वर्मा का बर्मिंघम के श्री संसारी लाल के सुपुत्र सिद्धार्थ के साथ विवाह संपन्न हुआ था।

सन् 1979 में अपने अमेरिका के दौरे में भी भन्ते जी बाबासाहेब जहां पढ़े और रहे थे उस कोलंबिया विश्वविद्यालय और उसी के कैम्पस में स्थित छात्रावास का कमरा देख आये थे। न्यूयार्क और वाशिंगटन डी.सी. में वे क्रमश: 8 और 5 दिन रहे। उसी वर्ष के सितम्बर माह में भन्ते जी और उक्त लेखक कनाडा में थे। । वहां अम्बेडकर प्रेमियों ने उसी वर्ष अम्बेडकर मिशन, कनाडा की स्थापना की थी। उससे पुर्व अमेरिका में 1977 में विजन अर्थात् वाल्युन्टीयर्स इन सर्विस टू इण्डियाज ऑप्रेस्ड एण्ड निग्लेक्टेड नामक संगठन स्थापित हो चुका था। जब भंते जी अमेरिका में थे तब बौद्ध भिक्षुणी फरिदा बेदी के अभिनेता पुत्र कबीर बेदी लॉस एंजलिज में थे और भन्ते जी ने न्यूयार्क में जैन मुनि सुशील कुमार के आश्रम से टेलीफोन पर उनसे बातचीत की तो बेदी जी ने भन्ते जी

को घर पर आने की विनति की थी परंतु उस समय भन्ते जी अतिव्यस्तता के कारण उनके यहां नहीं जा सके।

सन 1982 में जब उक्त लेखक यू.के में थे तब वहां के सभी अम्बेडकर संगठनों को एक केन्द्रीत सत्ता में संगठित करने हेतु अम्बेडकर बुद्धिस्ट कौंसिल आफ यू.के. की उन्होंने स्थापना की थी और उसी संगठन द्वारा भेदभाव प्रतिबंधक और अल्पसंख्यक प्रतिरक्षा का संयुक्त राष्ट्र सब-कमिशन के स्वीटजरलैंड अर्थात् जिनेवा में 31 अगस्त को सम्पन्न 35 वें सत्र में मानवाधिकार के संबंध में भारत के अस्पृश्यों के बाबत् लिखित साक्ष दलित प्रतिनिधि डॉ. एल.एन. बेरवा को यू.के. से भेजी गई थी। उसी वर्ष भन्ते जी ने नागपुर और कामठी के बीच साढ़े आठ एकड भूखण्ड पर बनाये गये विहार में निवास करना स्वीकार किया। इसके पूर्व वे धंतोली में रहते थे। नई जगह का बुद्ध भूमि नाम भी उन्हीं का दिया हुआ है।

बुद्ध भूमि पर वे तीन वर्ष और 22 दिन रहे। अन्तिम दिनों में वे मेयो अस्पताल में पीलिया की बीमारी से जूझते रहे। दीक्षा भूमि पर निवास के दिनों में उन्हें गवई नर्सिंग होम में भर्ती कराया था। उस वक्त लेखक ने उनके पखाने की सफाई करने की सेवा करने का पुण्यार्जन किया था। सन 1986 में भन्ते जी के मेयो अस्पताल में भर्ती रहने के दौरान से उनके अंतिम सांस तक लेखक ने भन्ते जी के चरणों में ही अपनी सेवा को अर्पित करना उचित समझा था।

1984 के जुलाई 2 को उक्त लेखक विश्व शांति के प्रचारक तिब्बत के देश निकाले शासक दलाई लामा के साथ इंग्लैंड़ के कावेन्ट्री शहर के कथिड्रल में थे और 11 जुलाई 1985 को ईस्ट लंदन के प्लास्टो विहार में रहते समय एक हादसे के शिकार हुये थे। उसका प्रतिबिंब भन्ते जी के जीवन पर भी घटित हुआ। उसी वर्ष लेखक जब श्रीलंका में था तो उन्हें बौद्ध प्रशिक्षण संस्थान के तत्कालीन कार्यालय 44, चितले रोड, धंतोली, नागपुर से एक चिट्ठी मिली, जिससे इंगित हुआ कि भन्ते जी परेशानी में थे। और 5 जनवरी 1985 को भन्ते जी का 80वां जन्मदिन बुद्ध भूमि के विहार में परम पावन दलाई लामा के सत्संग में बिता। 1986 में लेखक ने ब्रिटेन को छोड़कर भारत में भन्ते के पास ही रहने का निर्णय लिया।

सन 1983 में भन्ते अखिल भारतीय बौद्ध अधिवेशन, भोपाल में थे।

सन 1988 में भन्ते जी ने अपना अंतिम अनुवाद किया। वह था बाबासाहेब की बहुचर्चित अंग्रेजी पुस्तक *रिडल्स ऑफ हिन्दुइज्म* का हिन्दु धर्म का बुझौवल नामक हिन्दी अनुवाद। भन्ते जी जब मेयो अस्पताल, नागपुर में भर्ती थे तब भी

वे चैन से नहीं रहते थे। नर्स और डाक्टर की हिम्मत नहीं पड़ती थी कि वे उन्हें आम पेशंट की भांति परामर्श देने की हिम्मत रखे। कई बार भन्ते जी आटो से जाकर शहर से अपना काम कर वापस अस्पताल के बिस्तर पर उपस्थित हो जाते थे। मरणासन्न भन्ते जी की पीड़ा इतनी असहाय थी कि मानो बौद्धों का जीसस काईस्ट सूली पर टंगा हो। 22 जून को उनका शव अस्पताल से ले आये। 23 जून की शाम उनके पार्थिव शरीर को दाह संस्कार देने का विधि और शोक संदेश उक्त लेखक के नेतृत्व में ही सम्पन्न हुआ। बुद्ध भूमि से राजमार्ग तक फैले शोकाकुल जनसागर की उपस्थिति में उनकी चिता अग्नि के हवाले की गई।

भदन्त आनन्द कौसल्यायन जी का अंतिम वचन था, "जब मैं मर जाऊंगा तो मेरी कब्र पर लिख देना कि डॉ. आंबेडकर का यह चीवरधारी सेनानी बाबासाहेब के सपनों का भारत बनाने की जंग में लड़ते-लड़ते शहीद हुआ।"

भन्ते जी की स्मृति में 15 जनवरी 1992 को उक्त लेखक द्वारा बाकिबो *BAKIBO* अर्थात् भदन्त आनन्द कौसल्यायन इंटरनेशनल बुद्धिस्ट आर्डर, नागपुर नामक संघ की स्थापना की गई। उसका कार्यालय 695/2, बोधिगृह, इंदिरा नगर, वाडी टेकडी, खडगांव रोड, नागपुर-440027 था। उसके अध्यक्ष स्वयं इस पंक्ति के लेखक हैं तथा इस के सचिव श्री के. आर. मून और सदस्यों में कुमारी कुंदा मून तथा श्री एम.आर. शेन्डे जी आदि है। भन्ते जी के नाम से भवन बनाने हेतु श्री लक्ष्मण जी मून ने बड़ा और छोटा हुडकेश्वर नामक दो ग्रामों के बीच स्थित उनकी जमीन का एक एकड़ का भूखंड उन्होंने बाकिबो संघ को दान कर दिया था।

सन 1989 से 1993 तक लेखक ने नागपुर विद्यापीठ से एम.फिल. तथा पी.एच.डी. समवेत लगभग दर्जनों शैक्षणिक उपाधियों को अपने नाम के साथ संलग्न किया। 1994 की 5 जनवरी को भन्ते जी का 90वां जन्म दिवस मनाया गया तो उनके छोटे भाई श्री हरदास के बडे बेटे श्री एम.आर.वर्मा, जो उस समय पटियाला बैंक के शाखा मैनेजर भी थे, नागपुर के उस समारोह में शामिल हुए थे। उस समय वे ऐसे फूट-फूट कर रोये और सिसकियां भरते-भरते कहते रहे, "ताया जी! आपने हमें अनाथ क्यों कर दिया।"

मेरे विदेश में वास्तव्य के दिनों में मैं राहुल बाल सदन के लिये कपड़े आदि के गट्ठे भेजा करता था। बुद्ध भूमि के विहार में प्रतिष्ठित करने के लिये मैंने वाट पकनाम, भसीचरण, बैंकाक से वांछित मूर्ति मंगाने में मदद की। श्रीलंका में दान हेतु इच्छित दाताओं से मिला। उन दिनों मैं बौद्ध प्रशिक्षण संस्थान, नागपुर का सहायक सचिव और एस.ओ.एस. चिल्ड्रेंन्स विलेज के राहुल

बाल सदन, महेन्द्र नगर का उपाध्यक्ष कहलाता था। परंतु भन्ते जी के छोड़ जाने पर लगा कि हमारे सिर पर स्थित आश्रय और आजादी की छत अचानक ढह गई। मैं कुछ वर्ष नागपुर के लॉ कॉलेज के होस्टल में, कुछ वर्ष गोकुलपेठ के विहार में और कुछ वर्ष इंदिरा नगर, टेकडी वाडी में शोधवृत्ति के पैसे से निर्मित स्वयं के आवास में सिर ढकने के लिये रहता रहा।

उसी समय के दौरान नागपुर विद्यापीठ में स्नातकोत्तर डॉ. आंबेडकर विचारधारा में कंट्रीब्युटरी टीचर के रूप में पढ़ाता रहा। सन 1996 से लेखक डॉ. बाबासाहेब आंबेडकर राष्ट्रीय सामाजिक विज्ञान संस्थान, महू में विभागाध्यक्ष और प्रोफेसर के पद पर कार्यरत है। उन्होंने वर्ष 2004 में स्वयं रचित *डॉ आंबेडकर्स परस्पेक्टीव आन बुद्धिज्म एण्ड अदर रिलिजन्स* नामक शोध ग्रंथ भन्ते जी के प्रथम शताब्दी की स्मृति में समर्पित किया। वर्ष 2004 के नवंबर माह के अहा जिंदगी नामक *दैनिक भास्कर* समूह, इंदौर से प्रकाशित मासिक में इंटरनेशनल विपश्यना एकडेमी के मूल संस्थापक श्री सत्यनारायन गोयन्का जी ने भी भन्ते जी को अपने वक्तव्य में याद करते हुये बताया कि भदंत आनंद कौसल्यायन जब उन्हें सन 1969 से बौद्ध धर्म के आरंभिक पाठ पढ़ाते थे तो वे अपना मुंह फेर लेते थे। अब वे महान बौद्ध है।

आज 5 जनवरी 2005 को प्रो. भदन्त आनन्द कौसल्यायन की जन्म शताब्दी पर आप सब पाठकों को लाख-लाख वधाईयां भेंट कर निम्नांकित संस्मरण प्रस्तुत करता हूं।

## श्रमण या सिविलियन

भदन्त आनन्द कौसल्यायन एक व्यक्ति नहीं बल्कि एक चलते-फिरते विश्वविद्यालय थे। उनके सहवास में आनेवाला, रहनेवाला तथा सीखनेवाला व्यक्ति दो गतियों में से किसी एक को प्राप्त कर सकता था। यदि वह गृहस्थी त्याग कर भिक्षु बना तो विख्यात स्थविर, महास्थविर अथवा अंतर्राष्ट्रीय स्तर का विद्वान भिक्षु बनता है और यो हवे दहरो भिक्खू युञ्जति बुद्ध सासने सो मं लोकं पभासेति अब्भा मुत्तोव चंदिमा अर्थात् जो तरूण व्यक्ति भिक्षु बनकर बुद्ध के शासन में यत्नशील रहता है वह इस लोक को बादलों से मुक्त चन्द्रमा की तरह प्रकाशित करता है की धम्मपद गाथा को चरितार्थ करता था। और यदि वह श्रामणेर वा भिक्षु रहने के कुछ वर्षो बाद पुनः सिविल जीवन में लौटता है तो वह कवि, साहित्यकार, सायन्टीस्ट, इंजिनियर, वकील, जज, डॉक्टर, प्रोफेसर, मंत्री, अभिनेता वा राजनेता इत्यादि जैसे पदों को हासिल कर लोकसेवा का कार्य

करता था। आज भन्ते के जितने भी शिष्य विश्व में श्रमण या सिविलियन हैं वे उक्त दो गतियों में ही वर्गीकृत किये जा सकते हैं। यदि नहीं, तो दुर्भाग्य ही कहा जायेगा।

## श्री बी.पी. मौर्य

कुछ सप्ताह पहले दिवंगत हुये प्रखर तथा प्रख्यात राजनेता माननीय श्री बी.पी. मौर्य मुलतः बद्री प्रसाद मौर्य थे। जब वे भन्ते जी के सम्पर्क में आये तो उन्होंने भन्ते को अपने इनिशियल को यथावत रखकर बौद्ध नाम पाने की मंशा जाहिर की। भन्ते ने उन्हें तत्काल नाम दिया बुद्ध प्रिय मौर्य। इस नये नाम के साथ मौर्य जी का पुराना सामाजिक स्टेटस भी जीवन में उत्तरोत्तर बढ़ता ही गया। आज भी उनके दिवंगत होने पर उनका नाम ही उनकी याद ताजा कर देती है। उनका और मेरा परिचय भन्ते के कारण ही हुआ था। उन्हीं के निवास से मैंने अपनी प्रथम ब्रिटेन यात्रा पर गया था और ली रोड स्थित बुद्ध विहार में जब उन्होंने भेंट दी थी तब मैंने अपना यथोचित आतिथ्य कर्तव्य किया था। कुछ सप्ताह पूर्व हुये उनके निधन से काफी अफसोस हुआ।

एक बार एक अशोक नामक गोंदिया का बालक भन्ते जी के साथ मौर्य जी के 5 डुप्लेक्स रोड के निवास स्थान पर भन्ते जी के साथ गया था। मौर्य जी ने उसे देखकर अपना अवलोकन बताते हुये कहा, "भन्ते आप इस जरायम पेशा सरीखे लड़के को अपने साथ क्यों रखते हैं?" भन्ते ने शान्त मुद्रा में कहा, "यदि मैं ही नहीं रखूंगा तो इसे कौन रखेगा।" इस प्रकार भन्ते जी हमेशा चुनौतीपूर्ण चरित्र को सुधारने में ज्यादा यत्नशील और सफल रहते थे।

## एक गुरु चालीस चेले

संन् 1971 में जब मैं नागपुर की दीक्षा भूमि पर स्थित परम पूज्य डॉ. आंबेडकर महाविद्यालय में प्रियुनिव्हर्सिटी के विज्ञान शाखा में पढ़ रहा था तब 40 युवा छात्रों ने भन्ते जी के मार्गदर्शन मे श्रामणेर की प्रव्रज्या ग्रहण की थी। उनमें से मैं भी एक था। गोंडबोरी से तीन कि. मी. की दूरी पर स्थित कारगांव में मैंने उच्च प्राथमिक शिक्षा ग्रहण की थी। उसी गांव के मेरे मित्र श्री बी.के. जूनघरे भी उस बैच में श्रामणेर बने थे तो उनका नाम बोधितिस्स रखा गया था। बाद में मा. रा. सु. गवई प्रभृति राजनेता भी प्रव्रज्जित हुये थे। भन्ते जी के इन चालीस शिष्यों में कुछ अल्पकालीन प्रशिक्षु रहे और कुछ दीर्घकालीन। दोनों अवस्था में भन्ते जी के सहवास में आनेवालों की एक विशेषता रही जो अन्यत्र

नहीं झलकती थी। जो दीर्घकालीन प्रशिक्षु थे उनमें से कुछ बाद में भिक्षु भी बने। हमारी बैच में कुल चालीस श्रामणेर थे, जिन्हें थाईलैंड के विशेष डेलिगेट ने प्रव्रज्या की सामग्री प्रदान की थी।

## सुमतिपाल

17 वर्ष की आयु में जब मैं प्रव्रज्जित हुआ तो मेरा नाम भी बदलकर अब सुमतिपाल हो गया। भन्ते जी कहते थे कि "यूं तो पच्चीस वर्ष की आयु को गधापच्चीसी बोला जाता है। पर तुम्हारी आयु तो उस रेखा के नीचे है।" वैसे मैं उन दिनों नागपुर के स्पार्क सोसलिस्ट फोरम और किसान–मजदूर वर्ग के क्रान्तिकारी विचारों व आंदोलनों से जुड़ा हुआ था और माओ–त्से–तुंग की रेड बुक पढता था।

## सिर मुंडाये तीन गुण

प. पू. डॉ. बाबासाहेब आंबेडकर महाविद्यालय में नागपुर से बाहर प्रदेशों से आनेवाले छात्रों के लिये छात्रावास की व्यवस्था थी। उस वर्ष महाविद्यालय के प्राचार्य और छात्रावास के मुख्य वार्डन प्रो. नगरारे ने ऐलान किया था कि जो छात्र ग्रीष्म कालीन अवकाश में श्रामणेर प्रशिक्षु के रूप में अपना पंजीयन करेगा उसे छात्रालय के प्रवेश में प्राथमिकता दी जाएगी। देहाती छात्रों के लिये यह कम आकर्षण नहीं था। मैंने भी अपना पंजीयन करा लिया। प्रशिक्षु के लिये आगे अलग श्रामणेर निवास बनाया गया और उनकी खास चर्या का ध्यान रखकर बेहतर व्यवस्थायें भी बहाल की गईं। श्रामणेर के रूप में मैंने तीन वर्ष प्रशिक्षण लिया। और आम छात्रों के साथ कॉलेज में भी पढ़ता था। वेशभूषा अलग होने से अन्य सहपाठी और अध्यापकगण मेरा खास ध्यान और सम्मान रखते थे। विनोद में भन्ते जी कहा करते थे, "सिर मुंड़ाये तीन गुण, एक, सिर की मीटे खाज, दो, खाने को भोजन मिले, तीन, लोग कहे महाराज"।

## वस्त्र से चरित्र नही बदलता

सिर मुंडा हुआ, आंख की भौएं साफ, पैंट–शर्ट के बदले पीत रंग का चीवर, अंतरवासक और उत्तरासंग पहनकर जब मैं अपने गांव में परिचितों से मिलने गया तो उन्होंने साफ इन्कार कर दिया था कि मैं उनके गांववाला हूं। तीन वर्ष के पश्चात् फिर उन क्रान्तिकारी विचारों ने मेरे मस्तिष्क में तुल पकड़ा और मैं श्रामणेर जीवन से सिविल चर्या में लौटने को तैयार हो गया। श्वेत वस्त्र पहन कर भन्ते जी के सम्मुख उपस्थित हुआ। डर रहा था कि भन्ते जी डांट फंटकार

कर अनुशासन के सबक देंगे। परंतु मेरी अपेक्षा भंग हुई जब ऐसा कुछ नहीं हुआ। भन्ते जी ने मात्र इतना कहा, "मैं तो वस्त्र में नहीं बल्कि हृदय-परिवर्तन पर विश्वास करता हूं। मेरे लिये तुम बराबर वही हो जो तुम कल थे और आज भी हो। अब तुम चीवर छोड़कर श्वेत वस्त्र में आ ही चुके हो तो जरा उसका भी रस थोड़े दिन तक चख लो।"

## उपसम्पदा

मैं तीन-चार दिन सफेद वस्त्र में घूमा, फिरा। मित्रों, परिचितों, रिश्तेदारों से मिला तो मुझे अहसास हुआ कि जो लोग मुझ से चीवर के भेष में इज्जत से पेश आते थे वे अब अबे-तुबे पर उतर आये। चर्या का यह भेद जब मैंने भन्ते जी को बताया तो उन्होंने कहा, "इसी भेद का मैं तुम से अहसास कराना चाहता था। दुनिया की नजरों में श्वेत वस्त्रधारी आम होते हैं और पीत वस्त्रधारी खास। अब तुम खुद-ब-खुद बुद्ध के मार्ग पर लौट जाओगे। वैसे अब फिर श्रामणेर बनना तुम्हारे हित में नहीं। क्योंकि उससे तुम सब श्रामणेरों से कनिष्ठ हो जाओगे। वरिष्ठता का नियम बुद्ध शासन में आयु से नहीं बल्कि दीक्षा की तिथि से तय होता है। बीस वर्ष की उम्र के बाद कोई भी आदमी भिक्षु बन सकता है। उसे ही उपसम्पदा कहते हैं। अब मैं तुम्हारी उपसम्पदा ही करवा दूंगा"

## चंद्रशेखर से चंद्रबोधि

श्वेत वस्त्र में मैं अपने मूल नाम चंद्रशेखर से संबोधित किया जाने लगा। जब मैं 20 वर्ष का हुआ तो भन्ते मुझे अन्य चालीस श्रामणेरों के साथ बोधगया के वाट थाई बुद्ध विहार में उपसम्पदा कराने हेतु अपने साथ ले गए। उनके पूर्व के छात्र और तत्कालीन केन्द्रीय रेल मन्त्री श्री कमलापति त्रीपाठी जी ने उन्हें काम्प्लीमेन्ट्री रेल का पास दे रखा था। उससे वे भारत में कहीं से कहीं तक फर्स्ट क्लास में और एक अटेन्डन्ट को साथ लेकर रेल यात्रा कर सकते थे। अटेन्डन्ट को सेकन्ड क्लास में प्रवास करना जरूरी था। उस दिन मुझे हल्का सा बुखार आया और रास्ते में वह काफी तेज हुआ। एक स्टेशन पर भन्ते ने मुझे अपने फर्स्ट क्लास के स्लीपर पर लिटा दिया। एक तौलिया को बार-बार ठंडा करते जाते और उसको मेरे मस्तक पर रखते जाते थे। मुगलसराय के एक स्टेशन पर गाड़ी रुकी। टी.सी. आया और भन्ते को मेरी टिकट के बारे में पूछा। भन्ते ने परिस्थिति और व्यावहारिक अड़चन को भांप कर टिकट का छोड़ मेरी तबीयत के बारे में बताकर मानवता के नाते बीमार को गया स्टेशन तक फर्स्ट क्लास

में ही यात्रा करने देने का टी.सी. से विनम्र निवेदन किया। टिकट कलेक्टर नहीं माना और अगले स्टेशन तक सेकन्ड क्लास में भिजवाने का हुक्म दिया। भन्ते जी ने तब अपना काम्प्लिमेन्ट्री रेल पास निकालकर टी.सी. को दिखाया और कहा, "ये जो आपके रेल विभाग का पास है न, इसके धारक यही है, जो अभी बुरी तरह से बुखार में तड़प रहे हैं। मैं तो उनका अटेन्डन्ट हूं, जो सेकन्ड क्लास से अपने मालिक की सेवा में हाजिर हुआ हूं। इसमें यह कहीं भी नहीं लिखा है कि मालिक अस्वस्थ हो तो उसके अटेन्डन्ट ने आपने मालिक को अपने ही हाल पर छोड़कर परिचारक का कर्तव्य नहीं करना चाहिये।" बेचारा टी.सी. भन्ते जी के इस तर्क का कुछ प्रतिवाद करता तो उतने में ही सीटी बजी, गाड़ी चलने लगी और टी.सी. उतर गया। बोधगया में जिस दिन मेरी उपसम्पदा होनी थी उस दिन मैं काफी स्वस्थ था। थाई भिक्षु संघ के मठाधिपति फ्रा खृ धम्म विरानुवत्र देवविसुद्धिमोली के आचार्यत्व, अन्य दो थाई भिक्क्षुओं के कम्मट्ठानाचार्यत्व और भन्ते जी के उपाध्यायत्व में मेरी उपसम्पदा अन्य चालीस श्रामणेरों के साथ अग्रिम क्रम में हुई। तब से मेरा नाम चंद्रशेखर से चन्द्रबोधि में परिवर्तित हुआ। उक्त घटना के परिणाम स्वरूप महाकारूणिक तथागत गौतम बुद्ध, उनका विद्वानों के द्वारा ही समझने योग्य धम्म और उनके अंजलिकरणेय्यो महान भिक्क्षु संघ की कल्याणकारी परंपरा का आदर्श प्रतिनिधि भदन्त कौसल्यायन ने मुझे अपने अंतिम क्षणों तक अपने से बांधे रखा। और आज भी मेरी चेतना उनके अमिट उपकारों से अभिभूत है।

## जमीनी सच्चाई

औरंगाबाद की बात है। वहां एक विशाल सभा को आयोजित किया जाना तय था। उस के संयोजक ने टेलीफोन पर आनंद कौसल्यायन जी से निवेदन किया: "भन्ते आप हमारा सादर ससंघ निमंत्रण स्वीकार कर टैक्सी से यहां पधारने का कष्ट कीजियेगा।" भन्ते बोले," टैक्सी के लिये तो कुछ रुपयों की जरूरत पड़ेगी। सो उसे आप मनि आर्डर से भेज दीजिएगा ताकि हम उचित कार्यवाही कर सकें।" संयोजक ने कहा, "भन्ते जी, रुपयों की क्या बात है, आप के लिये तो हमारी जान तक न्यौछावर है।" भन्ते बोले," आप की श्रद्धा की मैं कद्र करता हूं। परंतु वास्तविकता यही है कि कोई टैक्सी जान डालने से नहीं चलती। उस में पेट्रोल डालने से ही वह हमें आप तक ले आ पायेगी।" संयोजक भन्ते जी के जमीनी सच्चाई को समझ गये और यथोचित उपाय करने पर राजी हो गये।

## भागते चोर की लंगोटी

नागपुर में एक शेरे-पंजाब होटल था। उसके मैनेजर ने मुझ से पांच सौ पौंड लेकर उसके ऐवज में मार्केट रेट से रुपया अदा करने का सौदा किया था। उस पर विश्वास कर मैंने अपने पास की विदेशी करेंसी उसके हाथ थमा दी। पार्टी से रुपया लेकर आता हूं कह कर वह चल दिया और मुझे अपने होटल में बिठा कर रखा। देर रात तक वह नहीं आया तो मैं बुद्ध भूमि के निवास स्थान पर लौट गया। उसके तीन दिन बाद भी जब बात नहीं बनी तो मैंने भन्ते जी को घटना से अवगत कराया। भन्ते जी और मैं ऑटो में बैठ कर उक्त होटल में गये। मैनेजर ने नमस्कार कर कुछ ठण्डा पिलाया और कहा, "स्वामी जी आप ने यहां आने का कष्ट क्यों किया। मुझे बुलाया होता तो मैं आप की सेवा में हाजिर हो जाता। खैर, कहिए, क्या हुक्म है।" भन्ते जी ने कहा," असल में हम पौंड के बदले में अपना रूपया लेने आये हैं।" मैनेजर ने कहा, "नो प्रोब्लेम, आप अपने आश्रम पर लौट जाइये। मैं आपके पीछे-पीछे रुपया लेकर आ जाता हूं। और आदेश कीजिए।" भन्ते जी ने कहा, "और आदेश कुछ नहीं, आपके द्वारा पैसा लेकर आने तक हम यहीं आपके होटल में रुकते हैं।" मजबूर होकर मैनेजर गया और आया लेकिन न पौंड लौटाया और न तय दर से रूपये ही। उन्होंने कहा कि करंसी लेनेवाली पार्टी ने वादे से कम राशि दी है। माफ करना। आईंदा ऐसा नहीं होगा।" भन्ते जी ने भागते चोर की लंगोटी की सही की कहावत को दोहरा कर जितना मिल रहा है उतना मुझे लेने को कहा और बुद्ध भूमि की ओर लौटने का इशारा किया। इस प्रकार भन्ते जी ने अपनी साधुता से हानि को लाभ में बदल दिया।

## मांगना कला है

महाराष्ट्र में चंद्रपूर जिले में किटाड़ी नामक मेरे मामा का गांव है। एक बार मैं कार्यक्रम हेतु वहां गया। और वहां से मुझे चिमुर जाना था। जल्दबाजी में मैं जिस बनियान के पैकेट में पैसे रखे थे उसे नहा लेने के बाद पहनना भूल गया। बस में बैठ जाने के बाद कंडक्टर ने जब टिकट का पैसा मांगा तब मेरा ध्यान उस भूल पर गया। भाग्य से मेरा ममेरा भाई भास्कर मेरे साथ था तो जाते वक्त प्रवास खर्च का प्रबंध हो गया। लेकिन लौटते समय एक रूपया कम पड़ रहा था। भास्कर ने मुझे सोने-चांदी के दुकानदार के घर ले जाकर उस से मेरा परिचय कराया। मैंने सोचा साधू को लोभ नहीं करना चाहिए और जितनी जरूरत हो उतना ही मांगना चाहिये। अतः कुछ देर बाद मैंने दुकानदार से कहा, "हमारी

वापसी की यात्रा की टिकट में एक रुपये की कमी पड़ गई है, कृपया उसकी पूर्ति कर दीजिए।" अपनी मांग जैसे ही प्रस्तुत की दुकानदार ने एक रूपया देना तो दूर दान में "तुम भिखारी हो, ढोंगी हो, कष्ट करना जान पे आता है इसलिये भिक्षु बने होंगे, कौन है तुम्हारा गुरु, अभी तुम्हें अन्दर करवाता हूं वगैरा वगैरा लम्बा भाषण पेल दिया। "और कुछ बेइज्जत होने के लिये बचा नही था, अतः हम वहां से तुरंत आम रास्ते पर आकर पैदल पैदल अपनी मंजिल पर जा रहे थे। थोड़ी देर बाद गोबर से सने हाथ जोड़ कर आम रास्ते पर धूल में ही पंचाग प्रणाम करती हुई एक अधेड़ उम्र की महिला ने मेरे पैरों पर अपना माथा टेका और रास्ते से लगे हुये अपने झोपड़े में ले जाकर सादर चायपान करवाया। सोने-चांदी के दुकानदार के यहां एक रुपया मांगने के बदले में रसीद किये गये बेइज्जती के घाव मन में ताजा ही थे। दूध का जला छाछ फूंक-फूंक कर पीता है की कहावत के अनुसार हम अब किसी से रुपया मांगने लायक नही रह गये थे। जब हम झोपड़ी वाली बहन को धन्यवाद देकर जाने को आसन से उठ खड़े हुये तो उस बहन ने कहा जरा ठहरिये। और अन्दर जाकर सौंफ और ग्यारह रुपये रखा हुआ एक ट्रे ले आई और मेरे सामने विनम्रता से उसे बढ़ाया। मैंने सौंफ तो ली पर पैसे को अनेदखा कर दिया। उस बहन ने कहा, "भन्ते, इस गरीब झोपड़ी वाली का तुच्छ दान स्वीकार कर हमें उपकृत कीजिए।" उस बहन के ग्यारह रूपये इतने भारी लगे कि उसको छुने और उठाने के लिये मेरे मन पर काफी तान पड़ा। बिना मांगे मिले का संतोष, वापसी यात्रा की अड़चन का समाधान और दाता और दुकानदार के दिलों की खाई का साक्षात्कार मुझे एक साथ हो गया। नागपुर लौट कर इस घटना को मैंने भन्ते आनन्द कौसल्यायन जी को बताया तो उन्होंने कहा, "देखो, दुनियादारी को समझना और समयोचित व्यवहार करना एक कला है। अगर तुम उस सोने-चांदी के दूकानदार को एक रूपये की याचना करने के बदले हजारों रूपयों का कोई काल्पनिक प्रोजेक्ट बताकर उसमें हाथ बटाने को कहते तो शायद वह तुम्हें बड़ी रकम ससम्मान दान कर देता और तुम्हारी प्रतिष्ठा और उसका दान दोनों ही अनपेक्षित ढंग से बढ़ जाते। परंतु सोने-चांदी के व्यापारी को एक रुपया मांगना उसके आर्थिक सम्पन्नता का मजाक उड़ाना था।" अतः "इस प्रकार मांगना एक कला है।

## मांगने से मिलता है

एक बार बड़े भन्ते जी और मैं बस से यात्रा कर रहे थे। जबलपुर के बस स्टैंड पर एक भिखारी बस की खिड़की के सामने हाथ फैलाकर मुझ से भीख मांग रहा था। मैंने जेब से एक रूपया निकाल कर उस भिखारी के कटोरी में

डाल दिया। भन्ते जी यह सब देख रहे थे। मुझे लगा भन्ते जी कहेंगे, "वाह! बेटे बहुत पुण्य का काम किया, भिखारी को जो दान दिया।" परंतु मेरी अपेक्षा भंग हुई जब उन्होंने कहा कि तुने भिखारी को भीख डाल कर उसे मांगने से मिलता है का सबक दिया और उसकी दशा को और पक्का कर दिया। तब से मुझे लगा कि भीख देना भी बुद्धिमानी से किया जानेवाला कार्य है। और इस सबक को मैं अब तक नहीं भूल पाया। ऐसे होते हैं महापुरुषों के आचार और विचार।

## ब्रिटेन में

भदन्त आनन्द कौसल्यायन इंग्लैंड के मध्य में वेस्ट मिडलैंड के वुल्वरहैम्पटन के 146 ली रोड पर स्थित बुद्ध विहार में मेरे रहते दो बार आये थे और काफी दिनों तक उन्होंने मेरे साथ मुक्काम किया। प्रथम बार मैंने उनके साथ अमेरिका और कनाडा का भी दौरा किया था। और दूसरी बार जब वह आ रहे थे उस वक्त मैं फ्रांस के पेरिस शहर में न्यूक्लीयर डिजार्मामेन्ट मूव्हमेन्ट के बैनर तले और तेरासावा प्रमुख जापानी संगठन के प्रतिनिधि स्वरूप तीन दिन बिना पानी पीये अनशन के लिये राजधानी के प्रशासनिक भवन के सामने बैठकर सद्धर्म पुंडरिक सूत्र को जापानी भाषा में नम्यो-हो-रेंगे-क्यो को रट रहे थे। अनशन के समाप्त होने के बाद मैं शीघ्र ही भन्ते के पास लौट आया। उस समय भन्ते जी ने ब्रिटिश मूर्तिकार द्वारा बनवाया गया आदम कद के डॉ. आंबेडकर की स्टैचू का अनावरण किया था। उस समय वहां कार चलाने वाले भिक्षुओं में दो ही थे। एक मैं और दूसरे रेवत धम्म जी, जिनका देहांत कुछ समय पहले ही हुआ है। उस समय भन्ते कहते थे "आप लोग तो कारवाले हो, हम तो बेकार हैं"।

## खिड़की

बुद्ध बिहार में उनके रहने की व्यवस्था मेरे पासवाले कमरे में ही की गई थी। ग्रीष्म ऋतु में दिन के समय कमरे की खिड़कियां खोलकर शीतल हवा का आनन्द ब्रिटेन में भी उठा सकते हैं। परंतु रात में खिड़किया बंद और कमरे का हीटर चालू कर गरम कमरे में सोना पड़ता है। अन्यथा वहां न्यूमोनिया पकड़ लेता है। भन्ते जी के कमरे को भी मैं इसी प्रकार युक्त तापमान में ही रखता था। एक दिन मैं लेट उठा। उठने के बाद भन्ते जी के कमरे में खिड़की खोलने गया तो भन्ते जी ने उसे पहले ही खोल रखी थी और कहने लगे, "देखो, हम भारतवासी

इतने पिछड़े हुए भी नही हैं कि यहां खुद कुछ कर ही न सके। आज मैंने अपने कमरे की खिड़की स्वयं ही खोल ली है।"

## कौंसिल हॉल

एक दिन वुल्वरहैम्पटन टाऊन के मेयर द्वारा भन्ते जी के सम्मानार्थ चाय पार्टी रखी गई थी। मेयर के साथ बहुत से कौंसिलर बातचीत करते हुये कौंसिल हॉल का भन्ते जी को मुआयना करा रहे थे। एक कौंसिलर बोला हमारे इस सभागृह की एक बड़ी खासियत है। इस में कोई भी हिटिंग सिस्टम नहीं लगा है, तो भी यह हॉल गरम रहता है। "कैसे?" भन्ते ने पूछा। कौंसिलर ने कहा, "यहां एक ऐसा यन्त्र फिट किया गया है कि वह यहां अन्दर प्रवेश करनेवाले हर व्यक्ति की नाक से जो श्वास छोड़ी जाती है, उसे खींच कर उर्जा बनाता है और उस से आवश्यक रूम टेम्परेचर कायम रखता है।" इस खासियत को सुनकर सबको बड़ा अद्‌भूत लगा और अपेक्षा कर रहे थे कि भन्ते जी भी "वन्डरफुल" कहकर उस तकनीक की तारीफ करेंगे। पर भन्ते कहने लगे, "हम पता नहीं कितनी देर से आपके इस सभागृह में मुआयना कर रहे हैं और हमारी कितनी सासों को आपके यन्त्र ने खींच कर उर्जा और तापमान बनाया होगा तो क्यों न हम आपको अपना एक लम्पसम बिल थमा दे ताकि आप उसे हमारे लौटने से पहले ही अदा कर जाये?" भन्ते जी को सुनते ही सभी के स्वर जोर के ठहाके में गूंजते रहे।

## बौद्ध विवाह पद्धति

यूं तो इंग्लैंड मे बौद्ध विवाह पद्धति से होनेवाला सर्वप्रथम विवाह, जिसे हम अंतर्जातीय, अंतर्प्रान्तीय और अंतर्राष्ट्रीय भी कह सकते हैं, वहां के जेष्ठ निवासी पंजाबी भारतीय श्री के.सी. लील की सुपुत्री के साथ नागपूर के श्री बागुल (बैरिस्टर) का सन 1964 में हुआ था। श्री लील द्वारा स्थापित इंडियन बुद्धिस्ट कौंसिल नामक संस्थान ने भी भंते जी के व्याख्यान लंदन के सभागृह में आयोजित किये थे तथा उसके सचिव श्री जे.के. क्लेर ने भी अपने टाउन में कार्यक्रम हेतु भन्ते जी को निमंत्रित किया था।

इंग्लैंड में रहते समय भन्ते जी ने भगीरथ सिद्धू और परमजीत कौर बौद्ध पद्धति से विवाह रस्म भी कराई। उस अवसर पर उन्होंने जिस ढंग से प्रवचन दिया और विधि को अमल में लाया उससे प्रभावित होकर मैंने एक *बुद्धिस्ट मैरेज एण्ड मेथड* नामक पुस्तक लिख डाली जिसकी स्वयं भन्ते जी ने जांच कर सराहना की और जिसे बाद में प्रकाशित कराया।

आनंदगढ के बुद्ध विहार का शिलान्यास करने के लिये श्री गुरुमुख सिद्धू मुझे वहां इंग्लैंड़ से ले गये थे। पंजाब में आधुनिक विहार निर्माण का आरंभ भी शायद आनंदगढ़ का यही बुद्ध विहार है। कई वर्षों के अन्तराल के बाद बौद्ध धम्म प्रचारक नामक हिन्दी मासिक के संपादक श्री रमेश सिद्धू से हाल ही में फोन पर चर्चा हुई। उन्होंने बताया कि हमारे हाथों से रोपित बुद्धांकुर अब बोधि वृक्ष की शक्ल में लहलहाने को आ रहा है।

आनंदगढ़ की इस विकासोन्नति के हर्ष के साथ कुछ यादें भी जुड़ी हैं। सभी नश्वर है के सिद्धान्तानुसार गोंड़बोरी में वह घर उजड़ गया, जहां मैं रहता था, इंग्लैंड की एक काउन्टी में वह देवकी नहीं रही, जिसे भन्ते नागसेन बुद्धकी कहते थे, और होशियारपुर मे विपश्यना सहायक टीचर श्री गुरुमुख सिद्धू नहीं रहे जिन्हें मैं महाराष्ट्र में स्थित धम्मगिरी से निकलने वाली विपश्यना पत्रिका में प्रकाशित सहायक आचार्यों की सूची में अभी तक हर बार खोजते रहता था।

1977 में इंग्लैंड में 22 दिसम्बर को बुल्वरहैम्पटन में 146 ली रोड का बुद्ध विहार भन्ते सद्धातिस्स और रेवतधम्म जी के हस्तों से खुला, जिसे 19 जुलाई 1969 में बनी डॉ. आंबेडकर मेमोरियल कमिटी आफ गेट ब्रिटेन द्वारा 23 जून 1976 में निर्मित अम्बेडकर बुद्ध विहार ट्रस्ट ने बनवाया था। उस विहार में भन्ते चन्द्रबोधि जी के नेतृत्व में 10 नवंबर 1979 को बुद्ध विहार मैनेजमेन्ट कमेटी और 2 मार्च 1980 को प्रजापति धम्म प्रचार कमिटी फार वूमेन की स्थापना हुई। निकालकर शहर के इतिहास की सबसे बड़ी बुद्ध जयंति मनाई गई, जिस में भिन्न-भिन्न देशों के 40 भिक्षु गण तथा सात सौ लोग उपस्थित थे।

## अमेरिका व कनाडा

बुद्धिस्ट कल्चरल इन्स्टिट्यूट, मैनहेटन, न्यूयार्क की अध्यक्षा श्रीमति सुजाता नटराजन तथा टोरंटो के योगेश वरहाडे, श्री दर्शन चौधरी, श्री वर्दी प्रभृति अम्बेडकरी बौद्धों के द्वारा संचालित अम्बेडकर मिशन इन्कार्पोरेशन, कनाडा के निमंत्रण पर भन्ते जी और मैं इंग्लैंड से अमेरिका व कनाडा की यात्रा पर निकले।

## हवाई जहाज में टंक लेखन

यूं. के. से अमेरिका और कनाडा तक और उन देशों में की गई इंटर-स्टेट यात्रा भी भौगोलिक दृष्टी से और हवाई जहाज से भी लंबी महसूस हो रही थी। हमें देर तक जहाज में बैठे रहना पड़ता था। जहाज के अन्दर जो समय मिलता था उसे हम भन्ते जी द्वारा रचित बाबासाहेब आंबेडकर की लोकप्रिय पुस्तक *यदि*

*बाबा न होते* का मेरे द्वारा अंग्रेजी में किया हुआ अनुवाद को जांचते हुये बिताते थे। भन्ते जी उस में आवश्यक संशोधन को मुझे डिक्टेट करते जाते थे और मैं उसे साथ में लाये पोर्टेबल टाईपराइटर पर टंक लेखित करता जाता था। इस अनुवाद के कुछ अध्याय श्री डी.सी. अहिर ने अपने द्वारा संपादित और बुद्ध भूमि प्रकाशन द्वारा प्रकाशित भन्ते जी के *एसेज ऑन बुद्धिज्म* में समाहित किया। उसी अनुवाद को संक्षिप्त कर थाईलैंड के इंटरनेशनल नेटवर्क ऑफ एन्गेज्ड बुद्धिस्ट नामक संगठन के सुकसित श्याम प्रकाशक ने "डॉ. आंबेडकर: द लिबरेटर" के शीर्षक से प्रकाशित किया है।

## चिकन

हवाई जहाज में भोजन में जो पैकेट दिये जाते थे, उस में मांसाहारी यात्री को चिकन की कटोरी एक्स्ट्रा दी जाती थी, शेष सब सामग्री एक समान ही रहती थी। भन्ते जी बचपन से वेजिटेरियन थे। परंतु वे नानवेजिटेरियन लंच-पैकेट का ही आर्डर करने को मुझे बोलते थे और भोजन ग्रहण करते समय अपने ट्रे में से चिकन की कटोरी निकाल कर मेरे ट्रे में रख देते थे और कहते थे," महापंडित राहुल सांकृत्यायन और मैं कई अन्य भारतीय उम्मीदवारों के साथ श्रीलंका में श्रीपाद लुनुपोकने धम्मानन्द के हाथों भिक्षु की उपसम्पदा में दीक्षित हुये थे। जब भोजन के समय मैं और राहुल गुरुजी के दाये-बाये बैठते थे तो गुरुजी अपनी थाली में से एक मछली का टुकड़ा मेरी थाली में रखते हुये कहते थे, मेरा राहुल शिष्य मुझसे सवाई है। मुझे एक मछली लगती है तो उसे दो लगती है। आनन्द तो एक टुकड़ा भी नहीं खाता।"

## मरना सरल है

हवाई जहाज के सफर में उड़ान भरते समय, उतरते वक्त और हवाई जहाज में किसी इमरजेंसी की वजह से यात्रीओं को सिट बेल्ट, लाईफ जैकेट, आदि कैसे बांधना, उस की नली को कैसे मुंह में रखना, जैकेट को कैसे फुलाना और आपातकाल में जहाज का दरवाजा कैसे खोलना इत्यादि के बारे में कई सारी इन्स्ट्रक्शन हवाई सुंदरियों द्वारा दी जाती है और उनका डिमान्स्ट्रेशन भी यात्रीओं के सामने किया जाता है। एक बार उन्हें सुनकर भंते जी मुझ से बोले," क्या इतनी सारी बातें दुघर्टना के समय कोई यात्री याद रख पाता होगा? मुझे तो इन बातों की अपेक्षा दुर्घटना में मरना अति सरल लगता है।"

*चीटीं*: हिथ्रो एअरपोर्ट से केनेडी हवाई अड्डा नानस्टाप फ्लाइट से लगभग 8 घंटे की दूरी पर है। अमेरिका में पहुंच कर एक दिन हम न्यूयार्क के

ब्रान्क्स स्ट्रीट में स्थित थाई विहार में विराजमान हुये। वहां के इंचार्ज भिक्षु ने विश्राम के लिए हमें एक कमरा दिया था। उस में बैठकर थकान और भूख के समय प्रयोग करने के लिये हमारे पास एक पोटली में काजू और सोंगी रखे हुये थे तो उसे ही खाने लगे। खाते-खाते उसमें से एक चींटी निकल आई। उसे देखकर भन्ते ने कहा, देखो जानवर निकला है, हटाओ उसे। ''चींटी'' के लिये 'जानवर' शब्द का प्रयोग मैंने पहली बार सुना था तो मैं उस बात पर हंसते हंसते लोट-पोट हुआ। इससे भन्ते जी को चींटी के बारे में राहुल जी का मजाकिया कथन याद आया तो उन्होंने बताया कि राहुल जी कहते थे कि ये जो शुद्ध शाकाहारी जीवित रहते हैं उसका कारण और दूसरा कोई नहीं बल्कि उनके द्वारा भोजन में भूलवश चींटियों को खाये जाना है।

## विदेश में अंग्रेजी स्वदेश में हिन्दी

नागपुर में देशमुख शारीरिक महाविद्यालय है। एक दिन वहां के प्राचार्य भन्ते को विनती करने आये कि वे उनके कॉलेज में स्नातकों को एक व्याख्यान अंग्रेजी में देने का उनका निवेदन स्वीकार करें। भन्ते ने उन्हें तत्काल उत्तर दिया, ''देखिये, हमारे निवास पर दो ही जने अंग्रेजी में व्याख्यान देते हैं। एक तो मैं ही हूं और दूसरे हमारे चन्द्रबोधि जी हैं। परन्तु मैं केवल विदेश में ही अंग्रेजी में बोलता हूं परन्तु चन्द्रबोधि जी अपने देश में भी अंग्रेजी में व्याख्यान देते हैं। अतः आप उन्हें निमंत्रित करें।'' मैंने वह व्याख्यान देकर वहां अध्यापकों और छात्रों को इम्प्रेस तो कर आया परंतु भन्ते जी ने अंग्रेजी पर जो व्यंग कसा था वह आज भी भूल नही पाया हूं।

## मालिश

मैं गोंडबोरी ग्राम से होने के कारण आरंभ में मैं हलधर की स्टाईल में ही हाथ-पैर रगड़ सकता था। एक दिन भन्ते ने मुझे मालिश करने को कहा तो मैंने उसी हलधर स्टाईल का अमल उनके कोमल अंग पर किया। थोड़ी ही देर में भन्ते जी तिलमिला कर उठ बैठे और मुझे मीठे वचन में बोले, ''देखो, यह बदन किसी किसान का नहीं है, यह कलम के कलाकार कौसल्यायन का शरीर है, इसे जरा कलात्मक अदा से हैंन्डल करना।''

## वज्र

नागपुर में एक बार जब सिक्खों और बौद्धों में सशस्त्र संघर्ष छिड़ने की नौबत आई थी तो भन्ते जी स्वयं सिक्खों के बीच जाकर उन्हें चुनौती देने लगे

कि "आपको बौद्धों तक पहुंचने के लिये सब से पहले मेरी लाश से गुजरना पड़ेगा। मैं भी पंजाबन मां का बेटा हूं। आप में से कोई लाल है तो वह पहले मुझ से निपट ले। "भन्ते जी ने उक्त वचन को पंजाबी भाषा में दोहरा कर सिक्खों को ऐसे मूक करा दिया जैसे कोई सर्कस का रिंग-मास्टर चाबुक से शेर को अपने वश में कर लेता है। राहुल जी जैसे प्रकांड पंडित ने बाबासाहेब की प्रतिभा का लोहा मानकर संस्कृत पद्य में सचमुच ही कहा था: वज्रादपि कठोराणि मृदूनि कुसुमादपि अर्थात् वज्र से भी सख्त और पुष्प से भी कोमल बाबासाहेब को प्रणाम!

## पवनी

उन दिनों श्री मंसाराम जी राऊत पवनी के उत्खनन में मिले प्राचीन खंडहर के बगल में भव्य समारोह आयोजित किया करते थे। तब अक्सर भन्ते जी की अध्यक्षता में वहां के कार्यक्रम संपन्न होते थे। एक समारोह के दिन मैंने भी भन्ते जी का अध्यक्षीय भाषण सुना। उस समय वे पवनी नाम की उत्पत्ति के बारे में बताते हुये कह रहे थे, "यह स्थान बुद्ध के पावन अवशेषों से पुनीत होने के कारण ही इस का नाम पवनी या पौनी पड़ा होगा।"

उसके बाद इन्डो-जापान असोशिएशन तथा पञ्ञा-मेत्ता संघ के प्रमुख श्री संघरत्न जी ने अपना नेटवर्क स्थापित कर वहां चार चांद लगा दिये। मैं उनके लक्ष्य, कष्ट और जनकल्याण के योजनाओं की दाद देता हूं।

## केकड़ा

राजनीतिक विखण्डन और नागपुर के बौद्धों में परस्पर दुराव को देखकर भन्ते जी उन्हें संगठित करने हेतु तरह-तरह की मिसालें देते थे। एक बार उन्होंने केकड़ों की मिसाल देकर कहा, "एक बार केकड़ों की प्रदर्शनी में सभी देशों के केकड़ों को मर्तबान में रखकर दिखाया गया। उस प्रदर्शनी की एक विचित्र बात किसी दर्शक के ध्यान में आई। उस ने देखा कि सभी मर्तबानों को ढक्कन से ढंक कर केकड़ों को सुरक्षित किया गया था परंतु जिस मर्तबान में भारत के केकड़े रखे थे उस पर ढक्कन ही नहीं था और कोई वालुंटिअर भी उसके पास देखरेख नहीं कर रहा था। दर्शक ने विस्मयता से प्रदर्शनी के संयोजक को पूछा कि "आपने भारत के केकड़ों के बर्तन को ढक्कन से बंद नहीं किया तो क्या वे भारतीय केकड़े बाहर निकल कर भाग नहीं जायेंगे?" संयोजक ने कहा, "नहीं।" दर्शक ने कुतुहलता से पूछा, "कैसे?" संयोजक ने कहा, "क्योंकि

उन केकड़ों की आदत रही है कि उनमें से जब कोई केकड़ा उपर आने की कोशिश करता है तो बाकी केकड़े उस की टांग खींच कर उसे नीचे पटक देते हैं।"

काश! इस सबक से हम संगठित होकर एक स्वर में कहते, सुखो बुद्धान उप्पादों, सुखो सधम्म देशना, सुखो संघस्स सामग्गी, समग्गानं तपो सुखो अर्थात् बुद्ध का उत्पन्न होना, सत्धर्म की देशना करना, संगठनों का एकत्रित रहना और समग्रता से परिश्रम करना सुखकर है।

बुद्धं सरणं गच्छामि, धम्मं सरणं गच्छामि, संघं सरणं गच्छामि!

# 3

# सावरकर और आंबेडकर : अहिंसा और हिंदुत्व के संदर्भ में

अहिंसा और हिंदुत्व में जो भेद है वही अंतर शायद वीर सावरकर और शूर आंबेडकर में प्रतीत होता है। एक ही प्रदेश में पले दो महापुरुष समकालीन होते हुए भी उनमें परिस्थितिजन्य आकलन, आदर्श और दूरदर्शिता का भेद सुस्पष्ट दिखाई देता है। आयु में गांधी सावरकर से ज्येष्ठ थे और सावरकर डॉ. आंबेडकर से दस वर्ष बड़े थे। तीनों सत्पुरुषों ने विलायत में ही अपना विधि अध्ययन संपन्न किया था। तीनों का कार्य अपने देश के प्रति समर्पित रहा। तथापि देश की आजादी की घोषणा करने वालों में सर्वप्रथम ज्येष्ठता वीर सावरकर को ही दी जा सकती है। ऐसे बैरिस्टर सावरकर और डॉक्टर आंबेडकर के जीवन, चरित्र, कार्य और विचारों का तुलनात्मक अध्ययन करें तो उपरोक्तनुसार अंतर किस प्रकार दृष्टिगोचर होता है उसकी ऊहापोह करना यहां अभिप्रेत है।

वास्तव में अहिंसा भारतीय संकल्पना है। अहिंसा का हथियार के रूप में राजनीति में प्रयोग करना गांधी जी ने आरंभ किया था। परन्तु इस अहिंसा तत्व के संस्थापक महावीर थे, जो पच्चीस सौ वर्ष पहले गौतम बुद्ध के समकालीन रहे। महावीर जैन और तथागत बुद्ध में भी कतिपय साम्यता के बावजूद विचार और कार्यपद्धति में सुस्पष्ट अंतर रहा था, जो आधुनिक भारतीय प्रणेता डॉ आंबेडकर और महात्मा गांधी के बीच भी प्रतिबिंबित होता रहा। अहिंसा का बेहतर घर भारत ही हो सकता था, जहां विश्व के महान धर्म संस्थापकों, दार्शनिकों और शासकों ने अहिंसात्मक पद्धति से स्वत्व का साक्षात्कार किया था। अहिंसा के इस तत्व को वर्तमान भारतीय मनीषी स्वदेशी समझें या न समझें परन्तु अभारतीय कई चिंतक व दार्शनिक इस तत्व का आकलन, समर्थन, परिपालन या अनुकरण करते हुए भी इस बात को कृतज्ञता से स्वीकार करने में शर्मिंदगी का अनुभव नहीं करते हैं कि अहिंसा का स्रोत और उद्‌गम भारत था। अच्छा

विचार और ऊंचा आचरण कहीं से उद्भूत हुआ हो, उसका अनुकरण किया जाना चाहिए। अहिंसा की जननी भारत में अहिंसा का वर्गीकरण उसके अनुसरणकर्ताओं के अनुसार कई विभागों में किया जा सकता है। महावीर जैन के अनुसार 'अहिंसा परम धर्म है'। तो महाकारुणिक बुद्ध ने चेतना को ही कर्म कहा था। गांधीजी के अनुसार अहिंसा राजनीति में प्रयुक्त किया जाने वाला हथियार था तो सावरकर सशस्त्र क्रांति के हिमायती रहे और आंबेडकर स्वदेश, स्वरक्षणार्थ की गई क्रांति को आवश्यक और अहिंसात्मक मानते थे।

प्रश्न है कि इनमें से कौन-सी अहिंसा वास्तविक अहिंसा हैं? अहिंसा को परम धर्म मानने पर उससे बेहतर दूसरा कोई लक्ष्य हो ही नहीं सकता और यदि ऐसा हो तो अहिंसा गौण हो जाती है। तब वह परम धर्म कैसे होगा?

अहिंसा को हथियार के रूप में प्रयुक्त करने का अर्थ यह होगा कि परम लक्ष्य कोई और है और अहिंसा मात्र साधन है। इस दृष्टि से गांधी और सावरकर अहिंसा को अपने वांछित लक्ष्य के लिए साधन के रूप में प्रयोग करने वाले अनुशासकों की हैसियत से दोनों ही एकमार्गी हो जाते हैं। फर्क सिर्फ इतना ही था कि गांधी शत्रु पर प्रहार न कर शत्रु का प्रहार अपनों पर झेलना अधिक उचित मानते थे और सावरकर दुश्मनों का प्रहार अपनों पर होने के पहले स्वयं रक्षात्मक उपाय करना ज्यादा ठीक समझते थे। इस प्रकार सशस्त्र हिंसा और अहिंसात्मक रक्तपाल के बीच प्रहारक को स्वीकार करने और उसका प्रतिकार करने का ही फर्क होने के कारण दोनों एक ही सिक्के के दो पहलुओं के समान है।

डॉ. आंबेडकर ने बुद्ध की अहिंसा का अनुगमन किया। बुद्ध के अनुसार चेतनाहं भिक्खवे कम्मं वदामि अर्थात चेतना ही कर्म है का अभिप्राय यह है कि मन में अपकारी विचार से अपकारी कृति होती है और मन में उपकारी विचार से उपकारी कार्य होता है। डॉ. आंबेडकर ने Will to Kill and Need to Kill में फर्क करते हुए कहा था कि वैदिक हिंसा मन में बल का भाव रखकर यगों में बलि दी जाती थी इसलिए वह हिंसा ही कहलाएगी भले ही वह पवित्र मानी जाती रही। उसके विपरीत देश रक्षणार्थ देश के वीर बाकुरों को अपरिहार्यतः बलि देनी या लेनी पड़ती है, यह भले ही हिंसात्मक कृति मानी जाती है परंतु इसके पीछे रक्षात्मक नीयत होने के कारण वह अहिंसा ही कहलायेगी।

अहिंसा तत्व तो बौद्ध धर्म के पंचशीलों में भी प्रथम शील के रूप में दर्ज है। बौद्ध अहिंसा मैत्री का पर्याय है। वह चिकित्सक के ऑपरेशन में हुए रक्तपात

की ही तरह नीयत से उपाय कारक और दुखनाशक होकर भी देखने में अप्रिय होती है। इसलिए चीन, जापान, वियतनाम, श्रीलंका इत्यादि बौद्ध देशों में जो कुछ थोड़ा-सा हिंसात्मक दिखाई देता है, उसमें लोभ, द्वेष, मोह का लेश नहीं है तो वह स्वदेश रक्षणार्थ उठाया गया अहिंसात्मक कदम माना जाएगा।

किसी कार्टूनिस्ट ने एक व्यक्ति की नग्न तस्वीर खींचकर उसे अखबार में छपवा दिया था। उस तस्वीर के नीचे शीर्षक था, यह बाल ब्रह्मचारी है। पाठक ने उस शीर्षक के और नीचे जिज्ञासा में अंकित किया, तन से या मन से? जाहिर है ढोंग और सच्चाई में यही फर्क है। इस आधार पर हम कह सकते हैं कि गांधी-अभिप्रेत अहिंसा में जितनी मात्रा की हिंसा निष्पन्न होती है, सावरकर-अभिमुख हिंसा में कम से कम एक वर्ग हित तक अहिंसा फलित होती है। इस अहिंसा की तुलना में महावीर जैन की अहिंसा पराकाष्ठा थी और बुद्धांबेडकर को अभिप्रेत.अहिंसा चेतनासिद्ध, उपाय कारक और कोटीमुक्त मध्यम प्रतिपदागामिनी रही।

क्या सावरकर की सशस्त्र क्रांति को अहिंसात्मक कहा जा सकता है? इस प्रश्न का उत्तर ऊपर इंगित किया जा चुका है। अब हम उनकी स्वदेशी के बारे में जो अवधारणा थी उसकी यहां चर्चा करेंगे।

सावरकर ने स्वेदश प्रेम में विदेशी कपड़ों की होली जलाई थी। डॉ आंबेडकर ने स्वदेश में समानता का समाज स्थापित करने के लिए स्वदेश की ही ब्राह्मशाही और नारी निंदा की प्रतिनिधिक पुस्तक 'मनुस्मृति' को जलाया था। सावरकर ने देशभक्ति के आवेश में प्रथम महायुद्ध के दौरान मदनलाल ढींगरा को सर कर्जन वायली की हत्या करने के लिए प्रेरित किया था। जब गैर-हिंदू जज द्वारा अदालत में हिंदुओं को सजा सुनाई गई तो डॉ. आंबेडकर ने उन्हें निर्दोष साबित कर उनकी सजा निरस्त कराई थी। डॉ. आंबेडकर हिंदू समाज का पुनर्निर्माण कराना चाहते थे और वर्ण व्यवस्था का निर्मूलन देखना चाहते थे। जाति व्यवस्था को वे वंशभेद से भी खतरनाक विभाजन प्रणाली समझते थे। हिंदू मंदिर प्रवेश का उनके द्वारा चलाया गया आंदोलन मंदिर प्रवेश के लिए नहीं था बल्कि वह सभी हिन्दू भाई-भाई हैं और उन्हें मंदिर में जाने का समान हक है यह समझाने के लिए वह उनका आंदोलन था। उनकी स्वदेश भक्ति इतनी गहरी थी कि वे चारों वर्णों को समान रूप से एक ही मूल के मानते थे और विदेशी शब्द हिंदू या हिंदूत्व को भी वे भारतीयता के विरुद्ध समझते थे। इसके विपरीत वीर सावरकर हिंदूत्व के कट्टर हिमायती थे। उन्होंने विदेशी कपड़ों की भांति

विदेशी मूल के हिंदू शब्द को जलाया भी नहीं था। उनका इरादा समाज सुधार का रहा, न कि समाज पुनर्निर्माण का। 1 जुलाई 1909 के दिन वायली को मारने के बाद शहीद हुए ढींगरा की अंतिम इच्छा सावरकर के सम्मुख प्रकट की गई थी। वह इतनी ही थी कि मेरे शरीर का अंतिम संस्कार हिंदू धर्मानुसार होना चाहिए और मेरे पार्थिव शव को कोई अहिंदू भाई स्पर्श न करें और मुझे ब्राह्मणों के द्वारा ही मुखाग्नि दी जाए। यही हिन्दूत्व है तो हमें देशभक्ति किसी जापानी नागरिक से सीखनी चाहिए।

सावरकर ने अपने चरित्र ग्रंथ में जोसेफ मैझिनी का चित्रण किया। उसमें उन्होंने लिखा कि रामदास यानी मैझनी और मैझिनी यानी रामदास। परंतु यह समीकरण ठीक नहीं है। क्योंकि रामदास की स्वामी भक्ति और गोसाई तुलसीदास की रामभक्ति का तकाजा एक ही है और मैझिनी समस्त इटली को आवाहन करता है। रामदास कहते थे, ब्राह्मण हुआ भ्रष्ट तो भी वह त्रिलोक में श्रेष्ठ। रामचरित मानस में कहा गया है, सापत ताडत परुष कहता। विप्र पूज्य अस गावही संता।। पुजिय विप्र शील गुण हीना। सूद्र न गुनगन ज्ञान प्रवीना।। आरण्य कांड 40-1, अर्थात ब्राह्मण शाप दे, मारे, कटू बोले तो भी उसकी पूजा करनी चाहिए परंतु शुद्र गुणवान ज्ञानी होने पर भी उसकी पूजा नहीं करनी चाहिए यह संतों का वचन है। इसके विरुद्ध मैझिनी रोम की पोपशाही कें खिलाफ बगावत का प्रतीक था।

हिंदूत्व से सावरकर का अभिप्राय "भारत को पितृभू माननेवाला भारतीय" था। तो भी यह बड़ा विस्मयकारी विचार है कि कपड़े को विदेशी मूल के मानकर स्वेदश चेतना में उसका जलाया जाना जायज हो और कोई शब्द विदेशी मूल का होने पर उसे ग्राहय समझा जाए। वीर सावरकर ने विदेशी कपड़ों की जैसी होली जलाई वैसी होली वे विदेशी शब्द 'हिंदु' की भी जलाते तो उनका स्वदेश प्रेम और निखर जाता। वैसे तो संघ परिवार ने बंबई को मुंबई और कलकत्ता को कोलकाता तो बना ही दिया। फिर हिंदू को सिंधू या हिंदूत्व को सिंधूत्व कहने में क्या हर्ज था? जहां अंग्रेजी भाषा भी स्वदेश प्रेमियों के लिए विदेशी है वहां अरबी, फारसी और पर्शियन उनको स्वदेशी क्यों लगे? यदि अरबी समुद्र को सिंधू सागर कहना उचित है तो हिंद महासागर को सिंधसमुंदर कहना होगा।

"हिंदूत्व के पितृभू और पुण्यभू के संदर्भ में" यह प्रश्न उठता है कि क्या

विष्णु, महेश, राम, कृष्ण, गौरी, गणपति इत्यादि देवी देवता अथवा पेशवा जैसे शासक और भारतीय मूल के अन्य महापुरुष विदेश में पैदा होते तो क्या उनके अनुयायी उस प्रदेश को अपनी पुण्यभूमि नहीं मानते? येशु ख्रिस्त और मोहम्मद पैगंबर भारत में पैदा होते तो विश्व के सारे ईसाई और मुसलमान भारत को ही पुण्यस्थली क्यों नहीं मानते? और क्या गारंटी है कि पुण्यभूमि मानने वाला व्यक्ति ईमानदार ही होगा? और इसकी क्या गारंटी है कि जिसके पूर्वज जिस देश में है उस देश के प्रति उसकी आस्था असंदिग्ध होगी? क्या परवेज मुशर्रफ के बाप दादा भारत के होने से और उनका पैतृक निवास इस देश में होने के कारण वे अर्धभारतीय कहलायेंगे और क्योंकि उनकी आस्था मोहम्मद पैगंबर में है तथा उनकी पुण्यभूमि मक्का व मदीना है तो क्या वे आधे पाकिस्तानी कहलायेंगे? यदि उन्होंने कट्टरपंथि मुल्लाओं को डपट दिया है तो क्या वे पचहत्तर प्रतिशत भारत के और पच्चीस प्रतिशत पाकिस्तान के नागरिक हो जायेंगे? क्या भारत की वर्तमान निवासी सोनिया गांधी इटली में जन्मी, पली, बढ़ी लेकिन भारत में ब्याही गई तो क्या हिंदूत्व "बाप दिखाओं नहीं तो श्राद्ध करो" की कहावत के अनुसार उन्हें नहीं अपनाएगा? क्या एक ही देश और घराने के लोग एक-दूसरे के जानलेवा नहीं हो सकते हैं? इस संबंध में नेपाल के राजघराने की घटना ताजा है।

इसलिए "हिंदूत्व" को व्यापक पैमाने पर परिभाषित करना और "कठमुल्लापन" का आचरण करना विसंगति है।

वीर सावरकर ने स्वदेशी बौद्ध धर्म के अहिंसा तत्व को समझने और विदेशी साम्राज्य को चुनौती देते समय शत्रु का बलाबल परखने की जो साहसिकता दिखाई थी वह किसी चुनौती से कम गंभीर रही होगी ऐसा हम नहीं कह सकते हैं।

वीर सावरकर ने बौद्ध धर्म की अहिंसा से यह अपेक्षा की थी कि उस तत्व के प्रभाव से समाज एक तपोवन बन जाता और उससे भारत को शस्त्र उठाने की जरूरत कतई न पड़ती। इस आकांक्षा में उनकी अपेक्षा का आधिक्य नहीं है बल्कि इसमें उनके आकलन की मर्यादा का अतिरेक है। बुद्ध ने कहा ही था- "निर्वाण का रास्ता अलग है और संसार का पथ अलग है।" काश यह समझ युक्त समय में आ जाती कि अहिंसा का रास्ता पृथक है और हिंदुत्व का पथ पृथक है।

वीर सावरकर ने जिस सशस्त्र क्रांति के माध्यम से प्रथम विश्व युद्ध के परिवेश में लोकशाही प्रधान ब्रिटिश साम्राज्य को चुनौती दी थी उस सशस्त्र क्रांति

का प्रतिकारी भी एक ही सशस्त्र विदेशी शत्रु था। परन्तु डॉ. आंबेडकर ने सन् 1937 से लेकर 1947 के दरम्यान जिस युद्ध दुदुंभि को फूंका था तब उनके सामने अनेक दुश्मन तैनात थे। उनका पहला शत्रु था - मानसिक गुलामी, दूसरा था - शारीरिक दासता और तीसरा शत्रु था - सामाजिक बेड़ियां। मानसिक गुलामी को तोड़ने के लिए डॉ. आंबेडकर को "ब्रह्मदेष्टा" की गाली सनातनी लोगों ने दी थी। लेकिन वह उनके कार्यों का परिचायक "गहना" बनकर रह गया। ऐसा ही कुछ बाल गंगाधर तिलक के साथ भी हुआ था, जब उनको "सामाजिक विद्रोह के प्रणेता" कहकर आरोपित किया गया तो वह कटाक्ष उनका भूषण सिद्ध हुआ था। "ब्रह्मदेष्टा" से अभिप्राय है मन को सदा के लिए बंधुआ बनाकर रखने वाला ब्राह्मणवादी कर्म सिद्धांत जिसके अनुसार पूर्व जन्म में बुरे कर्म करने वाला जीव वर्तमान की दशा में अस्पृश्य, दलित इत्यादि हेय जाति में पैदा होता है। इस कर्म प्रणाली ने दलितों को सदियों से असहाय बना दिया था। डॉ. आंबेडकर ने इस धार्मिक मानसिक कर्म प्रणाली से विद्रोह कर दलितों का भाग्य स्वयं दलित निर्धारित करते हैं, यह आत्मविश्वास उनमें जगाया। वे कहते थे - 'Tell the Slave that he is slave and he will revolt' इससे दलितों के भीतर विद्यमान मानसिक गुलामी की धारणा आत्मविश्वास में बदलती रही। डॉ. आंबेडकर ने अपने विचारों को साकार करने के लिए जमीनी आंदोलन चलाए। उससे दलितों के नवजीवन के दौर का सूर्योदय हुआ।

दलितों की मानसिक गुलामी को तोड़कर डॉ. आंबेडकर ने उनकी शारीरिक अथवा भौतिक गुलामी को चुनौती दी। उनके लिए समाज, शिक्षा, संपत्ति, राजनीति, धर्म, संस्कृति और देश में समान आर्थिक अवसर, सामाजिक प्रतिष्ठा, ऐतिहासिक नुकसान-भरपाई, राजनैतिक भागीदारी, धार्मिक स्वतंत्रता, सांस्कृतिक एकता, शैक्षणिक प्रगति और एक देश की एक नागरिकता संवैधानिक तरीके से हासिल करवाई। उन्होंने सम्पूर्ण भारतीयता को साकार बनाने के लिए धर्म, वंश, रंग, जाति, दर्जा, लिंग और क्षेत्र का भेद दूर कर देश के सभी नागरिकों में बंधुत्व का भावनात्मक संबंध स्थापित कर दिया और उन्होंने बुद्धत्व की दु:ख उन्मूलक पद्धति की धरोहर रखी जिसे संभालना अब वर्तमान पीढ़ी का दायित्व है।

सामाजिक बेड़ियों को तोड़ने के लिए डॉ. आंबेडकर ने पुनर्रचनात्मक कार्यक्रमों का आगाज किया। सर्वप्रथम उन्होंने देश-विदेश की उच्च्व शिक्षा व शोध की ऊंची-ऊंची उपाधियां हासिल कर भारतीय समाज की शल्य चिकित्सा

की। समाज में सब से नीचे और उपेक्षित लोगों में उन्होंने दलितों को पाया। उन्हें सामाजिक रुढ़ी और विश्वासों से उभारने और उनमें नई चेतना जगाने हेतु डॉ आंबेडकर ने मूकनायक, बहिष्कृत भारत, समता, जनता और प्रबुद्ध भारत नामक मराठी साप्ताहिक और मासिक चलाए। राजनैतिक भागीदारी से वंचित दलितों को राजनीतिक सत्ता में बराबरी का प्रतिनिधित्व दिलाने के लिए डॉ. आंबेडकर ने उनके लिए पृथक मतदान के अधिकार की मांग साऊथबरो व सायमन आयोगों और गोलमेज परिषदों के सम्मुख रखी थी तथा उनके राजनैतिक अधिकारों के लिए गांधी जी से पूना में संयुक्त निर्वाचन का समझौता किया। दलितों के मानवीय अधिकारों के लिए उन्होंने सन् 1928 में महाड के चवदार तालाब पर पानी का सत्याग्रह किया और सन् 1930 में नासिक के कालाराम मंदिर में पूजा का सत्याग्रह किया। बाद में डॉ. आंबेडकर ने जब देखा कि हिंदू धर्म में रहकर सामाजिक बेड़ियों को तोड़ और सामाजिक पुनर्निर्माण करना बेहद कठिन है तब उन्होंने सन् 1934 में येवला की विराट धर्म परिषद् में वचन दिया, "मैं हिंदू पैदा हुआ लेकिन मैं हिंदू नहीं मरुंगा।" हिंदू रहते सामाजिक पुनर्निर्माण करना असंभव देखकर डॉ. अम्बेडकर ने अपने दलित भाईयों को दिए गए वचन को 14 अक्टूबर 1956 के दिन नागपुर की दीक्षा भूमि पर लाखों अनुयायियों के साथ बौद्ध धर्म को ग्रहण कर पूर्ण किया। इस घटना के सात हफ्तों के पश्चात् ही उनका परिनिर्वाण हुआ।

ऐसे तीन-तीन शत्रुओं का सामना कर देश की सामाजिक, आर्थिक व राजनैतिक स्वतंत्रता की लड़ाई लड़ना पारंपरिक वैश्य, क्षत्रिय व ब्राह्मण कुल में पैदा हुए वीर को भी कठिन ही नहीं, असंभव भी था। वरना वैश्य कुलभूषण गांधी और ब्राह्मण कुलपुत्र सावरकर ही पर्याप्त नहीं होते। क्षत्रिय तो वंश परंपरा से योद्धा थे पर क्या उक्त तीनों का सामना वे कर सके? इतिहास में तीर्थंकर और तथागत भी अपनी श्रमण संस्कृति में शूद्र को श्रमण तो बना सके परन्तु किसी ब्राह्मण को वे शुद्र नहीं बना सकें। वशिष्ठ और विश्वामित्र ऋषि भी अपनी धार्मिक वरीयता की लड़ाई में ही व्यस्त रहे परंतु वे भी किसी दलित को ब्रह्मर्षि नहीं बना सके। सर्वप्रथम बुद्ध ने ही अपने प्रतिष्ठित संघ में सुनीत, सोपाक, सुमंगल जैसे दलितों को और चांडालिका, आम्रपाली, पटाचारा जैसी नारियों को भिक्खू-भिक्खुनि का पवित्र दर्जा देकर धार्मिक, लैंगिक गुलामी से मुक्ति दिलाई थी। मध्यकाल में जुलाहा कबीर ने भी कठमुल्लापन पर प्रहार कर पाखंड का भंडाफोड़ किया था। अंग्रेजी हुकूमत के समय शूद्र फुले ने नारी और

सामाजिक गुलामों को आजाद कराने का यशस्वी संग्राम चलाया था। अंत में आधुनिक भारत में ब्रिटिश साम्राज्य के अस्त और भारत की स्वतंत्रता का सूर्योदय होते समय शूर डॉ. आंबेडकर ने एक दलित परिवार में जन्म लेकर, गरीबों में कुपोषण और समाज में अपमान को सहते हुए भी स्वाभिमान को इस ऊंचाई तक पहुँचाया कि प्रतिक्रांति के उक्त तीनों शहंशाहों को शह दी और वर्गविहीन, जातिविहीन, समतामूलक सर्वसमावेशक भारतीय स्वतंत्रता के प्रेमियों को भविष्य में आने वाले खतरों के प्रति सजग रहने और देश की अंखडता को बरकरार रखने के लिए यह चेतावनी दी थी। उन्होंने कहा था : "मुझे जो चीज बेचैन करती है वह यह तथ्य है कि भारत ने पहले भी एक बार अपनी आजादी खोई ही नहीं बल्कि उसने वह अपने ही लोगों की देशद्रोही और दगाबाजी से खोई थी। जब मोहम्मद-बिन-कासिम ने सिंध पर हमला किया था तो दाहिर शाह के सरदारों ने कासिम के एजेंटों से घूस लेकर अपने राजा के तरफ से लड़ने को ही इंकार कर दिया था। भारत पर आक्रमण करने और पृथ्वीराज के खिलाफ लड़ने के लिए मोहम्मद गोरी को बुलाने वाले और उसे अपनी और सोलंकी राजाओं की तुनुक देने का वचन देने वाले जयचंद ही थे। जब शिवाजी हिंदुओं की मुक्ति के लिए लड़ रहे थे तब अन्य मराठा सरदार और राजपूत महाराज मुगल सम्राटों की तरफ से जंग लड़ रहे थे। जब सिक्ख शासक अपनी सल्तनत को बचाने के लिए ब्रिटिशों से लड़ रहे थे तब सिक्ख सेनापति चुप बैठे रहे और उन्होंने सिक्ख सल्तनत को बचाने के लिए कोई मदद नहीं की। सन् 1957 में जब भारत का अधिकतर हिस्सा ब्रिटिश सत्ता के खिलाफ अपनी आजादी का शंख फूक रहा था तब सिक्ख स्तब्ध रहे, और मूक दर्शक की भांति घटना को देखते रहे।"

इसलिए डॉ. आंबेडकर ने सबको आगाह करते हुए कहा था, "Guard against the eventuality of parties placing their creed above the country or else our independence will be put in jeopardy a second time and probably be lost for ever. We must be determined to defend our independence till last drop of our blood."

तथापि वीर सावरकर और शूर आंबेडकर में जो साम्य और भेद है, उन्हें निम्न स्तंभ द्वारा प्रस्तुत किया जा सकता है:

| अम्बेडकर | सावरकर |
|---|---|
| 1. भारत के सभी दलों के एकमेव प्रतिनिधि है को आंबेडकर ने फासीवाद व लोकशाही को गंभीर खतरा कहा था। | 1. आंबेडकर के प्रस्तुत मल का समर्थन सावरकर के अलावा केलकर, जमनादास, सेटलवाड, जहांगीर और चंदावरकर ने भी किया था। |
| 2. उन्होंने भारत विभाजन की समस्या के समाधान के लिए प्रासंगिक ग्रंथ "थाट्स ऑन पाकिस्तान" लिखा। | 2. इन्होंने उस तोडी का कोई ग्रंथ नहीं लिखा। |
| 3. वाइसराय की कार्यकारिणी में दलित प्रतिनिधित्व की मांग की। | 3. दलित प्रतिनिधत्व की मांग का समर्थन किया। |
| 4. बंबई के दैनिक मराठी समाचार-पत्र *प्रभात* ने सन् 1942 में लिखा था कि डॉ. आंबेडकर की दलित सेवा गांधी, सावरकर व दयानंद की अपेक्षा अधिक थी। | 4. आंबेडकर के व्यक्तित्व और सामाजिक कार्य की प्रशंसा की। |
| 5. 22 जुलाई, 1947 को संविधान सभा ने आंबेडकर के पसंद का अशोक चक्र तिरंगा ध्वज पर अपनाया। | 5. गांधी के चरखे की जगह चक्र की अनुशंसा की थी। |
| 6. हत्याएं और सिविल युद्ध रोकने के लिए विभाजन और जनसंख्या के स्थलांतरण का सुझाव दिया। | 6. अखंड भारत चाहते थे, सिविल वार की परवाह नहीं थी। |

| | |
|---|---|
| 7. हिंदू धर्म और हिंदुस्तान के लिए आंबेडकर का योगदान राम मोहन राय, दयानंद और विवेकानंद की अपेक्षा संवैधानिक, राजनैतिक व देश विकास के क्षेत्र में अधिक था। | 7. हिंदू धर्म के लिए योगदान किया। |
| 8. भारत के नवजीवन के दौर को आगे बढ़ाया। | 8. भारत के पुनर्जीवन के दौर को आगे बढ़ाया। |
| 9. समाज के निम्न वर्गों को प्रभावित किया। | 9. समाज के सामान्य वर्गों को प्रभावित किया। |
| 10. बौद्ध धर्म की अहिंसा का सही आकलन किया। | 10. बौद्ध धर्म की अहिंसा का सही आकलन नहीं किया। |
| 11. हिंदू धर्म और बौद्ध धर्म में भेद किया। | 11. हिंदू धर्म और बौद्ध धर्म में भेद नहीं किया। |
| 12. बौद्ध धर्म की दीक्षा ग्रहण कर सर विलियम हंटर द्वारा सन् 1881 में की गई बौद्ध धर्म के पुनरोद्धार की भविष्यवाणी और टैगोर की बुद्ध के वापसी की पुकार को साकार बनाया। | 12. बौद्ध धर्म ग्रहण करने के महत्व का आकलन नहीं हुआ। |
| 13. बौद्ध धर्म को श्रेष्ठतम बताया। | 13. बौद्ध धर्म के दुर्गुण बताए। |
| 14. द बुद्ध एण्ड हिज धम्म नामक ग्रंथ लिखा। | 14. सन्यस्त खड्ग नामक नाटक लिखा। |
| 15. हिंदुओं को बौद्ध बनने की सलाह दी। | 15. हिंदुओं को बौद्ध धर्म से सावधान रहने की सलाह दी। |

| | |
|---|---|
| 16. बौद्ध धर्म की अहिंसा बुद्धिसंगत और व्यावहारिक है। | 16. बौद्ध धर्म की अहिंसा भारत को भक्त न बना सकी और न उसे रक्त से मुक्त करा सकी। |
| 17. दलित थे। | 17. ब्राह्मण थे। |
| 18. सन् 1891 में जन्में थे। | 18. सन् 1883 में जन्मे थे। |
| 19. रक्तहीन क्रांति के साधन को अपनाया। | 19. सशस्त्र क्रांति के साधन को अपनाया। |
| 20. बुद्धिवादी गैर-ब्राह्मण थे। | 20. बुद्धिवादी ब्राह्मण थे। |
| 21. सामाजिक स्वतंत्रता के क्रांतिवीर थे। | 21. राजनैतिक स्वतंत्रता के क्रांतिकारी थे। |
| 22. उनके अनुसार इटली के मैझिनी और भारत के रामदास ये दो अलग-अलग चरित्र थे। | 22. इनके अनुसार इटली के मैझिनी और भारत के रामदास ये दो एक ही चरित्र थे। |
| 23. धर्म और राजनीति पृथक है। | 23. धर्म और राजनीति एक है। |

# 4

# आंबेडकर के लफ्ज भगवान भी नहीं काट सकता

"जिस जगत में मैं पैदा हुआ हूं, अगर उसकी मकरूह गुलामी और गैर-इन्सानी नाइन्साफी की जंजीरें न तोड़ सका, जिसमें वह कराह रहा है तो मैं अपनी जिंदगी को गोली मार कर खत्म कर दूंगा!"

आजादी, हमदर्दी और उन्नती की बरकतों से कबतक खाली रहेगी।

यदि मैं गांधी और जिन्ना को घृणा करता हूं तो मैं उनसे नफरत नहीं करता बल्कि मैं उन्हें नापसन्द करता हूं वह इसलिये कि मुझे देश अधिक प्यारा है।

बम्बई सागर के चौपाटी के रेगिस्तान में बाबासाहेब का पुतला खड़ा करने की उनके बंदों की तमन्ना थी। लोकमान्य तिलक और वल्लभ भाई पटेल की कतार में राष्ट्र गुरु आंबेडकर का भी पुतला खड़ा रहता तो रोजाना सागर के पीछे ढलने वाला सूरज दो-चार मिनट तो रुककर ही ढलता। लेकिन इन्साने मजीद की इबादत करने का मौका बदनसीब यशवंतराव चौहान ने गंवाया।

हिन्दुस्तान के संविधान के बड़े शिल्पकार और मध्यवर्ती सरकार के मंत्री मंडल का एक भूतपूर्व वजीर मरहुम होने पर उनकी याददाश्त में सियासत की कचहरियाँ बंद रखी जाती तो उनमें कांग्रेस की ही शान थी।

लेकिन कांग्रेस से आजन्म लोहा लेने वाले आंबेडकर का उनकी हुकूमत में ऐसा गौरव होना गैर है, ऐसा यशवंतराव चव्हाण को लगा होगा।

"इन्सान मरा तो बैर मिटा" ऐसी कहावत है। लेकिन दुश्मन बाबासाहेब के चल बसने के बाद भी उसने अपने दुश्मन का बदला लिया।

तिलक भक्त गाडगिल ने भी अपने मकरूह और गवाहर लफ्जो के तेरो-नरतर राष्ट्रगुरु आंबेडकर के कब्र पर डाल करके अपने यशवंतराव के शागिर्द होने के सबूत को साबित कर दिखाया।

महामानव के मौत से साधारण आदमी के भी दिल दाद देते हैं, लेकिन सूरज ढलते वक्त भी चिल्लाने वाले उल्लू संसार में होते हैं-तो क्या करें?

भारत में आज तक अनेक हस्तियां खत्म हुई होगी लेकिन जिसके मृत्यु हो जाने पर यदि करोड़ों ह्रदय लहु–लुहान हूए हों और करोड़ों आंखों से आंसुओं की धारा बहीं हो ऐसी मौत केवल आंबेडकर की हुई।

रोजाना "मराठा" के एडिटर आचार्य अत्रे ने 1956 के 6 दिसम्बर को इन शब्दों में बाबासाहेब को अपनी श्रद्धांजली भेट की।

बाबा गये! सात करोड़ जनता असहाय हुई। जुल्म और बनावटी बेइन्साफी के खिलाफ आजीवन ईमान से जूझनेवाले जुझारू बहादुर चले गये। पांच हजार वर्षों तक पांच करोड़ लोगों का हिन्दु समाज द्वारा किये गये छल का मुंहतोड़ और जंगी जवाब आंबेडकर थे।

आंबेडकर यानी जंग, यकिनन जंग। उनके जिस्म के जर्रे–जर्रे से जंग जाहीर होता था। आंबेडकर जुल्म के वास्ते बनी हुयी वज्र की मुट्ठी थे! आंबेडकर बनावटी और जालसाजी के सर को कलम करने वाली गदा थे। आंबेडकर यानी जन्मभेद और नाबराबरी पर छोड़ा गया सुदर्शन चक्र।

आंबेडकर जुल्म और वर्णशाही की आंतकियों को फाड़ने वाला शेरका नाखुन थे। आंबेडकर यानी वतनदार और सियासतदारों के खिलाफ छेड़ा गया संग्राम।

आंबेडकर ने रब, मजहब, जाति भेदो के फंदों और बंदगी के खिलाफ रण बिगुल फूंकने वाले बुद्ध जैसे रहबरों को अपनाया। गिरी हुयी औरतों को ऊपर उठाने की कोशिश करनेवाले महात्मा फूले को खत्म करने के लिए हिन्दू समाज ने भाड़े के हत्यारे भेजें। कबीर के हाथ पांव बांधकर पानी में डुबो दिया गया, हाथी के पैरो तले रौंदा गया और फिर मरने के बाद हिन्दु और मुसलमानों को उनके बारे में इतना प्यार होने लगा कि उनके लाश का हक हासिल करने के लिए एक दूसरे का सिर फोडने तक तुल गये। भगवान बुद्ध के खून के प्यासों ने भी उन्मत्त नालागिरी हाथी और बेकाबू देवदत्त जैसे कातिलों को छोड़े बिना चैन नहीं ली।

मुददत् में और उसके बाद भी जिन्हें दुःख, दर्द और छल का हलाहल पीना पड़ा ऐसे बहादुर रहबरों के आंबेडकर सच्चे शागीर्द थे।

हिन्दू समाज और कॉंग्रेस की सियासत के जरिए आंबेडकर का जितना अपमान, जितनी बुराई और जितनी धोखाधड़ी हुई वह शायद ही कभी किसी के साथ हुई होगी।

टूटूंगा, सहूंगा, मरूंगा लेकिन झुकूंगा नहीं इस जिद से उन्होंने बगावत का जिहाद छेड दिया था।

कुत्ते-बिल्लियों से भी गिरा बर्ताव करने वाले तुम्हारे मजहब में मैं नहीं जिऊंगा। इन्सान और इन्सान के बीच हराकत का जहर फैलानेवाले तुम्हारे स्मृति ग्रन्थों को जला दूंगा इस कदर सीना ठोककर वे सनातनी हिन्दुओं को आगाह करते थे। इस पर हिन्दू लोग उन पर गुस्सा हुये। उनको लगा आंबेडकर मोहम्मद गजनवी से भी बहुत बड़ा खतरनाक हमलावर है।

धर्म अख्तियार की पुकार करने के बाद उनका खून करने के इरादे से एक हिन्दू लीडर डॉ. कूर्त कोटी के पास गया लेकिन डॉ. कूर्त कोटी ने उसको कहां 'खबरदार जो तुम आंबेडकर पर हमला करने चले हो। आंबेडकर के हर खून के कतरे से दस दस आंबेडकर पैदा होंगे"।

उनकी धर्मान्तर की घोषणा हिन्दू मजहब के विनाश की घोषणा नहीं थी। वह हिन्दू मजहब को चेतावनी थी।

वर्ण-व्यवस्था हिन्दू धर्म और हिन्दुस्तान के गिरावट की असली जड़ है, यह उनके लफ्ज थे।

उन्होंने एक बार कहा था "अगर किसी दुश्मन का बदला लेना ही होता तो पांच साल के अन्दर मैं इस देश को तबाह कर दिया होता लेकिन इस देश के इतिहास में गद्दार की हैसियत से खलनायक दर्ज होना मेरे ख्वाब में न था। मुझे इस बात का बहुत गर्व है कि मैंने तमाम उम्र में मैंने ऐसा कोई काम नहीं किया जिससे मुझ पर कोई कलंक या लांछन आये"।

गांधी के खून से सने हुये हाथ किसी गोडसे के ही हो सकते हैं, किसी ब्राह्मण के हो सकते है, औरों के नहीं।

नौ करोड़ मुसलमानों को खुश करने के लिए कांग्रेस ने इस भूमि के तीन टुकडे कर डाले। लेकिन छह करोड़ अछूतों की मोहब्बत को हासिल करने के लिए कागजी कानून बनाने के अलावा कांग्रेस ने कुछ भी नहीं किया।

तब भी देश को आजादी मिलते ही संविधान समिति में आंबेडकर ने अखंड हम वतन देश और एक जमाति संगठन का नारा बुलंद किया। मैं जो बोलूं या लिखूं यह हकीकत नहीं है, ऐसा कहने की हिमाकत रब की भी नहीं, ऐसा जोश और भरोसा उनके दिलो दिमाग मे हमेशा मौजूद रहता था।

हिन्दू धर्म में पैदा होना मेरे बस की बात नहीं थी, लेकिन उसमें मरूँगा नहीं यह बदले की भावना से नहीं बल्कि उम्मीद और हमदर्दी रखने वाले दिल की अन्दरूनी पुकार थी। इस लफ्जो से इन्सान सबक सीख ले तो आज भी संसार को बेचैनी और नाबराबरी से अमन और भाईचारे का जीवन देने वाले भगवान बुद्ध के धर्म को खुल्लम खुल्ला अख्तियार करनेवाले इन्सान के रास्ते में कौन हरकत करने का साहस करेगा।

# 5
# भारत देश मेरा है

आज का समाज जितना सुसभ्य बनता जा रहा है उतना ही वह सुसंस्कृत भी बन गया होता तो शायद उसे उतनी भयभीत और असुरक्षित हालत में कभी न पाते जितनी भयभीत और असुरक्षित हालत में वह पाया जा रहा है।

ऐसी ही हालत में गीता के कृष्ण भगवान कहते हैं–

**सर्व धर्मान् परित्यज्य मामेकं शरण व्रज।**

**अहंत्वाम् सर्वपापेभ्यां मोक्षयिष्यामि मां: शुच॥**

सभी धर्म छोड़कर मेरी शरण आओ तो मैं तुम्हारी सभी पापों से मुक्ति करा दूंगा।

हमारे भारतीय समाज में जितने धर्म विद्यमान हैं और जितने धर्मानुयायी हैं उतने धर्म और उतने धर्मानुयायी शायद ही किसी दूसरे समाज में हों। ऐसे विभिन्न धार्मिक जन समुदाय की एक ही जननी को 'भारत माता' कहते हैं। ऐसे अनेक धर्म समूहों से मिलकर बने भारतीय समाज का एक ही राष्ट्रध्वज है, जिसकी शान को बरकरार रखने के लिये हम अपना सर्वस्व न्योछावर करने को तत्पर रहते हैं। हमारी विभिन्न प्रांतीय भाषा-सरिताओं का संगम एक ही हिंदी-भाषा महासागर में होता है। करोड़ों भारतीय हृदयों का एक ही जन गण मन अधिनायक यह राष्ट्रगान है। सभी धर्म-संप्रदायों का एक ही संविधान है, जिसमें कॉलम पच्चीस के अंतर्गत धर्म निरपेक्ष भारतीय लोकसत्तात्मक गणराज्य में प्रत्येक नागरिक को धार्मिक स्वतंत्रता का मूलभूत हक हासिल है।

मनुष्य के मानवीय सम्बन्धों से बढ़कर उसके परस्पर धार्मिक सम्बन्ध होते हैं। धर्म मनुष्य के अपने बंधुत्व के संबंध को पवित्रतम बनाता है। सभी धर्मों में यदि कहीं कुछ मौलिक समभाव है तो वह यही उसके नैतिक व पवित्र जीवन पद्धति में है। इसे हम प्रत्येक विद्यमान धर्म के अध्ययन और आचरण से अनुभव कर सकते हैं।

शील या सदाचार में प्रतिष्ठित आदि, मध्य और अन्त में लोक कल्याणकारी सध्दम्म के महाकारुणीक तथागत के संघ में ईसा पूर्व तीसरी शताब्दी में शरणागत प्रियदर्शी सम्राट अशोक ने अपने बारहवें शिलालेख में धार्मिक सहिष्णुता का मर्मस्पर्शी उपदेश दिया है। उनका कहना है कि सच्ची धर्मोन्नति का मूल वाक–संयम है–"इदं मूलं वाचि गुति। मनुष्य अपने धर्म की स्तुति और दूसरे धर्म की निन्दा न करे।" जो अपने समुदाय की भक्ति के कारण अपने ही धर्मवालों की प्रशंसा करता है और अन्य धर्मानुयायियों की निन्दा करता है, वह वास्तव में अपने सम्प्रदाय को बहुत हानि पहुंचाता है। प्रियदर्शी राजा चाहता है कि सब धर्मवाले सर्वत्र मेल–मिलाप से रहें। लोग एक दूसरे के धर्म को सुनें और उसका सेवन करें। सब धर्मवाले बहुश्रुत हो और उनका ज्ञान कल्याणमय हो। मनुष्यों के ऊंच–नीच विचार और ऊंच–नीच अनुराग होते हैं। कोई अपने धर्म का पूरी तरह और कोई अंशमात्र पालन करेंगे। जिसके यहां देने को बहुत दान नहीं है, उसमें भी संयम, भाव–शुद्धि, कृतज्ञता और दृढ़ भक्ति तो अवश्य हो ही सकती है।"

सर्वधर्मसम्भाव का इससे अधिक प्रभावशाली उपदेश विश्व इतिहास में नहीं दिया गया।

प्रोफेसर तार्न का कथन है कि ज्ञात–प्रांतों में सिकंदर ही ऐसा एक क्रांतिकारी व्यक्ति है जिसने कि मनुष्य में बंधुत्व की और विश्व में मानवीय एकात्मता की कल्पना की थी। उसने बर्बर जातिओं को न 'जंगली' कहा था न उनसे ऐसा बर्ताव किया था। यवन दार्शनिकों ने मनुष्य स्वभाव सर्वत्र एक ही है इसकी घोषणा की थी। इ.पू. छठी शताब्दी के अनंतर पराये मनुष्य को शत्रु समझे जाने की रूढ़ी थी। अफलातून ने अपने 'रिपब्लिक' नामक ग्रंथ में बर्बर जातियां स्वभाव से ही शत्रु होती हैं इसका पुरस्कार किया। अरस्तू ने कहा था कि दास 'स्वभाव' से ही पैदा होते हैं और बर्बर जाति के साथ लड़ना स्वभाविक बात है। अगस्तिन ने विश्व के बर्बर लोगों को शैतान कहा था। परन्तु सिकंदर ने अपने गुरु अरस्तू की शिक्षा को यही नकारा और यवन और बर्बर लोगों में वांशिक भेद होने का निषेध करते हुए उनमें एक ऐसे नैतिक भेद होने की बात को ग्राहय माना, जो भेद एक अच्छे सुसंस्कृत और एक अभद्र जंगली व्यक्ति में दृष्टिगोचर होता है। अशोक और सिकंदर (अलेक्जेण्डर) प्राचीन समय के विशाल हृदय चेतना का प्रतिनिधित्व करते हैं।

आधुनिक अशोक व अलेक्जेण्डर का नाम डॉ. आंबेडकर है, उन्होंने धर्म, धम्म, सत्धम्म में भेद कर विशाल राष्ट्रीय विश्व हृदय चेतना को जगाया और आधुनिक मानवता का सूत्रपात किया है।

डॉ. आंबेडकर मुगल सम्राट अकबर के समान भारतीय समाज में प्रचलित सांप्रदायिक तनाव को शांत करने के लिये जैसे अकबर ने अपने दरबार में' सर्वधर्मसमभाव' को प्रचारित किया था। वैसे डॉ. आंबेडकर ने अपने 'धम्म-दरबार' में सत्धम्म को प्रचारित किया। सत्धम्म में मैत्री की शिक्षा है। मैत्री मानव व मानवेत्तर पशु और वनस्पति तक बढ़ा सकते हैं। इसकी प्रतीति अमेरिकन राष्ट्रपति अब्राहम लिंकन में झलकती थी। एक बार उन्होंने अपने सिनेट गृह की बैठक को कुछ देर स्थगित और उसके कारण उन्हें करना पड़ा। क्योंकि नाली में फंसे सूअर को वहां से मुक्त करना था। सूअर उन्होंने 'जान' समझा था।

हिंदू समाज में दलितों को मानव समझे जाने की संस्कृति बुद्ध ने दी। मानव को शूद्र, वैश्य, क्षत्रिय, ब्राह्मण समझे जाने की कुसंस्कृति सत्धम्म की संस्कृति नहीं है।

बुद्ध ने कहा मेरा धम्म बेड़े की तरह पार होने के लिये है, पकड़कर रखने के लिये नहीं। डॉ. आंबेडकर ने कहा था 'धर्म मनुष्य के लिए है, मनुष्य धर्म के लिए नहीं।''

''जिन्हें शक हो वह करें खुदाओं की तलाश, हम तो इंसान को दुनिया का खुदा कहते हैं।''

यह उक्ति फिराक साहब की है। उन्होंने परलोक के सपनों को नकार कर इसी धरती पर स्वर्ग बनाने की बात की जो बात वर्तमान समय में भारतीय समाज में करोड़ों उध्वस्त हो रहे मानव जीवन के प्रति संहारक के रुख की दिशा को, अंगुलिनिर्देश करती है।

दिखा तो देती है बेहतर हयात के सपने खराब होके भी ये जिन्दगी खराब नहीं।

भारतीय संवैधानिक विश्व धम्म के पैगंबर डॉ. बाबासाहब आंबेडकर के तीन तत्व स्वतंत्रता समता और बंधुत्व न्यायोचित ढंग से सभी धर्मों के प्राणस्तंभ बने तो दुनिया की कोई महान शक्ति भारत की तरफ विघटनकारी और विषैली नजर नहीं उठा सकेगी। क्योंकि आइन्स्टाइन ने युद्ध के बदले बुद्ध की सिफारिश की और डॉ. कापरा ने आगाह किया कि: It is only five minutes to midnight. You better change.

# 6

# विदेश में बौद्धधर्म क्यों फैल रहा?

लोग सोचते है कि इंग्लैंड, अमेरिका और कनाडा आदि देशों में भारत से जाकर बसे हुए बौद्ध ही विदेशी बौद्ध कहलाते होंगे। पर वैसी बात नहीं। विदेशी बौद्ध धर्म उन देशों के देशवासियों के बौद्ध संगठन पर ही चल रहा है। 1980 में जब मैंने उन देशों का अध्ययन किया तो पता लगा कि अकेले अमेरिका में ही दो हजार से अधिक बौद्ध केन्द्र थे। आज विलायत में एक सौ तीन बौद्ध विहार और सोसाइटीयां काम कर रही हैं और कनाडा का क्षेत्रफल ही साढ़े अड़तीस लाख मील है और वहां के बौद्ध भी उस विशाल भूमि पर फैले हुए प्रतीत होते हैं। जब तक स्थानीय नागरिक किसी धर्म-संप्रदाय विशेष में रुचि नहीं लेते तब तक कोई भी धर्म-संप्रदाय वहां प्रतिष्ठित हो ही नहीं सकता।

संसार में लगभग इक्कीस बौद्ध देश हैं, और वहां कमाधिक अबौद्ध लोग भी रहते ही हैं। परंतु कुछ ऐतिहासिक और सांस्कृतिक कारणों से वे देश बौद्ध धर्म संस्कृतियों के केन्द्र माने जाते हैं। आज संसार का हर पांचवा व्यक्ति बौद्ध है। पाश्चात्य देशों में विचार-आचार से अन्य लोग भी बौद्ध समाज से संलग्न है और उनकी संख्या दिनोंदिन बढ़ती जा रही है। और जिन देशों में इस्लाम और कम्युनिज्म के शासन है वहां भी बौद्ध कमाधिक मात्रा में अपने धर्म के अनुसार आचरण करने और उसे प्रचारित करने में स्वतंत्र है।

बौद्ध धर्म अपनी जन्मभूमि से लुप्त हुआ यह बात भी आम और खास तौर पर बोली जाती है। यूं तो संसार के सभी बड़े मजहब अपनी अपनी जन्म भूमियों से लुप्त हो चुके हैं। पारसी, यहूदि, ईसाई और इस्लामी मजहब क्या आज वहां मौजूद है जहां उनका प्रादुर्भाव हुआ था? मध्य पूर्व एशिया के इन मजहबों का प्रचार और प्रसार अन्यात्र तो हो ही रहा है, पर उनके इजरायल, जेरुसलेम आदि केंद्र केवल तीर्थस्थान विशेष बनकर विद्यमान है। वैसे ही विदेशी बौद्धों के लिए भारतवर्ष एक तीर्थस्थान है और बौद्ध समाज के वृद्धि के लिए विशाल क्षेत्र भी।

भगवान बुद्ध के समय से आज लगभग साड़े पच्चीस शतक हो चुके हैं। इस सारे समय का इतिहास अखण्ड और श्रृंखलाबद्ध है। इस कड़ी में तीन सामान्य पहलू है, जो इस संस्कृति को आरम्भ, मध्य और अन्त में समय के साथ-साथ बदलते हुए भी अमरत्व प्रदान कर रहे हैं। पहला पहलू बुद्ध ही है और बौद्धों का वह सबसे बड़ा अनमोल रत्न है। सभी बौद्ध साहित्य और समाज इसी बुनियाद पर आगे बढ़ रहा है। दूसरा पहलू है, धम्म और यह साहित्यिक शब्द के अर्थ में प्रयुक्त नहीं है, बल्कि दुःख मुक्ति, चित्तशुद्धी और परमसुख निर्वाण को यही पाने के लिए किये जाने वाले प्रयत्नों का नाम है, उसकी अनुभूति का पर्याय है। इसी संज्ञा से बौद्धों का सर्वांगीण स्वरूप अभिप्रेत है। भगवान बुद्ध से आरम्भ करके बुद्ध श्रावकों का तीसरा और जीता जागता संघ आज भी विद्यमान है और रहेगा, यही पहलू संघरत्न के नाम से प्रतिष्ठित हैं। जहां-जहां उक्त त्रिरत्न है वहां-वहां बौद्ध जीवन और परंपरा न केवल पूर्ण होती है बल्कि वे अपने ऐतिहासिक प्राचीन मूल की वर्तमान और विकसित सृष्टी का संकेत करती है यह मानना चाहिए।

संसार के हिंदु, ईसाई, ईस्लाम आदि धर्मों की ऊंची से ऊंची नैतिक शिक्षा और बौद्ध सदाचार में सामिप्य होते हुए भी उनका तुल्यबल एक जैसा नहीं। अविकसित देशों के विपरीत विकसित देशों में समृद्ध आर्थिक और भौतिक जीवन की भांति बौद्धिक चिंतन और संस्कृति जितनी उन्नत है उतनी स्वतंत्र भी। अपने देश के चिंतकों में स्वतंत्र विचार के अग्रदूत कहने योग्य व्यक्ति विरले ही रहे और स्वतंत्र चिंतन के सम्राट बुद्ध के पश्चात् ही बुद्ध का निम्न संदेश चिंतनशील विदेशियों को प्रभावित किये बिना नहीं रहता। कालामों को संबोधित करते हुए बुद्ध ने कहा है। कालामों किसी बात को केवल इसलिए मत मानो कि वह तुम्हारे सुनने में आई है; किसी बात को केवल इसलिए मत मानो कि वह परंपरा से प्राप्त हुई है; किसी बात को केवल इसलिए मत मानो कि बहुत से लोग इसके समर्थक है; किसी बात को इसलिए मत मानो कि वह (धर्म) ग्रंथों में लिखी है; किसी बात को केवल इसलिए मत मानो कि वह तर्क (शास्त्र) के अनुसार है; किसी बात को केवल इस लिए मत मानो कि वह उपरी तौर पर मान्य प्रतीत होती है; किसी बात को इसलिए मत मानो कि वह अनुकूल-विश्वास व अनुकूल दृष्टि की है; किसी बात को केवल इसलिए मत मानो कि वह उपरी तौर पर सच्ची प्रतीत होती है; किसी बात को केवल इसलिए मत मानो कि वह आदणीय आचार्य की कही हुई है।''

"केवल तुम आत्मानुभव से ही यह मानो कि ये बाते अहितकर हैं; ये बातें निन्दनीय हैं; ये बातें विज्ञान पुरुषों द्वारा निषिद्ध हैं; ये बातें करने से कष्ट होता हैं; दु:ख होता हैं; हे कालामों! तब तुम्हें उनका त्याग कर देना चाहिए।"

बुद्ध के ऐसे उक्त विचारों को सुनकर किस प्रगतिशील देश का चिंतनशील नागरिक उन्हें नहीं अपनायेगा? पाश्चात्य देश ऐसे ही बौद्ध विचारों से प्रभावित होकर आगे अग्रसर हो रहे हैं।

सवाल पैदा होता है कि विद्‌वानों के लिए तो बौद्ध धर्म के बुद्धिवादी विचार आकर्षित करते हैं इसलिये वे इस पर लट्टू हैं, परंतु विदेशी आम आदमी बौद्ध धर्म से क्या पाकर उसका हितचिंतक या अनुयायी बनता है? हर व्यक्ति अपने व्यक्तिगत दु:खों को मिटाने के प्रयास में लगा हुआ है। सारे दु:खों का मूल मन है। बौद्ध धर्म चलते, बैठे, खड़े या सोते मन के प्रति जागरुक रहने की ऐसी विपश्यना सीखाता है कि 'करे सो यही और अभी पाये' की कहावत के अनुसार आम आदमी थोड़े ही अभ्यास से बुद्ध के दु:ख मुक्ति के मार्ग का अनुगामी बन अपनी सुख सिद्‌धि का स्वयं ज्ञाता बनता है। ऐसे सरल व कालातीत उपायों को केवल एक ही नाम देना हो, तो उसे हम अंग्रेजी में Advanced Mind Technology कह सकते हैं, जो बुद्ध की जगत के लिये सबसे बडी देन है।

इसलिये अल्बर्ट आइन्स्टाइन ने कहा, "If there is any religion that would cope with modern scientific needs, it would be Buddhism" यदि कोई ऐसा धर्म है जो आधुनिक वैज्ञानिक समस्याओं का सामना करने की क्षमता रखता हो तो वह बौद्ध धर्म है।

इसके भी आगे जाकर बर्ट्रांड रसेल कहते हैं– "It (Buddhism) takes up where science cannot lead because of the limitations of the latter's instrument. Its conquests are those of the mind" जहां विज्ञान अपने यंत्र मर्यादा के कारण आगे नहीं ले जा सकता वहां बौद्ध धर्म पथप्रदर्शक है। इसकी जीत मन के जीते है। इसकी सफलताओं में मन की सफलतायें शामिल हैं।

बौद्ध धर्म के विदेशों में फैलने के अन्य कई कारण हैं। यहां स्थान–मर्यादा के कारण उन सभी की ऊहापोह न्यायसंगत नहीं होगी।

**संदर्भ:** डॉ बी आर. आंबेडकर, भगवान बुद्ध और उनका धर्म (अनु० भ० आ० कौसल्यायन) पृ. 29

# 7
# बौद्ध स्मारकों का इतिहास

धन्य है वह भारत जो बुद्ध जैसे रत्नों की खान है, धन्य है वह भारत जो बोधिसत्व बाबासाहब डॉ. आंबेडकर जैसे महापुरुषों की जननी है। और धन्य है वह भारत जिसमें भारत रत्नों की यादगार में सम्राट अशोक जैसे महान बौद्ध अधिपति ने धम्म प्रेम से सिक्त होकर बुद्ध के महापरिनिर्वाण के तीन सौ वर्ष बाद और बाबासाहेब आंबेडकर के आविर्भाव से बाईस सौ वर्ष पहले इसी भारतीय जम्बूद्वीप की पावन भूमि पर चौरासी हजार स्तूपों का निर्माण किया, जो वर्तमान में भी भारतीय नागरिकों की अमिट ऐतिहासिक, पुरातात्विक, सांस्कृतिक और अंतर्राष्ट्रीय विरासत है और बौद्ध दर्शन के अविस्मरणीय वास्तु मूर्ति, तथा चित्रकलाओं का हार्दिक उदात्त भाव से उद्भूत अमर प्रतीक है।

बुद्ध का दर्शन निर्मल ज्ञान द्योतक है। जिस किसी स्मरण, संस्कार, अभ्यास, कलाकृति या ध्यान से विशुद्धता की उपलब्धि हो वही उसकी साधन सामग्री होती है, जिसके माध्यम से साध्य को लक्ष्य बनाया जाता है और अभ्यास की निरंतरता से उसे हासिल किया जा सकता है।

बौद्ध दर्शन ने निर्वाण अथवा निर्मलता को ध्येय बनाकर शारीरिक, वाचिक व मानसिक शुचिता से मनुष्यत्व के सम्पूर्ण विकास का महापथ स्थापित कर, लोक में अलौकिक बुद्धत्व के बीज को रोपित किया है। सारी भौतिकता उसी ध्येय के लिए अपनी उपयुक्त मौलिकता समर्पित करती है। उसके संचालन में विराट बुद्ध पुरुष का व्यक्तित्व नितांत आवश्यक है।

साधारण मनुष्य में बुद्धांकुर अनुकूल दशा में विकसित होकर जीवन को सार्थक बना देते हैं। आम लोगों को इस सत्य के दर्शन कराने के लिए ज्ञान के चार यथार्थ बताये जाते हैं। अर्थात् प्रथम यथार्थ यह है कि जो विद्यमान है उसके प्रति वस्तुनिष्ठ संवेदना है, द्वितीय यथार्थ यह है कि प्रत्येक वस्तु स्थिति के अस्तित्व में आने के दृश्य–अदृश्य कारण होते हैं, तृतीय यथार्थ यह है कि कारकों के होने से कुछ होता है, उनके न होने से कुछ नहीं होता है, और चतुर्थ

यथार्थ यह है कि कारणों को मिटाने अथवा कुशलता बढ़ाने में अष्टांगिक प्रविधि का अवलंब करना आवश्यक है।

अष्टांगिक प्रविधि के आठ अंग हैं– 1. दृष्टि 2. संकल्प 3. वाचा 4. कर्म 5. आजिविका 6. व्यायाम 7. स्मृति और 8. समाधि। इन अंगों के ठीक होने पर उसे सम्यक कहा जाता है और गलत होने से उन्हें मिथ्या कहा जाता है।

डॉ. बाबासाहेब आंबेडकर ने बौद्ध अष्टांगिक मार्ग को ही सक्रिय लौकिक निर्वाण कहा है। संसार में प्रत्येक प्राणी को अपने सामाजिक जीवन के लिए सदाचार सुवचन और सुविचार की आवश्यकता होती है। बौद्ध दर्शन के अनुसार इसे शील, समाधि, प्रज्ञा अथवा अष्टांगिक मार्ग भी बोला जाता है, जिसमें प्रथम दो अंग प्रज्ञा के, मध्य से तीन अंग वचन व शरीर के तथा अंतिम तीन अंग समाधि के प्रतिनिधिक अवयव हैं।

बौद्ध दर्शन विज्ञान और मनोविज्ञान की भांति वस्तुनिष्ठ ज्ञान होने से इसके दर्शनाभिलाषी को कल्पना विलास का त्याग करना प्रथमिक रूप से आवश्यक समझा जाता है। चाहे कल्पना अच्छी हो, बुरी हो, ईश्वर की हो, आत्मा की हो, पुनर्जन्म की हो, स्वर्ग की हो कर्मकाण्ड की हो, देहदण्ड की हो, या भोग की हो, ये सब व्यर्थ हैं। इसकी अपेक्षा व्यक्ति की अपनी सांस, धीमी हो या जलद, गरम हो या नरम, अंदर की हो, या बाहर की, सूक्ष्म हो या स्थूल ये सब यथार्थ है। इसी के अभ्यास से मन एकाग्र होकर ध्यान को प्राप्त होता है व चरम सत्य को साक्षी भाव से देख सकता है। व्यक्ति के अपने व समष्टि की समस्त घटनाओं में दुःख, अनित्य, अनात्म तत्वों के दर्शन को ही बौद्ध परम्परा में बौद्ध दर्शन कहा गया है।

इस दर्शन के लिए बुद्ध, धम्म, संघ इन त्रिरत्नों का स्मरण करना भी उपयोगी सिद्ध होता है। महापुरुषों की यादगार में स्मारकों को बनवाना भी उसी विधि का एक अंग है।

धन्य है वह भारत जो बुद्ध जैसे रत्नों की खान है, धन्य है वह भारत जो बौधिसत्व बाबासाहब डॉ. आंबेडकर जैसे महापुरुषों की जननी है। और धन्य है वह भारत जिसमें भारत रत्नों की यादगार में सम्राट अशोक जैसे महान बौद्ध अधिपति ने धम्म प्रेम से सिक्त होकर बुद्ध के महापरिनिर्वाण के तीन सौ वर्ष बाद और बाबासाहेब आंबेडकर के आविर्भाव से बाईस सौ वर्ष पहले इसी भारतीय जम्बूद्वीप की पावन भूमि पर चौरासी हजार स्तूपों का निर्माण किया, जो वर्तमान में भी भारतीय नागरिकों की अमिट ऐतिहासिक, पुरातात्विक, सांस्कृतिक

और अंतर्राष्ट्रीय विरासत है और बौद्ध दर्शन के अविस्मरणीय वास्तु, मूर्ति तथा चित्रकलाओं का हार्दिक उदात्त भाव से उद्भूत अमर प्रतीक है।

## बौद्ध स्मारक

हालांकि बौद्ध स्मारकों का उद्भव बुद्ध के महापरिनिवृत्ति के अनंतर उनके पार्थिव अवशेषों पर यत्र-तत्र छोटे-बड़े स्मारक बनवाये जाने के समय से ही हुआ, अपितु उनके ऐतिहासिक कालक्रम से उनके क्रमिक विकास, विस्तार व अनुकरण का ज्ञान निश्चत किया जा सकता है तथा बौद्ध स्मारकों के साथ संगति भी ढ़ंग से बिठाई जा सकती है। इस भाग में बौद्ध स्मारक और बौद्ध दर्शन के ऐतिहासिक अध्ययन की ही चर्चा करेंगे।

### भारत

स्मारकों के लिए दक्षिण भारत में नागार्जुनकोंडा और अमरावती, मध्य भारत में सांची और भरहुत एंव पश्चिम भारत में कार्ले व भाजा इतने विश्व विख्यात हैं कि उनमें से कोई एक स्मारक भी संपूर्ण बौद्ध भारतीय स्मारकों का प्रतिनिधित्व कर सकता है। मुंबई के पास कान्हेरी गुफाओं और दक्खन के अजन्ता की गुफाओं की कोई सीमा नहीं है। बौद्ध कला की प्रेरणा धम्म है। धम्म का मतलब कर्मकाण्ड अथवा सिद्धांत मात्र नहीं है। उसका अभिप्राय अपने अन्दर स्थित भावात्मक गुण से है जिसकी प्रतीति दरख्तों की जिव्हाओं, बहते झरनों की पुस्तकों, पत्थरों के प्रवचनों और प्रत्येक वस्तु में निहित अच्छाई द्वारा होती है। उत्तर पश्चिम भारत में ग्रीक और रोम के प्रभाव से संपन्न चित्रकला का बौद्ध नमूना विकसित हुआ है।

सामान्य बौद्ध के लिए शील, जातक व बुद्ध वचन से अधिक प्रिय त्रिरत्न की पूजा के अतिरिक्त अन्य पूजा की वस्तुयें भी होती हैं, चाहे वे मूर्त हो या भौतिक। कृतज्ञ पीढ़ी द्वारा बुद्धादि संतों के पवित्र अवशेषों पर बड़े-बड़े स्मारक बनाये गये। इन अवशेषों को 'धातु' कहा जाता है, जिसके तीन प्रकार बताये गये हैं– 1. शारीरिक अथवा भौतिक अवशेष 2. उद्देशिक अथवा स्मारक और 3. परिभोगिक अथवा बुद्ध द्वारा उपयोग में लाई गई वस्तुएं, पवित्र स्थल, पवित्र पेड़ और तत्सम वस्तुएं।

परम्परा के अनुसार सबसे पुराने भौतिक धातुओं में बुद्ध के केस है, जो तपस्सु और भल्लिक (बाल्हीक या अफगान) नामक व्यापारियों को मिले थे, और बाद में उन्होंने उन पर अपने जन्म स्थली असितंजन (आरिसा राज्य) में एक

चैत्य बनाया था। मुख्य भौतिक या दैहिक धातुएं वे हैं, जो मृत संस्कार संपन्न होने के अनंतर पार्थिव भस्मीभूत देह में अवशिष्ट होते हैं। बुद्ध का महापरिनिर्वाण मल्लों के प्रदेश में हुआ था, जिन्होंने उनकी अस्थियों की नृत्य, संगीत, माला और अत्तर (इत्र) से पूजा की थी उन अस्थियों के हिस्से पर जिन महानुभावों ने दावा किया था उनमें प्रमुख थे 1. राजगृह के राजकुमार अजातशत्रु 2. वैशाली गणराज्य के लिच्छवी नागरिक 3. कपिल वस्तु के शाक्य, 4. अल्लकप्प के बुलि 5. पावा के मल्ल, 6. रामग्राम के कोलिय और 7. वेठदीप का ब्राह्मण। परन्तु अस्थियों का बंटवारा होने के बाद पिप्पलिवन के मौर्यों के प्रतिनिधि वहां पहुंचे थे। शेष कुछ भी न देख उसने राख ही ली, जिसका मौर्यो ने आदर कर उसे स्तूप में स्थापित किया था। इस प्रकार भारत में सर्वप्रथम आठ स्मारक बनाये गये जिसे 'स्तूप' कहा जाने लगा। अस्थियों के अतिरिक्त दंत धातुएं भी हैं जो गंधार, कलिंग, नागपुर इत्यादि स्थलों में पूजित हैं। कलिंग की राजधानी दन्तपुर अथवा कलिंग नगरी में चक्षु-दंत धातु (दंष्ट्रा) ले जाने का उल्लेख इ.स. 310 में रचित 'दळदावंस' नामक इतिहास में है।

पारिभोग-धातुओं में बुद्ध और उनके शिष्यों द्वारा उपयोग में लाई गई ऐसी चीजें हैं यथा चीवर, भिक्षापात्र, लकड़ी और पेड़। उनकी पूजा अस्थियों की तरह ही होने लगी। इन वस्तुओं को कब से पूजा जाने लगा, कहा नहीं जा सकता परंतु इतना जरूर कहा जा सकता है कि उत्तर और दक्षिण भारत में मध्यकालीन समय के पूर्व में ही उन धातुओं को पूजे जाने की प्रथा स्थापित हो चुकी थी। चीनी पर्यटकों ने नगर के आस-पास बुद्ध की लाठी, चीवर व संघाटी देख चुकने की बात कही है। फाहियान ने अपनी पेशावर यात्रा के संदर्भ में बुद्ध के भिक्षा पात्र का उल्लेख किया है। सिंहल इतिहास 'दीपवंश' में तो कई पारिभोग धातुओं का जिक्र आता है। उसमें लिखा है कि गौतम का कमरपट्ट 'कायबन्धन चैत्य' में सुरक्षित था। उसी प्रकार युआन च्वांग ने दक्षिण भारत के कोंकणपुर विहार में राजकुमार सिद्धार्थ के सिर के आभूषण के बारे में कहा है। चीनी यात्रियों ने कौशाम्बी, गया व नगर के कई अन्य धातुओं का उल्लेख किया जिसकी पूजा श्रद्धालुओं द्वारा आज भी की जा रही है।

पूज्य स्थलि को सामान्यतः 'चैत्य' कहकर पुकारा जाता है। यह संज्ञा भवनों को ही नहीं, बल्कि पवित्र वृक्ष, संस्मरणीय शीला, पावन स्थली, प्रतिमायें तथा धर्मग्रंथ को भी लागू है। पवित्र स्मरणीय लक्षण युक्त सभी निर्मित वास्तुएं चैत्य वास्तु नहीं होते। सबसे प्राचीन जीवित वास्तुकलात्मक धातु बौद्ध कालीन चैत्य है, जो बौद्ध और गैर-बौद्ध वास्तुशिल्प के नमूने भी हो सकते हैं।

बौद्ध-पूर्वकाल में भी पूज्य व्यक्तियों के स्मरणार्थ स्मारक बनाए जाते थे। चैत्य शब्द 'चिता' से निकला हुआ शब्द है, जो चिता से सम्बद्ध वस्तु को निर्देशित करता है। सामान्य रूप से चैत्य से पूजा स्थलि, मन्दिर, प्रार्थना घर अभिप्रेत है परन्तु यांत्रिक रूप से उसका अभिप्राय 'मजार' या कब्र से है। 'स्तुप' शब्द चैत्य का समानार्थी है क्योंकि उसका भी मतलब 'मजार' है, यानी जो भी उठी हुई वस्तु है वह इसका अर्थ है। बाद में 'चैत्य' शब्द पूजागृह, वेदिका व मन्दिर के लिए प्रयुक्त होने लगा। प्रस्तुत उद्देश्य के लिए चैत्य का मतलब है स्मृतिचिन्ह (relic) अर्थात बुद्ध की राख, अस्थि, केस अथवा दंत जिसमें समाविष्ट हो वह टीला। चैत्य एक धार्मिक संज्ञा है, जबकि 'स्तूप' एक पुरातात्विक शब्द है। जिसका प्रयोग स्मृति चिन्ह के टीले के लिए होता है।

स्तूप को कई बार 'दागोबा' शब्द का समानार्थी माना जाता है। परन्तु दागोबा स्तूप का केवल तक भाग होता है। स्तूप पूर्ण स्मारक होता है। जबकि दागोबा उस क्षेत्र को कहते हैं जिसमें अवशेष रखे जाते हैं। क्योंकि ज्यादातर स्तूप अवशेष पर बनाये जाते हैं, अतः उन्हें दागोबा भी कहा जाता है। परन्तु सभी स्तूप अवशेष पर नहीं बनाये जाते हैं क्योंकि वे वहां भी है जहां बुद्ध के जीवन या बुद्ध के पूर्व जन्म से सम्बन्धित स्मरणीय घटनाऐं घटित हुईं थी। बनारस के पास जो स्तूप बनवाया गया वहां बुद्ध ने अपना प्रथम धर्मोपदेश दिया था और पांच सौ प्रत्येक बुद्ध वहीं निर्वाण को प्राप्त हो गये थे।

सबसे प्राचीन स्तूपों को जो भारहुत और सांची की मूर्तिकलाओं में प्राप्त है, की नींव गोलाकार या चौकोनी होती है। इस नींव पर गुम्बद होता है, जिसके ऊपर पिरामिड की आकृति होती है। गुम्बज के साथ 'गल' (छोटी गर्दन) से वह बांधी होती है। सम्पूर्ण रचना के ऊपर छत्र होते हैं, ये एक दूसरे के ऊपर रखे जाते हैं। जिन से झंडे और हार टंगे हुए होते हैं।

नेपाल की सीमा, पिपरहवा में ईंट से बने सबसे प्राचीन स्तूप के अवशेष लगभग इ.पू. 450 के हैं। उससे पता चलता है कि पत्थर के वास्तु का उद्गम होने के पूर्व में निर्माण के लिए ईटों का इस्तेमाल किया जाता था। सांची के स्तूपों से पता चलता है कि वह अनोखा स्तूपों का एक रूप है और बौद्ध वास्तु निर्माण का वह सबसे प्राचीन नमूना है। इस स्तूप को मूलतः ईटों से ही सम्राट अशोक द्वारा बनवाया गया था, जो लगभग इ.पू. तीसरी शताब्दी का वास्तु हैं। उसके शिलाकेंसिंगस, बाड और द्वार पथ एक शताब्दी के बाद जोड़े गये अंश थे। वह अर्घ अण्डाकार गुम्बद के आकार का है, जो शीर्ष में विच्छेदित है और ऊंचे टेरेस पर स्थापित है। यह टेरेस क्षेत्र प्रदक्षिणा के लिए बनाया गया पथ होना

चाहिए। पत्थर का प्राकार (रेलिंग) जो मूलतः काष्ठ का था, बाद में जिसे शीला की प्रतिकृति में बनाया गया था, गुम्बद और टेरेस को घेरता है। गुम्बज पर हर्मिका स्थित होती है। उससे छत्र-दण्ड उभरता है, जो सार्वभौमिकता का भारतीय निशान है। वह महान बौद्ध सम्राट अशोक द्वारा प्रवर्तित धर्मराज्य का संकेत है। कलसी को छत्री कहा जाता है, इसकी उत्पत्ति बर्मी शब्द "हती" से हुई है। स्तूप के छत्र में मजेदार विकास हुआ है जो पहले एक था, वह बाद में छत्रों के समूह में विकसित हुआ, जिससे बाद के स्तूपों को (जैसे कि चीन और नेपाल के स्तूप हैं) लम्बाकार की छवि मिली, और वे छत्र धीरे-धीरे भारोपीय मीनार (टावर) के आकार सदृश लम्बायमान हुए। और स्तूप स्वयं लाट के आकार में विकसित हुआ। ये छत्र दो, तीन, पांच, सात, नौ अथवा तेरह भी हो सकते हैं, और गुम्बद के ऊपर स्थापित पंडाल के जो विभाजन है, ये सब विश्व के विभाजन को सूचित करते हैं। इस प्रकार स्तूप का हर अंग सांकेतिक महत्व को दर्शाता है, और वह स्वयं मेरूपर्वत का प्रतिनिधित्व करता है। गुम्बद जिन लम्बाकारों से गुजरा उसका नमूना नेपाल का स्वयंभूनाथ चैत्य और इ.पू. 246 में निर्मित श्रीलंका का अनुराधपुर का थूपाराम दागोबा है। इसके आरम्भिक विकास का सबसे अच्छा नमूना लगभग इ.पू. 30 में निर्मित रावलपिंडी जिले का मानिकयाला स्तूप है और उसका और अधिक विस्तृत नमूना जलालाबाद घाटी के अहीन पोश का उदाहरण है। अहीनपोश स्तूप का महत्वपूर्ण लक्षण है उसका मंजीलेदार छत्र और चारों दिशाओं में सीढ़ियां, जिसकी नकल बोरोबुदुर (जावा) के स्तूप में झलकती है। उसका जो विकास बर्मा में मिलता है वह इतना अद्‌भूत है कि उसका मूल भारतीय स्तूपों के आरम्भिक क्रम में ढूंढ़ना मुश्किल है। इ.स. 1274 में पागान के मिंगलाझेडी पगोडा में जो मंच है वह मंजीलेदार टेरेस में है, और उसका गुम्बद कोनाकार में सिकुड़ता है, जो मीनार के आकार में होने वाली छत्री में विलीन होता है, इसका मजेदार दौर संगमरमर पर उत्कीर्ण प्रतिकृति में प्रदर्शित किया गया है, जिसे दक्षिण भारत के अमरावती स्तूप में देखा जा सकता है।

बौद्ध वास्तुशिल्प की लाक्षणिक पहचान (1) सूची (Crossbars) है जो प्राकार के स्तम्भों (Pillars) में घुसे होते हैं तथा (2) उष्नीश (Coping) है जो सूची पर स्थापित होता है। बौद्ध शीलावास्तुशिल्प के इतिहास में काष्ठ का इस्तेमाल पहले वास्तुकला में हुआ का वे पक्का सबूत देते हैं। काष्ठ के प्राकार की पत्थर में नकल करके ही बाद में बोधगया और अमरावंती के बौद्ध वास्तुकला के प्राकार का विकास हुआ है। भारत, बर्मा और सिलोन के विभिन्न

वास्तुकला के स्तूपों के इतिहास के लिए पाठक चीन के यात्रियों का सफरनामा पढ़ सकते हैं।

इस प्रकार स्तूप की बनावट कब्र की मजार जैसे होती है, उसके गुम्बद, बाड और शीर्ष क्रमशः मजार के (तुमुलस) शीला-वर्तुलया, घेरा और स्तभ का प्रतिरूप है। तथापि श्रीलंका में ऐसे भी स्तूप हैं कि जिसके गुम्बद घण्टाकार हैं, हालांकि वहां मान्यता जल के बुलबुलाकर दागोबा को ही है जिसके शीर्ष पर देवता मानव, और निर्वाण के संकेत स्वरूप तीन छत्र स्थापित हैं। जावा के बोरोबुदुर व बर्मा के मिग्ंयुन में जो स्तूप हैं वे दर्शाते हैं कि स्तूपों के विकासपथ में उन्होंने प्रासाद या टावर के लक्षण ग्रहण किये है, जिसके साथ सीढ़ीयों के कई लक्षण जुड़े हुए होते हैं। इसी का एक नमूना श्रीलंका के पोलोन्नरुव का महल प्रासाद स्तूप है। बौद्ध स्मारकों के दर्शनीय स्थल निम्न प्रकार है, जहां बौद्ध स्थापत्य कला, मूर्ति कला आदि का क्रमिक इतिहास साक्षात देखा जा सकता है।

**उत्तर भारतः-**

| | |
|---|---|
| 1. लुंबिनी | बुद्ध की जन्मस्थली |
| 2. बोधगया | बुद्ध की ज्ञानस्थली |
| 3. सारनाथ | बुद्ध की धम्मचक्र प्रवर्तन स्थली |
| 4. कुशिनार | बुद्ध की महापरिनिर्वाण स्थली |
| 5. श्रावस्ती | बुद्ध की निवास या वर्षा-वास स्थली |
| 6. संकास्य | बुद्ध की लोकोत्तर में आरोहन व अवरोहन की स्थली |
| 7. राजगृह | बुद्ध की निवास स्थली |
| 8. वैशाली | बौंद्धों का प्राचीन गढ़ |
| 9. सांची | बौद्धों का प्राचीन स्तूप |
| 10. नालंदा | बौद्धों का प्राचीन विश्वविद्यालय |
| 11. सतधारा | सांची से भी बड़ा व प्राचीन बौद्ध स्तूप |

**पश्चिम-भारत के दर्शनीय कलात्मक ऐतिहासिक तीर्थ स्थान हैः-**

| | | |
|---|---|---|
| 1. | जूनागढ़ | अशोक के अभिलेख का स्थान |
| 2. | धांक | जूनागढ़ के उत्तर-पश्चिम में स्थित गुफा स्थली |

| | | |
|---|---|---|
| 3. | सिद्धसर | धांक के पश्चिम में स्थित अनेक गुफाओं की स्थली |
| 4. | तटाजा | शत्रुञ्जय नदी के किनारे पर स्थित प्राचीन बौद्ध केन्द्र |
| 5. | सानाह | बौद्ध गुफाओं की स्थली |
| 6. | वलभी | इ.स. 600 की बौद्ध केन्द्र स्थली |
| 7. | काम्पिल्य | सिंध से आये भिक्षुओं की विहार स्थली |
| 8. | भाजा | इ.स. 200 का सबसे पूराना चैत्य |
| 9. | कोण्डाने | बौद्ध गुफाओं का स्थान |
| 10. | पितलखोरा | बौद्ध गुफाओं का स्थान |
| 11. | अजंता, एलोरा-औरंगाबाद | बौद्ध गुफायें |
| 13. | जुन्नार | बौद्ध गुफायें |
| 14. | कार्ले | चैत्य सभागृह |
| 15. | कान्हेरी | गुफायें तथा विहार के लिए प्रसिद्ध स्थान |

**दक्षिण भारत के पर्यटन स्थल इस प्रकार है।**

| | | |
|---|---|---|
| 1. | अमरावती | गुटूर से 16 मील दूर बौद्ध स्तूप की पवित्र स्थली |
| 2. | नागार्जुनकोंडा | बौद्ध स्तूप की स्थली |
| 3. | नागपट्टम व अन्य | चोलराजा के समय की बौद्ध विहार स्थली |

**निष्कर्ष:**– बौद्ध परम्परा के अनुसार मृत्यु को अशुभ न मानकर उसे जीवन का उत्तम, अंतिम व शुभ क्षण माना जाता है। उसे जन्मदिन और विवाह के अवसर जैसे ही याद किया जाता है। अतः निर्वाण जीवित व्यक्ति और अर्हतों के जीवन की सबसे बड़ी घटना होती है, वह मृतात्मा का मोक्ष नहीं है। अतः मृत व्यक्ति का आदर करना, महापुरूष के मरने पर स्मारक बनाना और अनित्य संसार में मानवी गुणों में अमरता का थांग लगाना बौद्ध परम्परा की विरासत है, जो इतरों ने भी स्वीकार कर उसे व्यवहार में अपनाया हैं। बौद्धों की ऐसी ही परम्परा से

भारतीय और विदेशी धर्म संप्रदायों के स्मारक और उससे सम्बन्धित रीति-रिवाज भी प्रभावित हुये तो यह कोई आश्चर्य की बात नहीं है। क्योंकि ऐतिहासिक मापदंड से बौद्ध इतिहास सारे इतिहास का आरंभ बिन्दू है।

# 8
# वंदना तथा परित्राण

**पालि**

अरहं सम्मासम्बुध्दो भगवा, बुद्धं भगवंतं अभिवादेमि।

स्वाक्खातो भगवता धम्मो धम्मं नमस्सामि।

सुपटिपन्नो भगवतो सावकसंघो संघं नमामि।

नमोतस्स भगवतो अरहतो सम्मासम्बुध्दस्स। नमोतस्स भगवतो अरहतो सम्मासम्बुद्धदस्स। नमोतस्स भगवतो अरहतो सम्मासम्बुद्धदस्स।

**खमा याचना**

ओकास वंदामि भन्ते व्दारत्तयेन कतं सब्बं अपराधं खमतु में भन्ते! दुतियम्पि ओकास वंदामि भन्ते व्दारत्तयेन कतं सब्बं अपराधं खमतु में भन्ते! ततियम्पि ओकास वंदामि भन्ते व्दारत्तयेन कतं सब्बं अपराधं खमतु में भन्ते!

**सील याचना**

ओकास अहं भन्ते तिसरणेन सध्दिं पंचसीलं / अट्ठसीलं / दससीलं धम्मं याचामि अनुग्गहं कत्वा सीलं देथ में भन्ते!

दुतियम्पि ओकास अहं भन्ते तिसरणेनसह पंचसीलं / अट्ठसीलं/ दससीलं धम्मं याचामि अनुग्गहं कत्वा सीलं देथ में भन्ते।

ततियम्पि ओकास अहं भन्ते तिसरणेन सध्दिं पंचसीलं / अट्ठसीलं/ दससीलं धम्मं याचामि अनुग्गहं कत्वा सीलं देथ में भन्ते।

यमहं वदामि तं वदेथ।

आम भन्ते!

नमो तस्स भगवतो अरहतो सममा सम्बुध्दस्स।

नमो तस्स भगवतो अरहतो सममा सम्बुध्दस्स।

नमो तस्स भगवतो अरहतो सममा सम्बुध्दस्स।

बुद्धं सरणं गच्छामि,

धम्मं सरणं गच्छामि,

संघं सरणं गच्छामि

दुतियम्पि, बुद्धं सरणं गच्छामि,

दुतियम्पि, धम्मं सरणं गच्छामि,

दुतियम्पि, संघं सरणं गच्छामि,

ततियम्पि, बुद्धं सरणं गच्छामि,

ततियम्पि, धम्मं सरणं गच्छामि,

ततियम्पि, संघं सरणं गच्छामि

तिसरणागमणं सम्पुण्णं।

आम भन्ते!

1. पाणातिपाता वेरमणी सिक्खापदं समादियामि।
2. अदिन्नादाना वेरमणी सिक्खापदं समादियामि।
3. कामेसुमिच्छाचारा वेरमणी सिक्खापदं समादियामि। अब्रह्मचरिया वेरमणी सिक्खापदं समादियामि।
4. मुसावादा वेरमणी सिक्खापदं समादियामि।
5. सुरामेरयमज्जपमादठाणा वेरमणी सिक्खापदं समादियामि।
6. विकाल भोजना वेरमणी सिक्खापदं समादियामि।
7. नच्च गीत वादित विसूक दस्सना वेरमणी सिक्खापदं समादियामि।
8. माला गंध विलेपन धारण मंडण विभूसनठ्ठाणा वेरमणी सिक्खपदं समादियामि।
9. उच्चासयना महासयना वेरमणी सिक्खापदं समादियामि।
10. जात रूप रजत पटिग्गहणा वेरमणी सिक्खापदं समादियामि।

तिसरणेन सध्दिं पंचसीलं अटठाड. / दसांग उपोसथ सीलं –धम्मं साधुकं सुरक्खितं कत्वा अप्पमादेन सम्पादेथ। दुतियम्पि तिसरणेन सध्दिं पंचसीलं –अटठाड. / दसांग उपोसथ सीलं –धम्मं साधुकं सुरक्खितं कत्वा अप्पमादेन सम्पादेथ। ततियम्पि तिसरणेन सध्दिं पंचसीलं –अटठाड. / दसांग उपोसथ सीलं –धम्मं साधुकं सुरक्खित कत्वा अप्पमादेन सम्पादेथ।

आम भन्ते।

साधु! साधु! साधु!

**चेतिय वंदना**

वंदामि चेतियं सब्बं सब्बठानेसु पतिट्ठितं सारिरिक धातु महाबोधि बुद्ध रूपं सकलं सदा।

**महाबोधि पूजा**

इमेहेते महाबोधि लोकनाथेन पूजिता अहंपि ते नमस्सामि बोधिराजा नमत्थुते।

**दीप पूजा**

घनसारप्पदित्तेन दीपेन तमधंसिना तिलोकदीपं सम्बुध्दं पुजयामि तमोनुदं।

**सुगंध पूजा**

सुगन्धि काय वदनं अनन्त गुणगन्धिना सुगन्धिनाहं गन्धेन पुजयामि तथागतं।

**पुप्फ पूजा**

वण्णगन्ध गुणोपेतं एतं कुसुमसन्तति पुजयामि मुनिन्दस्स सिरिपाद सरोरुहे।

पूजेमि बुद्धं कुसुमेन येन पुञ्ञेन मेतेन लाभामि मोक्खं पुप्फं मिलायाति यथा इदम्मे कायो तथा याति विनासभावं।

**धूप पूजा**

गन्ध सम्भार युत्तेन धूपेनाहं सुगन्धिना पूजये पूजनीयन्तं पूजाभाजन मुत्तमं।

**पटिपत्ति पूजा**

इमाय ध्म्मानु धम्मपटिपत्तिया बुद्धं पूजेमि। इमाय धम्मानु धम्मपटिपत्तिया धम्मं पूजेमि। इमाय धम्मानु धम्मपटिपत्तिया संघं पूजेमि।

**खम याचना**

कायेन वाचा चित्तेन पमादेन मया कतं अच्चयं खम में भन्ते भूरिपञ्ञ तथागत

**अधिट्ठान**

इदं में पुञ्ञकम्मं आसवक्खया वहं होतु सबब दुक्खा पमुच्चतु!

साधु! साधु! साधु!

**बुद्ध पूजा**

इतिपि सो भगवा अरहं सम्मासम्बुद्धो विज्जाचरण सम्पन्नो सुगतो लोकविदू अनुत्तरो पुरिसदम्म सारथी सत्थादेवमनुस्सानं बुद्धो भगवाति।

**धम्म पूजा**

स्वाक्खातो भगवता धम्मो सन्दिट्ठिको अकालिको एहिपस्सिको ओपनेय्यिको पच्चत्तं वेदितब्बो विञ्ञहिति।

**संघ पूजा**

सुपटिपन्नो भगवतो सावकसंघो, उजुपटिपन्नो भगवतो सावकसंघो, ञायपटिपन्नो भगवतो सावकसंघो, सामीचि पटिपन्नो भगवतो सावकसंघो, यदिदं चत्तारी पुरिस युगानि अट्ठपुरिसपुग्गला एस भगवतो सावकसंघो, आहुणेय्यो, पाहुणेय्यो, दक्खिणेय्यो, अञ्जलिकरणीयो अनुत्तरं पुञ्ञक्खेत्तं लोकस्साति।

साधु! साधु! साधु!

**भावना**

अहं अवेरो होमि! अब्यापज्जो होमि! अनिघो होमि! सुखी अत्तानं परिहरामि! अहं विय मय्हं आचरि उपज्झाया माता पितरो हित सत्ता मज्झत्तिक सत्ता वेरी सत्ता अवेरा होन्तु! अब्यापज्जा होन्तु! अनिघा होन्तु! सुखी अत्तानं परिहरन्तु! दुक्खा मुन्चन्तु! यथा लध्दं सम्पत्तितो मा विगच्छन्तु! कम्मस्सका!

**ज्ञान**

निट्ठितं पदं

सब्ब पापस्स अकरणं कुसलस्स उपसम्पदा सचित्त परियोदपनं एतं बुद्धानुसासनं।

धम्मपोत्थकस्स पारायणं कातब्बं यथा

यो हवे दहरो भिक्खू युञ्जति बुद्ध सासने सोमं लोकं पभासेति अब्भामुत्तोव चन्दिमा।

हिन्दी

अर्हत् सम्यक सम्बुद्ध भगवान बुद्ध तथागत को मेरा अभिवादन! सुआख्यात भगवान के धम्म को मेरा नमस्कार! सन्मार्ग पर आरुढ़ भगवान के श्रावक संघ को मेरा नमन! उन भगवान अर्हत सम्यक सम्बुद्ध को नमस्कार! उन भगवान अर्हत् सम्यक सम्बुद्ध को नमस्कार! उन भगवन अरहत सम्यक सम्बुद्ध को नमस्कार!

**क्षमा याचना**

वंदन स्वीकार कीजिए, भन्ते जी! काय, वाक् और मन से अपराध हुआ हो तो मुझे आप क्षमा करें, भन्ते जी!

दूसरी बार भी वंदन स्वीकार कीजिए, भन्ते जी! काय, वाक् और मन से अपराध हुआ हो तो मुझे आप क्षमा करें, भन्ते जी!

तीसरी बार भी वंदन स्वीकार कीजिए, भन्ते जी! काय्, वाक् और मन से अपराध हुआ हो तो मुझे आप क्षमा करें, भन्ते जी!

**शील याचना**

आज्ञा हो तो भंते जी मैं त्रि शरण पंच शील / अष्टशील / दसशील धम्म की याचना करता हूँ।

अनुग्रह कर आप भन्ते मुझे शील प्रदान करें!

दूसरी बार भी आज्ञा हो तो भंते जी मैं त्रि शरण पंचशील / अष्टशील धम्म की याचना करता हूँ।

अनुग्रह कर आप भन्ते मुझे शील प्रदान करें!

तीसरी बार भी आज्ञा हो तो भंते जी मैं त्रि शरण पंचशील / अष्टशील धम्म की याचना करता हूँ।

अनुग्रह कर आप भन्ते मुझे शील प्रदान करें!

जैसे मैं कहूंगा वैसे कहिए।

अच्छा भन्ते जी!

नमस्कार है उन भगवान, अर्हत, सम्यक सम्बुद्ध को!

नमस्कार है उन भगवान, अर्हत, सम्यक सम्बुद्ध को!

नमस्कार है उन भगवान, अर्हत, सम्यक सम्बुद्ध को!

मैं बुद्ध का अनुसरण करता / करती हूं।

मैं धम्म का अनुसरण करता / करती हूं।

मैं संघ का अनुसरण करता / करती हूं।

दूसरी बार मैं बुद्ध का अनुसरण करता / करती हूं।

दूसरी बार मैं धम्म का अनुसरण करता / करती हूं।

दूसरी बार मैं संघ का अनुसरण करता / करती हूं।

तीसरी बार मैं बुद्ध का अनुसरण करता / करती हूं।

तीसरी बार मैं धम्म का अनुसरण करता / करती हूं।

तीसरी बार मैं संघ का अनुसरण करता / करती हूं।

त्रि शरणागमण हो गया।

अच्छा भन्ते जी।

1. मैं किसी भी जीव को नहीं दुखाऊंगा/दुखाऊंगी।
2. मैं किसी भी न दी गई चीज को नहीं लूंगा/लूंगी।
3. मैं अपनी इंद्रियों को संयमित रखूगी। मैं ब्रह्मचर्य का पालन करुगा/करुंगी।
4. मैं कभी भी किसी से गलत नहीं बोलूंगा/बोलुंगी।
5. मैं आरोग्य के प्रतिकूल दवा, नशीली वस्तु इत्यादी किसी भी चीज का इस्तेमाल नहीं करुंगा/करुंगी।
6. मैं अनुपयुक्त समय पर भोजन ग्रहण नहीं करुंगा/करुंगी।
7. मैं नृत्य, गाना, बजाना, खेल-तमाशा देखने से विरत रहूंगा/रहूंगी।
8. माला, सुगंध, लेप इत्यादी धारण कर स्वयं को आभूशित करने से विरत रहूंगा/रहूंगी।
9. मैं बहुत ही मोटे और मुलायम शायिका के भोग से विरत रहूंगा/रहूंगी।
10. मैं चांदी और सोने को ग्रहण करने से विरत रहूंगा/रहूंगी।

त्रि शरण, पंचशील, अष्टशील, दसशील धम्म को अच्छी तरह से धारण कर अनालस्य से शील पूरा करो। हां भन्ते जी।

वैसा ही हो! वैसा ही हो! वैसा ही हो!

**चैत्य वंदना**

सभी स्थलों में प्रतिष्ठित शारीरिक अवशेषों पर विद्यमान सभी चैत्यों तथा महाबोधि आदि बुद्ध-प्रयुक्त सभी रूपों को हमेशा की तरह वंदना करता/करती हूं।

**महाबोधी पूजा**

इस लोकनाथ द्वारा पूजित महाबोधि वृक्ष को मैं भी नमन करती/करता हूं क्योंकि वह बुद्ध से आदृत है।

**दीप पूजा**

इस घने अंधेरे को भस्म कर दीप की भांति प्रज्वलित त्रैलोक्य दीप सम्बुद्ध का मैं पूजन करता/करती हूं।

**सुगंध पूजा**

खुशबूदार काया और मुख तथा अनन्त गुण सुगन्ध से संपन्न तथागत की मैं अपने सदाचार के सुगन्ध से पूजा करता/करती हूं।

**पुष्प पूजा**

सुन्दर व सुगन्धित पुष्प संचय से मैं मुनिन्द्र के पद्म श्री चरणों की पूजा करता/करती हूं।

मैं इन पुष्पों से बुद्ध की पूजा करता/करती हूं। मेरे द्वारा अर्जित पुण्य से मुझे निर्वाण की प्राप्ति होवे!

जिस प्रकार फूल मुरझा कर मलीन होते हैं उसी तरह यह शरीर भी नाश को प्राप्त होता है।

**धूप पूजा**

सुगन्ध युक्त इस धूप से मैं पूज्य आदरणीय योग्यतम बुद्ध की पूजा करता/करती हूं।

**प्रतिपत्ति पूजा**

मैं धम्म के अभ्यास से बुद्ध की पूजा करता/करती हूं। मैं धम्म के अभ्यास से धम्म की पूजा करता हूं। मैं धम्म के अभ्यास से संघ की पूजा करता/करती हूं।

**क्षमा याचना**

यदि असावधानी से मेरी कृति, वचन और विचार से कोई गलती हुई हो तो मेरे शास्ता! महान पज्ञ तथागत मुझे क्षमा करें।

**अर्धिष्ठान**

मेरे इन पुण्य कर्मों के प्रताप से सभी विकार नष्ट हो! सभी कष्टों का अन्त हो।

साधु! साधु! साधु

**बुद्ध पूजा**

सचमुच ऐसे ही है भगवान बुद्ध। अर्हत है, सम्यक सम्बुद्ध है, विद्या और आचरण से सम्पन्न है, सुगत है, लोक के जानकार है, पुरुषों के अनुपम प्रशिक्षक है, देव तथा मनुष्यों के शास्ता है, बुद्ध और भगवान है।

**धम्म पूजा**

सुआख्यात है भगवान बुद्ध का धर्म, सांदृष्टिक है, अकालिक है, आओ और देखो वाला धर्म है, मुक्ति की ओर ले जानेवाला है, तथा प्रत्येक विद्वान द्वारा जानने योग्य धर्म है।

**संघ पूजा**

भगवान बुद्ध का श्रावक संघ सुप्रतिपन्न है। वह सीधे मार्ग पर चलनेवाला है, वह ज्ञान मार्ग पर आरुढ़ है, समीचीन पथगामि है, ये जो चार पुरुषों की जोड़ियां हैं अर्थात् आठ पुद्गल है वही भगवान बुद्ध का श्रावक संघ है। वह संघ आतिथ्य योग्य है, निमन्त्रण के योग्य है, दाक्षिण्य योग्य तथा करबद्ध नमस्कार करने योग्य है। वह लोक में अनुत्तर पुण्य का क्षेत्र है।

**ध्यान**

वंदना समाप्त होने के उपरान्त 5 या 10 मिनट मौन व शांत बैठकर शवास-प्रश्वास पर चित्त एकाग्र करें। कायानुपश्यना, वेदनानुप यना, चित्तानुपर यना तथा धम्मानुपर यना का अभ्यास करें। अंत में ध्यान समाप्ति पद का पठन कर अभ्यास को विराम देवें।

सब्ब पापस्स अकरणं कुसलस्सं उपसम्पदा सचित्त परियोदपनं एतं बुद्धानुसासनं अर्थात् विकार सारे दूर करें, सुविचारों को दृढ़ करें, परि शीलन चित्त का करें और अनुशासन बुद्ध का स्मरें।

बुद्ध को नमन, धम्म को नमस्कार, संघ को अभिवादन!

**निवृत्ति गीत**

त्याग कर राहुल, गौतमी घर पर
सिद्धार्थ चल दिये अनोमा तट पर
कन्थक छन्न छुटे नदी के उस पार
गौतम चलते गये देखा न मुड़कर।।धृ।।
जीव शुध्दोदन भाव प्रजापति
राजपुत्र में सबकी धड़कन चल रही थी
अंतराल फटा धरती भंग हुई
लुम्बिनी, कपिल-श्रावस्ती, वैशाली।।1।।
शीत, उष्ण, वर्षा का विलासी दरबार
सौंदर्य, नृत्य, संगीत का वह आगर
तज के भारव्दाज से चीवर ग्रहण किया
चित्त को मारबंधन से मुक्त किया।।2।।
राज सिंहासन कंप कंप हुए

शाक्य नारी नर पथ में स्थित ही रहे
उनके विरह में हर्षित देवता ही रही
जनता शोकाग्नि में मग्न जलती रही।।3।।

इस प्रकार प्रातः और संध्या को वंदना संपन्न कर अन्त में धम्म ग्रंथ का पारायण करना चाहिये। सुविचार का श्रवण करना चाहिये। और उस पर मनन करना चाहिये। जैसे कि निम्न गाथा का श्रवण और चिंतन है:

यो हवे दहरो भिक्खू युञ्जति बुद्ध सासने सोमं लोकं पभासेति अब्भामुत्तोव चन्दिमा।

अर्थात् जो तरुण धम्म सेवक बुद्ध अनुशासन में प्रशिक्षित होता है वह अपनी सेवा से संसार को बादलों से मुक्त चन्द्रमा की भांति प्रकाशित करता है।

साधु! साधु! साधु!

वंदना के लिये उपयुक्त सामग्री निम्नानुसार है।

1. बुद्ध प्रतिमा, 2. मोमबती, 3. अगरबत्ती, 4. पुष्प, 5. जल, 6. पूजा स्थल अथवा विहार, 7. मार्गदर्शक, 8 सूत्र या सूत 9. दान, 10. प्रसाद, इत्यादी

## पूजा के विशेष अवसर

प्रत्येक महीने में कृष्ण पक्ष की अष्टमी और अमावस्या तथा शुक्ल पक्ष की अष्टमी तथा पूर्णिमा दैनंदिन अभ्यास के अलावा पूजा के विशेष अवसर है।

पंचशील के अतिरिक्त ब्रह्मचर्य व्रत, एकाहार व्रत, सादगी से जीना व अष्टशील धारण करने से उपोसथ व्रत का पालन होता है।

## परित्राण का अर्थ

परित्राण इस शब्द का विग्रह कर उसका 'परि' यानी 'सभी और से' और 'त्राण' यानी 'रक्षण' इस प्रकार 'सभी ओर से रक्षण' किया जाता है। अर्थात परित्राण यह एक व्यक्ति के लिये दूसरे व्यक्ति द्वारा की हुई संपूर्ण सुरक्षा की कामना है।

## परित्राण स्वदेशी और विदेशी

परित्राण की रूढ़ी देश-विदेश में प्रचलित है। भारत में जो परंपरा लुप्त हुई वह बाहरी बौद्ध थेरवादी समाज में बरकरार है। श्रीलंका, थाईलैंड इत्यादी बौद्ध देशों के भिक्षु और बौद्धनुयायिओं के संपर्क से आज वह परंपरा भारत के बौद्ध समूहों में भी प्रविष्ट हुई और उसका प्रचार भी दिनों-दिन बढ़ता जा रहा है।

## पूजा और परित्राण

परित्राण यह धम्मोपदेश का एक माध्यम है। उस में धम्म देशना बोल कर नहीं बल्कि लय में गा कर दी जाती है। इसलिये परित्राण प्रायः दीर्घ समय तक भी लंबायमान किया जाता है। परंतु पूजा केवल आदर्श व्यक्ति के प्रतिमा-चिन्हों के सामने उनके गुणानुस्मरण के लिये की जानेवाली पवित्र और व्यक्तिगत धार्मिक अनुष्ठान या विधि का नाम है। वह बहुधा संक्षिप्त होती है।

## परित्राण की भाषा

जो पुरानी और पवित्र मानी गई भाषायें हैं, उनको शास्त्रीय और श्रेष्ठता का दर्जा कालांतर से प्राप्त होता जाता है। वह भाषा जो अलौकिक बन जाती है उसे पंडित लोग साहित्य के लिये भी प्रयुक्त करते हैं। भारत में ऐसी भाषायें पहले लोक भाषायें रहीं और उसी का परिवर्तित रूप यहां प्राप्त अनेक भाषाओं में विद्यमान है। भारत की ऐसी ही कभी लोकभाषा रह चुकी और आज जिसे सभी भुला बैठे हैं, का नाम पालि भाषा है।

पालि भाषा में कहे गये सूत्र सरल हैं। किन्तु सामान्य लोग उसे न समझने के कारण उसे एक कठिन और दुर्लक्षित भाषा बताते हैं। भिक्षु लोग पालि भाषा में ही परित्राण देशना करते हैं।

## परित्राण के अवसर

मानव समाज के आरंभ से ही जीवन की कुछ घटनाओं को अन्य घटनाओं की अपेक्षा अधिक महत्व और पवित्र स्थान प्राप्त है। उन में जन्म, जवानी, विवाह, नोकरी, घर, संपत्ति, सत्ता, संतति, गृहत्याग, पर्यटन, बुढ़ापा और मृत्यु तथा समस्त सुख-दुःख का बड़ी घटनाओं का उल्लेख किया जाना चाहिए। गृहस्थ बौद्ध उपासक जीवन ऐसे ही किसी बड़ी घटनां के अवसर पर अपने घर भिक्षु या भिक्षु संघ को आमन्त्रित कर परित्राण देशना का आयोजन करते हैं।

## परित्राण उपासना

हिन्दू रूढ़ी और बौद्ध रिवाज में उपासना के अर्थ अलग-अलग है। हिन्दू उपासना में ईश्वर के नाम दिन भर उपवास ग्रहण कर और शाम को उपवास भंग किया जाता है। बौद्ध परंपरा में ईश्वर तो नहीं पर नागरिक कर्तव्य से प्रेरित होकर जो बौद्ध गृहस्थ उपवास व्रत रखता है वह रात भर उपवास में रहता है और दिन में व्रत समाप्त करता है। अनुभव की बात यह है कि जो अनुभूति एक मुसलमान

को रोजे रखते वक्त मिलती है, जो प्रेरणा एक इसाई भाई को गुड फ्रायडे के दिन प्राप्त होती है, या जो अनुभव जैन मुनि अपने भोजन त्याग में करता है और जो भावना यहूदि अपने धार्मिक संस्कार में मनाते हैं, वही अनुभूति, प्रेरणा और भावना हिन्दु, जैन, मुसलमान और बौद्ध अपने आत्मवादी और अनात्मवादी संयम व्रत में प्राप्त करते हैं।

## परित्राण उपास्य

उपास्य का संबंध उपासना के लक्ष्य से है। जो उपासक ईश्वरवादी है वह अपने-अपने मूसा, ईसा, मोहम्मद, नानक, कृष्ण-राम इत्यादी उपास्य को निमित्त बना कर अपनी प्रार्थना अर्पित करते हैं। जो लोग निरिश्वरवादी है वे अपना आराध्य देवता किसी व्यक्ति, महात्मा और भक्ति को नहीं बल्कि शिक्षा को मानते हैं। उदाहरण के लिये बाबासाहेब डॉ. आंबेडकर को ही लीजिये। उन्होंने अपने आराध्य देवता तीन माने थे: विद्या, स्वाभिमान और शील।[1] जो अनिश्वरवादी बुद्ध और जैन को अपना गुरु-आदर भेंट करते हैं वे उन्हीं की प्रतिमा, मूर्ति और फोटो को सामने रख कर उनके गुणों का स्मरण कर अपना माथा उनके सामने नवांते हैं और ऐसा ही धार्मिक व्रत निभाते हैं।

## परित्राण उपासक

जो पुरुष अपने उपास्य देवता की अपनी विधि से उपासना करता है, उसे उपासक कहते है[2] और जो स्त्री ऐसी उपासना करती है, उसे उपासिका कहा जाता है।

## परित्राण पुरोहित

जो ब्राह्मण वेद मंत्रों पर, जो इमाम अजान पर, जो ज्ञानी ग्रंथ पर और जो भिक्षु बुद्ध वचन पर धार्मिक अनुष्ठान का नेतृत्व करता है, उसे पुरोहित कहते हैं। परंतु पुरोहित शब्द हिन्दू रिवाज में प्रचलित होने से भिक्षु, मुनि, इमाम या ग्रंथी को यह शब्द अरोचक लगेगा।

## परित्राण समय

बौद्ध रीति-रिवाज में जन्म कुंडली या ज्योतिष के अनुसार कोई भी कार्य नहीं किया जाता। हां, जो पहले से कुसंस्कारित बौद्ध हैं वे समय-समय पर अपने घर का गृह प्रवेश, पुत्रों का ब्याह और पोतों का नामकरण ऐसी ही अंधी भक्ति में बह कर कराते हुये देखे जाते हैं। बुद्ध ने कहा है:

नक्खत्तं परिमानेन्तं बाला दुम्मेधिनो जना अर्थात् मूर्ख लोग नक्षत्र के पचड़े में पड़ते रहते हैं। परंतु सच यह है कि वुत्तं कम्मं करिसेय्य किं करिस्सन्ति तारका! अर्थात् जो काम करने का संकल्प किया गया है वह काम करते रहना चाहिए। तारों को उस से क्या लेना देना है?

अतः सुबह, दोपहर, शाम आदि किसी भी समय अथवा अपनी सुविधा और कार्य की आवश्यकता के अनुसार जो भी समय, तिथि और महिना निश्चित किया जाये वह सभी समय उचित है।

## परित्राण का स्थल

स्थान विषेश की अपनी-अपनी खासियत है। जैसे जंगल में शांति ज्यादा होती है, परंतु वहां समाज नहीं होता। विहार ज्यादा पवित्र माना जाता है पर वहां सुविधा कम होती है। घर में भी परित्राण किया जाता है लेकिन वहां जगह कम पड़ने का डर हमेशा लगा रहता है। अतः परित्राण स्थल का चुनाव परित्राण कार्य में शामिल होने वाले लोगों की संख्या, श्रेणी और यजमान की यथा शक्ति से निर्धारित कर लेना चाहिए।

## परित्राण की विधियां

परित्राण के क्षेत्र में भिक्षु ही एक अधिकारिता धारक मूर्ति माना जाता है। अनेक वृत्ति के भिक्षु अनेक विधियों को प्रयोग में लाते हुये देखे जाते हैं।

गृहस्थ को भी अपनी-अपनी रुचि का ध्यान रखना पड़ता है। ग्रामीण यजमान लंबा परित्राण पसंद करता है तो नगरी सभ्यता में छोटे और संक्षिप्त परित्राण विधि को अधिक ग्राह्य माना जाता है।

इस पंक्ति के लेखक को तो ऐसा अनुभव है कि कहीं-कहीं परित्राण की विधि का मापदण्ड सूत्र और समय न होकर श्रोताओं के पैर सुन्न होने तक किये हुये पठन को सही परित्राण हुआ ऐसा समझने की प्रवृत्ति है।

कुछ भी हो सभी परित्राण विधियों में त्रि शरण पंचशील से आरंभ करना आम बात है।

## परित्राण सूत्र

यूं तो परित्राण विधि का एक अलग ग्रंथ ही होता है, जिस में परित्राण देशना के कई सूत्र संकलित किये हुये होते हैं। श्रोताओं को सभी सूत्र सुनने की फुर्सत नहीं होती और भिक्षुओं को सभी सूत्र रटने का न अभ्यास होता है।

सूत्रों की संख्या अनेक होने पर भी सामान्य परित्राण में निम्नों का प्रयोग किया जाता है। यथा त्रिरत्न वन्दना, बुद्ध द्वारा उपयुक्त की गई वस्तुओं की वन्दना, संकल्प, रतन सुत्त, मंगल सुत्त, करणीय मेत्त सुत्त, जयमंगल अट्ठगाथा, महामंगल गाथा इत्यादि।

## भिक्षु

पालि अठ्ठकथाकार बुद्धघोष ने भिक्षु शब्द का अर्थ निम्न प्रकार बताया भयं इक्खतिती भिक्खू अर्थात जो भय खाता है वह भिक्षु है। एक भिक्षु बुराईयों पापों, बुरे कर्मों और अकुशल विचारों से भय खाता है।

## भिक्षु का आदर्श

बुद्ध ने भिक्षु अपने सम्मुख क्या आदर्श रखे इस बाबत् बताया है कि भिक्षु को हमेशा इस बात का ध्यान रखना चाहिये कि क्या उसका कोई धर्मबंधू उस में कोई दोष देख कर उस की निन्दा तो नहीं कर रहा है? बुद्ध के ऐसे उपदेश अंगुत्तर निकाय का पांचवा भाग का अंश अर्थात् दसधम्मसुत्त में समाविष्ट है। उक्त कथन क्रमांक पांच है।[3]

बाबासाहेब डॉ. आंबेडकर के अनुसार भिक्षु को एक समाज सेवक का आदर्श अपने सामने रखना चाहिये।[4]

## भिक्षु के नियम

बुद्ध के समय से चले आ रहे भिक्षु-भिक्षुणी संघ के नियम आज भी विनय पिटक में लिपिबद्ध है। उसमें भिक्षु के लिये 227 और भिक्षुणी के लिये 235 नियमों का संकलन है। भिक्खु के नियमों में 4 महापातक यानी पाराजिका, 93 बहिष्कार अर्थात् संघादिसेस, 2 अनिश्चित कर्म, 30 निष्कासन अथवा निस्सग्गीय, 92 पश्चाताप या पाचित्तिय, 4 परिशुद्धि या पाटिदेसनीय, 75 शिक्षापद व सेखीय और 7 कलह शमन करनेवाले अधिकरण समथ का अंतर्भाव हैं यानी कुल 227 नियम हैं। इसमें अतिरिक्त आठ नियमों को जोड़ कर भिक्षुणियों के कुल 235 नियम हो जाते हैं।

## भिक्षु और समाज

समाज हमेशा एक जैसा नहीं रहता। वह कालपरिस्थितिनुरूप बदलता रहता है। उसी प्रकार समाज का घटक व्यक्ति भी बदलता रहता है। उसकी धारणा एक

जैसी नहीं रहती। प्राचीन भारतीय समाज में भिक्षा वृत्ति को जो दर्जा प्राप्त था वह आज प्राप्त नहीं है। पहले भिक्षु अपनी उपजीविका हेतु समाज पर निर्भर था और आज भी है। परंतु समाज अपनी धार्मिक शिक्षा के लिये भिक्षु पर निर्भर नहीं है। अतः ऐसे समाज में भिक्षु को आर्थिक कठिनाई का सामना करना पड़ता है। विकसित समाज ने पुरोहित या पादरी के पेशे को भी वेतन या मानधन के आर्थिक आधार पर नियमित किया है। परंतु बौद्ध समाज में कहीं भी वेतन भोगी भिक्षु नहीं है। उसे धर्मनिरपेक्ष क्षेत्र में अपने अनुरूप अध्यापन आदि का व्यवसाय कर के ही अपनी आर्थिक अड़चन को दूर करना पड़ता है। ग्रामीण और शहरी श्रध्दोन्नत क्षेत्र में पारंपरिक ढंग से भिक्षु-गृहस्थ संबंध आज भी पूर्णतः नष्ट नहीं हुये है। परंतु आधुनिक समय की हवा भिक्षु संस्था के प्रतिकूल ही बह रही-सी नजर आती है।

## भिक्षु के अधिकार

विनय पिटक की समन्तपासादिका नामक अट्ठकथा, [1, पृ. 220-221, 337] में भिक्षु का दर्जा मुख्य न्यायाधिश के दर्जे से कम नहीं था इस की साक्षी है। महावंश [XXXIV, 66] ग्रंथ-धूर भिक्षु का आदर करनेवाले श्रीलंका के भातिय नरेश [38-67 ई. स.] का जिक्र करता है। राजसिंहबाहू व्दिलीय [1635-1687] जब लड़ाई पर जाते थे तो अपने साथ भिक्षुओं को ले जाते थे। आर्किटेक्ट भिक्षुओं का भी उल्लेख है।

## भिक्षु के प्रकार

जब से त्रिपिटक श्रीलंका के मातले के अलुविहार में प्रथम शताब्दी ई. पू. में सिंहली में लिपिबध्द हुआ तब से भिक्षुओ में यह विवाद भी प्रचलित रहा कि पतिपत्ति बड़ी या परियत्ति? पंसुकुलिक भिक्षु पतिपत्ति पर जोर देते थे और धम्मकथिक भिक्षु परियत्ति पर। अन्तिम जीत तो ध्यान पर सूझ की ही होती है। अपितु भिक्षुओं में अरण्यवासी और ग्रामवासी ये दोनों प्रकार अभी तक मौजूद है।

## भिक्षु के गृहस्थ के प्रति कर्तव्य

भिक्षु के कर्तव्य अपने धर्मबंधू, भिक्षु संघ और गुरुजनों के प्रति तो होते ही है। इसके अलावा भिक्षु के समाज के सर्वसामान्य और सर्वहारा नागरिकों के प्रति भी जो कर्तव्य है, वे उतने ही महत्वपूर्ण और परिणामकारी होते हैं।

बाबासाहेब कहते है: A Bhikhu leaves his home. But he does not retire from the world. He leaves home so that he may have the freedom and opportunity to serve those, who are attached to their homes but whose life is full of sorrow, misery and unhappiness and who cannot help themselves.[5]

## भिक्षु के व्यवसाय

भिक्षुओं के निवास चाहे अरण्य हो या समाज, सामान्य जीवन गतिप्रवाहों का परिणाम समाज के बाहर जल, थल और वायु और समस्त अंतराल में ही होता है। अरण्यवासी भी लिखने लगे। लेखक का व्यवसाय सामान्य नागरिक की भांति भिक्षु को भी प्राप्य है। भिक्षुओं में भी दो प्रकार हुये, एक जो विपश्यनाधूर कहलाये और दूसरे जो ग्रंथधूर कहलाये गये।

## भिक्षु और ब्राह्मण

ब्राह्मण केवल भारत में ही होते हैं। क्योंकि वे हिंदू सनातनी वर्णव्यवस्था के लाल चीनी या रेड़ चायनीज हैं। भिक्षु सार्वत्रिक उपज है। वह पैदा नहीं होता, बनता है।

भिक्षु और ब्राह्मण में भेद दर्शाते हुए बाबासाहेब लिखते हैं: ब्राह्मण एक पुरोहित है जो पिछले कर्मों के पापों में विश्वास के कारण जन्म, मृत्यु और विवाह के अवसर पर ही नहीं बल्कि सभी मौकों पर रस्मों-रिवाज अदा कर शुद्धिकरण करता है। भिक्षु किसी कर्मकांड के पछड़े में न पड़ ऐसी रस्में अदा करने में समय नष्ट नहीं करता। क्योंकि वह पुरोहित नहीं होता।

ब्राह्मण की जात होती है, भिक्षु की नहीं। एक बार ब्राह्मण होने पर उसे कितना भी पापकर्म ब्राह्मण्य से वंचित नहीं कर सकता और वह ब्राह्मण ही रहता है। परंतु विनय भंग करने पर भिक्षु भिक्षुत्व से वंचित हो जाता है। ब्राह्मण को सिर्फ धार्मिक विधान का ज्ञाता होने से मतलब है, भिक्षु को नैतिक प्रशिक्षण की नितांत आवश्यकता होती है।

ब्राह्मण का अपना स्वार्थ और हित होता है। वह स्वयं कानून है और सब में अग्रणी रहता है। भिक्षु का अपना धार्मिक संगठन होता है। उसका वह सभासद रहता है। उसे कानून का पालन करना होता है। अपने हाथ में कानून वह कभी नहीं ले सकता।

## भिक्षु और राष्ट्रपति

राष्ट्रपति देश का सर्वोच्च मुखिया होता है, जिस के नाम से देश का संविधान, देश की संसद अपना आंतरिक और अंतर्राष्ट्रीय राजनीतिक कार्यभार चलाते हैं।

भिक्षु बौद्ध देश में बौद्ध समाज का सर्वोच्च धार्मिक मुखिया होता है, जिसके गुण गौरव से देश की जनता आंतरिक और अंतर्राष्ट्रीय सभा सम्मेलनों में अपना सर ऊंचा कर धन्य हो जाते हैं।

## भिक्षु और प्रधानमंत्री

किसी भी राष्ट्र की सरकार मंत्रीओं के मंडल के प्रधानमंत्री के नेतृत्व में कार्यान्वित होती है। उसी प्रकार बौद्ध देश में देश का सही नेतृत्व और हित रक्षा करनेवाला और विश्व कुटुंब राष्ट्रों में देश का गौरव बढ़ाने वाला योग्य नेता जब चुनना होता है, नागरिक अपने धर्मनेतृत्व से सलाह ले सकते हैं। और भिक्षु अपने मुक्त मन से योग्य सलाह दे सकते हैं।

वर्षाकार नामक अजातशत्रु राजा के प्रधानमंत्री को वज्जि गण के आदर्श शासनप्रणाली की प्रशंसा करते हुए तथागत बुद्ध ने आनंद के माध्यम से संबोधन दिया था: 'हे ब्राह्मण, मैं जब वैशाली के सरन्दद विहार में रहता था तब मैंने वज्जी लोगों को कल्याण की सात बातें बताया था और वज्जिओं में जबतक ये सात बातें रहेगी तबतक उनके पतन की नहीं बल्कि उनके उत्थान की उम्मीद करना युक्त होगा।[6]

सन 1946 में श्रीलंका के ऐसे ही लोकमत का नेतृत्व करने के लिए **एकसत भिक्षु मंड़लय** की स्थापना हुई है।[7]

## भिक्षु और न्यायाधीश

भिक्षु के लिये न्यायाधीश होना कोई नई बात नहीं है। विनयधर अभिधम्मिक गोदत्त स्थविर ने अनुराधपुर में अपनी विनयाधिकारिता और व्यवहार कुशलता का जो परिचय दिया था, उससे प्रभावित होकर राजा भतिय ने उन्हें भिक्षु-भिक्षुणियों का ही नहीं अपितु सभी नागरिकों का एकमेव न्यायाधीश घोषित करते हुए उनके निर्णय को स्वीकार्य, अंतिम और निर्धारक रूप में राजघोषित किया और उल्लंघन करने पर शाही दंड़ का प्रावधान लागू किया। पालि भाषा में उनका फर्मान था **मयि सन्ते भिक्खूनम्पि भिक्खूनीनम्पि गिहनम्पि अधिकरणं**

**अभिधम्मिक गोदत्तत्थेरेनं विनिच्छितं सुविनिच्छितं तस्स विनिच्छये अतिट्ठमानं राजानाय ठपेमि।**

## भिक्षु और स्त्री

थाईलैंड में महिलायें भिक्षु से नही छूती हैं। श्रीलंका और भारत जैसे कई बौद्ध देशों में ऐसी प्रथा नहीं है। देशानुरूप किसी विशेष आचार संहिता का प्रचलन हुआ हो, परंतु बौद्ध परंपरा में स्त्री-पुरुष और भिक्षु-स्त्री का व्यावहारिक कारणों से अति समीप आना व्यक्ति मुक्ति में बाधक भले ही माना गया अपितु इसका छुआछात और लैंगिक भेदभाव से कोई सरोकार नहीं ही रहा है।

बुद्ध ने भिक्षुओं को भिक्षुणियों के प्रति या गृहस्थों को स्त्रियों के प्रति सावधानी बरतने की बात कही है तो उन्होंने भिक्षुणियों को भिक्षु के प्रति और स्त्रियों को गृहस्थों के प्रति भी वैसी सावधानी बरतने को कहा है।[8]

तो भिक्षु ने स्त्री के प्रति कैसी धारणा रखनी चाहिए? उत्तर है जब कभी कोई भिक्षु किसी स्त्री से मिले तो उसे याद करना चाहिए कि वह वृद्ध महिला को मातृचित्त से, अपने बराबरी के स्त्री को भात्रि चित्त से और अपने से कनिष्ठ कन्या को पुत्री चित्त से धारण करें।[9]

## भिक्षु और भ्रमण

भिक्षु का जीवन गतिमान और सोद्देश्य होता है। उसे एक जगह पर स्थित रहना बंधन कारक हो जाता है। गृहस्थिओं को अपने-अपने घर होते हैं। भिक्षु के लिए सभी घर अपने हैं। धम्म की सही दृष्टि मिलने पर भिक्षु उसके प्रचारार्थ यत्रतत्र सर्वत्र भ्रमण करता रहता है। साल में तीन मास एक ही विहार या प्रदेश में रहकर वर्षावास का संकल्प करना उसका सांघिक कर्तव्य है।

आज के यातायात और आधुनिकता के समय में मनुष्य ने ऋतुओं पर अपना नियंत्रण पा लिया है। इसी के साथ भिक्षु के भ्रमण के मार्ग विश्व में कहीं भी जाने के लिए खुले हैं। भिक्षु का भ्रमण बुद्ध के इस ध्येय से प्रेरित होता है, जिसे उन्होंने पूर्व के भिक्षुओं के सामने आदर्शस्वरूप रखा था। उन्होंने कहा: भिक्षुओं, लौकिक और अलौकिक बंधनों से मुक्त होकर, हर दिशा में, आदि, मध्य और अंत में कल्याणकारी धर्म की देशना सभी लोगों की भलाई के लिये प्रचारित करते हुए भ्रमण करो।''[10]

## संदर्भ ग्रंथ

1. दलितांचे शिक्षण, डॉ. बाबासाहेब आंबेडकरांच्या शिक्षण विषयक लेखनाचे समग्र संकलन, समता प्रकाशन, नागपुर, (ठाणे) 1994, पृ. 142-143

2. जातक क्रमांक 49, नक्खत्त जातक है। इसे भगवान ने जेतवन में निवास करते समय एक नग्न साधु के सम्बन्ध में बताया था। श्रावस्ती के समीप वाले गांव के एक सज्जन ने अपने पुत्र का समकक्ष श्रेणी की श्रावस्ती की तरुण कन्या से विवाह करा दिया। उसने वधु को घर ले जाने का दिन भी निश्चित किया। बाद में उसने अपने सुपरिचित पारिवारिक नग्न साधू से उस दिन के नक्षत्र अनुकूल होने या नहीं होने के बाबत परामर्श लिया।

साधु ने सोचा, "वधु को घर लाने की तिथि तो इसने पहले ही तय कर ली। उस वक्त तो मुझ से परामर्श भी नहीं लिया। अब खाली औपचारिकता के लिये पूछ रहा है। अच्छा है; मैं इसे सबक सिखाऊंगा" सोचकर आहत साधु ने उत्तर दिया कि नक्षत्र उस दिन अनुकूल नहीं। ऐसे दिन वैवाहिक रस्मों को मनाना नहीं चाहिये। यदि वे मनाई गईं तो बहुत अहितकर होगा। और गांव के उस परिवार की अपने साधू में निष्ठा होने के कारण वह परिवार उस दिन वधू को घर ले आने के लिए नहीं गया। अब वधु वालों ने नगर में वैवाहिक रस्म को उल्लास से मनाने हेतु सभी तैयारियां कर रखी थीं। और जब उन्होंने देखा कि वर पक्ष के लोग उस दिन वधु के यहां नहीं गये तो उनको लगा, "उन्होंने ही तिथि निश्चित की थी और वे ही नहीं आये; और इस कारण हमें काफी खर्चा उठाना पड़ा सचमुच कौन होते हैं ये लोग? कन्या को किसी और के साथ ब्याह देना चाहिये"। अतः उन्होंने दूसरा वर ढूंढा और कन्या का विवाह उसी वर के साथ पहले से ही मौजूद भोज की तैयारी से बड़ी धूम-धाम के साथ किया।

दूसरे दिन गांव वाली पार्टी वधू को ले जाने आई। परंतु श्रावस्ती के लोगों ने उनको जवाब दिया," आप ग्रामीण लोग बड़े बुरे हो; आप लोगों ने स्वयं तिथि निश्चित की, और उस दिन न आकर हमारा अपमान किया। हमने कन्या का विवाह किसी और वर के साथ करा दिया है"। गांववाले झगड़े पर उतर आये, परंतु अन्त में वे जिस रास्ते से आये थे उसी रास्ते से निकल गये।

फिर भिक्षुओं को ज्ञात हुआ कि एक नग्न साधु ने शुभ मुहुर्त को बर्बाद किया, और वे उस मामले के बारे में धम्म सभागृह में चर्चा कर रहे थे। सभागृह में प्रवेश कर, और वार्तालाप का विषय ज्ञात कर भगवान बुद्ध ने कहा, "भिक्षुओं, यह पहला अवसर नहीं है कि उस साधू ने उस परिवार की शुभ वैवाहिक घड़ी

को नष्ट किया; उनके साथ अपनी नाराजगी के कारण उस नग्न साधु ने पहले भी ऐसा ही किया था।"। पहले की घटना के बारे में उन्होंने निम्न कहानी बताई।

एक बार जब ब्रह्मदत्त नामक महाराजा बनारस में राज कर रहे थे किन्हीं नगरवालों ने अपने एक लड़के की शादी गांव की एक लड़की से संपन्न की और वधु को घर ले जाने का दिन भी घोषित किया। इस बार नगरवालों ने अपने साधु के मना करने पर वधु के लेने अपने निश्चित दिन पर न जाकर दूसरे दिन गये तो गांव वालों ने उनको ऐसा जवाब दिया," आप नगर के लोग आम शिष्टाचार भी नहीं रखते हो। खुद तिथि तय कर उस दिन नहीं आये हो। उस कारण हमने वधु की शादी किसी और से करा दी है"। नगरवालों ने कहा, "परंतु हमने अपने साधु से परामर्श लिया और उनके कहने के अनुसार उस दिन नक्षत्र प्रतिकूल था। इसलिये हम कल नहीं आये थे। कृपया वधु को हमारे साथ विदा कर दो। गांव वालों ने उत्तर दिया," आप लोग समय पर नहीं आये और अब वह दूसरे की हो गई। उसे हम दो-तीन बार कैसे विवाहित कर सकते हैं? जब उनमें आपस में तू-तू मैं-मैं हो रही थी तो उस समय नगर का बुद्धिमान व्यापारी भी व्यवसाय हेतु उस गांव आया हुआ था। जब उसने सुना कि नगरवालों ने अपने साधू की सलाह पर नक्षत्र के प्रतिकूल होने के कारण निश्चित दिन पर वधू को घर ले जाने उस गांव नहीं जा पाये तो व्यापारी ने अपने उद्गार निकाले," सचमुच उन नक्षत्रों को क्या लेना देना है? क्या वधू को पाना ही शुभ योग नहीं है"? ऐसा कह कर व्यापारी ने इस गाथा को बोला:

**नक्खत्तं पतिमानेन्तं, अत्थो बालं उपच्चगा।**

**अत्थो अत्थस्स नक्खत्तं, किं करिस्सन्ति तारका" ति॥**

अर्थात् मूर्ख मनुष्य भाग्य दिवस का इंतजार कर सकता है, तथापि सौभाग्य को नहीं प्राप्त करेगा। (1) कार्य करते रहना ही कार्य का अपना नक्षत्र होता है। केवल तारे क्या कर सकते हैं?

## संदर्भ

1. पियदस्सी थेरा, पिरित पोत, कोलम्बो स्ट्रीट, कैंडी, श्रीलंका, 1975, पृ.27।

2. बी.आर. आंबेडकर, द *बुद्धा एण्ड हिज धम्मा*, सिद्धार्थ पब्लिकेशन, मुंबई-तृतीय संस्करण, पृ. 319

3. डॉ.बी. आर. आंबेडकर, द *बुद्ध एण्ड हिज धम्म*, पृ. 319।

4. राहुल सांकृत्यायन, बुद्धाचा गतिवाद, लोकवाङमय, मुंबई, तृतीयावृत्ती 1986, पृ. 96।

5. वालपोल राहुल, *भिक्षुवागे उरुमय*, अंग्रेजी में, न्यूयार्क 1974, पृ. XXI.

6. डॉ.बी. आर. आंबेडकर, द राईज एण्ड फाल ऑफ द हिन्दु विमेन, हैदराबाद 1965।

7. *संयुक्त निकाय* IV. पृ. 68।

8. भदन्त आनन्द कौसल्यायन, *एन इंटेलिजेन्ट मैन्स गाईड़ टू बुद्धिज्म*, नई दिल्ली 1980।

# 9
# शिक्षा एवं संविधान

काजहां व्यावहारिक राजनीति में काम करना एक गंदी नाली में काम करने जैसा हो वहां राजनीतिक समाजीकरण जनता के लिए वरदान कैसे हो सकता है? जैसे भी हो राज्यविहीन समाज की कल्पना की ही नहीं जा सकती है। अनुशासन के विना समाज जर्जर हो जाएगा। समाज में अनुशासन बनाये रखने के लिए कदाचार पर अंकुश और अन्याय को रोकने वाली संस्थाओं और नैतिकता की आवश्यकता से कोई भी इंकार नहीं कर सकता। शैक्षणिक संस्थाओं को इसी में अपना दायित्व स्वीकार करना होता है।

व्यावहारिक अव्यवस्था को सुव्यवस्थित बनाना ही किसी समाज का राजनैतिक लक्ष्य होना चाहिए। आचार के मार्गदर्शन के लिए शैद्धांतिक नियम या आदेश भी जरुरी है। स्थिति व समय परक विधि-विधान के संग्रह को एक निश्चित भू-भाग के लोगों के लिए सर्वानुमति से अमल में लाने के लिए स्वीकृत कर उसे समाजशासन चलाने का सर्वोच्च मार्गदर्शक कानून के रूप में लोगों द्वारा अपनाया जाना उस समय के मानस की अनुशासनात्मक नीति को प्रतिबिंबित करता है। भारतीय जनमानस के नैतिक दिशा का प्रतिबिंब भारत के विद्यमान् संविधान और उसके आमुख में परिलक्षित होता है। ऐसे मार्गदर्शक भारतीय संविधान के प्रति राजनीतिक समाजीकरण की प्रक्रिया को प्रवर्तित करना सचमुच एक श्लाध्य प्रयास है।

## शिक्षा

लोकतांत्रिक प्रणाली में सरकारें लोक कल्याणकारी होना अपेक्षित है। सरकारें भले ही अस्थायी होती हैं लेकिन वे लोगों के कल्याण को साधने के अवसर होते हैं जिसे प्रयुक्त करने पर जनमत किसी के अनुकूल या प्रतिकूल बनता जाता है। निष्पक्ष सरकार सदा स्थायी मूल्य के संवैधानिक लक्ष्यों को अपने सामने रखकर सीमित समय में असधारण हितकारक कार्य कर दिखाती है।

वर्गविहीन पक्ष की सरकार सामाजिक संबंधों को वैधानिक दर्शन के अनुसार ढालने वाली संस्थाओं को बढ़ावा देती है। वह शिक्षा के द्वार सबके लिए मुक्त कर सबको समान अवसर देने का प्रयास करती है। शिक्षा को सामाजिक आचरण में श्रेष्ठस्व लाने का हथियार समझती है।

शिक्षा का मतलब सीखना ही सीखना माना जाए तो उसकी व्यावहारिक मौलिकता नष्ट हो जाएगी। व्यावहारिक मौलिकता को ही शिक्षा का एकमात्र मूल्य माना जाए तो शिक्षा मर्यादित होकर मार्गदर्शन और आगे की नजर देने में असमर्थ होगी। अतः शिक्षा से अभिप्राय यही होना चाहिए कि अशिक्षितों को शिक्षा का पूर्ण अवसर दिया जाए तथा उन्हें उसका उपयोग व्यवहार या रोजगार में लाने का अवसर मिलें।

शिक्षा के नाम पर विशिष्ट वर्ग का संस्कार सभी वर्गों पर थोपना बहुमत की ज्यादती होगी। शिक्षा के संस्थाओं में समान शैक्षणिक अभ्यास क्रम का अभाव लोगों को असमान स्तर पर शिक्षित करना है। किसी एक ही भाषा के माध्यम को शैक्षिणक प्रक्रिया में प्रयोग करना भिन्न-भिन्न भाषाई प्रांतों के शिक्षार्थी के साथ अन्याय करना होगा।

शिक्षा से मानसिक तृप्ति और उलझनों का निवारण होना चाहिए। संक्षिप्त बातें स्पष्ट और छिपे हुए तथ्य प्रकटित हो जाने चाहिए। अर्थात् सत्य तक पहुंचने के लिए शिक्षा, शोध और बोध का द्वार बनें तो समाज के सभी शैक्षणिक स्तरों पर उसकी उपयोगिता विलक्षण परिणाम बहाल कर सकेगी।

शिक्षा यदि मन को आंख जैसा स्पष्ट देखने का सामर्थ्य दिला दे तो व्यक्ति का आंतरिक धुंधलापन निरस्त होकर तथ्यों को साफ-साफ देखने का तरीका उसे हासिल होगा।

शिक्षा और अनुशासन परष्पर पूरक विधायें हैं। शिक्षा बिना अनुशासन चक्षुहीन पग के समान है और अनुशासन बिना शिक्षा लक्ष्यहीन दौड़ की भांति है। जिस प्रकार सबके लिए समान शिक्षा वांछनीय होती है उसी प्रकार सबके लिए आचार की समान संहिता का होना लाजमी होता है।

डॉ. आंबेडकर के विद्यार्थी जीवन की एक घटना है। स्कूल में गणित के मास्टर बोर्ड पर लिखे गणित के प्रश्न को हल करने के लिए छात्रों को पूछते हैं। सभी छात्रों में केवल भीमराव आंबेडकर ही उस गणित को हल करने के लिए अपनी तैयारी दिखाते हैं। और बोर्ड की ओर बढ़ते हैं। तभी क्लास के सभी छात्र चिल्लाकर टिचर से रोको-टोको की गूंज में बोर्ड के पास दौड़ कर उसके

पीछे रखे हुए अपने खाने के टिफिन्स को हटा लेते हैं। तब कही भीमराव आंबेडकर बोर्ड पर अपने हाथ से गणित की पहेली का हल बताकर टीचर, और छात्रों को चकित कर देते हैं। इस घटना में शिक्षा की स्थिति गणित सीखने की प्रक्रिया से पूर्ण होती है, परंतु उससे अनुशासन की पूर्ति नहीं होती। गणित के साथ-साथ छात्रों को भीमराव आंबेडकर जैसे उनके सहपाठी के साथ अच्छा व्यावहार करने का भी पाठ पढ़ाया जाता तो वह शर्त भी पूरी हो सकती थी। परंतु बच्चों के अंदर उनके अभिभावकों ने जो ऊंच नीचता और सामाजिक भेदभाव का कदाचार जन्म से ही विरासत में बहाल किया था वह शिक्षा के पाठशालाओं में भी स्वाभाविक रूप से भिन्न-भिन्न जातियों के छात्रों के बीच परस्पर व्यवहार में सहजता से प्रतिबिंबित होता आ रहा था।

शिक्षा के संस्थानों और आचार के आश्रमों को बुद्धि और हृदय के विकास हेतु परस्पराश्रित संबंधों की नींव डालने की कोशिश करनी चाहिए तभी शिक्षा और अनुशासन का भवन ऊंचा और सुंदर बनाया जा सकेगा। इसके लिए संविधान में युक्त प्रावधान भी हैं।

# 10
# महापुरुष की पहचान

डॉ. आंबेडकर के इस युग में पदार्पण के ढाई हजार वर्षों से भी अधिक समय पहले तथागत गौतम बुद्ध ने अपनी पालि भाषा में कहा था–

दुल्लभो पुरिसाजञ्ञो
न सो सब्बत्थ जायति
यत्थ वो जायति धीरो
सं कुलं पटिसेवति ।। धम्मपद।।

अर्थात् महापुरुष का जन्म दुर्लभ होता है। ऐसे महामानव सर्वत्र पैदा नहीं होते। जहां-कहीं ऐसे धीरमनुष्य जन्म लेते हैं वहां वे उस कुल, राष्ट्र और विश्व का नाम रोशन करते हैं।

वर्ष 1999 का अप्रैल माह दो-दो महापुरुषों के जन्म तिथियों से बेमिसाल पुनीत हो चुका है। 14 अप्रैल बोधिसत्व बाबासाहेब आंबेडकर का पावन दिन है। तो 30 अप्रैल महाकारूणिक तथागत बुद्ध का त्रिवार पवित्र दिवस भी है।

बुद्ध ने त्रिश्व को मैत्री का यथार्थ और व्यावहारिक संदेश दिया। दुनिया के जितने भी धर्म-संस्थापक हुये उन्होंने भी शांति का पाठ सबको सिखाया है। परंतु बुद्ध और अन्य शास्ताओं में एक मूल भेद है। चाहे राम हो या कृष्ण, हनुमान हो या शिव, मोहम्मद हो या तेग बहादूर सभी के तस्वीरों में उनके शरीर के साथ किसी न किसी प्रकार के शस्त्र संलग्न हुये दिखाई पड़ते हैं। बुद्ध जब शांति या मैत्री की बात करते हैं तो स्वयं को और दूसरों को भी निरस्त्र होकर ही नहीं अपितु दुर्भावना रहित होकर (Bilateral) द्विपक्षी बातचीत करते हैं। उनका मैत्री का सूत्र पालि भाषा में इस प्रकार उध्दृत है–

"न हिं वेरेन वेरानि सम्मन्तीध कुदाचनं
अवेरेन च सम्मन्ति एस धम्मो सनन्तनों "

अर्थात् वैर से वैर शांत नहीं होता। अवैर से ही वैर शांत होता है, यही सदा कालिक नियम है।

अतः यह आश्चर्य की बात नहीं है कि कुटिल से कुटिल राजनीतिज्ञ भी जब मानसिक सुख-चैन चाहता हो तो पंडित जवाहरलाल नेहरू, माओ-त्से-तुंग, बर्ट्रांड रसेल, स्तालिन की तरह बुद्ध की प्रतिमा को अपने कक्ष में प्रतिष्ठित करें और उसे देखकर शांति का एहसास कर सकें।

तो प्रश्न है कि महापुरूष को हम कैसे पहचाने? असल में कोई भी व्यक्ति (स्त्री या पुरूष) जब अपने स्व को मिटाकर एक पेड़ की भांति जाने-आनजाने सबको छाया प्रदान करती रहती है। वह व्यक्ति असाधारण कहला सकता है। यही महापुरूष की नित्य चर्या होती है। इसे ही नैतिक आचरण कहते हैं जिससे महापुरूष युक्त होता है।

महापुरूष की दूसरी पहचान है यथार्थ ज्ञान और दुनिया को बदलना। समाज सुधारक की भूमिका राजनीतिज्ञ और विद्वान से इसीलिए अधिक महत्वपूर्ण होती है क्योंकि वे समाज और धर्म की संस्थाओं में बदलाव या परिवर्तन लाने का यत्न करते रहते हैं। वैज्ञानिक तो सत्य तक पहुंचा देता है परंतु राज्ययंत्रणा उस को सामाजिक जीवन पर लागू कर वांछित बदलाव ला सकती है। निजी पूंजी और व्यक्तिगत आत्मा ये दोनों ही स्थिरता के पक्षधर और परिवर्तन के विरोधी तत्व हैं। दोनों को त्यागकर आदमी सही इंसान या महामानव बन सकता है। आधुनिक परिप्रेक्ष्य में सोचे तो यदि बुद्ध की वैज्ञानिकता और आंबेडकर की मानवता का आंशिक विकास हर मानव में हो जाए तो शायद आदमी इन्सान बनने की ओर अग्रसर हो सकता है।

# 11
# आत्मकथनः म.प. राहुल सांकृत्यायन

मेरा जन्म "पंदहा" गांव में 9 अप्रैल 1893 में हुआ। सन् 1903 में मैं उत्तर प्रदेश के आजमगढ़ जिले के रानी की सराय कस्बे के स्कूल में दर्जा 3 में पढ़ रहा था। मेरे हाथ उस समय मो. इस्माईल की उर्दू में लिखी नवाजिंदा बानिंरा की कहानी "खुदाई का नतीजा" लगी। उसमें मैंने एक शेर पढ़ाः "सैर कर दुनिया की गाफिल, जिंदगानी फिर कहां? जिंदगानी मर रही तो नौजवानी फिर कहां?" तो इस शेर ने मेरे मन और भविष्य के जीवन पर बहुत गहरा असर डाला।

पिताश्री गोवर्धन पांडे और माताश्री कुलवंती के चार बेटों और एक बेटी में मैं ही सबसे बड़ा था। मेरा विवाह ग्यारहवें साल में ही करा दिया गया था। विवाह के बाद मैंने अपने रिश्तेदारों से कहाः "इस 11 वर्ष की अबोध अवस्था में मेरे जीवन को बेचने का अधिकार आपको किसने दिया?" इस पर भी मेरी पत्नी मुझसे उम्र में बड़ी थी। मैंने. विद्रोह किया। 6वीं कक्षा की परीक्षा छोड़कर कलकत्ता भाग गया। वहां चार महिनों तक "क्लीनर" का काम किया। तब मेरी उम्र कुल 13 वर्ष थी। नाना का पत्र मिला तो घर वापस आ गया। और मिडिल स्कूल की परीक्षा भी उत्तीर्ण की।

कुछ दिनों बाद 2 रुपये और चांदी के रुपयों का बना हुआ हार लेकर, बिना टिकट फिर कलकत्ता भाग गया और वहां पर मैंने एक दुकान में आठ महीने तक काम किया।

उस समय मैंने संकल्प किया कि अपनी अबोध नाबालिग पत्नी और ग्राम पंदहा का पचास वर्ष की उम्र होते तक मुंह न देखूंगा।

मैं नगरों एवं ग्रामों में घूमता हुआ परसा (छपरा, विहार) में पहुंचा। वहां मैंने बैरागी लछुमनदासजी से दीक्षा ली और मैं बैरागी बना। जिस मठ में मैंने दीक्षा ली उस मठ का एक चेला बैरागी, "रामउदार दास" मर गया था और उसकी स्मृति को जिंदा रखने के उद्देश्य से महंतजी ने मेरा केदारनाथ नाम "रामउदारदास" रख लिया था। मठ के उत्तराधिकारी के रूप में मैं मठ की

संपत्ति की निगरानी करता था, किंतु प्राप्त सुख-सुविधाओं को छोड़ मैं सन 1913 में वहां से भी चल दिया।

सन् 1914 में मैं आगरा पहुंचा और वहां अपना नाम "आर्य मुसाफिर विद्यालय" में दाखिल करवाया। यहीं पर मैंने संस्कृत और अरबी भाषा का भी अध्ययन किया। यहीं पर मैंने "कुरान शरीफ" के दो सिपारो का हिंदी में अनुवाद किया। उस समय आगरा से प्रकाशित होनेवाले "मुसाफिर आगरा" में उर्दू और मेरठ से प्रकाशित होनेवाले "भास्कर" में हिंदी भाषा में मेरे लेख भी प्रकाशित होने लगे थे।

दो वर्षों तक अध्ययन करने के बाद मैं आगरा से लाहौर पहुंचा। वहां पर मैंने विशारद करने के लिये डी.ए.बी. कॉलेज में अपना नाम दाखिल कराया था।

वहां से मैं "तिरुमिशी" पहुंचा और वहां पर मैंने तमिल भाषा सीखी।

सन् 1917 में रूसी क्रांति हुई। सन् 1921 में मैंने जिला छपरा कांग्रेस कमेटी में भाग लेने की इच्छा से सन जु. 1921 में फिर छपरा आया, और तब से मैं कांग्रेस की ओर से राजनीति में सक्रिय भाग लेने लगा। मैंने छपरा जिले में कांग्रेस के संगठन को मजबूत बनाया। स्वतंत्रता आंदोलन में भाग लेने के कारण मुझे 6 महिनों (11.2 से 9.8/1922 तक) की सजा हुई। ज्योंही मैं "बक्सर" जेल से छूटकर आया तो मुझे जिला कांग्रेस कमेटी के मंत्री पद पर नियुक्त कर दिया गया।

सन् 1923 में एक आमसभा को संबोधित करते हुये मैंने कहा-"राजनीति में खून का वही स्थान है, जो पूजापाठ में चंदन का।" नतीजन मुझे हजारी बाग जेल में भेज दिया गया। यहीं रहकर मैंने "सिंहली" सीखी और "मज्झिम निकाय" का अनुवाद किया। वहीं पर मैंने "बाईसवी सदी" नाम की पुस्तक लिखी। अंग्रेजी के चार ग्रंथों का अनुवाद करके उसे "सोने की ढाल" नाम से प्रकाशित करवाया। इसी जेल में मैंने एक तरुण तमिल से फ्रेंच भाषा सीखी और उसे संस्कृत पढ़ाई। इस जेल से छूटते ही मैं "ऑल इंडिया कांग्रेस कमेटी" का सदस्य नियुक्त कर दिया गया।

सन् 1935 में मैं कानपुर अधिवेशन में गया। अंततः सन् 1926 के अंत में मैंने अपने कार्यक्षेत्र और क्रियात्मक राजनीति से हटने का निर्णय किया। राजनीति छोडकर में घुमक्कड़ और विद्या अनुसंधान के क्षेत्र में प्रविष्ट हुआ।

सन् 16.05.1927. को मैं श्रीलंका पहुंचा। वहां विद्यालंकार परिवेण में संस्कृत के प्राध्यापक का कार्य करने लगा। श्रीलंका के लोग मुझे "दम्बदिव

पण्डुतमा'' अर्थात भारत के पंडित कहा करते थे। उस समय मैंने चालीस खंडों में प्रकाशित *त्रिपिटक* को पढ़ा और ''अभिधम्मकोश'' को टीका सहित संस्कृत में लिखा। उन्हें मैं काशी विद्यापीठ की ओर से आचार्य नरेंद्र देव की सहायता से 9 दिसंबर 1929 को लंका से भारत वापस लौटने पर प्रकाशित भी करवाया।

जब मैं शिवरात्रि के बाद नेपाल की सीमा के भीतर पहुंचा तो नेपाल सरकार ने मुझे कोठरी में बंद कर दिया। वहां से मैं चुपके से निकल भागा और औघट घाट होते हुये हिमालय पार कर तिब्बत पहुंचा। नायकपाद धम्मानंद जी ने मुझे 2100/- रुपये ल्हासा भेजे था। 24 अप्रैल 1930 को मंगोल लामा धर्मकीर्ति का साथ लेकर कलकत्ता होते हुये श्रीलंका पहुंचा। वहां मैंने कंजूर तंजूर ग्रंथ लाया और तिब्बत में सवा साल यह ग्रंथ लिखा। वे ग्रंथ डॉ. काशीप्रसाद जायसवाल शोध संस्थान, पटना में इच्छुक देख सकेंगे।

20 जुलाई 1930 को मेरी श्रीलंका में उपसंपदा हुई। मेरा गोत्र सांकृत्य होने के कारण मेरा नाम राहुल सांकृत्यायन हुआ।

सन् 1927 में मैंने ब्रह्मचारी विश्वनाथ यानी भदंत आनंद कौसल्यायन को श्रीलंका बुलवा कर उन्हें भिक्षु बनवा दिया। मैं उन्हीं को साथ लिए सन 23.07.1932 को ब्रिटिश बुद्धिस्ट मिशन के निमंत्रण पर लंदन पहुंचा और जर्मनी, फ्रांस आदि देशों की यात्रा कर श्रीलंका वापस आ गया।

मैं भिक्षु के भेष या वेश में भारत आया। एक आम सभा को संबोधित करते हुये मैंने कहा ''अंग्रेज सरकार की लाठियों को सिरों की कमी नहीं होनी चाहिये।'' सरकार ने मुझे एक साल के लिये जेल में बंद कर दिया। जेल में मैंने चीनी भाषा का अध्ययन किया।

सन् 1933 में मैं फिर तिब्बत गया। वहां ''साम्यवाद ही क्यों'' पुस्तक लिखी। उस पुस्तक के समर्पण में मैंने लिखा– ''जिसने अपने विशाल राज्य में तीन बार धन का सम वितरण कर साम्यवाद का क्रियात्मक प्रयोग किया और इस कारण माता ने उसे विष दिया, उसी नगर में लिखा ग्रंथ उसी साम्यवाद के पुराने शहीद मुनि जन पो (845-46 इ.) की स्मृति में समर्पित।'' इसके अलावा मैंने ''तिब्बत में बौद्ध धर्म'' लिखा और ''मज्झिम निकाय'' का हिंदी में अनुवाद किया।

तिब्बत में ही मुझे आचार्य धर्मकीर्ति का ''प्रमाणवार्तिक'' और उनके ''वादन्याय'' पर आचार्य शांतिरक्षित की टीका और आचार्य असंग का ''योगाचार भूमि'' ग्रंथ मिले तो अपार आनंद हुआ।

सन् 1937 में मैं लेनिनग्राद प्राच्य संस्थान के निमंत्रण पर प्राध्यापक होकर रूस पहुंचा। उस संस्थान की सचिव कु. एलेना लोला के साथ मैंने 22.12. 1937 को विवाह किया। उस समय मेरी उम्र 44 वर्षों की थी। सन् 1938 में मुझे पुत्र हुआ उसका नाम ईगोर राहुला-विच रख दिया गया। रूस में मैंने रूसी भाषा लिखी।

सोवियत संघ से लौटने के बाद काशी के संस्कृत पंडितों की "श्री काशी पंडित सभा" ने मुझे महापंडित की उपाधि से विभूषित किया। मैं इस समय साम्यवादी विचारधारा को मानता था।

बिहार के किसानों को मैं कहा करता था– "मरना उतना बुरा नहीं जितना बुरा है मरने से डरना।"

24 फरवरी 1931 को 144 की धारा को तोड़कर मैं अपने हाथों से गन्ने काट रहा था और अमवारी, जिला सारन (दिशा) के किसानों को ढांढस बंधा रहा था तो एक जमींदार का नौकर "कुरबान" ने मेरे सर पर भरपूर लाठी मारी और सरकार ने मुझे गिरफ्तार भी किया। जेल से बाहर आने पर 19 अगस्त 1939 को अदालत ने मुझे कुरबान पर राय मांगी। मैंने कहा-" मैं नहीं चाहता कि कुरबान पर मुकदमा चलाया जाय, उसे छोड़ दिया जाये।"

20 अक्टूबर 1939 को 19 लोगों की एक बिहार कम्युनिस्ट पार्टी की स्थापना हुई। मैं भी उसमें एक था।

सन् 1943 मे मैं पचास वर्ष का हुआ तो मैं पदंहा पहुंचा और वहां मैंने "सिंह सेनापति" और "जय योध्देय" ग्रंथ लिखे।

फिर जून 4, 1944 को मैं उसमें हिंदी, संस्कृत और तिब्बती पढ़ाने का काम करता रहा।

मेरे लिए देश की आजादी का मतलब था किसान मजदूरों का राज, लेकिन देश की बागडोर जिन हाथों में गई उसे देखकर मैंने पार्टी से त्यागपत्र दिया और फिर भारतीय साम्यवादी दल में प्रवेश किया।

कु. कमला परियार पारिभाषिक शब्दकोश में एक टंकलेखन का कार्य करती थी। सन् 1949 में उसे मैंने अपनी पत्नी बना लिया। उसने मुझे "जया" (1953) और जेता (1955) पुत्र दिये। अपने परिवार के साथ मैं 15.04. 1958 को चीन में साढ़े चार मास व्यतीत किया और बीमारी से मुक्त होकर निकला।

फिर 1959 जून के महीने में महाचार्य होकर श्रीलंका, विद्यालंकार परिवेण में पहुंचा। मुझे यहां विश्वविद्यालय ने त्रिपिटकाचार्य की उपाधि से विभूषित किया।

दिसंबर 1961 में जब मैं श्री किशोरीदास बाजपेई जी के अभिनंदन के कार्यक्रम में कलकत्ता पहुंचा। वहीं पर 11 दिसंबर 1961 पर कुरबान ने मेरे सर पर अमवारी सत्याग्रह के समय जो लाठी मारी थी उसका प्रहार महसूस हुआ।

कमला ने मुझे 23 मार्च 1963 को रूस से दार्जिलिंग लाया होगा। भागलपूर विश्वविद्यालय ने मुझे डी.लिट. की उपाधि से सम्मानित किया होगा। सिंहल के केलानिया युनिव्हर्सिटी ने "साहित्य चक्रवर्ती" उपाधि से सम्मानित किया होगा। भारत सरकार ने पद्मभूषण उपाधि से विभूषित किया होगा। 14 अप्रैल 1963 को सुबह 11.30 बजे मैं हिमालय की गोद में चिर निद्रा में गया होऊंगा। उन अन्तिम घटनाओं को मैं क्या जानूं। अलविदा।

मुझे लोग केदार पांडे के नाम से पुकारते थे। मेरे नाना रामशरण पाठक फौज में सिपाही रह चुके थे। पर उनकी रुची शिकार और यात्रा में भी कम न थी। उनके द्वारा मुझे सुनाई गई कहानियों का भी मेरे मन पर गहरा प्रभाव पड़ा।

मेरे पिता का कनैला ग्राम के नजदीक जो उमरपुर गांव है, उसमें बाबा परमहंस अपने शिष्य हरिकरणदास के साथ एक कुटी में रहते थे। मेरा संपर्क बाबा की कुटी से आने पर ही तो मेरी रुचि संस्कृत और संन्यास में बढ़ गई।

मैंने अपनी जीवनी न लिखी। पर जीवन यात्रा तो लिखी थी। वह मैं अपनी आयु के 63वें वर्ष तक लिखता रहा। पांच खंडों में और कुल 2770 पृष्ठों में प्रकाशित उस वर्णन को मैने "मेरी जीवन यात्रा" नाम दिया है। उसे में अपने 64वें जन्म दिन तक पूरा कर सका हूं। इसका तीसरा खंड मेरे "रूस में पच्चीस मास" का ही पुनर्मुद्रण है।

मेरे दर्शन, लेखन और चिंतन का आधार तो यात्रा ही है। कहिए तो मेरा धर्म "धुमक्कड़ धर्म" है। उस विषय की चर्चा मैंने स्वालिखित घुमक्कड़ शास्त्र में शास्त्रीय ढंग से की है। उस समय मैं कालिंपोंग में निवास कर रहा था। उस का आरंभ मैंने 15 जून 1949 तिथि से किया था। और केवल पंद्रह दिन में यानी 30 जून को कुल 160 पृष्ठोंवाला वह घुमक्कड़ शास्त्र मैंने पूरा किया। इसके साथ-साथ मैं "मधुर स्वप्न" की भी लिखाई कर रहा था। हालांकि "नीड की खोज" को अभी शुरू नहीं किया था। हां, कभी-कभी "आज की राजनीति" पर कलम घिसाई हो रही थी। मैं मानता हूं कि घुमक्कड़ का अंकुर जन्मजात ही होता है।

वैसे मेरे छोटे बड़े मौलिक और अनूदित-संपादित ग्रंथों की संख्या 150 के आसपास होगी। मेरा पहला लेख 1915 में छपा था। मेरा लेखन हजारीबाग जेल में 1923 में शुरू हुआ, और मैं 1961 के अंत तक लिखता रहा।

आप जानना चाहते होंगे कि मैंने विविध विषयों पर इतना जो लिखा वह कैसे लिख पाया? मैं समझाता हूँ, इसका उत्तर, घोर परिश्रम और स्थिति निरपेक्ष लेखन सामर्थ्य में छिपा है। मैं दावे से कह सकता हूं कि: "मैं सेकंड़ों का तो नहीं, लेकिन अपने मिनटों का हिसाब अवश्य दे सकता हूं।" रही विविध विषय पर लिखने की बात तो मैं कह सकता हूं कि "अपनी लेखनी द्वारा मैंने उस जगत की भिन्न-भिन्न गतियों और विचित्रताओं को अंकित करने की कोशिश की है, जिसका अनुमान हमारी तीसरी पीढ़ी बहुत मुश्किल से करेगी।"

जब मैं 1948 में चीन गया था तो वहां मैंने करीब साढ़े चार महीने तक की यात्रा की। उस का विवरण मैंने "चीन में क्या देखा" इस पुस्तक में किया है।

मेरा पहला नाम केदार पांडे आपको विदित ही हुआ है। मैं आर्य समाज का प्रचारक भी रहा हूं। उस वक्त मेरा नाम स्वामी रामोदर कर दिया गया था। 1926 में मैंने खैबर दर्रे से लेकर लेह व लद्दाख तक हिमालय की यात्रा की। उसका वर्णन-विशेष मेरा यात्रा साहित्य अर्थात "मेरी लद्दाख यात्रा", "किन्नर देश में", "कुमायूं", "गढ़वाल", जैनसार-देहरादून और "दार्जिलिंग-परिचय" में मिलेगा। में 1927-28 में श्रीलंका के विद्यालंकार परिवेण में उन्नीस मास तक अध्ययन-अध्यापन करता रहा और वहां के ऐतिहासिक स्थलों के मैंने जो दर्शन किये थे। उनका यात्रा-वर्णन मैंने श्रीलंका नामक पुस्तक में किया।

1929 में मैंने सबसे साहसिक और सनसनीखेज यात्रा की। उस वक्त मैं नेपाल के रास्ते पहली बार ल्हासा पहुंचा। "तिब्बत में सवा वर्ष" नामक पुस्तक में मैंने इसका विवरण दिया है।

हां, तो मेरा तीसरा नाम कब हुआ इसके बारे में भी सुन लीजिये। असल में तिब्बत से लौटने पर मैं श्रीलंका गया था। वहां मैंने पूज्यपाद लणुपोकने धम्मानंद महास्थविर से भिक्षु दीक्षा यानी उपसम्पदा की याचना की। उपसम्पदा कुलपत्रों में मेरे गुरुभाई भदन्त आनन्द कौसल्यायन और भिक्षु जगदीश काश्यप भी थे। जब मैं भी दीक्षित हुआ तो मेरा नामांतर रामोदर साधु से राहुल सांकृत्यायन हुआ।

उसके बाद मैं और मेरे गुरुबंधु भदंत आनंद कौसल्यायन सन 1932 में इग्लैंड व यूरोप की यात्रा पर गए थे, जिसका वर्णन "मेरी यूरोप यात्रा" में है।

1935 में मैं सिंगापुर, हांगकांग, जापान, कोरिया, मंचूरिया, सोवियत संघ और ईरान की यात्रा पर गया था। उसका वर्णन मैंने "जापान" शीर्षक वाले पुस्तक में किया है।

जहां-जहां भी मैंने एक से अधिक बार यात्रा की ऐसे देशों की नामसूची में तिब्बत, ईरान और सोवियत संघ का उल्लेख करना ही चाहिए। "मेरी तिब्बत यात्रा", "यात्रा के पन्ने" और "एशिया के दुर्गम भूखंडों में" मेरी बाद की तिब्बत यात्राओं का ही वर्णन है। ईरान की यात्राओं के बारे में मेरा दो खंडों का एक ही ग्रंथ है। सोवियत यात्राओं के मेरे ग्रंथ हैं: सोवियत भूमि और सोवियत मध्य-एशिया।

क्योंकि मैं खूब घूमा और संसार के अनेक सौंदर्य स्थल को मैने देखा तो आप पूछना चाहेंगे कि मुझे संसार में सबसे सुंदर क्या लगा होगा?

मेरा उत्तर इस संस्कृत सुभाषित से सुदूर नहीं है: जननी जन्मभूमिश्च स्वर्गादडपि गरीयसि। अर्थात- "हिम मुझे सुंदर लगता है। हिम पड़ा हो, दूर तक हिम ही हिम और बीच-बीच में कहीं-कहीं कुछ और, बस बहुत सुंदर है। देवदार बहुत सुंदर लगता है।"

मैंने नेपाल और हिमाचल प्रदेश के बारे में भी ग्रंथ लिखे। और मैं अपने गृहनगर आजमगढ़ को कैसे भूल सकता हूं। उस जिले की पुरातत्व यात्रा मैंने 1956 में की। मेरे पास उसके बारे में "आजमगढ़ की पुराकथा" हस्तलिपि भी लिखी पड़ी है।

अब श्रोताओं को मन ही मन लगता होगा कि मैंने इतने सारे यात्रा वर्णन किस बल पर लिखे हैं? उत्तर है: मेरी अपनी डायरियों के बल पर। मैं 1922 से 1961 के अंत तक नियमित रुप से डायरी लिखता रहा। मैं उसी के आधार पर यह भी बता सकता हूं कि 8 दिसंबर 1961 के दिन मैंने अपनी डायरी का अंतिम पृष्ठ लिखा, हां उसके तीन-दिन बाद यानी 11 दिसंबर 1961 को कलकता में मेरे साथ जो हादसा हुआ इसके बारे में कुछ भी विधान करने में लोग मुझे असमर्थ घोषित कर सकते हैं। यह मेरी चेतना का अन्तिम क्षण था। चेतना से ही हम सजीव है और चेतना से ही हम जीवन यात्रा, सह जीवन यात्रा पर चलते-रहते हैं। मैं रुका तो क्या, आप चलिए। श्रोताओं को मैंने अन्तिम क्षण का धक्का बीच में ही दे दिया उसके लिये मैं उनका क्षमाप्रार्थी हूं। हां, मैं अपनी डायरियों के बारे में आपको बता रहा था। असल में मेरी डायरियां एक से अधिक भाषाओं में और एक से अधिक लिपियों में लिखी हुई हैं। जीवन में मैंने जो भोगा उसे मैंने साक्षी भाव से अपने शब्दों में उध्दृत किया है। मेरी जीवन अनुभूतियां

"बचपन की स्मृतियां", "अतीत से वर्त्तमान", "मेरे असहयोग के साथी" और "जिनका मैं कृतज्ञ हूं", आदि पुस्तकों में निहित है।

मेरी जीवन यात्रा के प्रेरक तीन महापुरुष रहे हैं। वे थे [1] महामानव बुद्ध, [2] घुमक्कड़ स्वामी और [3] सिंहल घुमक्कड़ जयवर्धन।

मैं समझता हूं कि "दुनिया के अधिकांश धर्मनायक घुमक्कड़ रहे। धर्माचार्यों में आचार-विचार, बुद्धि और तर्क तथा सहृदयता के सर्वश्रेष्ठ बुद्ध घुमक्कड़ राज थे। यद्यपि वह भारत से बाहर नहीं गए, लेकिन वर्षों के तीन मासों को छोड़ कर एक जगह रहना वह पाप समझते थे। वह अपने ही घुम्मक्कड़ नहीं थे, बल्कि आरंभ में ही अपने शिष्यों को उन्होंने कहा था, चरथ भिक्खवे। चारिक। भिक्षुओं घुमक्कड़ी करो।"

मैं भी अपनी विनम्र हैसियत से और घुमक्कड़ नबाबे-हिंद बुद्ध के वर्तमान सदी के प्रेमी शिष्य की हैसियत से जो देश-विदेश में घूमा और जो यात्रा साहित्य लिखा, उतना भ्रमण और लेखन आधुनिक भारत के किसी भी अन्य यायावर के लिए संभव हुआ हो यह मैं निश्चित रूप से नहीं कह सकता। और जो निश्चितता के साथ कह सकूं वह बात यह है कि पर्यटन की दिशा में मेरा स्वलिखित "घुमक्कड़ शास्त्र" प्रथम ग्रंथ है। और मैं नम्रतापूर्वक दोहराऊंगा, कि "घुमक्कड़ शास्त्र" लिखने का यह पहला उपक्रम है।

मैंने घुमक्कड़ शास्त्र, जो 15 प्रकरण में है, जैमिनि के मीमांसासूत्र के आरंभ संस्कृत वाक्य अथातो धर्म-जिज्ञासा (अब यहां से धर्म कि जिज्ञासा आरंभ होती है) के तर्ज पर अपने घुमक्कड़ शास्त्र का आरंभ संस्कृत में ही "अर्थात् घुमक्कड़ जिज्ञासा" इस शीर्षक से ही किया। आप पूछेंगे कि घुमक्कड़ शास्त्र का आरंभ ऐसा क्यों किया गया? मेरा उत्तर है कि, "आखिर हम शास्त्र लिखने जा रहे हैं, फिर शास्त्र की परिपाटी को तो मानना ही पड़ेगा। शास्त्रों में जिज्ञासा ऐसी चीज के लिए होनी बतलाई गई है, जो कि श्रेष्ठ तथा व्यक्ति और समाज के लिए परम हितकारी हो।"

मैं संसार के महान घुमक्कड़ों का उल्लेख कर आपसे पूछता हूं। क्या डार्विन अपने महान आविष्कारों को कर सकता था, यदि उसने घुमक्कड़ी का व्रत नहीं लिया होता? क्या कोलंबस और वास्को-द-गामा घुमक्कड़ ही न थे? दुनिया के अधिकांश धर्मनायक, बुद्ध, महावीर, शंकर, नानकदेव, दयानंद, घुमक्कड़ नहीं तो कौन थे?

घुमक्कड़ चर्या मानव के आदिम काल से चली आ रही है। घुमक्कड़ी पंथ बहुत पुराना है। "संसार में यदि कोई अनादि सनातन धर्म है, तो वह घुमक्कड़ धर्म है। लेकिन वह संकुचित संप्रदाय नहीं है, वह आकाश की तरह महान है, समुद्र की तरह विशाल है।"

मैं जानता हूं कि घुमक्कड़ धर्म के दीक्षा की बात राम के राज त्याग से अधिक साहस की बात है और बुद्ध के गृहत्याग का साहस ही इसका आधार बनाया जा सकता है। क्योंकि घुमक्कड़ धर्म की दीक्षा...वही ले सकता है जिसमें बहुत सारी यात्रा करने में हर तरह का साहस है–उसे किसी की बात नहीं सुननी चाहिए, न माता के आंसू बहने की परवाह करनी चाहिए, न पिता के भय और उदास होने की, न भूल से विवाह लाई अपनी पत्नी के रोने-धोने की फिक्र करनी चाहिए और न किसी तरूणी को अभागे पति के कलपने की।"

मैं कहता हूं, तुलसीदास की चौपाई की तर्ज पर कि जगत के कल्याण के लिये ऐसी पुत्रवधु सुहानी है जिसका बेटा घुमक्कड़ बने, न कि राम का भक्त। "पुत्रवती युवती जग सोई, जा कर पुत्र घुमक्कड़ होई" यह मेरा कहा है जो तुलसीदास के पुत्रवती युवती जग सोई, रघुपति भक्त जासु सुत होई" से अलग है।

मैं तो यहां तक कहूंगा और चाहूंगा कि "इस शास्त्र को पढ़ कर वर्तमान शताब्दी के अंत तक कम से कम एक करोड़ माताएं अपने लालों से वंचित हो जाएं। इसके लिए जो भी पाप हो, प्रभु मसीह की भांति उसको सिर पर उठा कर मैं सूली पर चढ़ने को तैयार हूं।"

मैं समझता हूं कि भिक्षु बनने के लिए जैसे 20 की आयु आवश्यक है वैसे घुमक्कड़ दीक्षा के लिये 20 के आसपास की आयु आदर्श माननी चाहिए। घुमक्कड़ के लिये शारीरिक परिश्रम और भूगोल, इतिहास, साहित्य और दूसरी कई बौद्धिक विषयों का ज्ञान आवश्यक है। फोटोग्राफी और चिकित्सा का आरंभिक ज्ञान सराहनीय है। स्वावलंबन का महत्व तो है ही। उच्च स्तर के घुमक्कड़ के लिए तो मैं नृत्य, वाद्य या गान जैसी कलाएं सीखने की सलाह दूंगा। क्योंकि घूमक्कड़ एक रस है, वह काव्य के रस से किसी तरह भी कम नहीं है।" मैं चाहूंगा कि असली घुमक्कड़ को भारत के विभिन्न प्रदेशों के पिछड़ी जातियों के घुमक्कड़ों के बीच जाकर काम करना चाहिए। मेरा तो अनुभव है कि सिर की बालों, यूरोप की रोमनी (सिगान) और तिब्बत की खम्पा जातियों के घुमक्कड़ी के जीवन कम दिलचस्प नहीं होते। घुमक्कड़ में मैं स्त्री घुमक्कड़ को भी अन्तर्निहित करता हूं। क्योंकि घुमक्कड़ धर्म सार्वदेशिक

विश्वव्यापी धर्म है इसलिए यदि देश की तरुणियां भी घुमक्कड़ बनने की इच्छा रखें, तो यह खुशी की बात है।'' सहस्त्राब्दियों से स्त्रियों को परतंत्र रखने वाली परंपरा के कारण स्त्री घुमक्कड़ के मार्ग में आने वाली बाधाओं के प्रति मैं वाकिफ हूं। ''पुरुष ही नहीं, प्रकृति भी नारी के लिए अधिक कठोर है। कुछ कठिनाइयां ऐसी हैं, जिन्हें पुरुषों की अपेक्षा नारी को उसने अधिक दिया है।'' फिर भी मैं पैरवी करूंगा कि स्त्री घुमक्कड़ बनें।

मेरा भी अनुभव है कि धर्म और आधुनिक घुमक्कड़ी में कोई विरोध नहीं। मुझे स्मरण आ रहा है कि 1913 में जब मैं वैष्णव साधु रामोदर दास वैरागी के रूप में विजयनगर में खंडहरों को देखने गया था तो मेरी भेंट एक मुसलमान फकीर और एक संन्यासी से हुई। हम तीनों जन धूनी के सामने आसन लगाकर और चिलम के दम लगाते हुए रात भर देश-देशांतर की बातें करते रहे।

प्रश्न है क्या घुमक्कड़ी के धर्म में प्रेमपाश में फंसने की संभावनायें नहीं रहती? वैसी संभावनायें रहती तो हैं और उससे अपनी रक्षा करने के लिए उपाय भी है। एक उपाय तो यही है कि लज्जा (ह्री) और लज्जा (अपलपा) का बुद्ध का उपदेश मन में स्मरण करें तो घुमक्कड़ अपनी रक्षा कर सकता है। और दूसरा उपाय तो प्रेमिकाओं का अपना तजुर्बा ही है जिससे वे घुमक्कड़ों के बारे में जानती ही हैं-''परदेसी की प्रीत, भुस का तापना। दिया कलेजा फूंक, हुआ नहीं अपना।''

मैं अपने अनुभवों के आधार पर घुमक्कड़ों को सलाह दूंगा कि गंतव्य देश के भूगोल, इतिहास, भाषा, रीति-रिवाज, वास्तु-निर्माण, पुरातत्व आदि का अच्छा ज्ञान हासिल करें। मृत्यु का भय तो सब को ही होता है। मैं कहूंगा कि घुमक्कड़ को मृत्यु का भय नहीं होना चाहिए। यदि घुमक्कड़ मृत्यु से भय खाता रहता तो क्या अश्वघोष, कालिदास, बान, दंडी, रवींद्रनाथ, कुमारजीव और दीपंकर, श्रीहर्ष जैसे घुमक्कड़ पंडितों और निकोलस, रोयरिक जैसे घुमक्कड़ कलाकारों का निर्माण हो सकता था? घुमक्कड़ी क्या है? मैं कहता हूं: घुमक्कड़ी लेखन और कलाकारों के लिए धर्म-विजय, कला-विजय और साहित्य-विजय का भी प्रमाण है। इसलिए सोद्देश्य या निरुदेश्य जैसी भी घुमक्कड़ी हो, यह भी कल्याणकारिणी है।

हां, यदि घुमक्कड़ी में घुमक्कड़ के पास वस्तुओं का संचय हो तो उसका क्या करना चाहिये? मैं सलाह दूंगा कि संचित वस्तुओं को संग्रहालयों को देना चाहिए। उसकी साल-साल की लिखी डायरी को किसी व्यक्ति के पास नहीं, बल्कि किसी संस्था में रखना चाहिए।

अस्तु, जयतु, जयतु घुमक्कड़-पंथा।

आधुनिक वैरागी के दो ही निशान हैं: प्रेमपाश में बसी चर्या को उजाड़ना और उजड़ी हुई बौद्धिक जिंदगानी के प्रेमपाश में फंसना। अब मैं इसी पहलू पर आप को बताना चाहूंगा।

## मेरा वैज्ञानिक अध्ययन-लेखन

हां, अभी तक मैं आपके सामने घुमक्कड़ धर्म के महत्व को निरुपण कर रहा था। जिज्ञासा हो सकती है कि यदि कोई किसी कारण आदर्श घुमक्कड़ नहीं बन सका तो वह पर्याय से कोई दूसरी आदर्श चर्या को अपनाकर वैसा ही कल्याण मित्र बन सकता है जितना कल्याणकारी घुमक्कड़ जीवी होता है?

मैं अपने अनुभवों से आपको बताना चाहूंगा कि मैं घुमक्कड़ नहीं होता तो मैं क्या बन सकता था। कृपया सुनिए।

वह दिन निजामाबाद के मिडिल स्कूल में पढ़ाई के दिन थे। मैं गणित का अच्छा विद्यार्थी था, और दूसरे विषय भी मेरे अच्छे थे...गणित में जहां दूसरे लड़कों की रूह कांपती थी, वह मेरे लिए बाएं हाथ का खेल था... गणित में मैं तेज था, इसलिए मार खाने की नौबत नहीं आती थी।''

सन् अप्रैल 1923 में, दो साल की सजा काटने के लिए, जब मैं हजारीबाग जेल में पहुंचा तो मुझे ख्याल हुआ—पढ़ने-लिखने का और साधन तो है नहीं, क्यों न हर समय को गणित के अध्ययन में बिताया जाय। लड़कपन में मैं गणित में तेज था, दयानंद स्कूल (बनारस) में सातवीं क्लास में जितना अलजबरा पढ़ा था, उससे आगे नहीं बढ़ सका। स्वामी भारती कृष्ण तीर्थ (1884-1960 ई.) शारदा पीठ के शंकराचार्य जहां संस्कृत भाषा, साहित्य, दर्शन के प्रौढ़ विद्वान थे, वहां अंग्रेजी और गणित के भी चतुर पंडित थे। उन्होंने इस राय को पसंद किया। मीक (जेलर) से कहने पर उसने तुरंत स्लेट-पैंसिल मुझे दे दी। अब मैं गणित में लग गया। बीजगणित, त्रिकोण मिति, कार्डिनेट (निर्देशांक) ज्यामिति मुझे तो बहुत दिलचस्प मालूम होती थी। महीने पर महीने बीतते गए और मैं सारा समय गणित में लगाने लगा, यह सिलसिला तभी टूटता जब मुझे पेचिश हो जाती, और उसके लिए अस्पताल जाना पड़ता।''

मुझे याद है, ''मेरे कुछ रुपए जमा थे, मैंने उनसे अपने लिए कुछ पुस्तकें मंगवाईं। पीछे मीक साहब ने कागज, कलम, स्याही की भी सुपरिंटेंडेंट से इजाजत दिलवा दी, किंतु यह स्वामी जी के छूटने से थोड़ा ही पहले। उच्च बीजगणित, सरल त्रिकोणमिति, औपटिक्स (दृष्टिशास्त्र) आदि को समाप्त कर

मैं गोल-त्रिकोणमिति पढ़ रहा था, और ज्योतिष शास्त्र का आरंभ हो गया था, जब स्वामी शंकराचार्य छूट कर चले गए।''[2]

मुझे याद है उन दिनों मेरे पास जो सुरक्षित रखी हुई पुस्तकें थीं वह टोडहंटर की स्फेरिकल ट्रिग्नॉमेट्री ही है जिसके एक पृष्ठ पर मैंने उस समय का अपना नाम-पता इस प्रकार लिखा-रामोदार साधु, परसागढ़ सारन (बिहार) 3/11/1923।

तो मैं कह रहा था कि हजारीबाग जेल में स्वामी भारती कृष्ण तीर्थ मुझे बड़े प्रेम से पढ़ाते, उनके पढ़ाने का ढंग बड़ा आकर्षक था। बीजगणित के सूत्रों को कंठस्थ करवाने की जगह उन्हें वह मुझसे सिद्ध करवाते। बीजगणित में अंकगणित अंतिर्निहित है, इसे उन्होंने शुरु के ही पाठों में बतला दिया। पढ़ाते वक्त पश्चिम के कितने ही प्रकांड गणितज्ञों, दार्शनिकों की कथाएं सुनाते।''

इस प्रकार मैं गणित का अध्येता ही नहीं रहा। बल्कि ''हजारीबाग में आने पर मैंने सबसे पहले एक अंग्रेजी पुस्तक के आधार पर ज्योतिष (जोतिस नहीं) पर बच्चों के लिए कहानी के रूप में एक छोटी-सी पुस्तक लिखी, जिसे, जब शाहाबाद जिले के पंडित लक्ष्मीनारायण मिश्र छूट कर जाने लगे, तो लेते गए, किंतु वह पुस्तक मुझे फिर नहीं मिली। ''बाईसवीं सदी'' के बाद मैंने अपने समय को ज्योतिष के एक बड़े ग्रंथ और खगोल-चित्र बनाने में लगाया। मैंने संस्कृत ज्योतिष के कई ग्रंथ मंगाए, और अंग्रेजी के भी विशेषतः एलिमेंट्स ऑफ एस्ट्रोनामी जिसके लेखक सर रॉबर्ट स्टावेल बाल है। पारिभाषिक शब्द कुछ पुराने लिए, कुछ नए बनाए, और ग्रंथ लिखना शुरु किया। इसमें ग्रहगणित, नक्षत्र, नीहारिका, धूमकेतु, आदि पर काफी लिखा गया था। साथ में तीन बड़े-बड़े खगोल चित्र दिए। दो में तो उत्तरी और दक्षिणी गोलार्ध के नक्षत्र मंडल के हजारों तारों के साथ दिए गए और तीसरे में पटना के अक्षांश पर दिखलाई देने वाले तारे थे। ऊपर के नक्षत्र मंडलों में चालीस के आसपास ही तक के नाम संस्कृत में मिल सके थे। बहुत से नक्षत्र जो भारत के दक्षिणांत से भी नहीं दिखाई देते, उनका नाम वहां कैसे मिलता? मैंने सबके नाम पढ़े। अंग्रेजी में छोटे-बड़े आकार वाले तारों के गिनने के अंक के अतिरिक्त यूनानी और दूसरे अक्षर व्यवहार किए जाते हैं। मैंने उनकी जगह ब्राह्मी आदि अक्षरों का प्रयोग किया। मैंने बट्रॉंड रसेल की ए.बी.सी. ऑफ रिलेटीविटी के 1930 के संस्करण को भी पढ़ा है।

वस्तुतः ''विश्व की रुपरेखा'' में मैंने नक्षत्रमंडलों के जो चित्र दिए वे इसी सर, रॉबर्ट स्टावेल बाल लिखित एलिमेंट्स ऑफ एस्ट्रोनामी (1917) ग्रंथ

से लिए गए थे। सन् 1923-25 में हजारीबाग जेल में संस्कृत के जो ज्योतिष-ग्रंथ मंगाए थे उनमें प्रमुख हैं: 1. ब्रह्मगुप्त का ब्राह्मस्फुट सिद्धांत (सं. सुधाकर द्विवेदी), 2. भास्कराचार्य कृत सिद्धांत शिरोमणि का गोलाध्याय व गणिताध्याय (सं. बापूदेव शास्त्री), 3. भास्कराचार्य कृत लिलावती (सं. सुधाकर द्विवेदी), 4. भास्कर कृत बीजगणित (स.प. राधावल्लभ), 5. कमलाकर कृत सिद्धांत तत्व-विवेक, सरल त्रिकोणमिति (बापूदेव शास्त्री), 6. वराहमिहिर- कृत बृहतसंहिता दो भाग (सं. सुधाकर द्विवेदी), ज्योतिष सिद्धांतसंग्रह: सोमसिद्धांत व ब्रह्मसिद्धांत (सं. सुधाकर द्विवेदी) और 7. आर्यभट द्वितीय कृत महासिद्धांत (सं. सुधाकर द्विवेदी)।

अंतिम पुस्तक महासिद्धांत के आरंभ में मैंने कुछ अतिरिक्त पन्ने जोड़कर ज्योतिष के 281 संस्कृत शब्दों की एक सूची बनाई और उन शब्दों के आगे समानार्थक अंग्रेजी शब्द भी दिए हैं।

ऊपर मैंने 'विश्व की रूपरेखा' नामक मेरे वैज्ञानिक ग्रंथ का उल्लेख किया हूं। उसमें तारों का जो एक बड़ा नक्शा है वह मैंने किस एटलस के आधार पर बनाया था? असल में उनका आधार थॉमस हीथ की "एटलस ऑफ पापुलर एस्ट्रोनामी" पुस्तक है, जो श्रीलंका में 1927-28 में और देवली कैंप जेल में 1941 में भी मेरे पास थी। "विश्व की रूपरेखा' मैंने देवली कैंप में अगस्त 1941 में ही पूर्ण की थी।

मैने विज्ञान के और भी कई ग्रंथो का अध्ययन किया था। पुनः मैं आपको हजारीबाग जेल का प्रसंग बताना जारी कर रहा हूं। "हजारीबाग जेल में मेरे कुछ दिन कम दो वर्ष इतनी जल्दी बीत गए कि मुझे मालूम नहीं हुआ। उसके पहले जिंदगी के किन्ही दो वर्षों में दत्तचित्त हो पढ़ने-लिखने में इतना व्यस्त नहीं रहा। लिखने-पढ़ने के अतिरिक्त कुछ फ्रेंच और अवेस्ता का भी मैंने अभ्यास किया। वैज्ञानिक दृष्टि और विस्तृत हुई। .....18 अप्रैल 1925 ई. को दो वर्ष की सारी सजा भुगतने के बाद हजारीबाग जेल से मैं छोड़ दिया गया।"

मैने अपने हजारीबाग कारावास के दिन मुख्यत: गणित व ज्योतिष के गहन अध्ययन और लेखन में व्यतीत किए। साथ ही मुझे गणित के प्रतिभावंत में भी कम रुचि नहीं रही। मुझे स्मरण आ रहा है। फरवरी 1935 की बात है। तब मैं इलाहाबाद में बौद्ध भिक्षु के वेश में था। अपने गणितज्ञ मित्र डॉ. बद्रीनाथ प्रसाद के यहां ठहर कर मैं इलाहाबाद में छप रही अपनी तीन पुस्तकों विनयपिटक, वादन्याय और साम्यवाद ही क्यों? के प्रूफ देख रहा था। उन्हीं दिनों मैने गणित

के प्रतिभा पं. अवध उपाध्याय को फ्रांस भेजने का निश्चय कर लिया था। मगर पं. अवध उपाध्याय "ब्राह्मणों के छूआछूत और जातपात की सारी बीमारियों से ग्रसित थे। इसलिये वे म्लेच्छों के देश जाने के लिए राजी नहीं हुए, और किसी स्कूल में मास्टरी कर रहे थे।" मैंने अवध जी को सीधे चिठ्ठी लिखी। कहा, अवध जी, "प्रतिभा को इस तरह से बरबाद करने से मर जाना अच्छा है।" अवध जी पर असर हुआ। विदेश जाने के लिए तैयार हुए। मैंने अवध जी की फ्रांस यात्रा के लिए पैसे जुटाए। कुछ व्यक्तियों ने कठिनाइयां बतलाकर अवध जी को अनुत्साहित भी किया था। मगर मैं अवध जी की हिम्मत बंधाकर कहता अवध जी, "गणित में मेरी भी किसी वक्त रुचि थी, मैं नहीं जानता कि यदि गणित को अपनाए होता, तो कहां पहुंचता।" अवध जी फ्रांस गए। वहां से वे "डॉक्टर" की उपाधि लेकर भारत लौटे। लखनऊ विश्वविद्यालय में उनकी नियुक्ति हुई। उनकी हिंदी में लिखी पुस्तक का नाम "सापेक्षवाद" है।

आगे के लगभग 25 वर्ष में श्रीलंका, तिब्बत [चार बार] यूरोप के देशों, ईरान, जापान, मंचूरिया, कोरिया तथा सोवियत भूमि [दो बार] की यात्रा करता रहा। अंत में किसान आंदोलन में सक्रिय भाग लेने पर, सरकार ने मार्च 1940 मे। मुझे जेल में ठूंस दिया। आगे के 29 माह मैंने जेल में बिताए। पुनः हजारीबाग जेल में। यहां पर 9 महीने गुजारने के बाद मुझे पुनः देवली केम्प जेल में पहुंचा दिया गया।

"देवली में राजबंदियों की संख्या दो सौ से अधिक थी, जिन में अधिक तादाद सुशिक्षितों की थी। साइंस, दर्शन, समाजशास्त्र आदि विषयों पर जितनी पुस्तकें मिल सकीं, मैं उन्हें पढ़ता और नोट करता गया। कुछ पुस्तकें अजमेर की पब्लिक लाइब्रेरी से भी आई, और कुछ मैंने बाहर से खरीद कर मंगवाई। पढ़-पढ़ कर नोट लेता गया, और बढ़ते-बढ़ते यह नोट करीब दो हजार पृष्ठ के हो गए। मैं साइंस सम्मत भौतिकवाद या मार्क्सवाद पर हिंदी में एक पुस्तक लिखना चाहता था। .....हजारीबाग में 9 महीने और देवली में 7 महीने-16 महीने के अध्ययन के बाद 30 जुलाई 1941 को मैनें पुस्तक लिखनी आरंभ की। पहले मैं यही ख्याल करके लिख रहा था कि एक ही पुस्तक होगी। नाम भी "वैज्ञानिक भौतिकवाद" रखा था। लेकिन आगे बढ़ने पर मालूम हुआ, कि दो पृष्ठों की एक पुस्तक लिखना अच्छा नहीं। विषय अलग-अलग होने से उन्हे अलग-अलग पुस्तक का नाम दिया जा सकता है। 27 अगस्त को [29 दिन में] "विश्व की रुपरेखा" समाप्त हुई। 8 सितंबर को मैंने "मानव समाज" [उस वक्त वैज्ञानिक भौतिकवाद का द्वितीय खंड] आरंभ किया और 14 अक्टूबर को

वह भी समाप्त हो गया। 16 अक्टूबर को "दर्शन दिग्दर्शन" में हाथ लगाया, और 26 अक्टूबर तक सिर्फ यवन [युनानी] और यूरोपीय दर्शन को ही समाप्त कर पाया था कि, भूख हड़ताल का चौथा दिन होने पर उसे रोक देना पड़ा। यह ग्रंथ आगे पुनः हजारीबाग जेल पहुंचने पर 11 मार्च, 1942 को पुरा हुआ।

वस्तुतः मेरे चारों ग्रंथों- "दर्शन-दिग्दर्शन", "मानव-समाज", "वैज्ञानिक भौतिक वाद", और "विश्व की रुपरेखा" को व्यापक रुप से विज्ञान के ही ग्रंथ माना जाना चाहिए, क्योंकि विज्ञान के गंभीर अध्ययन के बाद ही मैंने उनकी रचना की। परंतु "विश्व की रुपरेखा" तो शुध्द वैज्ञानिक ग्रंथ है, जिसके पांडु लिपि का मैंने जेल के अपने 16 दिनों के अनशन काल में [23.10-7.11] संशोधन किया। अनशन के ग्यारहवें दिन मैंने "विश्व की रुपरेखा" के 60 पृष्ठों को फिर दुहराया। ...... 16वें दिन भी मैं "विश्व की रुपरेखा" को दोहराता रहा।"

विश्व की रुपरेखा में मैंने हेराक्लिद के साथ आर्यभट्ट, कोपरनिकस के साथ भास्कराचार्य व श्रीपति, सापेक्षतावाद के साथ धर्मकीर्ति आदि के तुलनात्मक अध्ययन के साथ-साथ भारतीय गणित, ज्योतिष, अंकपध्दति इत्यादि की भी चर्चा की है।

मैं आपको बताना चाहता हूं कि मैं अपने आपको हिंदी के उन इने-गिने लेखकों में मानता हूं जो विज्ञान की अद्यतन उपलब्धियों से अवगत बने रहना अपना धर्म समझते हैं।

दिसंबर 1947 के हिंदी साहित्य सम्मेलन के बंबई अधिवेशन में मैंने अपने अध्यक्षीय भाषण में परिभाषाओं तथा निर्माण की नीति स्पष्ट की, और उनके निर्माण की जिम्मेदारी भी स्वीकार कर ली। आगे के चार-पांच वर्षों में मैने इस महान कार्य में जो कुछ किया उसका विवरण मैंने "मेरी जीवन यात्रा" भाग-4 के "साहित्य यात्रा", "सम्मेलन का कार्य", "परिभाषाओं के निर्माण के काम में" अध्यायों में दिया है।

1956 तक मैं प्रभाकर माचवे; विद्यानिवास मिश्र, सुरेशचंद्र सेनगुप्त आदि विद्वानों की मदद से [कम से कम] शासन शब्दकोश, जीव-रसायन शब्दकोश और प्रत्यक्षशरीर शब्दकोश प्रकाशित करने में सफल हुआ। इस सम्बन्ध मैं कहना चाहूंगा- "दूसरी बाधाएं न उपस्थित हुई होतीं, तो इन पंक्तियों के लिखने [1956] के पहले ही चार पांच लाख परिभाषाएं बन कर तैयार हो जाती।"

अंत में मुझे अफसोस के साथ कहना पड़ रहा है कि प्रकाशक ने मुझसे "विज्ञान का इतिहास" लिखने का आग्रह किया था और इसी उद्देश्य से मैंने

विज्ञान की कुछ नई पुस्तकें भी मंगवाया था, मगर किन्हीं कारणों से मैं "विज्ञान का इतिहास" नहीं लिख पाया।

मैं किसी विश्वविद्यालय में वैज्ञानिक विषयों का विधिवत अध्ययन न कर पाया। आप मुझे इसलिये "वैज्ञानिक" न कहेंगे। परंतु में पूछना चाहूंगा कि जो व्यक्ति स्वस्थ वैज्ञानिक दृष्टिकोण रखनेवाला और लेखन व अन्वेषण में वैज्ञानिक उपलब्धियों का सतत ज्ञानार्जन करते रहने वाला अध्येता हो तो उसे आप क्या कह के पुकारेंगे?

मैंने लेनिनग्राड विश्वविद्यालय के अन्य बौद्ध पंडित ल्पेर्बात्स्कीत का उत्तराधिकार चलाया।

अपनी पत्नी नताशा और पुत्र इव्हान से विदा लेकर में सन् 46 में भारत वापस लौटा। उसी वर्ष अखिल भारतीय हिंदी साहित्य सम्मेलन की बंबई में मैंने अध्यक्षता की। दूसरे ही दिन हिंदी कम्युनिस्ट पार्टी ने मुझे अपनी पार्टी से बहिष्कृत किया। पार्टी ने पाकिस्तान की मांग राष्ट्र स्वयंनिर्णय के तत्व के आधार पर स्वीकृत की थी। मैंने तो मुसलमानों को भारतीय महाप्रवाह में समरस होने का आवाहन किया था। उस समय मैं कम्युनिस्ट पक्ष और बम्बई के केंद्रीय पक्ष कचहरी में थोड़े ही पहले आया था।

पदनिष्कासन के अनंतर मैंने अपनी व्यथा भंदन्त आनंद कौसल्यायन जी को सुनाई। मैंने कहा: 'समता की मुक्ति हिंदू धर्म में नहीं हैं इसलिये मैंने बौद्ध धर्म स्वीकारा। बौद्ध धर्म में ऐहिक मुक्ति नहीं इसलिए मैं कम्युनिस्ट पक्ष में गया था। कम्युनिस्ट पक्ष ने तो मुक्ति से मुक्त किया।'

बुद्ध के समकालीन तीर्थंकर अजित केसकम्बल 'खाओ, पिओ, मजा करो' यह भोगवाद सिखाते थे। बुद्ध वर्णान्तक सामाजिक क्रांति का अनित्यात्मक बाहयर्थवाद या श्रामण्यफलवाद बताते थे। मार्क्स ने अनित्यात्मक भौतिकवाद में भौतिक को विज्ञान (मन) पर प्राथम्य देकर पाश्चिमात्य पूंजीवादी लोकशाहीवाद की क्रांतिओं का वैचारिक नेतृत्व किया।

सरहपा ने जैसे नालंदा महाविहार के संस्कृत आचार्यत्व और अपना भिक्षुत्व त्याग कर एक अस्पृश्य शरकारकन्या से विवाह किया। मैंने भी भारतीय कम्युनिस्ट पक्ष की तरह जातिव्यवस्था को दुर्लक्षित न कर एक अस्पृश्य स्त्री कमला से विवाह किया।

बौद्धधर्म के वर्णजाति विरोध में स्त्री-पुरुष समता की जो नींव है उसे उद्घाटित करने के लिये महायान पंथ ने बुद्ध को बोधिसत्व का दर्जा दिया और

अश्वघोष ने 2री सदी से ही भिक्षुत्व और तात्विकत्व के विरोध एकत्व पर स्थित विचार से अपने वज्रसूची में अपना नमन बुद्ध को न कर, मंजुनाथ घोष को करते हैं। शांतरहित सातवी सदी तक बौद्धधर्म के तात्विकत्व को बरकरार रखते हैं।

शान्तरक्षित ने बौद्धधर्म को तिबेट तक पहुंचाया। जिस पर बुद्ध से ज्यादा सरहपा का प्रभाव मुझे दिखाई दिया। हालांकि सरहपा का सहजजीवनवाद, नागार्जुन का शून्यवाद, असंग-वसुबंधु का विज्ञानवाद, अश्वघोष का तथतावाद और बुद्ध का तत्वज्ञान सब वर्णजातिनित्यता विरोध के सूत्रों पर ही आधारित है।

अन्वेषणपद्धति निर्गुण तत्वज्ञान का सगुण रूप होता है। कला की अन्वेषणपद्धति सौदर्यशास्त्र है। इतिहास की अन्वेषणपद्धति पाश्चिमात्य लोकशाही क्रांतिओं से निर्मित है। वि. का राजवाडे, एंगल्स, और ई.एम.एस नंबुद्रिपाद जैसे तत्वज्ञ ऐतिहासिक भौतिकवादी पद्धति पाश्चिमात्य होने पर भले ही एकस्वर न हों, तथापि सत्य वही है।

मार्क्स ने हेगेल के अनित्यात्मक चैतन्यवाद और फोबारव के यांत्रिक भौतिकवाद से अनित्यात्मक भौतिकवाद और ऐतिहासिक भौतिकवाद की स्थापना की।

आदिमानव समाज कलेक्टिव कन्युनिज्म के स्वरूप में था। इसलिये मनुष्य का सेरेब्रल चेतन, अर्धचेतन और अचेतन विचारों से बना हुआ है।

कलेक्टिव कम्युनिज्म का पुनरूज्जीवन अपभ्रंश कवी पुष्पलता (इ.स. 959-972) ने किया। मैंने अपनी हिन्दी काव्यधारा में (पृ. 46,239) उनका गौरव इन शब्दों में किया हैं। "उत्तर कुरू वैसे भी एक वर्गहीन, सुजल, सुफल, सुखी देश के तौर पर प्रसिद्ध था, मगर पुष्पदन्त (लता) के पहले ही से कवि लोग उसे भूल गये थे। पुष्पदन्त ने 'न दास न कोड, राज', 'मान दिव्य', अगर्व, सुभव्य, समान ही सर्व कहकर अहो निःसंशय स्वर्ग करुभूमि कहा।

स्त्री-सत्ता (गायनाक्रसी) और प्राथमिक साम्यवाद में यही भेद हैं कि पहले में निहित उन्मुक्त स्त्री पुरुष समागम, कृषि, निसर्ग और मानव के उत्थान के लिये था और दूसरे में अवलंबित वामाचार या पंचमकार तंत्र, वर्ण, जात, और स्त्री-दास्य के निर्मूलन के लिये किया गया एक धार्मिक प्रयत्न था।

मद्य, मांस, मत्स्य, मुद्रा और मैथुन इन पांचों सकारों में 'मुद्रा' का अर्थ मैथुन मुद्रा नहीं बल्कि वह तांत्रिक विवाह की पत्नि है, जो लौकिक विवाह की जाया नहीं होती। वह सवर्ण और अवर्ण स्त्री-पुरुषों के अंतरर्जातीय विवाह का शैव विवाह जैसा प्रकार था, पर वह अनाचार का लायसेन्स न था।

दिग्नाग ने पांचवी सदी में ज्ञान या प्रमाण के दो ही साधन माने, वे 'निर्विकल्पक प्रत्यक्ष' और विकल्पक अनुमान है। धर्मकीर्ति ने 7वीं सदी में 'निर्विकल्पक ज्ञान' को अश्रान्तम् ठहराया और उसे प्रतिबिंब की कक्षा से बाहर निकाल कर जाणीवेतर ज्ञान कहा। उसके पहले नागार्जून ने दूसरी सदी में शून्य और असंग वसुबंधु ने चौथी सदी में आलय विज्ञान या नेणीव की स्थापना की थी। सरहपाद शून्य और नेणीव को एक कर नेणीव का साक्षात्कार योगप्रत्यक्ष से कर सकने का आविष्कार करते हैं ऐसा टाइनबी और इकेडा ने 'चूज लाइफ' इस ग्रंथ में बताया है।

मैं वर्ण और जात को वर्ग के ही रूप मानता हूं।

मार्क्स के वर्गवादी अन्वेषण पद्धति को मैं मानता हूं। उत्तरकुरू का समाज वर्गहीन था यह मैं कथन कर चुका हूं। अर्थात मैं कहूंगा कि वर्ग ही अनित्य है, कास्ट नित्य। कास्ट व्यवस्था के कारण हजारों वर्षों तक अपरिवर्तनीय रहे भारतीय समाज में बुद्ध समाज क्रांति नहीं कर सकते थे। वे राजसैनिकों, ऋण कों और दासों को भिक्षु न बनाकर राजों, साहुकारों और दाक्षस्वामीयों के वर्गीय हित संबंधों का ही समर्थन कर पाये। ब्रिटिश साम्राज्यशाही ने ही भारतीय इतिहास में कास्ट व्यवस्था नष्ट करने की पहली समाजक्रांति की, ऐसा मैं समझता हूं।

सिंधु संस्कृति की चित्रलिपि संस्कृत है यह कैसे कहें। मैंने अपने दोहा कोष पृ. 6-7 में संस्कृत पालि और प्राकृत इन भाषाओं को Synthetic यानी श्लिष्ट कहा और अपभ्रंश को अश्लिष्ट कहा।

भारतीय भाषा सांकृतोद्भव न होकर संस्कृत पूर्व या बराबर की है ऐसा प्रतिपादन भाषा और समाज में (1961) राम विलास शर्मा करते हैं।

संस्कृत शब्दों के यौगिक और रूढ़ वर्गीकरण से भी उक्त कथन का समर्थन हो जाता है।

उपसर्ग के सम्बन्ध में निरुक्ति के संदर्भ में शाकरायन और गार्ग्य इन दो प्राचीन वैयाकरणों में विवाद भी रहा है।

इसलिये मैंने जो कहा है उसे आप भी ढोते चले जाय इसकी कोई जरुरत नहीं है। बुद्ध ने अपने मुमुक्षुओं को कहा: आप मेरे तत्वज्ञान (धम्म) को पार करने के लिये प्रयुक्त तराफा की तरह उपयोग में लाओ, पार करने पर उसे फेंक दो, काष्ट के गठ्ठे की तरह अपने सिर पर उसे मत ढोना।'

अस्तु!

## संदर्भ

1. वा. रा. गणार महान मान्यवर पं. राहुल साकृत्यायन की जन्मशताब्दी पर विशेष *नवभारत*, नागपुर, 21 मार्च 1993

2. गुणाकर मुले लेख *साप्ताहिक हिंदूस्तान* 30 अगस्त 1992 जयतु-जयतु घुमक्कड़ पंथा, पृ. 18-20 राहुल, वैज्ञानिक अध्ययन लेखन, कारावास पृ. 20-22

3. शरद पाटील, लोकमत रविवार दिनांक 3.4.1994 आलेख भी कम्युनिस्ट कां'? धुले-424002

4. आलेख, पालि-प्राकृत विभाग, नागपुर विद्यापीठ संगोष्ठी, पृ. 19-21।

श्रोतः साप्ताहिक हिन्दूस्तान 30 अगस्त 1992 में प्रकाशित गुणाकर मुले लिखित लेख

[1] जयतु-जयतु घुमक्कड़ पंथा, पृ.18 से पृ. 20 तक, और

[2] कारावास में राहुल जी का वैज्ञानिक अध्ययन, लेखन पृ. 20 से 22 तक।

# 12
# वास्तविक आजादी

## कमजोर वर्ग

ईसा पूर्व 600 ई. स. में सिद्धर्थ गौतम की जन्म स्थली, लुम्बिनी और बुद्धत्व का स्थल बोधगया दोनों जम्बुद्वीप यानी भारत की धरोहर थे, परंतु बाद में लुम्बिनी वन ही नहीं, बल्कि उस वन के दो साल वृक्ष जिसके बीच उनका जन्म हुआ था, उनकी माता महारानी महामाया की कुटी और राजा शुद्धोदन की राजधानी कपिलवस्तु नगर (अब पिपरहवा), और उस घटना के तीन सदियों बाद सम्राट अशोक का वहां पर स्थित विशाल स्तंभ, जिस के ऊपर खरोष्ठी लिपि में "इधो तथागतो जातो" अर्थात "तथागत का जन्म यहीं हुआ" उत्कीर्ण किया हुआ है और संबंधित सारे पुरातात्विक सबूत भी नेपाल की धरोहन बने है। उसी प्रकार डॉ. आंबेडकर की जन्मस्थली अब मध्यप्रदेश की धरोहर है और उनकी दीक्षा स्थलि महाराष्ट्र की। हालांकि वे स्थल भोपाल राजधानी वाले आज के मध्य प्रदेश के जन्म (1.11.1956) के पहले नागपूर राजधानी वाले मध्य प्रांत व बेरार (सी.पी. एण्ड बेरार) के थे। परंतु भूख मरी और प्लेग जैसी नैसर्गिक आपदा में कुछ मराठी जन, विशेषतः महार लोग महाराष्ट्र से स्थनांतरित होकर मध्य प्रदेश के इन्दौर, खंडवा, उज्जैन आदि जिलों में जाकर बस गये थे।

भारत का इतिहास गैर भारतीय आर्य, ग्रीक, ईरानी, कुशान, शक, हूण, मुस्लिम और अंग्रेज आदि के आक्रमणों और भारतीय जाति, उपजाति और जमातिओं में सामाजिक दुराव, आपसी वैरत्व और द्वेष का रहा है। गाने के लिये हम गाते हैं कि धर्म नहीं सिखाता आपस में वैर रखना। परंतु प्राचीन भारतीय पराधीनता का बीज धार्मिक दुराव में ही छिपा था इससे इन्कार नहीं किया जा सकता। डॉ. आंबेडकर ने सन् 1946 में स्वरचित शोध ग्रंथ "शूद्र पहले कौन थे" में इस प्रकार वर्णित किया है:-

"आर्यों से भी ज्यादा पराक्रमी दास या दस्यु लोग थे। वे जंगली आदि-मानव नहीं थे। वे आर्यों की भांति सभ्य और उन से भी अधिक बहादुर थे। श्री अयंगर ने लिखा है कि ऋग्वेद संहिता के अनुसार दस्यु लोग नगरों में रहते थे और कई लोगों के नाम राजाओं की सूची में आते थे। इन्द्र ने अपने भक्त दिवोदास के लिये दस्युओं के शत शीलाओं से बने महलों पर अतिक्रमण किया था। अग्निदेवता ने आर्यों के खातिर अग्निपूजा के वैरी दस्युओं के नगर तोड़ कर उन्हें अग्नि में स्वाहा कर दिया था। जिन शीला-कारागृहों में आर्यों से छिनी हुई गौवें सुरक्षित रखी जाती थी, उन्हें भी बृहस्पति ने नष्ट कर दिया था। दस्यु लोगों के अपने रथ, और आयुध थे, जिनका प्रयोग वे आर्यों की तरह, युद्ध में करते थे[1]।

आर्यों के साथ दस्युओं का विवाद नस्ल का नहीं बल्कि धर्म पर आधारित विवाद था। ऊपरोल्लेखित वही लेखक बताते हैं कि दस्यु अव्रत थे यानी वे आर्य के संस्कार से नहीं चलते थे। वे अपवगत और विभिन्न प्रकार के अन्य व्रत के संस्कार वाले थे। वे अनगनित्र, अग्निविहीन, अयज्यु, अयज्वन या बलिकर्म के विरोधी थे। वे अब्रह्म, वैदिक अर्चना और अर्चक को न माननेवाले, अनरिछः या रिक्विहीन, ब्रह्मद्वेष या ब्राह्मण अर्चना के द्वेष्य, अनिन्द्र या इन्द्र के शत्रु थे। वे न क्षीर का तर्पण करते थे न किसी ब्राह्मण को चढ़ावा चढ़ाते थे[2]।

स्वाधीनता से वंचित जाति, महार और उनके राष्ट्र, महाराष्ट्र का इतिहास डॉ. आंबेडकर के जीवन-चरित्र को समझने के लिये आवश्यक है। महाराष्ट्र की उत्पत्ति का एक विचारणीय तर्क यह है कि पूर्व समय में वर्तमान महाराष्ट्र में एक महारट्ठ नामक बौद्ध भिक्षु को प्राचारार्थ भेजा गया था। उस ने वहां के लोगों को बौद्ध धर्म में धर्मांतरित किया था। इस प्रकार बौद्ध धर्म अपनानेवालों को उनके गुरु महारट्ठ के नाम से पहचाना जाने लगा। सब से अधिक महारठ्ठ जिस प्रदेश में निवास कर रहे थे, उस प्रदेश का नाम कालांतर में महाराष्ट्र पड़ा। महारट्ठ स्थविर द्वारा नाग लोगों को बौद्ध धर्म की दीक्षा देने का जिक्र श्रीलंका के प्राचीन इतिहास का ग्रंथ "महावंस" में भी मिलता है[3]।

एक दूसरा सिद्धान्त है जिस की मान्यता है कि नाग शब्द नाईक की पर्यायवाची संज्ञा है[4]। इस जाति के लोगों ने समानता की लड़ाई लड़ने के लिये काफी कुर्बानियां दी थी।

महार यानी भूमिपुत्र, नाग या नाईक। वह एक लड़ाऊ जाति थी। और उनका राज्य महाराष्ट्र था जिस की राजधानी नागपूर थी। उनका धर्म बौद्ध था। वे आज भी महाराष्ट्र और उसके इर्द-गिर्द के प्रदेशों में विद्यमान हैं। ऐतिहासिक

काल से उन्हें अपना अस्तित्व कायम रखने के लिये कई दुर्दम्य युद्धों का सामना करना पड़ा था। जब उनका सर्वस्व नष्ट हुआ तो उनका सामाजिक-आर्थिक दर्जा भी घटा और उन पर कई सख्त और हानिकारक पाबंदियां लाद दी गईं। हालांकि उनके पास उपजाऊ जोतें, सैनिकी और नागरी प्रशासनिक पद और बस्तीवालों से सभी प्रकार के फसलों का सोलहवां हिस्सा वसूल करने के आय के साधन आदि बावन अधिकार थे। कालान्तर में वे ही अधिकार अहितकर हो गये और वे उनके पैर की बेड़ियां बन गये, जिसे तुड़वाने के लिये वे लड़ते रहे और अन्त में सन् 1956 में बौद्ध धर्म अपना कर सफल हुये।

प्राचीन समय में महार लोग बुद्ध के अनुयायी थे। अस्सी प्रतिशत भारतीय बौद्धों की उत्खनन की सामग्री महाराष्ट्र में और विशेषतः महार बस्तियों के क्षेत्र में पाई गई है। बौद्ध गुफाओं में भी महार नाम उत्कीर्ण किया हुआ प्राप्त हुआ है। परंतु गुप्त काल के दौरान, विशेषतः मुगल काल में महारों ने बौद्ध धर्म के संस्कारों का पालन करना छोड़ दिया प्रतीत होता है।

यद्यपि महारों ने मुस्लिम, मराठा, पेशवा, ब्रिटिश और भारतीय सेना में अपनी सेवायें प्रदान की थी और उन्होंने वारकरी, महानुभाव, कबीर और लिंगायत जैसे हिन्दु संप्रदायों, मुस्लिम और क्रिश्चन मजहबों को अपनाया था तथापि उन की सामाजिक प्रगति और प्रतिष्ठा, आर्थिक बढ़ोतरी तथा सांस्कृतिक हिस्सेदारी बौद्ध धर्म अपनाने के बाद भी और आज भी निरन्तर प्रश्न चिन्ह बनी हुई है।

ईस्ट इंडिया कंपनी के प्रत्येक टुकडी के लिये स्वतंत्र स्कूल और योग्य शिक्षक की व्यवस्था थी। पूणे में नार्मल स्कूल अध्यापक प्रशिक्षण केन्द्र था। रामजी सकपाल ने इसी नार्मल स्कूल में मास्टर का डिप्लोमा प्राप्त किया था। वे 14 वर्षों तक सैनिक स्कूल में हेडमास्टर रहे और बाद में तरक्की करते हुये सूबेदार मेजर बने थे। सेना में 25 वर्षों की सेवा पूर्ण होने के उपरान्त वे सेवानिवृत्त हुये थे।

उसके एक वर्ष बाद श्री गोपाल विठ्ठल वलंगकर (मृत्यु इ. स. 1940 में) को कंपनी शासन ने महाड के लोकल बोर्ड में नियुक्त किया था। उनका जन्म महाड़ जिले के रावदक गांव में हुआ था। वे श्री रामजी मालोजी सकपाल के समकालीन और ब्रिटीश सेना में नौकरी और समाज सेवा करनेवाले पहले महार थे। वे महात्मा ज्योतिबा फुले के सानिध्य में लेखन कार्य करते थे। उन्होंने सन् 1886 में सैनिकी सेवा से सेवामुक्त होकर "विटाल विध्वंसक" नामक ग्रंथ लिखा था। उसके चार वर्ष पश्चात उन्होंने "अनार्य दोष परिहार मंडल" की स्थापना की। जब अंग्रेजों ने सन् 1892 में महारों को सेना में भर्ती करना बंद

कर दिया तो उन्होंने इसके विरूद्ध प्रतिकार किया था। श्री वलंगकर की तरह श्री रामजी भी वारकरी पंथ, कबीर पंथ और ज्योतिराव फुले के भक्त रहे।

दूसरे महार समाज सुधारक श्री शिवराम जानबा कांबले थे। उनका जन्म पूना में सन् 1875 में हुआ था। सन् 1904 में उन्होंने "सोमवंशीय हितचिंतक मित्र समाज" नामक संस्था की स्थापना की थी। उन्हीं का समाचार पत्र "सोमवंशीय मित्र" के प्रेरणास्पद वचनों से प्रभावित होकर श्री गणपतराव हनमंत गायकवाड ने उस समय में प्रचलित धार्मिक वेश्या रिवाज में पली जागतीनी, मुरली आदि देवदासिओं में से एक शिबूबाई के साथ विवाह कर लिया था।

सन् 1901 में "सन्मार्ग निराश्रित समाज" नामक एक सामाजिक संस्था की भी स्थापना और 1910 से 1918 के दरम्यान "निराश्रित हिन्द नागरिक", "विटाल विध्वंसक", और "मजदूर पत्रिका" नामक समाचार पत्र चलाने वाले श्री किसन फागू बन्सोडे पाटील की धर्मपत्नि श्रीमति तुलसाबाई बन्सोडे पाटील पहली महार समाज कार्यकर्ता महिला थी। सन् 1906 में तीसरे महार श्री विठोबा राव मून उर्फ संत पंडे ने "अंत्यज समाज कमिटी" की स्थापना की थी। इस प्रकार उपरोक्त संस्था और उनके नेताओं ने डॉ. आंबेडकर के सामाजिक सुधार कार्य में एक खास पृष्ठभूमि तैयार कर रखी थी।

उसके अनंतर डॉ. आंबेडकर भारत के सामाजिक क्षितिज पर उतरे तो उन्होंने दलितों के राजनीतिक पृथक अधिकार हेतु साउथबरो मताधिकार कमिटी के सम्मुख 1919 में अपनी लिखित साक्ष्य दी थी। और बाद में "बहिष्कृत हितकारिणी सभा (20.7.1924) समता सैनिक दल (मार्च 1927)", स्वतंत्र मजदूर दल (15.81936), अखिल भारतीय शिडयुल्ड कास्ट फेडरेशन (19.7. 1942) और "रिपब्लिकन पार्टी ऑफ इंडिया (3.10.1957), जैसी देश सुधारक संस्थाओं की स्थापना की थी।

अपने इंदौर आगमन के दौरान वे अपनी जन्म स्थली महू भी आये थे और यहां आपने अपने कार्यकर्ताओं के साथ यादगार के रूप में एक सामूहिक फोटो भी खिंचवाई थी, जो डॉ. बाबासाहेब आंबेडकर राष्ट्रीय सामाजिक विज्ञान शोध संस्थान के कलेक्शन में भी सुरक्षित है।

आर्य, मुगल और ब्रिटीश आक्रमकों से पराजित और अपनी स्वाधीनता के लिये आक्रमकों के साथ अधिक से अधिक समझौता और आत्मीय लोगों से ज्यादा से ज्यादा नफरत करते हुए अपना वैशिष्ट्य कायम रखनेवाले भारतीय समाज की अपनी एक अलग चर्या रही है।

डॉ. आंबेडकर के अनुसार "भारतीय इतिहास यानी ब्राह्मणवाद और बौद्धवाद के बीच विद्यमान संहारक संघर्ष है। भारतीय इतिहास के तीन काल खंड अर्थात् ब्राह्मणी भारत, बौद्ध भारत व हिंदु भारत हैं। ब्राह्मणी भारत की जो समाज रचना थी वह बौद्ध धर्म ने बदल डाली। वह एक विशाल क्रांति थी। क्योंकि उस क्रांति से धार्मिक, सामाजिक और राजनीतिक संरचना में परिवर्तन हुआ है। परंतु हिंदु भारत ने समानताधिष्ठित समाज रचना को क्रमिक असमान जातियों में बदल डाला।

डॉ. आंबेडकर के अनुसार क्रांति के लिये वर्गों में सत्ता संघर्ष होता है जैसा कि वह भारतीय इतिहास में ब्राह्मण और क्षत्रिय वर्गों में रहा है और पराजित क्षत्रिय जाति ही शूद्रों में परिणत हुई है। इसके लिये मूल्य संघर्ष भी आवश्यक है। बदलते समाज में मूल्य में भी निरंतर बदल होते रहना जरुरी है। यदि मनुष्य की कृति का मुल्यांकन करनेवाले मापदण्ड है तो उसमें भी पुनः सुधार करने की तैयारी उसे रखना चाहिये। चिरस्थायी मूल्यों के निर्देशन में उसे क़ालस्थायी मुल्यों में परिवर्तन करना चाहिए। क्रांति के लिये महापुरुष और बुद्धिजीवी वर्ग की भी जरुरत होती है। डॉ. आंबेडकर के अनुसार जब समाज संकटावस्थों में होता है तो उसे उससे बाहर निकलने के लिये पथ प्रदर्शन का कार्य मानवी बुद्धि करती है। महापुरुष इतिहास का निर्माता है इस बात को मानने या न मानने के बावजूद भी यह बात अमान्य नहीं की जा सकती है कि प्रत्येक समाज में बुद्धिजीवी वर्ग होता है और वह सत्ताधारी न होने पर भी अधिक प्रभावशाली होता है।

## भीम

सन् 1904 में रामजी मुंबई में आये। वहां वे परेल की एक श्रमिक कालोनी मे रहते थे। भीम ने मुंबई में एलफिन्स्टोन हाईस्कूल में दाखिला लियां था और वहीं से उसने सन् 1907 में मैट्रिक की परीक्षा उत्तीर्ण की। सन् 1908 में भीम 17 वर्ष के हुये तो उन्होंने 9 वर्षीय रमा के साथ विवाह किया। सन् 1912 में एलफिन्स्टोन कॉलेल से अंग्रेजी और पर्शियन आदि विषयों को लेकर और बड़ौदा महाराज सयाजी राव की वित्तीय सहायता से पढ़ाई कर वे ग्रेज्युएट परीक्षा में उत्तीर्ण हुये। उसके पश्चात् भीम राव की बड़ौदा सैनिक दल में लेफ्टीनेंट के पद पर नियुक्ति हुई। कुछ दिनों के पश्चात् उनके पिताजी का देहांत हुआ।

तथापि सन् 1913 में बड़ौदा नरेश सयाजीराव गायकवाड़ द्वारा पिछड़े वर्ग के लिये संस्थापित छात्रवृत्ति के हासिल होने पर भीम राव कोलंबिया

विश्वविद्यालय, अमेरिका गये और वहां से ईस्ट इंडिया कंपनी का प्रशासन और वित्त विषय पर शोधग्रंथ प्रस्तुत कर एम.ए. हो गये। उन्होंने फिर नेशनल डिविडंड: ए हिस्टारिकल एण्ड अनालिटिकल स्टडी अर्थात् राष्ट्रीय लाभ एक ऐतिहासिक तथा विश्लेषणात्मक अध्ययन पर पी.एच.डी. की उपाधि हासिल की। वहीं उनका संपर्क जॉन डिवि, एडविन सेलिग्मन और ए.ए. गोल्डनवेजर जैसे सुविख्यात दार्शनिक और प्रोफेसरों के साथ आया। उन्होंने वहीं पर भारत में जातियां, उनकी संरचना, व्युत्पत्ति, और विकास नामक एक शोध पत्र भी लिखा था।

सन् 1916 में डॉ. आंबेडकर ने लंदन स्कूल ऑफ एकानामिक्स एण्ड पोलिटिकल सायंस में प्रवेश प्राप्त किया। वहां पर उनका संपर्क श्री सिडनी वेब, बेट्रिस वेब, एडविन केनन, जे.ए. हाबसन, एल.टी. हाबहाउस प्रभृति विद्वान दार्शनिकों से आया। डॉ. अम्बेडकर बार-एट-लॉ की उपाधि हेतु ग्रेज इन नामक विधि संस्थान में भी प्रविष्ट हुये थे। परंतु शिष्यवृत्ति की शर्तों के अनुसार छात्रवृत्ति का नियुक्त समय बीत जाने के पश्चात् उन्हें अब अपनी सेवा बड़ौदा राज्य को अर्पित करना लाजमी हो गया था। अतः डॉ. आंबेडकर अपनी पढ़ाई बीच में ही छोड़कर सन् 1917 में भारत वापस आ गये। और बड़ौदा में आकांउंटन्ट जनरल के आफिस में प्रोबेशनर की हैसियत से काम करने लगे। परंतु दफ्तर के अन्दर और बाहर भी तत्कालीन दकियानूसी समाज ने डॉ. आंबेडकर को इतना पढ़ा-लिखा होने पर भी एक अछूत ही मान कर वैसा ही उनके साथ सलूक भी किया, फलतः उन्हें वह स्थान जल्दी ही छोड़ कर वापस बंबई जाना पड़ा।

मुंबई लौट कर कुछ दिन डॉ. आंबेडकर को बेरोजगारी में ही काटने पड़े। बाद में वे सिडेनहैम कॉलेज़ में राजनीति-अर्थशास्त्र के प्रोफेसर पद पर नियुक्त हुये।

सन् 1919 में जब मान्टेग्यू-चेम्सफोर्ड सुधार चल रहा था तो मताधिकार के विषय पर डॉ. आंबेडकर ने अपना अभिमत साऊथबरो कमिटी के समक्ष रखा था। उनका मत था कि जब 1916 से ही मुसलमानों को पृथक मताधिकार सरकार द्वारा मान्य हो गया था तो सबसे अधिक पिछड़े दलित वर्ग के लिये पृथक मताधिकार क्यों न बहाल किया जाये।

31 जनवरी 1920 को उन्होंने मूकनायक नामक एक मराठी पाक्षिक पत्रिका को आरंभ किया। प्रथम अंक में उन्होंने ऐसे मुख पत्र की आवश्यकता को बयान करते हुये कहा था कि वह अन्याय के खिलाफ मंथन और समीक्षण

करने वाला मुखपत्र है। सन् 1920 में उन्होंने कोल्हापूर के छत्रपति शाहू महाराज की छत्रछाया में प्रथम अखिल भारतीय दलित वर्ग संस्था का नागपूर में सम्मेलन कराया और वहां यह ऐलान किया कि दलित वर्गों की मुक्ति उनके अपने प्रयासों से ही संभव है।

सितंबर 1920 में उन्होंने अपने लंदन विश्वविद्यालय की पढ़ाई फिर से आरंभ की। अगले ही वर्ष उन्होंने एम.एस.सी. की उपाधि प्राप्त की, जो डॉक्टरल शोध के लिये अनिवार्य शर्त थी। उसके बाद उन्होंने उस समय के सर्वश्रेष्ठ अर्थशास्त्र के विद्‌वान सर एडविन केनन के मार्गदर्शन में रुपये की समस्या पर एक बृहद शोध प्रबंध लिखा, जिसे बाद में लंदन के ही पब्लिशर, पी.एस. किंग एण्ड सन्स ने सन् 1923 में रुपये की समस्या, उसकी उत्पत्ति और उसका उपचार शीर्षक से प्रकाशित किया। और उसी प्रकाशक ने अमरीका के कोलंबिया विश्वविद्यालय से स्वीकृत उनका पहले से ही तैयार ब्रिटीश भारत में प्रांतीय वित्त नामक पी.एच.डी. की उपाधि का शोध प्रबंध सन् 1925 में प्रकाशित किया। सन् 1922 में डॉ. आंबेडकर ने बर्लिन में उच्चतर शेधाध्ययन के लिये तीन माह खर्च किये। उसी वर्ष ग्रेज इन के बार का बुलावा आया।

अगले वर्ष वे भारत लौट आये और वहां मुंबई उच्च न्यायालय में वकालत की। इंदौर के तत्कालीन महाराज मल्हार राव होलकर के एक राजघराने के बाहर की महिला के साथ वैवाहिक संबंध के बारे में उपजे विवाद में महाराज की वकालत करने, और एक अन्य इंदौर निवासी के एक मंदिर के पास की जमीन के मुकदमें में पैरवी करने के सिलसिले में डॉ. आंबेडकर इंदौर आये थे। इंदौर के इन दोनों मामले में उनकी वकालत ने संबंधित पक्षों को जीताकर राहत दिलाई थी।

जून 1925 से मार्च 1928 तक उन्होंने वहां के अकाउन्टंसी की बाटलीबोई प्रशिक्षण संस्थान में अंशकालीन प्राध्यापक की सेवायें प्रदान की। जून 1928 से मार्च 1929 तक वे मुंबई के शासकीय विधि महाविद्यालय के प्राध्यापक रहे।

सन् 1924 में उन्होंने बहिष्कृत हितकारिणी सभा की स्थापना की। उसके तहत उन्होंने सोलापूर में दलित वर्ग छात्रावास खोला। सन् 1927 में उन्होंने महाड़ सत्याग्रह चलाया और अहिंसा के मार्ग से आम लोंगों की तरह अछूतों के अधिकार को भी कुओं, तालाबों आदि पर प्रस्थापित किया। उससे दलितों का हिंदुओं के साथ सीधा संघर्ष छिड़ गया। इतना ही नहीं, बल्कि 25 दिसंबर 1927 के दिन मनुस्मृति का सामुहिक रूप से दहन कर उन्होंने सिद्ध कर दिया कि अब वे हिंदुओं की गुलामी में नहीं रहेंगे।

सन् 3 अप्रैल 1927 से डॉ. आंबेडकर ने बहिष्कृत भारत नामक पाक्षिक चलाया। उनके संघर्ष का यह एक पायदान था। इसी दौरान डॉ. आंबेडकर ने समाज सुधार और राष्ट्र निर्माण की कटिबद्धता स्वीकार की थी। अतः उन्होंने मुंबई विधान मंडल में सन् 1927 से सन् 1937 तक कुल 10 वर्ष के कार्यकाल में एक सक्रिय सदस्य की भूमिका निभाई। मुंबई विधान मंडल में उन्होंने गरीबों पर लादे जानेवाले बजट के संबंध में प्रशासन की लापरवाही पर कठोर प्रहार किया।

उनका वक्तव्य अनोखा रहता था। उन्होंने 29 मई और अक्टूबर 1928 में साइमन कमिशन में मुंबई विधान मंडल कमेटी से हटकर उसके एक सदस्य की हैसियत से अपना अलग वक्तव्य दिया कि भारत के संवैधानिक प्रजातंत्र में दलित वर्गों का दृष्टिकोण ध्यान में रखा जाना चाहिये। वहां उन्होंने मुंबई पैतृक व्यवसाय अधिनियम 1874 के संशोधन का विधेयक प्रस्तुत किया।

समाज में एकता स्थापित करने के लिये उन्होंने क्रमशः समाज समता संघ और समता सैनिक दल की स्थापना सितंबर और दिसंबर को सन् 1927 में की।

उन्होंने बहिष्कृत हितकारिणी सभा की ओर से शिक्षा में दलित वर्गों की स्थिति पर प्रकाश डालते हुये वक्तव्य दिया था कि प्रशासन का आधार सार्वत्रिक व्यस्क मताधिकार होना चाहिये। उसी वर्ष उन्होंने दलित वर्ग शिक्षा समाज की स्थापना की और उसके माध्यम से उच्च विद्यालय के दलित छात्रों के लिये पनवेल, ठाने, नासिक, पुणे और धारवाड़ में छात्रावास खोले।

सन् 1930 में नासिक में ही कालाराम मंदिर प्रवेश सत्याग्रह में उन्होंने दलित वर्ग के धार्मिक हितों की रक्षा के लिये अहम भूमिका निभाई। और उसी वर्ष नागपुर में आयोजित अखिल भारतीय दलित वर्ग कांग्रेस की अध्यक्षता की। उन्होंने ब्रिटिश प्रशासन के प्रतिकूल रवैये, भारतीय उच्च जातियों का रुढ़िवाद तथा गांधी और कांग्रेस की सनातनी नीतियों पर अपनी आलोचना से प्रहार किया। और दूसरी गोलमेज परिषद में उन्होंने गांधी से दलित हितों के रक्षणार्थ लड़ाई मोल ली। उनके विचारों का मायनारिटी पैक्ट पर इतना प्रभाव था कि उनके सुझावों का समावेश 1932 के जातीय समझौता तथा 1935 के भारत अधिनियम में भी है, हालांकि गांधी के आमरण अनशन से दलितों को पृथक प्रतिनिधित्व के स्थान पर संयुक्त प्रतिनिधित्व और आरक्षण से संतोष करना पड़ा।

उन्होंने 24 नवंबर 1930 को जो जनता नामक पाक्षिक चलाया था वह एक वर्ष बाद साप्ताहिक के रूप में चलता रहा, और 4 फरवरी 1956 से प्रबुद्ध भारत के नाम से प्रकाशित होता रहा।

भारतीय मताधिकार कमेटी अथवा लोथीयन कमिटी के एक सदस्य की हैसियत से डॉ. आंबेडकर ने दलितों की प्रतिनिधिक और मताधिकार की स्थिति का जायजा लेने हेतु पूरे भारत का दौरा कर उसका परीक्षण किया।

पूना पैक्ट के बाद एंटी-अन्टचेबिलिटी लीग की स्थापना भी हुई। परंतु डॉ. आंबेडकर ने पाया कि अछूतों पर हिंदु दमन बरकरार रखनेवाली बलात् अवस्था में हुये पूना पैक्ट और हरिजन सेवक संघ यानी एन्टी अन्टचेबिलिटी लीग के द्वारा अछुतों का आत्म सम्मान दांव पर लगा देख कर डॉ. आंबेडकर ने सन् 1933 में संघ से अपना इस्तीफा दे दिया।

उन्होंने 17 नवंबर 1932 से 24 दिसंबर 1932 तक के दौरान आयोजित गोलमेज परषिद में हिस्सा लिया था।

मुंबई के शासकीय महाविद्यालय में जून 1934 में प्रथम अंशकालीन प्रोफेसर के पद पर कार्य किया और 1 वर्ष पश्चात् वहां के प्राचार्य पद को संभाला।

27 मई 1935 में उनकी धर्मपरायण पत्नि रमाबाई का देहांत हुआ। उन्होंने स्वयं 3 पुत्र और 1 पुत्री के निधन का दुख सहकर और डॉ. आंबेडकर के विदेश में अध्ययन करने के दौरान अपना जीवन एकांत और दरिद्रता में बिताकर अब संसार से विदा ली थी।

13 अक्टूबर 1935 को डॉ. आंबेडकर ने नासिक में येवला की दलित वर्ग की सभा में हिंदु धर्म छोड़ने की बात कही थी। मई 1936 में उन्होंने इस प्रश्न को सुलझाने के लिये एक महार परिषद भी बुलाई। अगले 21 वर्ष तक उन्होंने धर्मों का तुलनात्मक अध्ययन किया।

1936 का उनका अत्यंत प्रखर भाषण जातपात तोडक मंडल, लाहौर की सभा के लिये तैयार किया गया था। उसमें व्यक्त विचारों में धर्म पर की गई समीक्षा पर मंडल के संगठक श्री संत राम व अन्य प्रमुख नेताओं को एतराज होने से वह सभा ही रद्द कर दी गई। अतः उस भाषण को बाद में जातिभेद निर्मूलन शीर्षक से एक पुस्तिका की शक्ल में छाप दिया गया। डॉ. आंबेडकर की यह पुस्तिका भारत के मजलुमों के लिये वही कार्य कर रही है, जो काम कार्ल मार्क्स और एंगल्स के कम्युनिस्ट घोषणा पत्र ने विश्व के सर्वहाराओं के लिये किया था। डॉ आंबेडकर की हिंदु धर्म की समीक्षा पर गांधी जी भी खफा हो गये थे, क्योंकि उनके लिये वर्णव्यवस्था में कोई बुराई नहीं थी।

उसी वर्ष डॉ. आंबेडकर ने खेतीहर श्रमिकों की अल्प जोतों से संबंधित खोति पद्धति को मिटाने का विधेयक मुंबई विधान परिषद् में प्रस्तावित किया।

इतना ही नहीं बल्कि 15 अगस्त 1936 में ही उन्होंने स्वतंत्र मजदूर दल की स्थापना कर 1937 के निर्वाचन में 17 सीटों में से 15 सीटों पर निर्वाचन में जीत हासिल की और 1938 में श्रमिकों के हितैषी के नाते श्रमिक आंदोलन को नियंत्रित करने वाले औद्योगिक श्रम विवाद विधेयक का विरोध भी किया। शासन की युद्ध नीति पर भी उनका एक विशेष दृष्टिकोण रहा, जिसके आधार पर उन्होंने शासकीय प्रयासों को सराहा था।

गांधी और कांग्रेस के सामाजिक सुधार के प्रति उदासीन रहने के फलस्वरूप मुस्लिम लिग ने लाहौर में अपने अलग राष्ट्र पाकिस्तान की मांग की। सन् 1940 में डॉ. आंबेडकर ने पाकिस्तान अथवा भारत का विभाजन और सन् 1943 में अपने दूसरे भाषण-ग्रंथ रानडे, गांधी और जिन्ना के माध्यम से इस खतरे की ओर इशारा किया था। बार-बार चेतावनी देने पर भी सनातनी समाज के कान में जूं तक नहीं रेंगी। डॉ. आंबेडकर ने भांप लिया कि यहां का समाज राजनीतिक कम और जातिगत अधिक है। अतः जुलाई 1942 में, जब क्रिप्स मिशन की चर्चा चल रही थी, उन्होंने शिडयुल्ड कास्ट फेडरेशन की स्थापना की। भारत के संवैधानिक निर्माण में हिंदु और मुस्लिम राजनैतिक दलों के बीच उस फेडरेशन की भूमिका ऐसी ही अपेक्षित थी जैसी दो बड़े धड़ो के बीच एक संतुलन शक्ति की होती है।

27 जुलई 1942 में महाराज्यपाल की कार्यकारिणी में पांच साल के लिये श्रम मंत्री के पद पर नियुक्त हो जाने के पश्चात् दिसंबर 1942 में ही डॉ. आंबेडकर ने पेसिफिक रिलेशन्स कमिटी द्वारा क्युबेक में आयोजित सम्मेलन के लिये गांधी और अछूतों की मुक्ति नामक एक शोध पत्र लिखा। इसी समय के दौरान डॉ. आंबेडकर ने दलितों का नौकरी में आरक्षण, श्रम विधियां व श्रम कल्याण तथा श्रमिक-उद्योगपति-सरकार की परस्परावलंबी त्रिसूत्रीय योजना, बहुउद्‌देशीय विकास योजना अर्थात् दामोदर घाटी तथा महानदी परियोजना की व्यापक नीतियां बना ली थी। संक्षेप में उन्होंने एक कल्याणकारी शासन की नींव रखी हालांकि सन् 1951 में पंचवर्षीय योजना विभाग मंत्रालय श्री नेहरु ने उन्हें सौंपने से इंकार किया था।

अवाम के आंबेडकर ने सार्वजनिक जीवन में अपना सर्वस्व समर्पित कर दिया था। 24 अप्रैल 1942 में मुंबई प्रांत के राज्यपाल श्री लुमली ने वायसराय श्री लिनलिथगो को लिखा था कि डॉ. आंबेडकर सार्वजनिक कार्य में अरुचि

रखते हैं, यह वक्तव्य डॉ. आंबेडकर की चर्या से असिद्ध हुआ है। भले ही अनुसूचित जाति परिषद दल सन् 1945 के अंत में हुये चुनाव में अयशस्वी रहा, संवैधानिक सभा के लिये भले ही उन्हें बंगाल से निर्वाचित होना पड़ा, और जब केबिनेट मिशन मार्च 1946 में भारत आया और उसके सदस्य प्रतिनिधियों अर्थात लार्ड पेथिक लॉरेन्स और ए.वी. अलेक्जेंडर और उस समय के ब्रिटेन के प्रधान मंत्री श्री ॲटली ने एस.सी.एफ. की पराजय को इंगित कर अनुकूल सलूक नहीं किया, तथापि डॉ. आंबेडकर ने जून 1946 में दलितों की भावी समय में भूमिका के लिये चलाये गये संघर्ष का नेतृत्व किया, सन् 1945 में गांधी और कांग्रेस ने दलितों के लिये क्या किया नामक एक बड़ा ग्रंथ रचा, सन् 1946 में हिंदु धर्म के विभाजन और ब्राह्मणवाद के परिणाम को दर्शानेवाला ग्रंथ शूद्र पहले कौन थे लिखा, और 1948 में अस्पृश्यों का मूल बौद्ध बतानेवाला ग्रंथ "अछूत" का निर्माण किया।

बंगाल का विभाजन होने के पश्चात् वहां से संविधान सभा के लिये डॉ. आंबेडकर द्वारा जीती गई सीट भी निरस्त हुई, अत: कांग्रेस ने मुंबई से उन्हें जिताया। उसके कारण क्रांगेस को उनकी सेवाओं को ग्रहण करने का एक अच्छा अवसर मिला और उसका उसने भरपूर फायदा भी उठाया। 3 अगस्त 1947 में डॉ. आंबेडकर से श्री नेहरु की कैबिनेट में कानून मंत्री के पद की सेवायें ली गई। 19 अगस्त 1947 में उन्हें मसौदा समिति का सभापति बनाकर उन से संविधान रचा गया, हालांकि उनकी सेहत सन् 1940 से ही खराब चल रही थी और उस वजह से उन्होंने डॉ. शारदा कबीर से अंतर्जातीय विवाह भी कर लिया था। परंतु जब डॉ. आंबेडकर ने हिंदु परिवार तथा समाज की सीढ़ी-दर-सीढ़ी विभाजक स्तरों को मिटाने के लिये हिंदु कोड बिल की संहिता संविधान सभा में पारित करने की अपेक्षा शासन से की तो कांग्रेस का सनातनी हिंदुत्व आड़े आया। सन् 1951 में सितंबर माह में डॉ. आंबेडकर ने अपने पद से प्रधान मंत्री को इस्तीफा सौंप दिया।

भले ही 1952 के आम चुनाव में अस्पृश्य जाति परिषद लोक सभा के निर्वाचन और सन् 1954 में भंडारा निर्वाचन क्षेत्र से लोक सभा के उपचुनाव में वह हार गई थी और भारत के राजनीतिक जीवन में नया प्राण फूंकने वाली रिपब्लिकन पार्टी ऑफ इंडिया की उनकी योजना अधूरी रह गई थी तथापि शिक्षा और बौद्ध वैचारिकी के क्षेत्र में उनके द्वारा विश्व नवनिर्माण का बुना हुआ सपना वास्तव में अब साक्षीभूत हो गया और उसकी पूर्णता का अभियान चल रहा हैं।

उन्होंने 8 जुलाई 1945 में पिपुल्स एज्युकेशन सोसायटी की स्थापना कर उसके माध्यम से सिद्धार्थ कॉलेज ऑफ आर्टस् एंड सायंस, 1946; सिद्धार्थ नाइट स्कूल 1947, मिलिंद महाविद्यालय, 1950; सिद्धार्थ कॉलेज ऑफ कामर्स एण्ड एकॉनामिक्स, 1953; मिलिंद मल्टिपरपज हाईस्कूल, 1955; और सिद्धार्थ कॉलेज ऑफ लॉ, 1956 इन शैक्षणिक संस्थाओं को खड़ा कर अपने अभियान को फलिभूत किया है। उन्होंने हिंदु धर्म का पर्याय ही नहीं बल्कि विश्व का बेहतर मानवतावादी धर्म को 21 वर्ष अध्ययन के परिक्षण के बाद परख कर उसे भारत के लिये अनुसंशित किया। सन् 1949 में उन्होंने काठमांडू में विश्व बौद्ध परिषद में मार्क्सवाद और बौद्धधर्म पर संबोधन दिया, बुद्ध और उनके धर्म का भविष्य नामक आलेख महाबोधी जर्नल में छपवाया। उन्होंने सन् 1950, 1954 और 1956 में श्रीलंका, रंगून ओर नेपाल में जाकर वहां आयोजित विश्व बौद्ध सम्मेलन में उदबोधन ही नहीं दिया बल्कि व्यवहार में जीवित बौद्ध संस्कारों का अवलोकन भी किया। 14 अक्टूबर 1956 में उन्होंने नागपूर में लाखों जनता के साथ बौद्ध जीवन पद्धति को अपनाया। उनकी अंतिम रचना बुद्ध और उनका धम्म थी।

5 जुलाई 1952 में कोलंबिया विश्वविद्यालय ने उन्हें एल.एल.डी. की मानद उपाधि प्रदान की गई और एक वर्ष पश्चात उस्मानिया विश्वविद्यालय ने उन्हें डी.लिट. की उपाधि से विभूषित किया। परंतु डॉ. आंबेडकर ने 6 दिसंबर 1956 को महाप्रयाण किया और विश्व के भावी जीवन की खुशहाली के लिये वे हमारे पास अपने द्वारा प्रदत्त शिक्षा, संस्कार और प्रेरणा ही छोड़ गये, जो हमें कदम–कदम पर मार्गदर्शन करते रहेंगे।

## अस्पृश्यता

अब रामजी कोरेगांव में एक निजी कंपनी में केशियर के पद पर काम कर रहे थे। कोरेगांव में घटित उनके बालपण की मुख्य घटना को डॉ. आंबेडकर ने स्वयं की लेखनी से इस प्रकार बयान किया है। उन्होंने लिखा है:

‘‘हमारा परिवार मूलतः मुंबई प्रेजीडेंसी के रत्नागिरी जिले के दापोली तहसील (अंबावडे ग्राम) से आया था। ईस्ट इंडिया कंपनी के बिल्कुल आरंभ से मेरे पूर्वजों ने अपना पैतृक व्यवसाय त्याग दिया था और कंपनी की सैनिकी सेवा में भर्ती हो गये थे। मेरे पिताजी ने भी परिवार की इस परंपरा का अनुकरण किया और सैनिकी सेवा में भर्ती हुये। अपने कैरियर में वे अधिकारी की श्रेणी तक पहुंचे और मेजर सूबेदार के पद पर (महू से) सेवा निवृत्त हुये। अपने

सेवानिवृत्त होने के पश्चात् स्थायी रूप से बसने के इरादे से मेरे पिता अपने कुटुंब को लेकर दापोली आये। लेकिन कुछ कारणों से मेरे पिताजी ने अपना मन बदला। अतः वे दापोली छोड़कर सतारा आये और वहां हम सन् 1904 तक रहे।

पहला प्रसंग जो मैं लिपिबद्ध कर रहा हूं और जिसे मैं याद कर सकता हूं वह सतारा मे ही लगभग सन् 1901 में घटित हुआ था। मेरी मां (जिसे मैं बय कहता था) शांत हो गई थी। मेरे पिताजी कोरेगांव में केशियर का काम करते थे। यह गांव सतारा जिले के खाटव तहसील में था। यहीं पर मुंबई सरकार ने हजारों की तादाद में भूख से मर रहे लोगों को आजीविका देने के उद्देश्य से तालाब की खुदाई का उपक्रम शुरु किया था। जब मेरे पिताजी कोरेगांव गये तो उन्होंने हम दो भाईयों और हमारे दो भानजों को मेरी बुआ और कुछ दयालु पड़ोसिओं की निगरानी में छोड़ दिया था।

केशियर होने के कारण मेरे पिता अवकाश लेकर हमें देखने के लिये सतारा नहीं आ सकते थे। अतः उन्होंने लिख भेजा था कि हम आगामी ग्रीष्म की छुट्टियां उनके पास गोरेगांव में ही बितायें। हम बच्चे इस सुअवसर को पाकर फूले न समायें, विशेषतः इसलिये क्योंकि हममें से किसी ने भी अभी तक रेलगाड़ी नहीं देखी थी।

बड़ी तैयारियां की गई। अंग्रेजी बनावट के नये शर्ट, चमकीली रत्नजड़ित टोपियां, नये जूते, रेशम की जरी की किनारेवाली नई धोतियां यात्रा के लिये मंगाई गई।

...रेलवे स्टेशन हमारे घर से 10 मील की दूरी पर था रेलगाड़ी से गोरेगांव जाने के लिये सबसे नजदीक मसूर स्टेशन पड़ता है। वहां पर हम शाम को 5 बजे पहुंचे। सभी यात्री जा चुके थे। हम चार बच्चे प्लेटफॉर्म पर पिताजी अथवा उनके नौकर, जिसे वे भेजनेवाले थे, का इंतजार कर रहे थे। काफी समय बीत गया पर कोई नहीं आया। हमारे सुंदर परिधान देखकर स्टेशन मास्टर को लगा कि हम ब्राह्मण लड़के होंगे। अतः उन्होंने पूछा कि हम कौन हैं। मैंने महार कह दिया। बंबई प्रेजीडेंसी में महार एक अस्पृश्य जाती होती है। यह बात तांगेवालों तक फैल गई। हमें ले जाने के लिये एक तांगेवाला बड़ी मुश्किल से तैयार हुआ। वह भी इस शर्त पर कि हम उसे दुगुना भाड़ा देंगे और तांगा हम खुद चलायेंगे और स्वयं तांगेवाला गाड़ी के पीछे-पीछे पैदल चलेगा।

शाम के लगभग साढ़े छह बज चुके थे जब हम लोगों ने स्टेशन छोड़ा। तांगेवाला कह रहा था कि गोरेगांव पहुंचने के लिये तीन घंटे से अधिक समय नहीं लगेगा। आगे एक नदी थी। तांगेवाले ने सुझाया कि हम वहीं पर अपना

भोजन कर लें क्योंकि आगे पानी नहीं मिल पायेगा। वह स्वयं खाने के लिये पास के किसी गांव में गया जिसके लिये हमने किराये का कुछ भाड़ा नकद अदा कर दिया था। हमने भी अपने खाने के डिब्बों की टोकरी खोली और उसमें से खाना निकाल कर खाने लगे। हममें से एक पानी लेने नदी में उतर गया परंतु खाली हाथ लौट आया क्योंकि वहां का पानी कीचड़ और गंदगी से बदबूदार हो चुका था। हम ने अपना खाना लपेट कर टिफिन में बंद कर दिया और गाड़ीवाले का इंतजार करते रहे। वह काफी विलंब से आया। जब आया तो यात्रा फिर जारी की गई लेकिन रात के दस भी बज चुके थे पर गोरेगांव नहीं आया।

मध्य रात्रि भी बीत गई जब मात्र चुंगी नाके तक पहुँचे थे। नाके वाला हिंदू था, उससे पानी मांगा तो उसने साफ इंकार कर दिया। हम वहां भूखे-प्यासे ही सोये। दूसरे दिन सुबह 8 बजे फिर बैलगाड़ी में यात्रा जारी रखी तो गोरेगांव सुबह 11 बजे पहुंचे। हमें देखकर पिताजी को आश्चर्य हुआ हम ने कहा सूचना भेजने पर भी हमें लेने स्टेशन पर क्यों नहीं आये तो उन्होंने बताया कि उन्हें इसकी सूचना मिली ही नहीं थी, जो उनके नौकर की भूल थी।

खैर, इस घटना का मेरे जीवन में खास महत्व है। जब वह घटना हुई तो मैं 9 साल का बालक था। लेकिन उसने मेरे मन पर अमिट छाप छोड़ी है। इस प्रसंग के पूर्व मैं जानता था कि मैं एक अछूत बालक हूं और सभी अस्पृश्य कुछ अप्रतिष्ठा और भेद-भाव के शिकार हैं। मिसाल के तौर पर मैं जानता था कि स्कूल में मैं अपने क्रम के अनुसार अपने वर्ग-सहपाठियों के बीच में नहीं बैठ सकता था और मुझे एक कोने में अकेले ही बैठना पड़ता था। मैं जानता था कि स्कूल में मुझे एक बोरी की चटाई पर अपनी कक्षा से अलग हटकर बैठना पड़ता था। और जो फर्राश स्कूल की सफाई करता था वह भी मेरे द्वारा इस्तेमाल की गई बोरी की चटाई को नहीं छूता था। बोरी की चटाई भी मैं प्रतिदिन घर से अपने साथ ले कर स्कूल में जाया करता था। स्कूल में अन्य बच्चे प्यास लगने पर अध्यापक की अनुमति से पानी के नल के पास जाते, उसे खोलते और अपनी प्यास बुझाते थे। पर मैं पानी का नल छू नहीं सकता था और जब तक कोई दूसरा स्पृश्य प्राणी मेरे लिये उसे खोल नहीं देता तब तक मैं प्यासा का प्यासा ही रह जाता। अध्यापक ऐसे काम के लिये स्कूल के चपरासी को भेजते पर जब वह उपलब्ध नहीं होता तो मैं बिना पानी के ही रह जाता था। क्योंकि चपरासी नहीं तो पानी नहीं ऐसा नियम बन गया था। मैं जानता था कि घर में कपड़े धोने का कार्य मेरी बहनें करती थीं, इसलिये नहीं कि सतारा में धोबी नहीं थे, अथवा हम धुलाई का खर्चा देने योग्य नहीं थे, बल्कि इसलिये कि हम अछूत थे और

कोई भी धोबी अछूत के कपड़े नहीं धोता था। दाढ़ी बनाने और बाल कटवाने का काम मेरी बड़ी बहन करती थी क्योंकि सतारा का कोई नाई अछूत की दाढ़ी और बाल नहीं बनाता था। ये सब मैं जानता था। परंतु इस घटना ने तो मेरे दिल को ऐसी चोट पहुंचाई जिसे मैंने पहले कभी अनुभव नहीं किया था। और उस घटना ने मुझे उस अछूतपन के बारे में सोचने के लिये मजबूर कर दिया जो इस प्रसंग के पूर्व मेरे और अन्य को स्पृश्य और अस्पृश्यों के लिए एक आम बात थी और आज भी है[5]"।

डॉ. आंबेडकर के लिये यह घटना मानो सिद्धार्थ द्वारा दुःख दर्शन के सत्य को पाने के समान थी जब वे अपनी आयु के 29वें वर्ष में चार दृश्य अर्थात बुढ़ापा, बीमारी, मृत्यु और संसार त्याग की मानवीय घटनाओं से मजबूरन लाईलाज गुजरते हुये मनुष्यों को देखकर सर्व दुःख मुक्ति यानी निर्वाण की खोज में घर से बाहर एकान्त में निकल पड़े थे। अथवा न्यूटन के उस अनुभव के समान थी। जब किसी खास अवसर पर सेब को दरख्त से जमीन पर गिरते हुये देख कर उन्होंने गुरुत्वाकर्षण सिद्धांत का अविष्कार किया था हालांकि उन्होंने पहले भी कई बार सेब को गिरते हुये देखा होगा। इसी के अनुरूप डॉ. आंबेडकर ने अस्पृश्यता का अनुभव इस घटना के पूर्व भी कई बार किया था।

उनके लेखन में अस्पृश्यता का उल्लेख कई बार हुआ है। अस्पृश्यता का अर्थ है ऐसे सामाजिक संबंध जो एक मनुष्य को दूसरे मनुष्य से तोड़नेवाले हो। जैसे मनुष्यों में स्वभाविक रूप से एक साथ बैठने, एक साथ विचार करने, एक साथ निर्णय लेने, एक साथ खान-पान करने, एक दूसरे के गोत्र में शादी-ब्याह करने जैसी बातों में कृत्रिम दूरियां पैदा करना अस्पृश्यता है। अथवा सार्वजनिक तालाबो, कुओं, नदीओं, पनघटों, स्कूलों, संस्थाओं, धर्मशालाओं अथवा अन्य किसी भी सामूहिक उपभोग की जगहों को किसी वर्ग के लिये प्रतिबंधित कर देना, अथवा जाति-जाति में अंतर्विवाह करने नहीं देना, समाज के समस्त स्त्री-पुरुष सदस्यों में बराबरी की भावना नहीं रखना और समानता, स्वतंत्रता और भाईचारा के सिद्धांत से सार्वजनिक सार्वभौमिक प्रजातंत्रीय जीवन व्यवस्था को व्यवहार में नहीं अपनाना इत्यादी अस्पृश्यता है।

जिस समाज की दैनंदिन की चर्या अस्पृश्तया के संबंध से निश्चित होती है वह समाज अनगिनत वर्गों और संवर्गों में लिंग, रूप, रंग, वर्ण, भाषा, प्रांत, परंपरा, धर्म आदि के आधार पर विभक्त होता चला जाता है। ऐसे समाज की संरचना पिरामिड की भांति होती है। सबसे ऊपर मुट्ठी भर लोग, और सबसे नीचे आम परिश्रमी लोग। सीढ़ी-दर-सीढ़ी के क्रम से कई श्रेणियों में विभक्त

क्षत्रिय, वैश्य और शूद्र जातियों की साहसिक, सांपत्तिक और शारीरिक कमाई पर ऐश करने वाले सर्वोपरी अधिकारी ब्राह्मण होते हैं यद्यपि वे भी कई श्रेणियों में विभक्त होते हैं। इतना ही नहीं बल्कि हिंदू धर्म शास्त्रोक्त कानून के तहत एक ब्राह्मण मनुष्य कम से कम ब्राह्मणी, क्षत्राणी, वैश्याणी तथा शूद्राणी इन चार-चार महिलाओं के साथ वैधता से यौन संबध रख सकता है। और राजनीतिक, धार्मिक और आचार के नियमों का नियन्ता और न्याय कर्ता भी वही होता है। इस आधार पर हम कह सकते हैं कि भले ही कोई अस्पृश्य व्यक्ति हो लेकिन वह भी ब्राह्मण का उपभोग्य पदार्थ होता है।

नीचे के सभी वर्ण, वर्ग या जातियां ऊपर की तथाकथित सर्वश्रेष्ठ जाति की तरह आपस में विभक्त तो है परंतु उन्हीं की तरह एक होकर कभी अपना संगठित 'समाज' नहीं बना पाने के कारण पराधीन हैं।

वर्ण-जाति और लिंग के आधार पर बटे समाज की चौखट से परे एक धर्म या नैतिकता की वरिष्ठता पर आधारित लड़ाई की भी परंपरा है, जिससे आहत वर्ग एक साथ विद्यमान राजनैतिक सत्ता; आर्थिक संपन्नता, शैक्षणिक विकास, सामाजिक प्रतिष्ठा और सांस्कृतिक गुणात्मकता के बराबरी के हिस्सेदार नहीं है और न उनके धर्म एक है।

## समाज

अवाम से अभिप्राय ऐसे बहुसंख्यक श्रमिक, शिल्पकार, बुद्धिजीवी, कृषक और उत्पादक सामाजिक वर्ग से है, जो अपने श्रमाधिक्य से संपूर्ण सामाजिक विलासिता के भार को सहन करते हुये विनष्ट हो रहा है किन्तु अपने परिश्रम का न्यायोचित लाभ उठाने की प्रतीक्षा में निरंतर संघर्षरत है।

अवाम को उनकी इस भयानक लड़ाई में आगे की विकास सीढ़ी पर पहुंचाने के लिये रहबर की भूमिका में योगदान देनेवाली विभूति के रूप में डॉ. आंबेडकर धन्य है। और महान है उनका जीवन और कृतित्व जिसने उनके संपर्क में आनेवाले हर व्यक्तित्व को उज्जवल भविष्य की धरोहर का स्वामित्व प्रदान किया और कर रहा है।

अवाम का भावी विकास डॉ. आंबेडकर के विचार और दर्शन को सही भावार्थ में लेने पर निर्भर है। उनके अभियान को निम्न पंक्तियों में अभिव्यक्त किया जा सकता है:

शब्द का इंसान लेकर आ गया मैं, अर्थ का ईमान लेकर आ गया मैं

वक्त की परछाइयों को मोड़ देने क्रांति का अभियान लेकर आ गया मैं

अवाम की उपलब्धि इसी बात में है कि वे लंबे अर्से के बाद अपने में से किसी एक को रहबर के गुणों से अभिभूत कर अगली सामाजिक विकास सीढ़ी लांघे और जब वे ऐसी शख्शियत पैदा करें तो वह भी लंबे अर्से तक अपनी ऊर्जा का लाभ उन्हें भेंट करता रहें।

अवाम के आंबेडकर जीवन के प्रति उत्साहित करनेवाले दर्शन के समर्थक रहे। उन्होंने अपने शैक्षणिक विचारों से अवाम के सुप्त क्रियाशील भीतरी श्रोतों को अभिव्यक्त कर उन्हें उपयुक्त ऊर्जा में प्रवर्तित किया था।

उन्होंने बताया कि सामाजिक, आर्थिक और राजनीतिक क्रांति का मूलाधार शिक्षा है। डॉ. आंबेडकर के सभी शैक्षणिक विचारों का सार "सीखो, संगठित हो और संघर्ष करो" के तत्व में निहित है। शेक्सपिअर को उद्धृत करते हुये डॉ. आंबेडकर कहते थे, "हर मनुष्य के आयुष्य में जब अवसर की लहर आती है तो उसका युक्त प्रकार से उपयोग करने के बाद उसे वैभव प्राप्त होता है"। वे कहते थे, "माता-पिता संतान को जन्म ही नहीं बल्कि कर्म भी देते है। वे अपनी संतान के जीवन में दिशा दे सकते हैं"। इस बात को ध्यान में रख कर हम सभी को बालकों की शिक्षा के साथ-साथ बलिकाओं की शिक्षा के लिये भी प्रयास करना चाहिये ताकि समाज की प्रगति द्रुत गति से हो सके।

सन् 1986 में भारत सरकार ने नई शिक्षा नीति की घोषणा की थी। उसके अनुसार भारतीय लोगों में साक्षरता का अंतर लिंग भेद और जाति भेद के उच्च और निम्न वर्ग के क्रम में असमान प्रतीत होता था। सवर्ण पुरुष सबसे ज्यादा साक्षर, महिला पुरुष से कम साक्षर, अनुसूचित जाति महिलाओं से कम साक्षर अनुसूचित जमात सबसे कम साक्षर अर्थात उनकी साक्षारता का प्रतिशत क्रमशः 36, 24, 22 और 16.1 था। डॉ. आंबेडकर सामुदायिक शिक्षा के प्रणेता थे। वे चाहते थे कि लोगों की प्रभुसत्ता पर संचालित प्रजातन्त्र में अमीर वर्ग के बच्चों के लिये शाही विद्यालय की व्यवस्था होना और गरीब बच्चों के लिये कोई स्कूल ही नहीं होना असह्य दुर्व्यवस्था है।

बुद्ध ने अविद्या में ही सभी मानवीय प्रश्नों के मूल को तलाशा था। फुले ने तो कह दिया था कि "विद्या बिना मति नहीं, मति बिना नीति नहीं, नीति बिना गति नहीं, गति बिना वित्त नहीं, वित्त बिना शूद्र गिरा, इतना अनर्थ एक अविद्या ने करा"! लोक शिक्षक गाडगे महाराज और लोक शिक्षिका सावित्री बाई फुले के शैक्षणिक विचार उक्त कथन से एकदम मिलते-जुलते हैं। गाडगे जी

कहते थे कि शिक्षा विहीन मानव पत्थर है। और सावित्री बाई का वचन था: शूद्रों को बताने योग्य एक ही मार्ग यही कि शिक्षा से है मनुष्यत्व, पशुत्व नहीं।

डॉ. आंबेडकर के अनुसार शिक्षा के परिणाम स्वरूप स्वाभिमान, स्वावलंबन और आत्मोद्धार से क्रमश: बंधुत्व, समानता और स्वतंत्रता के मूल्य प्राप्त होना चाहिये। शिक्षा यानी परिवर्तन यह उनके शैक्षणिक विचारों का मुख्य सूत्र रहा है। 13 जून 1953 को रावकी कैम्प, मुंबई की सभा को संबोधित करते हुये डॉ अम्बेडकर ने कहा था, "हम लोग शिक्षित हुये यानी सब कुछ हो गया ऐसी बात नहीं है। शिक्षा के साथ-साथ मनुष्य का शील भी सुधरना चाहिये। उसके बिना शिक्षा का मूल्य शून्य है। ज्ञान तलवार की भांति है। यदि किसी आदमी के पास तलवार है तो उसका सदुपयोग अथवा दुरूपयोग करना उसके सदाचार पर निर्भर करेगा। वह उससे किसी की जान भी लेगा या किसी की जान बचा भी लेगा। ज्ञान भी ऐसा ही हैं। इसके अतिरिक्त उन्होंने कहा कि इससे काम नहीं चलेगा कि शिक्षित मनुष्य केवल अपने उदर भरण में ही लगा रहे। जिन्हें स्वार्थ के अलावा कुछ दूसरा दिखता ही नहीं है वे किंचित भी परार्थ कर नहीं सकते। ऐसे व्यक्ति को शिक्षित होने से क्या लाभ? समाज का वर्णों में विभाजन व्यवसाय के उद्देश्य से हुआ है। परंतु ज्ञान रोजगार का प्रश्न हो ही नहीं सकता। ज्ञान जीवन के लिये अत्यंत आवश्यक है। उसके बिना हमारा नुकसान होता है[6]। इस मापदण्ड से वर्तमान भारतीय शिक्षा पद्धति का पीठ किस प्रकार मानवीय चूंचे निर्माण करने का केन्द्र बन गया इसकी हम कल्पना कर सकते हैं।

## अर्थव्यवस्था

डॉ. आंबेडकर ने एम.ए., पी.एच.डी., एम.एस.सी., और डी.एस.सी. की शैक्षणिक उपाधियां प्राप्त करने हेतु ईस्ट इंडिया कंपनी का प्रशासन और वित्त (1913), ब्रिटीश भारत में प्रांतीय वित्त का विकास (1915), ब्रिटीश भारत में साम्राज्यीय वित्त का प्रांतीय विकेंद्रीकरण (1917), और रुपये की समस्या, उत्पत्ति तथा विकास (1923) नामक शोध ग्रंथों को लिखा और प्रकाशित किया।

पहले ग्रंथ में आर्थिक इतिहास बताया गया कि ईस्ट ईंडिया कंपनी ने अपने 66 वर्षों के राज में प्रशासन और वित्त व्यवस्थापन किस प्रकार किया। उसे सन् 1814 में ब्रिटीश सरकार ने प्रशासन और वित्त व्यवस्थापन में पृथकता बरतने का आदेश दिया था और 24 वर्ष बाद शासन ने उसका व्यापार में विद्यमान एकाधिकार भी बंद करवाया। 1858 में कंपनी को बर्खास्त कर ब्रिटीश सरकार

ने स्वयं शासन और व्यापार का संचालन भारत में करना आरंभ कर दिया। ब्रिटिश सरकार के कार्यों का मुल्यांकन करते हुये डॉ. आंबेडकर ने लिखा था कि "भारत ने इंग्लैंड के लिये आर्थिक रूप से जो प्रचंड योगदान किया वह जितना आश्चर्यचकित करनेवाला है, उतना इंग्लैंड ने भारत के लिये जो नगण्य आर्थिक योगदान किया वह विस्मयकारी है"। अर्थात् ब्रिटीश सरकार द्वारा कानून और शिक्षा द्वारा प्रस्थापित पाशविक शांति का आर्थिक रूप से यतीम किये गये भारतीयों के लिये कोई उपयोग नहीं था। डॉ. आंबेडकर को मरघट की। पाशविक शांति नहीं बल्कि सामाजिक शांति की चाह थी जो आर्थिक गुलामी में अस्तित्वहीन हो जाती है।

उपरोक्त दूसरे ग्रंथ में उन्होंने कहा था कि केंद्रीय, प्रांतीय और स्थानीय शासकों में 1833 से 1921 की कालावधि में आर्थिक संबंध का विकास क्रम से होता गया। 1871 तक वित्त व्यवस्था क्रेंद्रीभूत रही। उसके बाद केंद्र और राज्य का स्वतंत्र बजट बनाने की पद्धति आरंभ हुई। 1872 से 1877 में कुछ विशिष्ट केंद्रीय सरकार के विभागों के प्रशासन का भार राज्य सरकार को सौंपा गया। 1878 से 1882 क़े दरम्यान राजस्व पर आधारित बजट प्रस्तुत करने की पद्धति अपनाई गई। राजस्व के हिस्से के वितरण पर आधारित संतुलनात्मक पद्धति सबसे बेहतर सिद्ध हुई। अतः वह 1883 से 1921 तक प्रचलित रही। हालांकि इसी बीच 1919 के कानून सुधार द्वारा जबाबदार सरकार निर्माण करने के ध्येय से स्वयंशासित संस्थाओं को सुरक्षित रखने का सिद्धान्त मान्य हुआ था। इस ग्रंथ का मूल्यांकन करते हुये डॉ. आंबेडकर के मार्गदर्शक प्रो. सेलिग्मन ने कहा था, "मेरी जानकारी में अबतक कहीं भी भारतीय केंद्र सरकार और घटक राज्य के बीच आर्थिक संबंध की इतनी विस्तृत और गहरी मीमांसा नहीं की गई"।

तीसरे ग्रंथ में भारतीय रुपया चलन में 1800 से 1893 तक किस प्रकार परिमाण और मूल्य का कार्य संपादन करता रहा इसका इतिहास है। पहले भारत में सुवर्ण तथा चांदी का परिमाण के रूप में प्रचलन रहा। 1833 में ब्रिटीश सरकार ने संपूर्ण भारत में अपना आधिपत्य जमाया। 1842 तक भारत के निर्यात पर 50 से 500 प्रतिशत कर लादा जाता था। जब इस कर को घटाया गया तब भारत का निर्यात फिर से बढ़ गया। लेकिन 1853 के कनून द्वारा स्वर्ण का प्रचलन बंद कर दिया गया। और एकमात्र चांदी का रुपया प्रचलन में चलने दिया गया। 1864 में भारतीय निर्यात में वृद्धि होने के कारण चांदी के रुपये चलन में अपर्याप्त होने लगे। तब चांदी के रुपयों के पूरक के रूप में कागज के रुपयों

को प्रचलित किया गया। 1873 तक भारतीय रुपया और ब्रिटीश पौंड के बीच विनिमय का दर 1 रुपया बराबर 1 शिलिंग, 10/.5 औंस के स्तर पर स्थिर था यानी चांदी का 15/.5 औंस का रुपया सोने के 1 औंस सिक्के के बराबर था। परंतु बाद के समय में सोना और चांदी के दरम्यान यह दर स्थिर रखना कठिन हो गया। 70 वर्ष के पश्चात् आज भी इस ग्रंथ की प्रासंगिकता हैं। 1926 में रिजर्व बैंक के स्थापनार्थ जो हिल्टन यंग कमिशन नियुक्त हुआ था उसके सामने अपनी साक्ष्य देते हुये डॉ. आंबेडकर ने कहा था, ''चलन निर्माण करनेवाली संस्था की चलन निर्माण क्षमता पर परिणाम कारक प्रतिबंध होना आवश्यक है। अनिर्बंध चलन पूर्ति और बेहिसाब मूल्य वृद्धि के कारण आर्थिक स्थिरता खतरे में आ सकती है''[7]।

बौद्ध धर्म तथा मार्क्सवाद नामक शोध आलेख में डॉ. आंबेडकर ने रैयत का शोषण केवल वर्ग कलह से होता है इस मार्क्स के सिद्धांत को नकारते हुए सामाजिक और धार्मिक शोषण भी आर्थिक शोषण के समान ही घातक होता है इस अभिमत को प्रतिपादित किया है। गांधी और कांग्रेस ने अछुतों के लिये क्या किया इस ग्रंथ में डॉ. आंबेडकर ने कहा कि ''अस्पृश्यता केवल धार्मिक रचना न होकर वह गुलामगिरी से भी भयानक आर्थिक रचना है। उसी प्रकार जातिभेद निर्मूलन में उन्होंने बताया कि जातिभेद में बताई गई व्यवस्था श्रम विभाजन की नहीं बल्कि श्रमिकों के विभाजन की व्यवस्था थी[8]।

छोटी जोतों की चकबंदी करने हेतु डॉ. आंबेडकर ने फ्रांस और इटली में विद्यमान सामूहिक खेती पद्धति और राष्ट्रीयकरण की प्रक्रिया को अनुकरणीय बताया था। उत्पादन साधनों को सामूहिक स्वामित्व में करने के बाद भी जब तक समाज में जातिभेद की निम्न श्रेणियां और अस्पृश्यता हैं तब तक सामूहिक स्वामित्व अर्थ शून्य रहेगा। खोति पद्धति (उत्तर भारत की जमींदारी प्रथा की भांति)[9] के कारण छोटे-छोटे जोत धारक या कुलजन जमींदारों के खेतों के अधीन गुलाम होते जा रहे थे और वतन पद्धति (बेगार प्रथा की भांति)[10] के कारण महार लोग स्वाभिमान और स्वावलंब से वंचित हो रहे थे, इसलिये उन्होंने उन दोनों पद्धतियों को समाप्त करने वाले दो विधेयक मुंबई विधान सभा में प्रस्तुत किये थे। खोति पद्धति रैयत पद्धति से इस बात में भिन्न थी कि दूसरी में स्वयं भू-धारक प्रत्यक्ष रूप से शासन को भू-शुल्क देता था परंतु पहली पद्धति में शासन द्वारा वरिष्ठ खोत भू-शुल्क अदा करने हेतु नियुक्त किये गये थे, जो शासन को निश्चित राजस्व की रकम अदा कर देने के पश्चात कनिष्ठ भू-धारकों पर आर्थिक जुल्म ढाते थे। अतः डॉ. आंबेडकर ने खोतों की समाप्ति

हेतु एक विधेयक दिनांक 15 सितंम्बर 1937 को मुंबई विधान सभा में प्रस्तावित किया था। इससे पहले सन् 1927 में श्री एफ.जी.एच. एन्डरसन ने मुंबई विधान सभा में अल्प भू-धारक मदद विधेयक प्रस्तुत किया था। परंतु उसका अभिप्राय जमीन का शासकीय स्वामित्व स्थापित करना नहीं था। अत: इससे जमींदारों की प्रगल्भता और छोटे जोतों वालों की दरिद्रता बेहिसाब बढ़नेवाली थी। इस विधेयक में एक निश्चित आकार से कम जमीन धारणा पर प्रतिबंध और दण्ड की व्यवस्था थी। छोटे किसानों को छोटी जोतों से वंचित कर भूमिहीन मजदूर बनने से मुक्ति दिलाने हेतु उन्होंने सामूहिक कृषि की अनुसंशा की यानी एक से अधिक छोटे किसान मिल कर निश्चित आकार का खेत बनाये रखना और इस प्रकार सामूहिक कृषि कायम करना संभवनीय था।

अर्थशास्त्र के सुप्रसिद्ध विद्वान रँगनर नर्क्स के प्रछन्न बेरोजगारी और डॉ. आंबेडकर की अतिरिक्त श्रमिक की संकल्पना में अत्यधिक समानता है।

ब्रिटीश भारत में प्रांतीय वित्त का विकास बयान करते समय डॉ. आंबेडकर ने शासन की नीतियों में जो सप्ताह-सप्ताह में सुधार होता गया उस बाबत् टिप्पणी की थी, ''संयुक्त कुटुंब पद्धति में कुटुम्ब प्रमुख जिस प्रकार प्रत्येक सदस्य के नाम से बैंक में खाता खोलता है, उसी प्रकार सरकार की व्यवस्था थी[11]।

आर्थिक जोत से उनका अभिप्राय ऐसे उत्पादक खेत से था जिसकी निवेशित व्यय की पूर्ति हो जाने के बाद शेष उत्पादन की राशि पर एक परिवार अपना खर्च चला सके [12]।

परंतु भारत में डॉ. आंबेडकर द्वारा लिखित छोटी जोतें और उनके उपाय नामक शोध आलेख 1918 में प्रकाशित होने के 86 वर्षों के बाद भी भारत में औसतन बोने योग्य जोत का आकार 1.67 हेक्टेयर, सीमांत जोत का प्रतिशत 56.00, जोत के औसतन टुकड़े 4.04 हेक्टेयर और प्रत्येक टुकड़े का औसत आकार 0.41 हेक्टेयर रहा है। इतना ही नहीं बल्कि प्रत्येक राज्य में हर दशक में जोत का औसतन आकार घट रहा है। भारत में यह आकार वर्ष 1961, 1971 और 1981 में क्रमश: 2.6, 2.20 और 1.67 हेक्टेयर तक कम होता गया। तथापि सन् 1950 से भू-सुधार कानून को भारत के हर राज्य में लागू करना आर्थिक क्षेत्र में एक बहुत बड़ा परिवर्तन था।

उनका शासकीय समाजवाद शाषितों को न्याय देने के हेतु से आर्थिक, समाजिक व राजनीतिक जीवन को जोड़नेवाली दर्शन प्रणाली थी। वह सहकारी

कृषि, औद्योगिकरण तथा सामुदायिक कृषि से संलग्न रहा। आर्थिक समानता के बिना राजनीतिक स्वाधीनता को अर्थ नहीं था। इसलिये डॉ. आंबेडकर ने संवैधानिक स्टेट सोशलिज्म के एक अंग के रूप में सामुदायिक कृषि की अनुसंशा की थी। उन्होंने विखंडित और छोटी जोतों के लिये उपाय के रूप में सहकारी कृषि  की सिफारिश की थी। उन्होंने भारतीय कृषि सुधार के लिये अर्थात कृषि पर अतिरिक्त पड़े मनुष्य बल के भार को गैर-कृषि क्षेत्र में स्थानांतरित करने हेतु औद्योगिकरण का जो उपाय बताया था वह सामाजिक न्याय की दृष्टि से भी उचित था और है क्योंकि ग्रामीण क्षेत्र में जाति व्यवस्था और अस्पृश्यता थी, है और रहेगी परंतु शहरों में उनकी तीव्रता कम हो रही है।

सन् 1946 में डॉ. आंबेडकर ने अखिल भारतीय अनुसूचित जाति परिषद की ओर से संविधान समिति को एक मसौदा प्रस्तुत किया था, जो राज्य और अल्पसंख्यंक नामक ग्रंथ के रूप में प्रकाशित हुआ था। उसमें उन्होंने कृषि जमीन को बीमा और मूलभूत उद्योगों की तरह शासन के स्वामित्व में रखने की बात कही थी। इसी मसौदे में उन्होंने निजी मालिकों की हुकुमशाही से समाज और शासन पर पड़नेवाले कुप्रभाव का भी जिक्र किया है। उन्होंने शासन के हस्तक्षेप से मुक्ति को स्वतन्त्रता नहीं माना है। बल्कि वे शासन द्वारा सामाजिक और आर्थिक मामलों में न्याय के हित में हस्तक्षेप चाहते थे। उनका मानना था कि यदि शासन ने सामाजिक आर्थिक क्रियाकलापों का नियमन नहीं किया तो वह निजी मालिकों को करना पड़ेगा और ऐसा करते समय वे अपनी आजादी का उपयोग दूसरों पर अधिसत्ता स्थापित करने के लिये भी करेंगे। उस परिस्थिति में जमींदार भी कुलों पर जबरदस्त जमीन भाड़ा थोपेंगे और पूंजीपति भी कामगारों के काम करने के घंटे बढ़ायेंगे और उनके वेतन कम करेंगे। अर्थात इससे राजनीतिक प्रजातन्त्र के मूलभूत सिद्धान्त यानी स्वयंभू व्यक्ति, अविछिन्न मूलभूत अधिकार, संवैधानिक अधिकार का बिन शर्त लाभ, और शासन संस्था द्वारा दूसरों पर लादने योग्य सत्ता का निजी व्यक्ति के हाथों में अहस्तांतरण को ही क्षति पहुंचेगी।

खोतों ने अपनी स्वाधीनता का उपयोग छोटे भू-धारकों का शोषण करने में किया था और उससे मुंबई प्रांत में अशांति फैल चुकी थी। अतः खोतों का अन्त करना उस समय के भूमि सुधार की मांग थी, जिसे बाबासाहेब ने पूरी करने की चेष्टा की थी[13]।

डॉ. आंबेडकर का समाजवाद व्यक्ति के निम्न भौतिक अधिकारों पर आधारित है:

1. व्यक्ति उद्देश्य है।
2. व्यक्ति के कुछ अधिकार अहस्तांतरणीय है। इसकी गारंटी संविधान को देनी चाहिए।
3. किसी भी व्यक्ति को अपनी सुख सुविधा का उपयोग करते हुये अपने संवैधानिक अधिकार की तिलांजली देने का अवसर नहीं आना चाहिए। और
4. शासन को किसी भी निजी व्यक्ति को अन्य व्यक्तिओं पर आधिपत्य करने का अधिकार नहीं देना चाहिए।

इस समाजवाद में सामाजिक संघर्ष के कारकों में धन की तरह धर्म पर बल दिया गया है। इस बात में डॉ. आंबेडकर का समाजवादी सिद्धान्त औरों से विशेष और अनोखा है।

1917 में रशिया में राज्यक्रांति हुई और उसके 8 वर्ष के बाद भारत में भारतीय कम्युनिस्ट पार्टी की स्थापना की गई। 1926 में स्थापित "लाहौर नौजवान सभा" और 1928 में प्रस्थापित "नौजवान भारत सभा" जैसे स्वतन्त्र संगठनों के माध्यम से कम्युनिस्ट विचारों का अमल भी किया जा रहा था। तत्कालीन कम्युनिस्ट विचारों के नेता कॉमरेड एम.एन. राय थे। 1934 में आचार्य नरेन्द्र देव और जयप्रकाश नारायण प्रभृति मार्क्सवादी, श्री अशोक मेहता जैसे फेबियन समाजवादी; डॉ. राममनोहर लोहिया जैसे गांधीवादी; युसुफ मेहेर अली और संपूर्णानन्द जैसे राष्ट्रवादी और मिनू मसानी जैसे ट्राट्स्कीवादीओं ने अपनी वैचारिक भिन्नता को कायम रख कर समाजवादी आंदोलन को वैश्विक, आर्थिक और राजनीतिक संदर्भ में चलाया था।

कॉ. श्रीपाद अमृत डांगे, बी.टी. रणदिवे, नंबुदरीपाद, कॉ श्रीनिवास, कॉ सरदेसाई प्रभृति विद्वानों के नेतृत्व में अंतर्राष्ट्रीय कम्युनिस्ट आंदोलन ने 1943 तक भारतीय कम्युनिस्ट पार्टी का पथ प्रदर्शन किया।

जनता नामक पाक्षिक में दिनांक 7 नवंबर 1938 को प्रकाशित अपने एक साक्षात्कार में डॉ. आंबेडकर ने कहा था कि वे एक मुक्त समाजवादी है। जातिभेद निर्मुलन को चाहनेवाले समाजवादी डॉ. आंबेडकर ने लिखा था कि "भारतीय समाजवादी यूरोप के समाजवादियों के कदमों पर कदम रखकर

भारतीय परिस्थिति पर भी आर्थिक सिद्धान्त लागू करने की चेष्टा करते है। धर्म भी एक बहुत बड़ी प्रेरक शक्ति है, इसके प्रति समाजवादियों की उपेक्षा दृष्टि रही है।''

डॉ. आंबेडकर को प्रजातन्त्र में दो बातें अभिप्रेत थी। पहली बात मानवीय वृत्ती की है। यह वृत्ती समाज के अन्य सदस्यों के प्रति समानता और आदर से देखने की ही होनी चाहिये। दूसरी बात यह है कि समाज की सरंचना में सख्त बंधन नहीं होने चाहिए। अन्यथा प्रजातन्त्र अधूरा रहेगा। अलगाववाद और एकाकीपन प्रजातन्त्र व्यवस्था के विसंगत गुण है। क्योंकि उनकी परिणति विशेषाधिकार संपन्न अल्प और अधिकार विपन्न बहुसंख्य वर्गों में होती है। यही उनके राजनीतिक समाजशास्त्र का प्राण है।

## आरक्षण

सदियों से समाज का एक वर्ग सामाजिक प्रतिष्ठा, दण्डविहीन अपराध, शासन में एक वर्ग केंद्रित सत्ता, शिक्षा में एकाधिकार आदि का भोक्ता रहा है। परंतु उसे बर्दाश्त करते हुये जिन जातियों ने अपना खून पसीना बहा दिया उनके प्रति शासक और शोषक वर्ग की हृदय-शून्यता अब तक अवाक रही है। जब से भारतीय संविधान ने जीवन में सबसे अधिक दलित और पीड़ित जनों के लिये आरक्षण की व्यवस्था बहाल की तब से ही आरक्षण के विरूद्ध आंदोलन ने विकराल रूप धारण कर लिया है। आरक्षण विरोधियों की दृष्टि आरक्षितों के प्रति समाज के एक रूग्ण वर्ग को स्वस्थ बनाने की नहीं बल्कि उन्हें अधिक से अधिक वंचित रख कर बेमौत मारने की है ऐसा प्रतीत होता है।

जब बिहार के श्री कर्पुरी ठाकुर के नेतृत्व में जनता पार्टी की सरकार ने मुंगेरीलाल आयोग की सिफारिशों के अनुसार शासकीय नौकरियों में अन्य पिछड़ा वर्ग 8 प्रतिशत, अति पिछड़ा वर्ग 12 प्रतिशत, अनुसूचित जाति 14 प्रतिशत, अनुसूचित जमाति 10 प्रतिशत, महिला 3 प्रतिशत, आर्थिक रूप से पिछड़ों के लिये 3 प्रतिशत आरक्षण की घोषणा की थी। उसके 3 वर्ष के बाद गुजरात में वैद्यकीय छात्रों ने अनुसूचित जाति-जनजातियों के छात्रों को पदव्युत्तर वैद्यकीय अभ्यासक्रम में प्रवेशार्थ प्राप्त आरक्षित सीटों के विरूद्ध हिंसक आंदोलन शुरु किया। 1989 में केंद्र में भूतपूर्व प्रधानमंत्री श्री विश्वनाथ प्रताप सिंह के नेतृत्व में राष्ट्रीय फ्रंट की सरकार ने मंडल आयोग के प्रतिवेदन की कुछ सिफारिशों को कार्यान्वित करने के लिये अधिसूचना निकाली थी कि सामाजिक और आर्थिक रूप से पिछड़े हुए वर्गों (एस.ई.बी.सी.) के लिये सरकारी नौकरी में

27 प्रतिशत आरक्षित सीटे हैं। इस दौर में नौकरियों में आरक्षित सीटों के विरुद्ध तर्क दिया जाता था कि इस आरक्षण के कारण सभी दलितों को फटाफट नौकरियां मिल जाती हैं और उससे अन्य जातियों में बेरोजगारी पैदा होती है। शैक्षणिक आरक्षण पर यह एतराज था कि वैद्यकीय और अभियांत्रिक शाखाओं में दलितों को कम गुणों पर ही प्रवेश मिलता है और उन्हें कम गुणों से ही पास किया जाता है। उससे अधिक गुणवाले और मेरिट के छात्रों की उपेक्षा होती है। और उससे समाज में और व्यावसायिक गुणवत्ता में कोताई आ जाती है। उसी प्रकार राजनीतिक आरक्षण के कारण आरक्षित निर्वाचन क्षेत्र के सवर्ण मतदाताओं को अपने समाज का प्रतिनिधि लड़ाने का अवसर नहीं मिलता। आरक्षित उम्मीदवार लाद दिया जाता है और निर्वाचन क्षेत्र का विकास रुक जाता है।

1990 के पूर्व और बाद का आरक्षण विरोधी आंदोलन दलितों के विरुद्ध हिंदी भाषाई राज्यों में हुआ था। परंतु इतिहास में आरक्षण के निर्माता, सामाजिक असमानता के पुजारी थे और आज भी हैं।

ऐसे ही एक असमानता के राज, पेशवाई का अन्त 1818 में भले ही हुआ परंतु उसके अवशेष ब्रिटिश-राज में भी विद्यमान थे। 1774 में जिस प्रकार ईस्ट कंपनी का प्रशासन ब्रिटिश संसद ने अपने हाथ में कर लिया था परंतु उसी संसद ने अगले सौ वर्षों से भी अधिक समय तक कंपनी को नये-नये कानून के अंतर्गत नई-नई सनद देते रहना जारी रखा था। उसी प्रकार भारत में ब्रिटिश शासन ने ब्राह्मणों का एकाधिकार खत्म तो किया था परंतु अपने प्रशासन में सुशिक्षित व्यक्तियों को उच्च पदों पर बिठाने हेतु उन्होंने जो उपक्रम चलाया उससे परिणामतः ब्राह्मणवाद के अवशेष ही नये शासन में ज्यों के त्यों कायम रहे। भारत की दलित और शोषित जनता अपने शासकों से यह उम्मीद बांधे हुई थी कि विद्यमान सामाजिक ढांचे में बदलाव के लिये हस्तक्षेप किया जायेगा। हस्तक्षेप तो हुआ परंतु स्थिति को जैसी है, वैसी ही रखने में। अतः उस बाबत डॉ आंबेडकर ने एक चीनी दर्जी की मिसाल देते हुये अपनी टिप्पणी में कहा था कि "एक चीनी दर्जी ने अपने एक ग्राहक का नया कोट सिलते वक्त उसके एक पुराने कोट का उपयोग कोट को सुंदर तरीके से सिलने के लिये ही नहीं बल्कि उस कोट के पुराने पैबंद भी नये कोट पर ज्यों के त्यों उतार देने में किया था"। उसी प्रकार भारत के नये-नये शासकों ने अपने-अपने शासन में सदियों से विद्यमान जाति-पाति के पुराने पैबंद को नये सामाजिक ढांचे में ज्यों के त्यों बरकरार रखने में किया है।

श्री तिलक राजनीति में क्रांतिकारी और समाज सुधार में सनातनी थे। 1895 में अंग्रेजों ने एक अस्पृश्य श्री नारायणराव लोखण्डे और एक चितपावन ब्राह्मण श्री विश्वनाथ केशव जोगलेकर को "रायबहादुर" की उपाधियां बहाल की थी। इस बाबत केसरी में छापा गया था कि "श्री जोगलेकर ऑनरेरी मजिस्ट्रेट थे। उनको बहाल किया गया सम्मान उचित है परंतु श्री लोखंडे को रायबहादुर की उपाधि बहाल करने में उनकी योग्यता की अपेक्षा उनकी जाति ही विशेष कारक प्रतीत होता है"[14]।

अतः 1882 से 1904 के दरम्यान भारतीय सिविल सेवा में यशस्वी हुए 16 भारतीयों में 15 ब्राह्मणों का होना कोई आश्चर्यजनक नहीं था। हालांकि ज्योतिराव फुले ने इस समय के दौरान ब्राह्मणवाद पर तीखा प्रहार करनेवाली ग्रंथ संपदा प्रकाशित की थी और 19 अक्टूबर 1882 को इंटर शिक्षा आयोग के समक्ष सादर प्रस्तुत निवेदन में बयान दिया था कि "उच्च शिक्षा पद्धति में स्पष्ट झलकने वाली प्रवृत्ति यह है कि उसमें वरिष्ठ अधिकारी के पद केवल ब्राह्मणों की बपौति हो चुके हैं। यदि शासन को रैयत के कल्याण की वास्तविक चिंता है तो उसका प्रथम कर्तव्य है कि वह इस पद्धति के कई प्रकार के दुरुपयोग को प्रतिबंधित कर, शासकीय नौकरियों में धीरे-धीरे अन्य जातियों के लोगों को प्रवेश के अवसर दिला कर उसी अनुपात में ब्राह्मणशाही का नियमन करें"। उन्होंने शासन से यह भी सिफारिश की कि वे कनिष्ठ जातियों के बच्चों की शिक्षा हेतु स्वतन्त्र विद्यालय की व्यवस्था करे।

फुले के समाज सुधार आंदोलन के कार्यकर्ता श्री भालेकर ने पूना अधिवेशन में सवर्ण बहुल कांग्रेस के रुख के विरुद्ध निदर्शन किया था। श्री वलंगकर ने भी श्री रानाडे की मदद से सेना में महारों की भर्ती को प्रतिबंधित करने के आदेश के विरुद्ध ब्रिटिश सरकार से अपील की थी। श्री कांबले ने भी सेना और पुलिस में अस्पृश्यों की भर्ती हेतु मांग रखी थी। वर्तमान के मध्य प्रदेश और तत्कालीन मध्य प्रांत और बेरार के समाज कार्यकर्ता गण श्री बन्सोडे, श्री गवंई और श्री नंदागवली ने दलित जागरण का अभियान चलाया था। उसी प्रकार श्री शिंदे की भारतीय निराश्रित सहायक मंडल (डिप्रेस्ड क्लासेस मिशन सोसायटी ऑफ इण्डिया) के तत्वाधान में अस्पृश्यों के हितों के प्रति संवेदनशीलता को बढ़ाया गया।

उक्त समयावधि के दौरान कोल्हापुर के साहु महाराज ने भी जब देखा कि शासकीय नौकरियों में उच्च पदों पर ब्राह्मणों का प्रतिनिधित्व अतिरेकी है तो उन्होंने अपने रियासत में 26 जुलाई 1902 को घोषणा की थी कि उनकी संस्थान

के प्रशासनिक सेवाओं में पिछड़ी जातियों को 50 प्रतिशत आरक्षण बहाल किया जायेगा। इससे लगभग 17 वर्ष पूर्व राष्ट्रीय कांग्रेस की स्थापना हो चुकी थी। लेकिन वह फुले व रानाडे के संगठन की तरह सामाजिक आंदोलन न होकर एक शुद्ध राजनीतिक संगठन था। इसके साथ बाद में हिंदु महासभा (1915) और राष्ट्रीय स्वयंसेवक संघ (1925) नामक ब्राह्मणवादी संगठनों की स्थापना हुई और इसी समय विदेशों के प्रख्यात विश्वविद्यालयों से शिक्षा की उच्चतम डॉक्टरेट उपाधि से विभूषित होकर प्रतिक्रांतिकारी ताकतों के विरुद्ध अकेले ही लड़ने के लिये डॉ. आंबेडकर स्वदेश लौटे थे।

## राजनीति

प्रथम महायुद्ध के बाद ब्रिटेन की संसद ने हिन्दुस्तान को जिम्मेदार शासन प्रदान करने हेतु मांटेग्यू नीति को लागू कराने की घोषणा की थी। और कांग्रेस ने अपने कलकत्ता के अधिवेशन में अस्पृश्यता को मिटाने की घोषणा की थी।

मांटेग्यू योजना का मकसद भारत में प्रजातन्त्र राज पद्धति को बहाल कर ब्रिटिश सत्ता को शिक्षित उच्च जातियों के हाथों में हस्तांतरित करना था। इस योजना का विरोध कोल्हापुर के शाहू महाराज (1910), पूना के सत्यशोधक समाज, मद्रास के साउथ इंडियन लिबरल फेडरेशन और जस्टीस पार्टी तथा महाराष्ट्र के डेक्कन रैयत समाज ने दर्शाया था।

श्री तिलक के बाद कांग्रेस का नेतृत्व गांधी जी ने सम्भाला। फरवरी 1922 में बारदोली में कांग्रेस वर्किंग कमिटी ने दलित वर्ग की शैक्षणिक दशा को सुधारने का नया कार्यक्रम अमल में लाने का निर्णय लिया। उधर डॉ. आंबेडकर ने मुंबई में मूकनायक नामक पाक्षिक पत्रिका चलाई और नागपुर में अखिल भारतीय बहिष्कृत समाज की स्थापना की। मुंबई में सिडेनहेम शासकीय महाविद्यालय में प्रोफेसर होते हुए भी डॉ. आंबेडकर ने दिनांक 27 जनवरी 1919 के दिन साउथबरो कमिटी के समक्ष दलितों के लिये पृथक निर्वाचन अधिकार की मांग के पक्ष में अपनी साक्ष्य दी थी। सन् 1928 में उन्होंने उक्त मांग को संयुक्त निर्वाचन और आरक्षण अधिकार के रूप में साइमन कमिशन के सम्मुख प्रस्तुत किया था।

1928 से 1930 तक उन्होंने महार और नासिक के सार्वजनिक तालाब और मंदिर पर पानी और पूजा के संबंध में समानता का अधिकार स्थापित करने हेतु अपने नेतृत्व में सफल आंदोलन चलाया था।

परंतु 1930-32 के दौरान चले बर्तानिया के गोलमेज परिषद ने भारतीय राजनीति की दिशा ही मोड़ दी। इस गोलमेज परिषद के अधिवेशन में जब गांधी जी मुसलमान, क्रिश्चयन, सिख, ईसाई, पारसी, एंग्लो-इंडियन आदि के स्वतंत्र राजनीतिक अस्तित्व को मान्य कर रहे थे तब वे अस्पृश्य के ऐसे स्वतंत्र राजनीतिक अस्तित्व को मानने से इंकार क्यों कर रहे थे यह समझ में नहीं आ रहा था। आखिर गांधीजी भी श्री तिलक के नक्शे-कदम पर ही चल रहे थे।

ब्रिटेन के प्रधानमंत्री रेम्जे मेक्डोनल्ड द्वारा दलितों को बहाल किया गया स्वतंत्र निर्वाचन अधिकार निरस्त करने हेतु सन् 1932 में गांधी जी ने पूना के येरवडा कारागृह में आमरण अनशन आरंभ किया था।

सन् 1935 में नासिक के येवला में डॉ. आंबेडकर ने घोषणा की थी कि वे हिंदू धर्म में पैदा हुये लेकिन वे हिंदू के रूप में नहीं मरेंगे।

सन् 1936 में डॉ. आंबेडकर का "जातिभेद निर्मूलन" नामक भाषण उस के आयोजकों को इतना क्रांतिकारी लगा कि लाहौर के जात-पात-तोड़क-मंडल ने डॉ. आंबेडकर की अध्यक्षता में होने वाली उस सभा को ही भंग कर दिया। आखिर उस भाषण को समाज हित में एक लघु ग्रंथ की शक्ल में प्रकाशित करने के पश्चात् ही लोगों तक पहुंचाया गया। उस पर गांधी जी की टिप्पणी यह थी कि "हिंदु धर्म के प्रति अपनी नफरत दर्शानेवालों में अकेले आंबेडकर ही नहीं है, बल्कि उन लोगों में वह सबसे अधिक दृढ़ और योग्यतम व्यक्ति है"।

द्वितीय महायुद्ध की पृष्ठभूमि में भारतीय राजनीति के घटनाक्रमों में प्रचंड उलट-पुलट हो रही थी। उनमें भारत छोड़ो आंदोलन, क्रिप्स-व्हेवल योजना, कैबिनेट मिशन इत्यादि के साथ-साथ धर्म और जातियों का उभार अधिक विस्फोटक रहा कहना अतिशयोक्ति नहीं होगा। इसी बदलाव के कारण डॉ आंबेडकर ने 1936 में एक व्यापक नींव पर स्थापित स्वतन्त्र मजदूर दल नामक राजनीतिक पक्ष के स्थान पर चार वर्ष के बाद मात्र अनुसूचित जातियों पर केंद्रित शिडयुल्ड कास्ट फेडरेशन नामक पार्टी की स्थापना की। उन्होंने मानमाड की दलित वर्गीय रेलवे मजदूर परिषद को उद्‌बोधन दिया था कि वे मनुष्यत्व को गिरानेवाले पूंजीवाद से सावधान रहें।

1942 में नागपुर के दलित जाति परिषद के सम्मेलन में दलितों के अधिकारों को भारत के भावी संविधान में अंतर्भूत करने का निर्णय सर्व सम्मति से पारित किया गया।

1945 में पीपल्स एज्यूकेशन सोसायटी के तत्वाधान में मुंबई और औरंगाबाद में उच्च शिक्षा के प्रचार और प्रसार हेतु बुद्ध और मिलिंद नामक दो बौद्ध ऐतिहासिक महापुरुषों के नाम पर दो महाविद्यालय शुरु किये गये। डॉ. आंबेडकर ने भिन्न-भिन्न जाति और धर्मों को अविभाजित भारत की राजनीति में युक्त प्रतिनिधित्व प्रदान करने हेतु "जातीय गुत्थी और उसे सुलझाने का उपाय" नामक योजना एक लिखित पुस्तक की शक्ल में प्रस्तुत की थी। परंतु विभाजित भारत की बदलती परिस्थिति को देखते हुये उन्होंने "राज्य और अल्पसंख्यक" नामक योजना को भी पुस्तिका के रूप में ही देशवासियों के विचारार्थ रखा।

श्रम मंत्री के पद पर 5 वर्ष तक उन्होंने महा-राज्यपाल की कार्यकारणी में श्रमिक कल्याण और प्लानिंग का कार्यभार संभाला था। 1947 से उन्होंने श्री नेहरु की कैबिनेट में कानून मंत्री का भार वहन कर संविधान का मसौदा तैयार करने और राष्ट्रीय जीवन में स्वाधीनता के संविधान को मूर्त बनाने के लिये स्वयं को खपाया। 26 जनवरी 1950 के अपने संबोधन में उन्होंने भारतीय राजनीतिक जीवन और सामाजिक-आर्थिक लोकचर्या में विद्यमान विसंगति की तरफ इशारा करते हुये उसे मिटाने का देशवासियों को आवाहन किया।

इस विसंगति को मिटाने का एक उपाय आरक्षण पद्धति भी है। परंतु जबतक भारत में मनुष्य और मनुष्य के बीच के संबंध जाति व्यवस्था से निश्चित करने वाली ब्राह्मणी परंपरा चालू रहेगी तब तक सामाजिक, सांस्कृतिक और आर्थिक जीवन में पिछड़े हुये वर्गों के लिये "समान अवसर के लिये विशेष अवसर के सिद्धान्त पर निर्भर आरक्षण की सीटें रखनी ही पड़ेंगी क्योंकि समान मनुष्यों में ही समानता हो सकती है। और असमान लोगों को समान मानना यानि असमानता को कायम रखना है।

पूंजीवाद और ब्राह्मणवाद की ताकतों और उभरती साम्यवादी शक्तियों के बीच का निरंतर सत्ता संघर्ष विश्व के देशों को दो प्रतिस्पर्धी वर्गों में विभक्त कर रहा है।

जो राष्ट्र अभी तक प्रजातन्त्र शासन के अधीन स्थापित नहीं हुए वे उक्त दोनों शक्तियों मे से किसी भी एक में शामिल हो सकते हैं। नेपाल में अबतक लोकतन्त्र शासन की स्थापना नहीं हो सकी है तो उस दशा का उपयोग ब्रिटेन व अमेरिका, भारत तथा कम्युनिस्ट चीन सुगमता के साथ कर सकते है[15]।

हालांकि नेपाल, तिब्बत, चीन और भारत के सांस्कृतिक संबंध बौद्ध धर्मीय थे क्योंकि नेपाल नरेश अंशुवर्मा की बेटी भृकुटी ने तिब्बत के तत्कालीन शक्तिशाली राजा स्रोंड-त्सान-गैम्पो से विवाह किया था। अंशुवर्मा के समकालीन भारतीय राजा हर्षवर्धन और चीनी सम्राट ताओ-त्सुंग थे। चीनी सम्राट की राजकुमारी ने भी स्रोंड-त्सान-गैम्पो से विवाह किया था[16]।

## समाज परिवर्तन

समाज परिवर्तन के दो मुख्य साधन है-- कानून और शिक्षा।

भारतीय संविधान ने शासन को 14 वर्ष तक की उम्र के बालक-बालिका को मुफ्त और सख्ति से शिक्षा प्रदान करने का आदेश दिया है और अस्पृश्यता जैसे सामाजिक कुरीतियों के व्यवहार को दण्डनीय अपराध करार दिया है।

कानून की दृष्टि से भारतीय प्रजातन्त्र में दो त्रुटियां हैं। एक, उसमें ब्रिटिश संसदीय प्रणाली की प्रभावशीलता नहीं है और उसमें अमेरिका की न्यायपालिका की निर्णायकता का अभाव है। उदाहरणार्थ 1896 में प्लेसी बनाम फर्ग्युसन नामक मशहूर मामले में अमरिका के सर्वोच्च न्यायालय ने काले वर्ग के लोगों के लिये पृथक सुविधाओं की व्यवस्था पर अपना फैसला सुनाते समय कहा था कि ऐसे विशेष वर्ग की विशेष सुविधा की व्यवस्था से समानता के तत्व का उल्लंघन नहीं होता है। परंतु 67 वर्ष के बाद भारत में बालाजी बनाम मैसूर के मामले में सर्वोच्च न्यायालय ने व्यवस्था दी थी कि आरक्षण व्यवस्था के रहते समानता के तत्व का अमल तभी होगा जब दो शर्तों अर्थात् 1. आरक्षण का मापदण्ड जात न हो तथा 2. आधे से अधिक पदों का आरक्षण न हो का पालन किया जायेगा।

कानून समाज परिवर्तन के साधनों में से एक साधन है। परंतु हिंदू कानून इसका अपवाद है। ई.स. 1772 से पूर्व और 1772 के बाद के हिंदू कानून को मिताक्षर तथा दायभाग इन दो परंपराओं में वर्गीकृत किया जा सकता है।

ईस्ट इंडिया कंपनी ने अपने प्रशासन में रेग्युलेशन अधिनियम, के ठीक एक सदी बाद तलाक की व्यवस्था देनेवाला पंजीयन विवाह अथवा विशेष विवाह अधिनियम, और 1856 में हिन्दू विधवा पुनर्विवाह अधिनियम सम्मत कर लिया था। 1929 में बाल विवाह निरोध अथवा शारदा अधिनियम के अंतर्गत वधू और वर की विवाह योग्य आयु क्रमशः 14 और 18 वर्ष निश्चित की गई थी। परंतु इस अधिनियम का बड़े-बड़े नेताओं ने विरोध किया।

1935 में आर्य विवाह विधिग्राह्यता अधिनियम से अंतर्जातीय और अंतर्धर्मीय विवाहों का प्रचलन आसान हो गया था। सन् 1942 में तत्कालीन कानून मन्त्री सर सुल्तान अहमद ने निवेदन किया था कि बिना मृत्यु पत्र उत्तराधिकार और विवाह के संबंध के दो विधेयकों को एक मसौदा समिति ने तैयार किया और उन्हें लोकमत का समर्थन प्राप्त करने हेतु राजपत्र में प्रकाशित किया गया है। 1946 में एक ही गोत्र के व्यक्तियों के विवाह को वैध बनानेवाला कानून और 1949 में हिंदू विवाह निःसमर्थता निर्मूलन अधिनियम के सम्मत हो जाने से हिंदू धर्म की भिन्न-भिन्न जाति-उपजातियों को ऐसे विवाह करने का परवाना मिल गया। 9 अप्रैल 1948 में हिंदू संहिता विधेयक को संविधान समिति के सम्मुख डॉ. आंबेडकर ने प्रस्तुत किया था। परिणाम स्वरूप 1955 में हिंदू विवाह अधिनियम, हिंदू उत्तराधिकार अधिनियम, भरणपोषण और दत्तक ग्रहण अधिनियम सम्मत किये गये।

सामाजिक परिवर्तन का दूसरा साधन शिक्षा में डॉ. आंबेडकर का काफी योगदान रहा है। उन्होंने दलितों के प्राथमिक व माध्यमिक शिक्षा के प्रचलनार्थ बहिष्कृत हितकारिणी सभा और दलित वर्ग शिक्षा समाज को क्रमशः 1924 और 1928 में स्थापित कर दलित छात्रों के लिये छात्रावास, खेल क्लब, ग्रंथालय, बोर्डिंग आदि की व्यवस्था की थी। और दलितों की उच्च शिक्षा हेतु उन्होंने पिपुल्स एज्युकेशन सोसायटी (8 जुलाई 1945), को संस्थापित कर उसकी छत्रछाया में सन् 1946 में मुंबई में सिद्धार्थ कला, विज्ञान, व विधि महाविद्यालय और 1953 में सिद्धार्थ वाणिज्य और अर्थशास्त्र महाविद्यालय तथा 1950 में औरंगाबाद में मिलिंद कला व विज्ञान महाविद्यालय की शैक्षणिक सेवाएं उपलब्ध कराई।

डॉ. आंबेडकर का राजनैतिक विचार दर्शन उनके समकालीन चिंतक आचार्य नरेन्द्र देव और एम. एन. राय के वैज्ञानिक तथा नैतिक समाजवाद से काफी नजदीक रहा है, अपितु उनका मानना था कि मार्क्स और बकल ने इतिहास के निर्माण में मनुष्य की भूमिका शून्य बताकर भारी भूल की है। उन्होंने कहा[17] कि बुद्ध द्वारा लाये गये धार्मिक और समाजिक सुधार के बाद चंद्रगुप्त ने राजकीय क्रांति की। महाराष्ट्र में संतों द्वारा किये गये धार्मिक और सामाजिक सुधार के पश्चात् ही शिवाजी ने राज्य क्रांति की थी। सिक्खों के राजनीतिक परिवर्तन के पूर्व गुरु नानक द्वारा धार्मिक-सामाजिक क्रांति की गई थी।

श्री रसेल ने कहा है कि शिक्षा का झुकाव समाज की स्थितिशीलता कायम रखने के लिये होता है, तथापि स्वभाव और मत निर्माण करने की उसकी

क्षमता बहुत अधिक होती है। डॉ. आंबेडकर के अनुसार क्रांति के तीन घटक (1) समाज के दोष का संज्ञान, (2) उस दोष से पीड़ित वर्ग की उपस्थिति का एहसास और (3) शस्त्रार्थ हैं। उनमें से पहले दो घटक शिक्षा पर निर्भर है। इस प्रकार शिक्षित वर्ग ही संगठित होकर संघर्ष की बुनियाद बनाता हैं। आंबेडकर के अनुसार बुद्ध द्वारा बताई गई सबसे बड़ी बात यह थी कि मनुष्य और जगत में सुधार किये बगैर संसार में सुधार नहीं किया जा सकता। परंतु इसका भावार्थ यह नहीं है कि मनुष्य के मन में बदलाव होने के साथ ही समाज में अपने आप परिवर्तन हो जाता है। उदाहरणार्थ पूंजीपति और गरीब वर्ग पहले वर्ग के लोभ-लालच के कारण नहीं पैदा होते। अतः उनका खात्मा पहले वर्ग के संपत्ति त्याग से नहीं होगा। बल्कि उनका नियमन किसी की व्यक्तिगत इच्छा के बाहर की बात है।

डॉ. आंबेडकर ने कहा है कि किस समाज में किसे जन्म लेना चाहिये और उसको किस ढंग से रखना चाहिये यह मनुष्य के काबू में नहीं है। परंतु एक बार किसी मनुष्य का अस्पृश्य के रूप में किसी हिंदू समाज में जन्म हुआ तो उसके भीतर विद्यमान जातियों के संबंध और समाजिक नियम उसके ऊपर नियत हो जाते हैं। उसके अनुसार आचरण करना उसकी मजबूरी हो जाती है। इस परिस्थिति में यदि ब्राह्मणों ने अस्पृश्यों को समानता के नाते से सलूक करने के मत को परिवर्तित किया तो उससे अधिक से अधिक व्यक्तिगत रूप में अस्पृश्य की अन्याय से मुक्ति हो सकती है, परंतु सामाजिक रूप में कदापि नहीं हो सकती। उसके लिये उन वर्गों में विद्यमान सामाजिक संबंध को बदलना जरुरी होता है। यह संबंध यदि धर्म संस्था नियंत्रित करती है तो धर्म संस्था में परिवर्तन करना पड़ेगा, यदि वह धार्मिक, सामाजिक, आर्थिक और राजनीतिक संरचना से जुड़ी समस्या है तो इस प्रकार से परिवर्तन करना लाजमी हो जायेगा।

आज विश्व में भारत के सपूत डॉ. भीमराव आंबेडकर के विचार-दर्शन ने समानता-स्वतंत्रता-बंधुत्व पर आधारित अवाम की जीवन पद्धति के प्रजातंत्र की ऐसी पहचान बनाई कि कई विभूतियों की वैचारिकियां विस्मृत हो चुकी है। डॉ. आंबेडकर द्वारा रोपित यह पहचान आज उनके आलोचकों के सिर पर चढ़कर बोल रही है। श्री अरुण शौरी ने कहा ही है: "गत पचास वर्षों का शुद्ध परिणाम यह है कि फिर एक बार भारत में आज वही क्रम शुरु हुआ है। लोकमान्य विस्मृत से हो गये। नारायन गुरु को केरला के बाहर कोई नहीं जानता है। स्वामी दयानंद, रामकृष्ण परमहंस, श्री अरविन्दो, रमन महर्षि, कांची के परमाचार्य इत्यादिओं ने हमें अपने पैरों पर खड़ा करने के लिये क्या किया इसे

भक्तों के एक संकुचित दायरे के सिवाय और कोई नहीं जानता। स्वामी विवेकानंद को धूल झाड़ कर कुछ अवसर पर बाहर निकाला जाता है और उनको ठीक ऐसे संप्रदाय-निरपेक्ष के पहनावे में दर्शाया जाता है, जिसे वे स्वयं तीव्र रूप से फटकार देते। गांधीजी की तो प्रतिदिन छंटनी हो ही रही है– एक दिन पहले से चली आ रही विकास की प्रतिक्रिया के कारण तो दूसरे दिन मुसलमान नेताओं को पाकिस्तान का आग्रह धरने में प्रवृत्त कराने के कारण यह छंटनी की जा रही है। और आंबेडकर जैसे व्यक्तियों की देवता की भांति पूजा हो रही है[18]।

क्या डॉ. आंबेडकर देवता थे? नहीं। वे एक साधारण आम आदमी की तरह थे। तथापि उन्होंने अपने व्यक्तित्व को इतना ऊपर उठाया, उसे इतना निखारा और जनता की सेवा में उसे इतना समर्पित किया कि लोग उन्हें कृतज्ञतावश सचमुच अपने भगवान मानने लगे। सैम्युअल जानसन ने भी कहा है कि "कृतज्ञता महान उद्यम का फल है, जाहिल लोगों में आप इसे नहीं पाते"।

## संविधान

आंबेडकर ने क्या किया 'ग्रंथ' के लेखक और मध्यप्रदेश शासन द्वारा वर्ष 2002-3 में डॉ. बाबासाहेब आंबेडकर स्मृति पुरस्कार के विजेता श्री बाली ने बताया है, "1972 में लार्ड बर्कन हेड ने भारतीयों को चुनौती दी थी कि वे अपना संविधान बनाकर दिखाएं। एक संविधान बनाया गया जिसे नेहरु-संविधान कहा गया, चुंकि संविधान निर्माण समिति के अध्यक्ष पंडित मोतीलाल नेहरु थे इसलिये उसे यह नाम दिया गया किन्तु उस को भारतीयों ने नकारा समझ रद्दी की टोकरी में डाल दिया। 1930 में गोलमेज सम्मेलन द्वारा संविधान बनाने का यत्न किया गया किन्तु भारतीय लोग इस में विफल रहे। सप्रू कमेटी द्वारा संविधान बनाने का तीसरी बार यत्न किया गया मगर कोई सफलता नहीं मिली। दिसंबर 1946 में गठित संविधान सभा में सर तेज बहादूर सप्रू. के.एम. मुंशी, ठाकुरदास भार्गव, सरदार पटेल आदि कितने ही वकील थे। उनमें से किसी को संविधान के निर्माण का काम नहीं सौंपा गया। यह काम डॉ. आंबेडकर ही के जिम्मे सौंपा गया। यह इसलिये कि वह संविधानिक-कानून में कुशल व निपुण थे और एक सच्चे देश प्रेमी थे"[19]।

डॉ. आंबेडकर कैसे देशप्रेमी थे? मुंबई से सन् 1943 में प्रकाशित ग्रंथ, रानाडे, गांधी और जिन्नाह की भूमिका में उसके लेखक स्वयं डॉ. आंबेडकर ने कहा है:

"यदि मैं श्री गांधी तथा श्री जिन्नाह से घृणा करता हूं, मैं उनसे घृणा नहीं करता। मैं उन्हें नापसंद करता हूं तो उसका कारण यह है कि मैं भारत से अधिक प्रेम करता हूं। यह एक राष्ट्रवादी की सच्ची निष्ठा है। मुझे आशा है कि मेरे देशवासी किसी न किसी दिन यह सीख लेंगे कि देश व्यक्ति से कहीं महान होता है। श्री गांधी या श्री जिन्नाह की पूजा और भारत की सेवा में आकाश-पाताल का अन्तर है और वह परस्पर विरोधी भी हो सकती है।"

डॉ. आंबेडकर अवाम का एक ऐसा राष्ट्र, एक ऐसा आदर्श समाज और एक ऐसा कारगर प्रजातंत्र बनाना चाहते थे कि जिसमें ऐसे जीवन भवन के चारों स्तंभ-विधिपालिका, कार्यपालिका, न्यायपालिका और मीडिया अपनी योग्यता की वेश्यावृत्ति न करें। डॉ. आंबेडकर "कमीनगी को अत्याचार से बदतर" मानते थे[20]। सन् 1942 में उन्होंने कहा था:

"विश्व युद्ध संसार के क्षेत्रों यानी प्रदेशों के बंटवारे के लिए नहीं है बल्कि वे एक ऐसी क्रान्ति है जो इन्सान व इन्सान और राष्ट्र व राष्ट्र के मध्य मेल मिलाप में मूल-परिवर्तनों का तकाजा करता हैं। ये क्रांति सहचारी जीवन को रद्द कर के, समाज के पुनः गठन के लिये है। मजदूरों को इसलिए नाजीवाद पर विजय पाने हेतु लड़ना चाहिए क्योंकि ये जीत गया तो ऐसी नाजी व्यवस्था स्थापित हो जाएगी जिससे स्वतन्त्रता का दमन हो जाएगा, समता से इन्कार होगा और भातृत्वभाव को घातक सिद्धान्त कह कर मिटा दिया जायेगा। नाजीवाद पर विजय के फल होंगे आजादी और नई सामाजिक व्यवस्था। केवल स्वतंत्रता काफी नहीं, स्वतंत्रता की उपयुक्तता तो इस बात में है कि उससे किस प्रकार की सरकार गठित होती है और कैसे समाज का निर्माण होता है। इसलिए कामकरों को 'क्विट इण्डिया के बजाय 'न्यू इण्डिया' पर ज्यादा बल देना चाहिए। हिंसा की शक्तियों के सामने घुटने टेक कर प्राप्त की गई शान्ति, अमन नहीं हुआ करता। ये तो एक घातक कृति होगी। और अच्छे मानवीय जीवन को बनाए रखने के लिए जो कुछ भी उत्तम व अनिवार्य है, उसे बहशी व बर्बर शक्तियों के सामने कुर्बान कर देने जैसा होगा। जब हमला किया गया हो तो युद्ध करने से इन्कार कर युद्ध को समाप्त नहीं किया जा सकता। युद्ध की समाप्ति के लिए आपको जंग जीतना होगा और न्यायी अमन स्थापित करना होगा[21]।

डॉ. आंबेडकर ऐसा न्यायी अमन चाहते थे कि शांति के समय अवाम में ऐसी बातें या घटनाएं अपनी पुनरावृत्ति न कर पायें। संविधान सभा द्वारा गठित 'अल्पसंख्यक कमिटी' को अपने स्मरण पत्र में डॉ. भीमराव आंबेडकर ने बताया था:

"भारत में प्रशासन पूर्णतः हिंदुओं के हाथों में है। प्रशासन पर उनकी इजोरदारी है। ऊपर से नीचे तक उनका नियंत्रण है। कोई विभाग ऐसा नहीं जिस पर उनका प्रभुत्व न हो! पुलिस पर उनका प्रभुत्व है। मजिस्ट्रेटी व राजस्व सेवाओं पर उनका प्रभुत्व है। वास्तव में प्रशासन की हरेक शाखा पर उन्हीं का प्रभुत्व है। अगली बात याद रखने की यह है कि प्रशासन में हिंदुओं का अछूत के प्रति समाज-विरोधी व शत्रुआना रुख उसी प्रकार का स्पष्ट व्यवहार है जैसा कि प्रशासन से बाहर के हिंदुओं का बर्ताव है। उनका एक ही मकसद है और वह है अछूतों के विरूद्ध पक्षपात व भेदभाव करना। नतीजा यह होता है: अछूत हिन्दू आबादी और हिन्दू प्रभुत्व वाले प्रशासन के बीच स्थान पाते हैं। हिन्दू अछूतों पर जुल्म जबर ढाता है और प्रशासन उत्पीड़ितों की सहायता करने के बजाय अत्याचारी की ही सुरक्षा करता है[22]।

## राष्ट्रीयता और राष्ट्रवाद

राष्ट्रीयता के बारे में अलबर्ट आइन्स्टाइन और डॉ. आंबेडकर के विचार एक समान ही नहीं अपितु वैज्ञानिक दूरदृष्टि से भी ओतप्रोत है। आइन्स्टाइन ने कहा था, "राष्ट्रीयता एक भयानक रूप से संक्रामक बीमारी के समान है"[23]।

डॉ. आंबेडकर ने भारत में सन् 1940 में जिस राष्ट्रीयता के दावानल में हिंदू और मुसलमान जल रहे थे उस संक्रामक बिमारी के प्रति देश को सजग करने हेतु उन्होंने अपना राजनीतिक विज्ञान का ग्रंथ "पाकिस्तान अथवा भारत का विभाजन" लिखा था। उसमें उन्होंने दो विदेशी शासनों का उदाहरण देकर उनसे सीख लेने की भारतीयों को विनम्र अपील की थी। उन्होंने कहा था कि इ.स. 1230-1240 के बीच मंगोलों ने तुर्कों को अपने निवास स्थान मध्य एशिया से बाहर खदेड़ दिया था। परिणामतः वे उत्तर-पश्चिम के अनातोलिया में जाकर बस गये। तुर्की साम्राज्य बनाने का उनका कार्य सन् 1326 में ब्रूसा की विजय के साथ ही आरंभ हुआ। एजियन से काला समुद्र तक फैले थ्रेस के साथ-साथ बिजन्टाइन शासक, बुल्गारिया, मेसेडोनिया, कान्स्टनटिनोपल, सर्विया, सलोनिया, ट्रेबिझोण्ड, कुरामान, काफा और टाना, मोसुल, सिरिया, इजिप्ट, हियाज और यमन, बेलग्रेड, हंगरी, और बगदाद ने इ.स. 1360 से इ.स. 1639 तक उस्मान तुर्कों का आधिपत्य स्वीकार कर लिया। यदि वियना को भी परास्त करने में तुर्क सफल हो जाते तो उनका साम्राज्य विस्तार यूरोप की सीमाओं को भी लांघ जाता। तथापि सन् 1789 के फ्रेंच क्रांति के समय तक तुर्की साम्राज्य की सीमा के भीतर बाल्कन, दक्षिण का दानुब, एशिया मायनर, लेवन्त और सायप्रस आदि

उनके पड़ोसी द्वीप समूह, सिरिया, पॅलेस्टाइन, इजिप्ट और मोरोक्को तक के उत्तर अफ्रिकन देश आते थे। परंतु इतना विशाल तुर्की साम्राज्य धीरे-धीरे खण्ड-खण्ड हो गया। क्योंकि वहां के नागरिक जनों में राष्ट्रीयता की भावना इतनी घर कर गई थी कि एक तरफ क्रिश्चयन यवन, सर्व, बुल्गेरियन तथा बाल्कन टर्की से अलग हुये तो दूसरी तरफ स्वयं अरब मुसलमान भी टर्की के अपने सहधर्मीओं के साथ न रह कर अपना पृथक अरब राष्ट्र बनाने पर अडिग रहे। क्योंकि उन्हें तुर्की प्रजा बने रहने की अपेक्षा अरब राष्ट्र बनना अधिक पसंद था। अरब राष्ट्रीयता ने इस्लाम के बंधन को तोड़ा और अपने साथी मुस्लिम तुर्क के विरूद्ध अपनी स्वाधीनता के लिये लड़ाई लड़ी। उसकी विजय हुई परंतु टर्की का पूर्णतः विभाजन हुआ।

चेकोस्लोवाकिया ने भी चेकों ओर स्लोवाक दोनों एक ही जन है की स्वीकृति से शुरुआत की थी। कुछ वर्षों के भीतरी ही स्लोवाकों ने पृथक राष्ट्र का दावा किया। वे यहां तक स्वीकार करते थे कि वे चेकों के एक वंश की शाखा हैं। उनकी राष्ट्रीयता ने चेकों को यह तथ्य स्वीकार करने पर मजबूर किया कि वे एक अलग प्रकार के जन थे। चेकों ने स्लोवाकों की राष्ट्रीयता को शांत करने के लिये एक हायफन (-) चिन्ह को दो नामों के बीच रख कर उनकी भिन्नता को मान्यता दे दी। और एक संयुक्त संज्ञा चेकोस्लोवाकिया की जगह चेको-स्लोवाकिया नामाभिधान को स्वीकृति दे दी। परंतु इस पृथकता की परिरचायक हायफन के बावजूद स्लोवाकी राष्ट्रीयता असंतुष्ट रही। क्योंकि हायफन के चिन्ह की स्वायत्तता की कृति दो बातों की सूचक थी- चेकों से अलगाव तथा चेकों से मिलाप। अलगांव सूचक हायफन का स्लोवाकियों ने स्वागत किया परंतु मिलाप सूचक हायफन से वे बैचैन थे। उन्हें उसके स्थान पर बार (/) चिन्ह चाहिये था। अतः जैसे ही हायफन को प्रस्तुत किया गया तो चेक और स्लोवाकों के बीच बार स्थापित करने की लड़ाई आरंभ हुई। इस हेतु किस प्रकार के साधनों का प्रयोग हो इस के प्रति वे चिंतित नहीं थे। उनकी राष्ट्रीयता इतनी बेकाबू और तीव्र हो गई थी कि जब उनका विभाजन का प्रयत्न असफल हुआ तो उन्होंने अपने ध्येय की पूर्ति हेतु जर्मनी की मदद मांगने से भी परहेज नहीं किया।

स्लोवाकियों को संवैधानिक सुरक्षा, आनुपातिक प्रतिनिधित्व, संसद में विटो पावर और प्रशासन और सेवाओं में पृथक प्रतिनिधित्व की बहाली इतनी दी गई थी कि कोई भी यह कल्पना आसानी से कर सकता था कि भविष्य में चेक और स्लाव दोनों एक दूसरे में इतने घुल-मिल जायेंगे कि उनको एक ही

जाति-प्रजाति के लोग हैं ऐसा माना जा सकेगा। परंतु नहीं इतिहास को ऐसा विलयन मंजूर नहीं था और स्लावों को अपनी राष्ट्रीयता में झुलसकर अपना पृथक देश बनाना अधिक पसंद था। अतः उसका भी हश्र वही होना था जो 1947 में हिंदू-मुसलमान कौमों का भारतवर्ष में हुआ।

इस प्रकार टर्की और चेकोस्लोवाकिया के गहन अध्ययन से ज्ञात होता है कि एक बार राष्ट्रीयता की शक्ति गतिशील हो जाये तो न स्थानीय स्वायत्तता और न ही धार्मिक बाध्यता उसका सामना करने में सक्षम होती है।

अखण्ड भारत के हिंदू और मुसलमानों में कई सदियों की सामाजिक व सांस्कृतिक एकता होने के बावजूद भी सन् 1947 में भारत के विभाजन को कोई ताकत रोक नहीं सकी। आज भी नूतन वर्ष की पावन बेला दिनांक 4 जनवरी 2004 पर इस्लामाबाद में दक्षिण एशिया के देशों की शिखर बैठक संपन्न होने के बावजूद भारत देश के उत्तर में पाकिस्तान, उत्तर-पश्चिम में खालिस्तान, भूटान में उल्फादि संगठन और श्रीलंका में दक्षिण के लिट्टे (एल.टी.टी.ए.) आतंकवाद से विभाजन का इतिहास दोहराना चाहते हैं।

उक्त तथ्यों के प्रकाश में भारतीय हिंदुओं को अपने आप से यह प्रश्न पूछना चाहिये कि यदि ग्रीक, बाल्कन तथा अरब राष्ट्रीयवाद ने तुर्की राज्य को ध्वस्त कर दिया और यदि स्लोवाक के राष्ट्रीयवाद ने चेकोस्लोवाकिया को विभक्त कर दिया है परंतु बाद का टर्की और चेकोस्लोवाकिया आंतरिक रूप से एक हो गया और इतना ही नहीं बल्कि चेकोस्लोवाकिया के राज्य प्रमुख श्री हॉवेल को भारत सरकार ने गांधी शांति पुरस्कार से भी इसी माह में नवाजा है, तो फिर मुस्लिम राष्ट्रीयवाद से विभक्त भारत को आंतरिक रूप से एक होने में अब क्या अड़चन है? क्या भारत अपरिवर्तनशील जाति के समान शरीर और कुटस्थ आत्मा की भांती चेतना तो नहीं बन गया? क्योंकि ये दोनों असाध्य रोग के लक्षण हैं।

डॉ. आंबेडकर जानते थे कि देश में संगठन की चेतना सभी जाति-वर्गों में एक जैसी नहीं रहती। और भारतीय समाज में संकुचित मानसिकता उनका एक राष्ट्र बनने में बाधक थी। जिस प्रकार विकास के दौर में प्राचीन समाज उपयोगितावाद से उभरकर आधुनिक समय के दौरान वह न्याय तत्व के आधार पर संगठित हुआ। फलस्वरूप विकासशील देश अपने हितों के प्रति इतने सजग हो गये कि वे अब पहले की तरह विकसित देशों की हां-में-हां मिलाकर चलनेवाले नहीं हैं, जिसकी प्रतीति कानकुन के विश्व शिखर सम्मेलन में चीन और भारत आदि देशों द्वारा सम्मेलन के विकसित राष्ट्र के प्रस्ताव के विरूद्ध

अपना पृथक अभिमत रखने से सिद्ध हुआ है।

दूसरी बात यह है कि यूरोपीय संघ अपना आर्थिक संगठन और युरो मुद्रा को कायम करने में फिलहाल जितना सक्षम है उतना आगे भी होगा या नहीं यह समय ही बता पायेगा। पश्चिम एशिया से संबंधित देशों का आर्थिक संगठन खड़ा कर उसे टिकाना उस प्रदेश के युद्ध और अशांति की परिस्थितियों पर निर्भर है, जो उसका इतिहास रहा है। परंतु जी-21 नाम से परिभाषित देश अपना "आसियान" नामक संगठन खड़ा कर आर्थिक विकास में पश्चिमी संगठन की बराबरी और प्रतियोगिता करेगा इस उम्मीद में जान लग रही है क्योंकि उनका अतीत और वर्तमान ऐतिहासिक रक्तपात और वैर-भाव का न होकर अमन, चैन और बौद्ध संस्कृति की मैत्री से अभिभूत रहा है।

आज विश्व का धर्म राज्य किसी एक जाति, भाषा, रंग, पेशा, लिंग, वंश, और नस्ल के ऊपर निर्भर नहीं है। तथापि भौतिक शक्ति और हथियार लैस भयभीत मनोवृत्ति से कुछ ऐसी ही चेष्टा विश्व मंच से की जा रही है। अमेरिका प्रधान क्रिश्चयन संस्कृति के वैश्विक धर्मराज्य का टर्की प्रमुख अरब शक्तियां इस्लाम के धर्मराज्य का झंडा हाथ में थामे किसी भी तरीके से प्रतिकार कर रहा है। जी-21 की ताकतें जपान, चीन और भारत के नेतृत्व में बौद्ध संस्कृति के ध्वज में एकत्रित होकर शायद जो भी रूप और आकार वे विश्व को देंगे वह डॉ. आंबेडकर के स्वप्न का प्रारूप होगा ऐसा लग रहा है[24]।

वैसे कहा जाता है कि विश्व में ब्रिटेन का शासन वहां तक फैला था जहां कभी सूर्य नहीं डूबता। परंतु ऐसा होने पर भी जो ब्रिटेन का साम्राज्य फैला उसका उद्देश्य राजनीतिक और आर्थिक तो रहा पर सामाजिक न्याय और विश्व कल्याण कदापि नहीं था। आंबेडकर पूर्व काल के राजनीतिक साम्राज्य और आंबेडकरोत्तर आर्थिक साम्राज्य में यही फर्क है कि पहले यूरोपियन व्यापारी कंपनियां अपने राजनीतिक शासकों से मिलकर अलग-अलग होकर व्यवसाय करते थे और आज बहुराष्ट्रीय कंपनिया एकजूट होकर अपने अधिशासक के राजनीतिक बलबूते पर सहकारी और सामुहिक पद्धति से विकासनशील देशों में अपनी वस्तुओं के लिये बाजार खोल रहे हैं। और जिधर वरिष्ठ शक्तिमान राष्ट्र उधर अधिकतर आर्थिक लाभ का सिद्धान्त साकार हो रहा है। वाणिज्य, राजनीति, बाजार और वस्तुएं धर्म और संस्कृति पर भी अपना असर डालती है। इस मायने में डॉ. आंबेडकर का यह कथन कि संस्कृति व्यापार की पिछलग्गू होती है बड़ा मार्मिक है। इससे निष्कर्ष में यही कहा जा सकता है कि बलिष्ठ राष्ट्र अपने बाजार में वस्तुओं के साथ अपने धर्म और संस्कारों का भी जाने-अनजाने आदान-प्रदान करते हैं।

क्या आजाद भारत में क्रूरता, दासता, गरीबी और असभ्य जीवन आज भी विद्यमान है? क्या यहां आज भी स्कूलों में दलित बालक-बालिकाओं को घड़े में से पानी पाने के लिए अपनी आंख गँवानी पड़ती है और दलित स्त्री-पुरुषों को अपने सिर पर मैला ढोना, बंधक मजदूरी करना, घरेलू नौकरी व सफाई करना, पत्थर तोड़ना, खेतों और खानों में सेवारत रहना इत्यादि की मजबूरी विद्यमान है? अर्थात् क्या फैज अहमद फैज के निम्नांकित पंक्तियों द्वारा वर्णित किया जा सकनेवाला संवर्ग हमारे बीच मौजूद है?

अर्थात् "जा-ब-जा बिकते हुए कूच-ओ-बाजार में जिस्म
खाक में लिथड़े हुए खून में नहलाये हुए,
जिस्म निकले हुए अमराज के तन्नूरों से
पीब बहती हुई गलते हुए नासूरों से।

यदि हां तो ऐसी परिस्थितियों में अवाम को क्या करना चाहिये? क्या उन्हें चुप रहना चाहिये?

नैतिकता खतरे में पड़ने पर भी यदि कोई व्यक्ति मौन धारण करता है तो उसे मानवीय जीवन पद्धति के अधःपतन की निशानी माना जाना चाहिये। मजलूमों के दुःखों पर अवाम की एक बड़ी जमात चुप्पी साधे तो यह शर्म की बात है और स्वयं मजलूम भी कुछ न करे तो यह कौम के मौत की निशानी है। डॉ. आंबेडकर ने ऐसी घड़ी में आम लोगों और विशेषतः शोषित व पददलित वर्गों का जो नेतृत्व किया उसका बखान साहिर लुधियानवी के शब्दों में निम्न प्रकार बताया जा सकता है:

सितम के दौर में हम अहल-ए-दिल ही काम आए
जबां पे नाज था जिनको वो बेजबां निकले

प्रजातन्त्र का चौथा स्तंभ मिडिया है, उस बाबत डॉ. आंबेडकर का कथन है: "पत्रकारिता भारत में एक समय व्यवसाय था। अब यह व्यापार बन गया है। इसमें साबुन तैयार करने से अधिक नैतिक कार्य नहीं है। यह अपने आपको जनता का एक जिम्मेवार सलाहकार नहीं समझती। भारत में पत्रकारिता उसे अपनी सर्वप्रथम और महत्वपूर्ण दायित्व नहीं समझती कि जो समाचार वह दे उनमें सच्चाई की रंगत हो। सरकारी नीति के किसी दृष्टिकोण को इस ढ़ंग से प्रस्तुत करें जिसे वह जन कल्याण के हित में बगैर किसी भय के अच्छा समझती है। वह सबको दुरुस्त और ठीक करे, जो गलत और निष्फल रास्ते पर पड़े हो चाहे ऐसे आदमी बड़े हों या छोटे। किसी को अपना नायक मान लेना और उसकी

पूजा करना इसका प्रमुख कर्तव्य बन गया है। इस व्यवस्था के अधीन समाचारों का स्थान सनसनीदार बातों ने, विवेकात्मिक विचारों का बेतुकी उत्कंठा ने, जिम्मेवार लोगों के अन्तकरणः छूने का गैर– जिम्मेवार लोगों की भावनाओं को "भड़काने ने लिया है[25]"।

## अवाम

अवाम के डॉ. आंबेडकर ने अवाम की आदर्श जीवन पद्धति को प्रजातन्त्र का नामाभिधान देकर उसके खतरों से भी सावधान कराया। उन्होंने कहा, "प्रजातन्त्र के मुख्य दो शत्रु है। पहला हुकुमशाही या तानाशाही और दूसरा मानवभेद नीति अर्थात् मानव में भेद भाव रखनेवानी नीति। हुक्मशाही से उत्पन्न सामाजिक संगठन हमेशा कायम नहीं रह सकते। क्योंकि उसका आधार मजबूत नहीं होता। हुक्मशाही की प्रेरणा स्थिर नहीं है और यह प्रेरणा निकल जाने के पश्चात् उससे प्राप्त संगठन शिथिल हो जाता है। यही कारण है कि कम्युनिस्ट शासन की नींव कमजोर है। उसी तरह मनुष्य–मनुष्य में भेद भाव रखनेवाली नीति, सामाजिक, आर्थिक भेद–बुद्धि को प्रेरणा देनेवाली संस्कृति इन दोनों से प्रजातन्त्र को बहुत जबरदस्त खतरा है।

ऐसे खतरों से निजात पाने के लिए ही उन्होंने अवाम को अपनी स्वतन्त्रता के प्रति समर्पित कर्तव्य का एहसास दिलाने हेतु कहा था, "यदि लोग अपने–अपने पथ और पक्ष को अपने देश की अपेक्षा अधिक महत्व देने लगे तो उससे अपने भारत की स्वतन्त्रता समूल नष्ट हो जायेगी। इस प्रकार का समय न आवे इसके लिए हम सब अत्यधिक सजग रहें। अपनी स्वतन्त्रता की रक्षा हेतु अपने शरीर के अंतिम रक्त–बूंद के बहने तक तैयार रहना चाहिये। इतना ही नहीं बल्कि समाज का ऐसा संगठन हो कि यदि इसके चालक नेता चले भी गये तो भी समाज कार्य निरन्तर चालू रहते हुए चिरकाल तक टिका रहे। इस प्रकार की कार्य योजना होने पर ही समाज विश्व में वैभवशाली हो सकता है।

प्रजातन्त्र और धर्म का संबंध बताते हुये डॉ. आंबेडकर ने कहा था– मानव समाज को धर्म की दो प्रकार की देन प्राप्त है। प्रथम मानव जीवन में एकता प्राप्त कर देनेवाली मानसिक प्रेरणा का निर्माण करना। धर्म के ही कारण एक विशिष्ट प्रकार का मानसिक वातावरण निर्माण होता है, जो मनुष्य की एकता का पोषक है। दूसरा, मानव समाज में समानता का निर्माण करना। धर्म से ही मानव समाज में समानता का संचार होता है। इन्हीं दो महत्वपूर्ण बातों के कारण आज की

स्थिति में प्रजातन्त्र को बनाये रखा जा सकता है और प्रजातन्त्र को बनायें रखना है तो धर्म निहायत जरुरी है।

धर्म की ऐसी आवश्यकता होने पर भी लक्ष्य धर्म नहीं है बल्कि मनुष्य है और धर्म एक साधन है। साधन एक समान नहीं होते, न ही वे समान रूप से अच्छे होते हैं। अतः जरुरी है कि धर्मरूपी साधन को मनुष्यत्व पाने के उद्देश्य से अपनाते समय ऐसी सावधानी बरतें कि जो धर्म अपनाया जाय वह समाजद्रोही न हो, पाखण्डी न हो, विडम्बना या सजा न हो, रोग या पागलपन न हो बल्कि वह मानवता, संगठन, सामर्थ्य, समता, स्वतन्त्रता और संसार को इसी जीवन में सुखी बनानेवाला धर्म होना चाहिये।

जिस प्रकार रत्नों में अच्छे रत्न की परख के लिये पारखी की जरुरत होती है उसी प्रकार प्रजातन्त्र, धर्म और देश के परस्पर सम्बन्धों को समझने के लिये भी प्रज्ञादृष्टि की आवश्यकता होती है। इस बात को डॉ. आंबेडकर ने मणी भवन मुंबई में दिनांक 14 अगस्त 1931 के दिन महात्मा गांधी जी के साथ वार्तालाप में स्पष्ट रूप से बताया था। जब गांधी जी ने तारीफ करते हुये डॉ. आंबेडकर से कहा कि "विदेश में तुम्हारे कार्यों की जो मुझे जानकारी प्राप्त हुई उससे मालूम होता है कि तुम एक महान देशभक्त भी हो" तो बाबासाहब ने बताया, "गांधी जी! मेरी कोई मातृभूमि नहीं है। जिस धर्म और देश में हमें कुत्ते और बिल्ली से भी नीच माना जाता है, जहां हमें सार्वजनिक स्थानों में पानी भी पीने नहीं दिया जाता, उस देश को मैं अपना देश, उस धर्म को मैं अपना धर्म कैसे कहूं?"

"आपके कथनानुसार यदि मेरे द्वारा कोई देश सेवा हुई है तो वह देश सेवा की जानकारी होने के कारण नहीं, बल्कि मेरी सद्विवेक बुद्धि के कारण हुई है। इस देश को घातक ऐसा कोई भी कृत्य मेरे हाथ से नहीं हुआ यह मेरी सद्विवेक बुद्धि का फल है"।

डॉ. आंबेडकर कहते थे, "जिस प्रकार पुरुषों को शिक्षा की आवश्यकता होती है वैसे ही स्त्रियों को भी होती है। यदि तुम्हें लिखना-पढ़ना आ गया तो तुम्हारी बहुत उन्नती होगी। जैसे तुम वैसी तुम्हारी संतान भी होगी"।

## स्त्री-पुरुष समानता

मनुस्मृति के श्लोक "स्त्री हमेशा पराधीन रहे और बचपन में अपनी सुरक्षा पिता के अधीन, जवानी में पति, और बुढ़ापे में पुत्र के अधीन रहकर करे" और राम चरित मानस की चौपाई" ढोर, गंवार, शूद्र, पशु, नारी ये सब ताड़न के

अधिकारी'' को जब हम पढ़ते हैं तो लगता है कि भारत में नारी शर्म की बात बन गई है। परंतु डॉ. आंबेडकर द्वारा प्रस्तुत स्त्री स्वतन्त्रता का बौद्ध स्त्री का आदर्श चरित्र, और पुरुष के बराबर समान अधिकार के लिये उन्हें विवाह, तलाक, गोद लेना, संपत्ति अधिकार आदि में सशक्त बनाने की हिंदू कोड बिल की योजना को देखते हैं तो लगता है कि भले ही उसे कार्यान्वित करने की दृढ़ शक्ति तत्कालीन राजनीतिक संगठन में नहीं थी और न समाज उतना वैचारिक रूप से प्रगल्भ था, परंतु डॉ. आंबेडकर ने स्त्री स्वतंत्रता, सम्मान और मुक्ति के प्रश्न पर प्रतिकारी ताकतों से समझौता न कर प्रधानमंत्री श्री जवाहरलाल नेहरु जी को अपने कानून मंत्री के पद से इस्तीफे का पत्र प्रस्तुत किया और तबसे लेकर अपने आयुष्य के अन्तिम क्षण तक विपक्ष में रह कर समानता की लड़ाई के लिये संघर्ष करते रहे। फलतः उनके इस संघर्ष के पचास वर्ष बाद ऐसा लग रहा है कि जो स्त्री पहले भारत की शर्म थी वह आज उसकी शान बन गई है।

प्रथम महिला प्रधानमंत्री श्रीमति इंदिरा गांधी, प्रथम महिला आई.पी.एस. ऑफिसर किरण बेदी, प्रथम मिस यूनीवर्स सुष्मिता सेन, प्रथम अंतरिक्ष यात्री कल्पना चावला इत्यादि के उदाहरण हम विश्व के सामने बड़े गर्व से प्रकट कर सकते हैं जो स्वर्णिम बौद्ध अतीत और वर्तमान एशियन युग के उज्वल भविष्य की याद दिलाता है।

भारतीय इतिहास में तथागत गौतम बुद्ध ही ऐसे पहले व्यक्ति थे, जिन्होंने शूद्र-अतिशूद्रों और दलित महिलाओं को अपनी धर्मशक्ति का हिस्सेदार ही नहीं, बल्कि अधिकारी भी बनाया था। विद्यमान विश्व व्यवस्था को बदलने के लिये आंबेडकर ने एक हाथ में शिक्षा, संघर्ष और संगठन सूत्र तो दूसरे हाथ में स्वतंत्रता, समानता और बंधुत्व के त्रयी सिद्धांत का हथियार अवाम के लिये बहाल किया।

## संतति नियमन

सन् 1936 में भारत में जन्म दर प्रति हजार 35 थी, जो विदेशी राष्ट्र इटली, जर्मनी और इंग्लैंड के जन्म दर से अधिक थी। सन् 1938 में डॉ. आंबेडकर ने मुंबई विधान सभा में संततिनियमन विषयक विधेयक प्रस्तुत किया था। परंतु उसका अवलंब सन् 1951 में प्रथम पंचवार्षिक योजना में 70 लाख रुपयों की शासकीय सहायता प्रदान कर किया गया। सातवीं पंचवार्षिक योजना में कुटुंब कल्याण की योजना को अमल में लाने हेतु राशि रु. 3,256 करोड़ का इंतजाम था।

इससे पूर्व जब स्वतन्त्र मजदूर दल के विधान सभा के सदस्यों की ओर से श्री पी.जे. रोहम ने दिनांक 10 नवंबर 1932 को संतति नियमन और जनसंख्या नियंत्रण से संबंधित प्रस्ताव को मुंबई प्रांत विधान परिषद में रखा था, जिसे किसी अन्य सदस्यों का समर्थन नही मिलने से निरस्त किया गया था।

उन्नीसवीं सदी के आरंभ में ब्रिटिश अर्थशास्त्रज्ञ माल्थस का जनसंख्या वृद्धि का सिद्धान्त यह था कि कृषि अत्पादन मंद गति से बढ़ता है परंतु जनसंख्या द्रुत गति से बढ़ती है। इसका प्रमाण अन्य देशों की अपेक्षा भारत में अधिक प्रतीत हो रहा था। सन् 1871 से जनगणना के आंकड़ों का अवलोकन भी इस कथन की पुष्टि कर रहा था। 1921 से भारत की जनसंख्या अतितीव्र गति से बढ़ रही थी। प्रा.र.धे. कर्वे, अमेरिकन बर्थ कंट्रोल लीग, मार्गरेट सॅगर और महात्मा गांधी के संतति नियमन और जनसंख्या वृद्धि के नियंत्रण पर प्रचार कार्य चलाये जाने के बावजूद भी परिवार नियोजन भारत में असफल रहा था। और इसके दो मुख्य कारण थे: (1) लोगों में धार्मिक भावना का दृढ़ होना और (2) आधुनिक उपायों के प्रति आम असहमति।

## प्रजातन्त्र

प्रजातन्त्र में जनता की संप्रभुता के बारे में डॉ. आंबेडकर की यह सोच रही कि "प्रजातन्त्र के मूल को सामाजिक संबंधों में खोजना पड़ता है। प्रजातन्त्र सहजीवन की एक पद्धति है। जो लोग उस समाज का गठन करते हैं, उनके सहजीवन के संदर्भ में उस पद्धति के मूल को खोजना पड़ता है।

ऊपर वर्णित व्यक्ति प्राधान्यता को संवैधानिक कर्तव्य परायणता से निम्न चार प्रकारों से जोड़ा गया। (1) व्यक्ति की स्वतन्त्रता कानून व सुव्यवस्था, नैतिकता और स्वास्थ्य के संदर्भ में निष्पन्न कल्पनाओं से सुसंगत होगी। (2) यह स्वतन्त्रता इस ढंग से अमल में लाई जाये कि उससे अन्य मूलभूत अधिकारों का संकुचन न हो। (3) लौकिक बातों से संलग्न धार्मिक आचरण को नियंत्रित करने का अधिकार शासन के अधीन होगा और (4) धर्म विषयक स्वतन्त्रता कानून अथवा जाति के कारण हिंदू मंदिर में प्रवेश निषेध न होने हेतु किये गये विधान से सुसंगत होनी चाहिये।

विरले ही पुरुष युग प्रवर्तक होते हैं। जो लोग गरीबी और गुलामी में पैदा होकर गरीबी और गुलामी की जंजीर तोड़ देते हैं वे धन्य हो जाते हैं। बीसवीं सदी के आरम्भ और मध्य में जो राजनैतिक पराधीनता थी उससे मुक्त होने मात्र से सामाजिक स्वाधीनता के ख्वाब पूर्ण नहीं हुये हैं।

विश्व में आज आर्थिक विषमता के साथ-साथ मुक्त बाजार व्यवस्था के जरिये विकसित देशों के द्वारा अविकसित देशों के हित-साधन को बढ़ाने की अपेक्षा उनके शोषण और दमन को और अधिक उग्र किया जा रहा है। नब्बे के दशक में नई आर्थिक नीतियां भारतीय समाज में कार्यान्वित की गईं और उसी के अनुसार बहुराष्ट्रीय निजी कंपनियों ने यहां के उपभोक्ताओं को प्रभावित, यहां के उत्पादकों को प्रताड़ित और यहां के शासन कर्ताओं को दिग्भ्रमित करना आरंभ किया।

परंतु अगतिक हुई विश्व व्यवस्था को सार्वभौमिक हिताय और सार्वभौमिक सुखाय के उद्देश्य से नई जीवन व्यवस्था में प्रवर्तित करने के लिये जिस नैतिक, मानव केंद्रित वैचारिकी और युग प्रवर्तक की जरुरत है, और जिसकी कमी सबको खल रही है, उस पूर्ति हेतु डॉ. आंबेडकर जैसे कर्मठ रहबर और सम्यक युगद्रष्टा के दर्शन-ज्ञान को आत्मसात करना होगा। क्योंकि विश्व के हर देश की भांति भारत में भी इस दृष्टा के युग प्रवर्तक वैचारिकी से सबसे खतरनाक मानवता मारक मानसिक कोढ़ अस्पृश्यता की बिमारी खत्म होने जा रही है।

अतः एक आवाज से ऐसी प्रार्थना करना चाहिये जिससे लोगों के उद्धार की भावना जागृत हो और ऐसा दृढ़ निश्चय करना चाहिये कि "जिन लोगों में अपना जन्म हुआ है उनका उद्धार करना हमारा कर्तव्य है, यह जिन्हें मालूम हैं वे धन्य हैं। परतन्त्रता पर आक्रमण करने के लिये जो अपना तन, मन, धन और यौवन कुर्बान कर देते हैं वे धन्य हैं। मनुष्य को अपनी मानवता पूर्ण रूप से मिलने तक जो अच्छाई-बुराई, सुख-दुःख, संकट-संघर्ष, मान-अपमान, इत्यादि की परवाह न कर सतत संघर्ष करते रहे हैं वे धन्य हैं"।

## अमर संदेश

अपने पचासवें जन्मदिवस समारोह पर अवाम को संदेश देते हुये डॉ आंबेडकर ने कहा था, मैं प्रजातन्त्र का कट्टर अनुयायी हूं। व्यक्तिगत पूजा प्रजातन्त्र की विरोधी है। अपने इस भारत में राष्ट्रीय नेता को अवतारी पुरुषों जैसा आदर का स्थान दिया जाता है। भारत के बाहर अन्य देशों में केवल महापुरूषों की ही जयंतियां मनाई जाती हैं। अगर नेता योग्य हुआ तो उसकी प्रशंसा, प्रेम और आदर करना कोई हरकत नहीं और उतने में ही उस नेता एवं उसके अनुयायियों का समाधान होना चाहिए, परंतु नेता की देव स्वरूप पूजा करना मुझे कतई पसन्द नहीं। इससे नेता के साथ-साथ उसके अनुयायियों का भी अधःपात होता है। मेरा व्यक्तिगत जन्मदिन मनाया जाना मुझे बिल्कुल पसंद नहीं।

"परंतु यहां यह सब बताने से कोई लाभ नहीं। संदेश की बजाय मेरे भाईयों को ग्रीक पुराण में लिखित स्रोत की एक कहानी बताऊंगा, जो ग्रीक देवता पर है, जिसे होमर ने लिखा है। प्रसंग इस प्रकार है–

"ग्रीस में एक डिमेटर नाम की देवी थी। वह अपनी पुत्री की खोज में घूमते-घुमते केलिओस के राज्य में पहुंची। उसने दाई का वेष धारण किया था। इसलिए उसे कोई पहचान नहीं सका। रानी मेटोनेरा ने अपने छोटे बच्चे डेमोफून की देखभाल के लिए उसको अपने घर रख लिया। डिमेटर देवी प्रतिदिन रात के समय राज महल में सबके सो जाने पर द्वार बन्द करके उस बच्चे को झूले से धीरे-धीरे बाहर निकालती और उसे वस्त्र विहीन कर जलते अंगारों पर रखती थी। शायद श्रोताओं को यह कृत्य क्रूर सा लगेगा। परन्तु यह वास्तव में वैसा नहीं था। बड़े प्रेम से वह देवी उसे देवता बनाने में लगी थी। क्रमशः उस बालक में जलते अंगारों की ज्वाला सहन करने की शक्ति एवं सामर्थ्य उत्पन्न हो गई। उसका बल बढ़ने लगा। उसमें कुछ तेज, दिव्यत्व एवं असाधारणता के अंश विकसित होने लगे। परन्तु एक रात उस बालक की मां अचानक उस कमरे में पहुंच गई और अपने पुत्र का वह प्रयोग देखते ही डिमेटर देवी को धकेल अंगारों में से बालक को शीघ्र उठा लिया। उसका पुत्र उसे मिल तो गया परन्तु साधारण मनुष्य-बालक को असाधारण रूप में न पा सकी"।

यह कहानी बताती है कि अपना भविष्य उज्जवल करने हेतु मनुष्य को वर्तमान सुख एवं आवश्यकताओं का भी त्याग करना चाहिये। ऐसा क्यों होता है कि जीवन की दौड़ में भाग लेने का आमंत्रण सबको आता है परन्तु बहुत थोड़े ही लोग सफल होते हैं? इसका कारण यह है कि भविष्य की आवश्यकता की पूर्ति हेतु वर्तमान की विलासिताओं का त्याग करने में लगनेवाला धैर्य या निर्धार मनुष्य के पास नहीं रहता। इसलिये जीवन की दौड़ में इन्हें बड़प्पन नहीं मिलता[26]।"

यही दर्शन अवाम को जीने की दृष्टि दे सकता है।

इसके अलावा डॉ. आंबेडकर के कुछ अनमोल वचन यहां उध्दृत किए गए हैं, जो अवाम के जीवन में हर मोड़ पर पथ प्रदर्शक बने रह सकेंगे।

1. दु:खियों के आंसू पोंछने के लिए तुम्हारे नयन तरसने चाहिए। दीन-दु:खियों की सेवा के लिए तुम्हारा हृदय पसीजना चाहिए। संकट ग्रस्त लोगों की रक्षा के लिये तुम्हारी भुजायें फड़कनी चाहिए।

2. नीचे सिर झुकाकर चलनेवाले हजारों भेड़ों के विशाल समूह की अपेक्षा वीरता की वृत्ति रखनेवाला सिंह का समूह बेहतर होता है।

3. निष्प्रभ सुशिक्षितों के झुण्डों की अपेक्षा सुसंस्कृत मन से व्यवहार करनेवालों का मेला ही नि:संशय उपकारक होता है।
4. सदाचार का सत्व साथ में रख जीवन में मंगलत्व निर्माण करो।
5. पुस्तकों के सहवास में शांत जीवन बिताने जैसा दूसरा आनंद कहीं नहीं है।
6. मानव जीवन का तत्व ज्ञान हमें आज अधिक प्रभावी ढंग से समझ में आ रहा है।
7. जिस गांव में अभिमानशून्य जीवन व्यतीत करना पड़ता है वह गांव किस काम का?
8. यद्यपि मैं हिन्दू धर्म में जन्मा हूं फिर भी हिन्दू धर्म में रहकर मरुंगा नहीं।
9. देश का संविधान कितना भी अच्छा क्यों न हो लेकिन उसको उपयोग में लाने वाले मनुष्य यदि अच्छे नहीं हों तो संविधान निश्चित ही बुरा सिद्ध होगा।
10. केवल मेरा नाम लेकर जय-जयकार करने की अपेक्षा जो चीज मेरी दृष्टि में अनमोल है उसे करने के लिये प्राणपण से जूझो।
11. देश के राजनैतिक दलों ने यदि देश हित की अपेक्षा अपने दल हित को प्राधान्य दिया तो देश फिर एक बार संकट में गये बिना नहीं रहेगा और तब फिर अपना सर्वस्व हमेशा के लिये नष्ट हो जायेगा।

## संदर्भ


1. श्री अयंगर, "मंत्र युग के प्राचीन भारत में जीवन" पृ. 13 और ऋ वे. 1.53.8; 103. 3, ऋ. वे. 4. 30. 20, ऋ वे. 7. 5. 3, ऋ वे. 4. 67. 3, ऋ वे. 8. 24. 27; 30. 5; 5.11.4; आं: 110; डॉ. बी.आर. आंबेडकर, *हू वेअर द शूद्राज, ठक्कर*, मुंबई 1946, पुमु 1947, 1970, पृ. 110
2. ऋ. वे. 1. 51.8,9; 1.1.32 4; 4.41.2; 5.14.3।
3. मुंशी एन. एल. खोब्रागडे, *मध्य प्रांत में दलित आंदोलन का इतिहास*, मध्य प्रदेश दलित साहित्य अकादमी, बालाघाट, 1999, पृ. 40-41।
4. एम.डी. कांबले, *डिप्राइव्ड कास्टस् एण्ड देअर स्ट्रगल फॉर इक्वालिटी*, आशिष पब्लिशिंग हाउस, नई दिल्ली। 1983, मुख पृष्ठ।
5. *डॉ. बाबासाहेब आंबेडकर रायटिंग्ज एण्ड स्पीयेज,. वाल्युम* 1, पृ. 44 और एस. एस. गायकवाड, डॉ. आंबेडकर यांची समाजरचनेची सैद्धांतिक मांडणी।
6. *डॉ. बाबासाहेब आंबेडकर गौरव ग्रंथ*, महाराष्ट्र राज्य साहित्य आणि संस्कृति मंडल, मुंबई 1993, पृ. 27।

7. डॉ. *अम्बेडकर, वीसा की प्रतिक्षा में*, 1942-46, पृ. इस शीर्षक से अपने श्रम मंत्रीत्व के कार्यकाल के दौरान विदेशी पाठकों के सूचनार्थ आत्म-चरित्र की विधा में डॉ. अम्बेडकर का लेखन।

8. प्रो. बी.एच. कल्याणकर, डॉ. आंबेडकरांचा शैक्षणिक दृष्टिकोण, *डॉ बाबासाहेब आंबेडकर गौरव ग्रंथ*, महाराष्ट्र राज्य साहित्य आणि संस्कृति मंडल, मुंबई, 1993, पृ. 419-425।

9. डॉ. भालचंद्र लक्ष्मण मुणगेकर, *डॉ. आंबेडकर यांचे भारतीय शेतीविषयक विचार*, डॉ. बाबासाहेब आंबेडकर गौरव ग्रंथ, मुंबई, 1993, पुनर्मुद्रण 1999, पृ. 393-394।

10. डॉ. नरेन्द्र जाधव, डॉ. आंबेडकरांचे अर्थ शास्त्रीय लेखन, *डॉ. बाबासाहेब अम्बेडकर गौरव ग्रंथ*, महाराष्ट्र राज्य साहित्य आणि संस्कृति मंडल, मुंबई, 1993, पृ. 362-372।

11. डॉ. नरेन्द्र जाधव, वही, पृ. 362-391।

12. श्री गोविंद तहवलकर, डॉ. आंबेडकर यांचे आर्थिक विचार, *डॉ. बाबासाहेब अम्बेडकर गौरव ग्रंथ*, मुंबई। 1993, पुनर्मुद्रण 1999, पृ. 399-400

13. डॉ. एस.डी. तुपे, *डॉ. बाबासाहेब अम्बेडकर आणि जमीन धारणा*, वही, पृ. 400-404।

14. विसाव्या शतकातील महाराष्ट्र 1910-1914, खंड 1, पृ. 214 और शांताराम पंदेरे, डॉ. अम्बेडकर आणि राखीव जागांचा प्रश्न, *डॉ. बाबासाहेब अम्बेडकर गौरव ग्रंथ*, मुंबई 1993 पुनर्मुद्रण 1999, पृ. 307।

15. लेखक के विचार।

16. सत्यकेतु विद्यालंकार, *एशिया का आधुनिक इतिहास*, सरस्वती सदन, मसूरी, उ.प्र, 1964, तृतीय संस्करण, पृ. 896।

17. डॉ. बी.आर. आंबेडकर, *रानाडे, गांधी और जिन्नाह*, मुंबई, 1943 भूमिका से।

18. श्री अरुण शौरी, *वरशिपिंग फाल्स गॉड*, ए.एस.ए. प्रकाशन, नई दिल्ली 1997, पृ।

19. एल.आर. बाली, *शौरी का शोर*, सम्यक साहित्य, नई दिल्ली 1997, पृ. 15।

20. एल.आर. बाली, वही।

21. डॉ. बी.आर. आंबेडकर, आकाशवाणी मुंबई का भाषण दिनांक 13.11.1942।

22. डॉ. बी.आर. आंबेडकर, स्मरण पत्र, *साप्ताहिक मेनस्ट्रीम*, नई दिल्ली, वार्षिक नवंबर 1993, पृ. 45।

23. *दैनिक भास्कर*, दिनांक 2 दिसंबर 2003, सुविचार में, संपादकीय पृष्ठ।

24. लेखक की कल्पना

25. एल.आर. बाली, *शौरी का शोर*, सम्यक साहित्य, नई दिल्ली 1997, पृ. 15।

26. प्रो. एन.जी. मेश्राम, डॉ. आंबेडकर का दिव्य संदेश, मुंबई (प्रथम आवृत्ति 1968), (दूसरी आवृत्ति 1995) पृ. 1-70।

## अन्य ग्रंथ


1. डॉ. भदन्त आनन्द कौसल्यायन, यदि बाबा न होते, नागपुर, 1981।
2. सी. डी. नाईक, *थॉटस् एण्ड फिलॉसफी ऑफ डॉ. बी.आर. अम्बेडकर*, सरुप एण्ड सन्स, नई दिल्ली 2003, बुद्धिस्ट डेवलपमेन्ट इन इस्ट एण्ड वेस्ट नामक अध्याय।
3. डॉ. धनंजय कीर, *डॉ. अम्बेडकर: जीवन तथा कार्य*, प्रकाशन पुणे, 1976।
4. डॉ. बी.आर. अम्बेडकर, *रायटिंग्स एण्ड स्पीचेस*, खण्ड 1, मुंबई 1979, पृ. 227।
5. डॉ. बी.आर. अम्बेडकर, *रायटिंग्स एण्ड स्पीचेस*, खण्ड 1 मुंबई 1979, पृ. 54
6. डॉ. बी.आर. अम्बेडकर, *थॉटस् ऑन पाकिस्तान*, ठक्कर एण्ड कंपनी, मुंबई, 1945, विदेशियों से सबक नामक।
7. सी.डी. नाईक, *आंबेडकर्स पर्सपेक्टिव ऑन बुद्धिज्म एण्ड अदर रिलिजन्स*, कल्पज पब्लिकेशन, नई दिल्ली, 2004।

# 13
# संघ

## बुद्ध और आंबेडकर

प्राचीन भारत के सांस्कृतिक धरोहर का सबसे उत्तम योगदान बुद्ध का आविर्भाव था। गौतम ने अपने समकालीन उद्दक और आलार से प्रशिक्षण पाया पर "आत्मदीपक" बनने का सूत्र स्वयं प्रयत्न से खोज निकाला था। बुद्ध बनकर जीवन के अस्सी वे बर्ष तक उन्होंने अपने ज्ञान से संसार को दैदीप्यमान किया था। ढाई हजार वर्ष के अंतराल के बाद भी बुद्ध अपनी खोज सत्य "धम्म" के रूप में आज भी मानवता में विद्यमान है। अमरत्व ने अपनी ही मौत को दफना दिया और जगत को प्रज्ञाबोध से जगमगाने के लिए भविष्य के हाथों में सौंप दिया।

बुद्ध के आविर्भाव से मरी हुई मानवता जाग उठी। विध्वंसक शक्तियां भयभीत हुई। अंधी लोलुपता सिर उठाने लगी। उनके विरोध में विद्वेष जलने लगा और मौत जीने लगी। अर्थात स्वार्थ मानव-सागर को पीने लगा। सर्वत्र दरिद्रता, निरक्षरता, शोषण, अन्याय, और अज्ञान का पिशाच मन को ग्रसने लगा। आकाश में भयंकर काले बादल मंडराये। धरती पर तूफान आये। समुद्र हिचकोले भरने लगा। छब्बीस सौ वर्षों के अंतराल के बाद अबरे-करम इतना बरसा कि "न भूतो न भविष्यति"।

बुद्ध के परिनिर्वाण के अनंतर ठीक निश्चित तिथि पर बोधिसत्व आंबेडकर का आविर्भाव हुआ। विश्व के शैक्षणिक संस्थानों का सबसे महान आधुनिक योगदान डॉ. आंबेडकर का रहा। उन्होंने सेलिग्मन और कॅनन से शोध-परामर्श लिया परंतु अपनी ही चेतना से उपेक्षित मानवता के लिये उन्होंने संगठन का सामाजिक सूत्र आविष्कृत किया-शिक्षित बनो, संघर्ष करो, संगठित रहो। महान कारुणिक बुद्ध के कारण आंबेडकर नामक परिणाम निकला। तथापि दोनों विभूतियों को निरंतरता की श्रृंखला में आरंभिक और अंतिम कड़िया नहीं

सपझना चाहिए। बुद्ध आये थे, आते रहेंगे, वर्तमान में भी वह विद्यमान होंगे। बर्ट्रांड रसेल कहते हैं," मनीषी जन परिणाम और कारण दोनों हैं। परिणाम अपने सामाजिक परिस्थितियों और अपने समय की राजनीति व संस्थानों का। और कारण (यदि वे भाग्यशाली है तो) धारणाओं का, जो परवर्ती समय की राजनीति और संस्थानों को मोड़ देती है।[1]

## राजनीति

आज भी भारत में राजनीति राजनैतिक नहीं बनी। वह जातिगत ही दिखाई देती है। येरन नायडू, जो संसदीय दल के नेता है, ने कहा, "हम राष्ट्रीय लोकतांत्रिक गठबंधन के लिए कृतसंकल्प हैं, किंतु जातिवादियों के साथ समझौता करने का प्रश्न ही नहीं है।"[2]

क्या वर्तमान सत्ताधारी सरकार यह दावा कर सकती है कि वह कतई जातिवाद के पक्ष में नहीं भले ही उनकी आंखों के सामने राष्ट्रीय स्वंयसेवक संघ, संघ परिवार, बजरंग दल, विश्व हिंदू परिषद इत्यादि अपने तांडव उसी ढंग से कर रहे हैं?

## संविधान

लोकतांत्रिक पद्धति से सरकार जनता का कल्याण करेगी इस उद्देश्य से डॉ. आंबेडकर ने भारतीयों के लिए बहुत बड़ा संविधान तैयार कर दिया था। आज वहां अंजाम यह हो रहा है कि प्रतिकारी शक्तियां न रहेगा बाँस, न बजेगी बांसुरी, की कहावत को चरितार्थ कर डॉ आंबेडकर और संविधान दोनों पर हमला कर रही हैं। 'संविधान बदलो' के नारे लगानेवाले लोग असमानता से समानता के तत्व में बदले हुए वर्तमान संविधान पर तो चलते नहीं और चलेंगे इसकी कोई उम्मीद नहीं। क्योंकि वे करते हैं वही जो लिखा नहीं और बोलते वही हैं जो करना नहीं। उनके सामने दूसरे लोग तो होते ही नहीं। दुनिया तो आधी है और वे पूरे एक। संविधान में संशोधन करने का उनका अभिप्राय राष्ट्रीय सुरक्षा और एकता को, नागरिक स्वतंत्रता व समानता को तथा राष्ट्रवाद व मानवीय मूल्यों को अपने तथा अपनो ही के लिए सुरक्षित बनाये रखना है। भला हो भारत के महामहीम राष्ट्रपति जी का जिन्होंने ऐसी प्रतिकारी ताकतें और सरकारों का निर्भयता से बौद्धिक प्रतिवाद किया है। इतना ही नहीं, उन्होंने गणतंत्र के सम्मुख खड़े खतरनाक राजपुरुषों की तरफ अंगुलीनिर्देश भी किया है। उन्होंने कहा: "संविधान पर हमला कर प्रधानमंत्री किसकी रक्षा करने की चेष्टा कर रहे हैं?

क्या भ्रष्टाचार की रक्षा, जो संविधान में निहित है? क्या जातिवाद की रक्षा, जो संविधान से निष्कासित है? क्या देशहित की रक्षा, जिसे आर्थिक सुधारों के नाम पर, बेचना असंवैधानिक है? क्या बर्बरता की रक्षा, जिसे संविधान अन्याय कहता है? क्या दरिद्रता व शोषण की रक्षा, जिसे संविधान खत्म करना चाहता है? क्या वर्णव्यवस्था और वर्गवाद की रक्षा, जिसे संविधान मिटाना चाहता है? क्या गरीबों की रक्षा, जो संविधान में आस्था रखते हैं? क्या लोकतंत्र और मताधिकार की रक्षा, जिसमें गरीबों की आस है कि वह दिन आयेगा जब चेतना का विकास कर राजपुरुष संविधान के शब्द और सार को व्यवहार में उतारेंगे? क्या ऐसे संविधान की रक्षा, जो नागरिकों को मूलभूत अधिकार बहाल करता है, विभिन्नता की रक्षा करता है, जो राष्ट्र का बल है?'' निस्संदेह महामहिम राष्ट्रपति जी के उपरोक्त बोल बुद्ध-वचन की याद को तरो-ताजा कर रहे हैं।

## गणतंत्र की रक्षा

आज भारतीय गणतंत्र चारों ओर से घिरा है। एक ओर से मारक शक्तियां अपने मंसूबों में कामयाब होती नजर आ रही हैं और तारक शक्तियां धरी की धरी रह गई हैं। दूसरी ओर भारतीयता को हिंदू-वर्चस्व समझकर झगड़े-फिसाद खड़े किये जा रहे हैं। तीसरी ओर भोली जनता धोखेबाजों से आहत हो गई है। और चौथी ओर विश्वास को वैज्ञानिक चेतना में बदलने की चुनौती है। गणतंत्र को सफल बनाने के लिए सम्यक दृष्टि का बोध होना जरुरी है।[3]

## राजनीति और धर्म

उपरोक्त खतरों से निजात पाने के लिए स्वर्गीय गांधी जी ने राजनीति को सुधारने की शिक्षा दी। इस सुधार के लिए उन्होंने धर्म को साधन माना है। उन्होंने कहा: "There is no politics without religion. Politics without religion (morality) is a thing to be avoided." डॉ. आंबेडकर ने भी राजनीति और विशेषतः भारतीय राजनीति को जातिवाद-प्रेरित और एक-वर्गाधिष्ठित शासन प्रणाली बताकर उसे दूर करने के लिए और बहुजन-हिताय, बहुजन-सुखाय पद्धति के स्थापनार्थ प्राचीन बौद्ध परंपराओं के अनुकरण पर अधिक बल दिया है।

## महान जनवादी बुद्ध

बुद्ध ने अपने संघ को गणतांत्रिक-जनतांत्रिक आधार पर बनाया था, और कार्यपरिचालन के लिए जिस प्रणाली को स्वीकार किया था, वह यही थी,

जिसके अनुसार वैशाली गणराज्य का शासन होता था। संघ बहुमत से फैसला करते थे, उसे "यद्‌भूयसिक" कहते थे। यद्‌भूयसिक क्या था? यह जो बहुमत के अनुसार कर्म का करना, उसे स्वीकार करना, उस प्रकार झगड़ा शांत करना था, उसे "यद्‌भूयसिक" कहते थे। बहुमत जानने के लिए मतदान होता था। वोट के लिए पेंसिल जैसी दो प्रकार की भिन्न रंगवाली लकड़ियों (शलाकाओं) का इस्तेमाल किया जाता था। वोट को "छंद" कहते थे। वोट की शलाका "बैलट" की जगह व्यवहृत होती थी। बैलट बांटनेवाले को "शलाका ग्रहापक" कहते थे। शलाका-ग्रहापक से अपेक्षित था कि वह न अपनी रुचि के रास्ते जाये, न द्वेष के रास्ते जाये, न मोह के रास्ते जाये, न भय के रास्ते जाये, और न पहिले से पकड़े रास्ते जाये। वोटर या मतदाता को "छंद-दायक" कहा जाता था। यदि वह असंतोष प्रकट करे (स्वीयति), तो प्रायश्चित होता था। बुद्ध ने तीन प्रकार के शलाका-ग्रहण (वोटिंग) की अनुज्ञा दी। 1. गूढक-शलाका-ग्रहण, 2. सकर्ण-जल्पक शलाका-ग्रहण और 3. विवृत्तक शलाका-ग्रहण। गूढ़क शलाका ग्रहापक भिक्षु को शलाकायें रंगबेरंगी बनाकर एक-एक भिक्षु के पास जाकर कहना होता था कि "यह ऐसे पक्षवाले की शलाका है, जिसे चाहो, ले लो।" शलाका ग्रहण करने पर बोलना पड़ता था। "किसी को मत दिखलाओ।" सकर्ण जल्पक शलाका ग्रहापक भिक्षु को एक-एक भिक्षु के कान के पास जाकर कहना होता था कि "यह ऐसे पक्ष की शलाका है, जिसे चाहो ले लो"। ले लेने पर बोलना था" किसी को मत बतलाओ"। विवृत्तक शलाका ग्रहापक को विश्वासपूर्वक विवृत या खुली शलाका ग्रहण कराना होता था।

**व्यक्ति से संघ बड़ा भले ही वह निम्न श्रेणी के व्यक्तियों का ही क्यों न बना हो**

शाक्यो के देश में कपिलवस्तु के न्यग्रोधाराम में बुद्ध थे तो वहां उनकी मौसी महाप्रजापति गौतमी आई। अपने द्वारा बनाया गया धुस्से का जोड़ा बुद्ध को अभिवादन कर भेंट करने लगी। "भंते, कृपा कर, इसे स्वीकार कंरें।" बुद्ध ने कहा, "गौतमी, इसे संघ को दो, संघ को देने से मैं भी पूजित हूँगा, और संघ भी।" आयुष्मान आनंद ने भी भगवान से कहा– "भंते, आपकी अभिभाविका, पोषिका, क्षीरदायिका महाप्रजापति गौतमी बहुत उपकार करनेवाली है, उसके धुस्सा-जोड़े को स्वीकार करें।" बुद्ध ने उत्तर दिया– "आनंद, व्यक्ति व्यक्ति के सहारे बुद्ध, धम्म, संघ का शरणागत होता है। लेकिन जो यह अभिवादन, सेवा, अंजली जोड़ना, चीवर-पिंडपात-शयनासन-भैषज देना है, इसे मैं इस पुद्‌गल का उस पुद्‌गल के प्रति सुप्रतिकार प्रत्युपकार नहीं कहता। पुद्‌गल

(व्यक्ति) से संघ (समाज) ऊंचा होता है भले ही वह श्रेष्ठ से श्रेष्ठ पुद्गलों से या निम्न श्रेणी के व्यक्तियों से ही क्यों न बना हो। भविष्यकाल में लोग दुःशीलों को संघ के नाम पर दान देंगे। उस वक्त भी संघ विषयक दक्षिणा को मैं असंख्य, अपरिमित फलवाली कहता हूं। किसी तरह भी संघ विषयक दक्षिणा से व्यक्तिगत दक्षिणा अधिक फलदायक नहीं होती।"[4] जाहिर है कि एक बूंद समुद्र में गिर जाये तो वह अमर हो जाता है।

## कानून व्यवस्था

महापरिनिर्वाण सूत्र[5] की अट्ठकथा से मालूम होता है, कि पुराने वज्जी-धर्म (वैशाली-कानून) में किसी मामले का फैसला बहुत छान-बीन के साथ किया जाता था। चोर को वहां के राजा लोग इस चोर को बांधो न कह, न्यायाधीश ( विनिश्चय महामात्य) को देते थे। वह विचार कर न चोर होने पर उसे छोड़ देते, यदि चोर होता, तो अपने कुछ न कहकर, 'व्यावहारिक' को देते। वह भी विचार कर अचोर होने पर छोड़ देते, यदि चोर होता, तो 'सूत्रधार' को देते। वह भी वैसा ही कर सेनापति को, सेनापति उपराज को, उपराज राजा (राष्ट्रपति) को, राजा विचार कर यदि अचोर होता, तो छोड़ देता, यदि चोर होता, तो प्रवेणी-पुस्तक (कानूनी-किताब) बचवाता। उसमें- 'जिसने यह किया उसको ऐसा दण्ड हो' लिखा रहता। राजा उसके काम को उससे मिलाकर, उसे तदनुसार दण्ड करता।

आज भारत का राष्ट्रपति अपने समीचीन वक्तव्यों से भारतीय प्राचीन बौद्ध परंपरा की याद दिला रहे हैं। उन्होंने भारत के सर्वोच्च न्यायालय के मुख्य न्यायधीश ए.एस. आनंद जी से उम्मीद की है कि वे भारत में जिम्मेवार न्यायव्यवस्था का मार्ग प्रदर्शित करेंगे ताकि शीघ्र, सस्ते और दोषमुक्त न्याय का अनुशासन कायम कर सके। इसी ढंग से हम समाज में न्याय की स्थापना कर सकते हैं।

## सफल लोकतंत्र के आधार

मगध का अजातशत्रु अनेक बार वैशाली वालों पर आक्रमण करके असफल रहा। इस पर उसने अपने मंत्री वर्षकार को यह जानने के लिए बुद्ध के पास भेजा, कि वैशाली के लिच्छवि क्यों अजेय है। वर्षकार बुद्ध के पास जाकर बोला, राजा कहता है 'मैं इन वैभवशाली वज्जियों को उच्छिन्न करूंगा, वज्जियों का विनाश करूंगा, उन पर आफत ढाऊंगा'। वज्जियों के संबंध में ऐसे शब्द सुनने की अपनी अरुचि प्रकट करते हुए वर्षकार की ओर से मुंह फेर कर, बुद्ध ने वैशाली के गणतंत्रियों में प्राप्य सात अजेय गुणों को कहा।

1. बैठक में इकट्ठा होना: आनंद, जब तक वज्जी बैठक में इकट्ठा होनेवाले रहेंगे, सन्निपात-बहुल रहेंगे, तब तक आनंद, वज्जियों की वृद्धि ही समझना, हानि नहीं।
2. एक होकर काम करना; वज्जि एक होकर बैठक करते हैं, एक होकर उत्थान करते हैं, एक होकर करणीय (कर्त्तव्य) को करते हैं।
3. कानून का उल्लंघन न करना; वज्जी अप्रज्ञप्त (गैरकानूनी) को प्रज्ञप्त (विहित) नहीं करते, प्रज्ञप्त (विहित) का उच्छेद नहीं करते। जैसे प्रज्ञप्त हैं, वैसे ही पुराने वज्जि-धर्म (वज्जि कानून) को ग्रहण कर बर्ताव करते हैं।
4. बुजुर्गों का सम्मान: वज्जियों के जो महल्लक (बुजुर्ग) है उनका वे सत्कार करते हैं, पूजते हैं, उनकी बात सुनने योग्य मानते हैं।
5. महिलाओं की इज्जत: वज्जियों की जो कुल-स्त्रियां हैं, कुल-कुमारियां हैं, उन्हें वह छीन कर, जबरर्दस्ती नहीं बसाते।
6. धार्मिक भावनाओं का ख्याल रखना: वज्जियों के नगर के भीतर या बाहर के जो चैत्य (चौरा, देवस्थान) है, उनका सत्कार करते हैं, पूजते हैं। उनके लिये पहले किये गये दान का, धर्मानुसार वृत्ति का, लोप नहीं करते।
7. सुरक्षा-प्रबंध: वज्जी लोग अर्हतो (सत, महापुरुषों) की अच्छी तरह धर्मानुसार रक्षा, गुप्ति करते हैं ताकि भविष्य के अर्हत राज्य में आये, आये अर्हत् राज्य में सुख से विहार करे।

उपरोक्त यही कारण भारतीय गणराज्य के अजेय होने के लिए भी लागू होते हैं। यदि राष्ट्रचालक संसद (पार्लियामेंट) सन्निपात बहुल हो अर्थात् लोग बार-बार एकत्रित होकर काम का निर्णय करें; एकसाथ मिलकर बैठकों करें; और काम में लगें; कानून का उल्लंघन न करें; बुजुर्गों का सम्मान करें, उनकी बाते सुनें; स्त्रियों पर जबर्दस्ती न करें; धर्म, धार्मिक भावों का लोगों को ख्याल रखें; और सत्पुरुषों की रक्षा का प्रबंध करें; तो मजाल है किसी की कि कोई भारत को आक्रामक नजर से देखे या भारतीय संविधान के कानून का उल्लंघन करे चाहे वह पड़ोसी, बाहर या अंदर का अजातशत्रु ही क्यों न हो?

## कमियों को दूर करना

आज सरकार को चाहिए कि भारतीय समाज में जो बहुत-सी कमियां हैं, एक-एक करके उसे दूर किया जाये। बौद्ध समाज के एक प्रतिनिधि की हैसियत से लेखक तत्संबंधित कुछ कमियों को आपके नजर में लाना चाहता है।

1. भिक्षुणी संघ: वैशाली ही में प्राचीन भारत में बुद्ध ने सर्वप्रथम महिलाओं के लिए धम्म-सेविका या बौद्ध भिक्षुनियों का संघ महाप्रजापति गौतमी और अन्य शाक्य देवियों को प्रवजित होने की आज्ञा देकर स्थापित किया था। इसी परंपरा में एक अखिल भारतीय भिक्षुणी प्रशिक्षण संस्थान स्थापित करने की जरुरत है, जिसे सरकार के सहयोग के बिना नहीं किया जा सकता।
2. भारत के प्रसिद्ध ऐतिहासिक पुराने केंब्रिज और आक्सफोर्ड यथा तक्षशिला, नालंदा, विक्रमशिला, उडन्तपूरी, वल्लभी आदि विद्या के विश्व केंद्र लुप्त हुये हैं। उनकी पुनर्स्थापना होनी चाहिए। आवश्यकता है कि कम से कम एक केंद्रीय बौद्ध विश्वविद्यालय सरकार द्वारा स्थापित किया जाये और लुप्त धरोहर को पुनर्जीवित किया जाए ताकि हमारे देश से अज्ञान, निरक्षरता, अंधविश्वास का खात्मा होकर हम विश्व को प्रज्ञा की ज्योति से जगमगाने के उत्तम पुण्य के लाभी हो सकें।
3. भारतीय सीमा सुरक्षा की दृष्टि से भी उक्त विचार प्रासंगिक है। बुद्ध सदाबहार चिंतन-स्रोत होते हैं। उनके विनय से सारा समाज अभिभूत हो तो अपनी कमियां दूर हो सकती हैं। इस चेतना को शासन जनता तक पहुंचाए तो लोग उनके साथ रहेंगे।

## भविष्य

खतरों से बचना है तो डॉ. आंबेडकर के विचारों और दूरदृष्टि को अपनाना जरुरी है। पहले की तरह आज भी भारत को काश्मीर और तिब्बत को लेकर सीमा सुरक्षा का खतरा असुरक्षित कर देता है। जब तक यह बाह्‌य खतरे बने रहेंगे तब तक भारत के अंदर असुरक्षा की भावना मिट नहीं सकेगी। इन दोनों समस्याओं का निदान बाबासाहेब आंबेडकर ने किया था और तत्कालीन शासन को इनसे निपटने का दूरदर्शी रास्ता भी बताया था। कारगिल का युद्ध और कर्मापा लामा का बुद्ध दोनों घटनायें मिलेनियम के आसपास ही घटित हुई है। सिक्किम पर चीन ने अपना कब्जा नहीं छोड़ा है हालांकि भारत ने तिब्बत पर अपना कब्जा छोड़ दिया। दलाई लामा को राजनैतिक सुरक्षा देकर भारत ने नैतिक संतोष हासिल तो किया परंतु रुमटेक के बुद्ध की सुरक्षितता के लिए चीन की तरफ से भारत अब भी निश्चिंत नहीं है। कारगिल युद्ध के बाद भी यही निष्कर्ष निकलता है कि जब तक काश्मीर दो विरोधी जमातों में अविभक्त रहेगा तब तक दोनों राष्ट्र परस्पर अविश्वास और अशांति में लड़ते रहेंगे। अविभक्त काश्मीर का

नारा पहिले के अविभाजित भारत के सपने की तरह कहीं टूट कर चूर न हो जाये इसका डर अब भी हमें सताता रहता है।

भविष्य को उज्जवल और बेहतर बनाने के लिए बुद्ध-धम्म-संघ शक्ति की शरण ग्रहण करने का ही एकमेव उपाय हमारे पास पर्याय है। डॉ. आंबेडकर ने कहा था, 'मैं सारे भारत को बौद्धमय बनाऊंगा।' उनके ही नक्शे-कदम पर चलकर हम सब भारतियों को एक साथ कहना चाहिए: बुद्धं सरणं गच्छामि, धम्म सरणं गच्छामि, संघं सरणं गच्छामि।

## संदर्भ

1. *ए हिस्ट्री ऑफ वेस्टर्न फिलॉसफी*, ग्रेट ब्रिटेन, 1988।

2. *इंडिया टूडे*, पृष्ठ 14, मार्च 13, 2000।

3. पृष्ठ 7-9, न्याय-चक्र, 15 जनवरी-14 फरवरी 1993।

4. मज्झिम निकाय 3.4.12।

5. दीघ निकाय 2.3.।

# 14
# पत्रकारिता

भारतीय हिन्दू समाज दो समुदायों में वर्गीकृत है। जितने भी हिन्दू हैं वे अदलित या सवर्ण हैं। शेष जो सामाजिक रूप से दूर, शारीरिक रूप से अछूते और मानसिक रूप से तिरस्कृत लोग हैं वे सब दलित है। परिणामतः ये लोग शिक्षा से वंचित, आर्थिक और राजनीतिक जीवन में उपेक्षित रहे हैं। उनकी दर्दभरी आवाज सवर्णों द्वारा नहीं सुनी जाती और न उनके आंसू भरे दुःख उन्हें पसीज सकते हैं। ऐसे जीवंत लेकिन मूक जनता की कहानी दुनिया को बताने का साहस उनका अपना कोई नायक ही कर सकता था। सन् 1920 में अमेरिका से कोलंबिया विद्यापीठ की डॉक्टरेट की उपाधि हासिल कर डॉ. आंबेडकर ने इन्हीं लोगों के लिए जो एक साप्ताहिक मुख पत्र आरंभ किया था उसका नाम भी इसीलिए उन्होंने 'मूकनायक' ही रखा।

पत्रकारिता का मतलब है लिखित कागजों के माध्यम से जनता के साथ आम भाषा में विश्वास का सम्बन्ध बनाये रखना। सवर्णों के अखबार सवर्णों के हितों तक ही सीमित रहे। उन्हें समाज के दूसरे छोर पर बसे हीनदीनों से कुछ नहीं लेना देना था। उन्हीं बहिष्कृत मानवता को अपने शब्दों के धागे से एक में पिरोकर संगठन शक्ति में बदलने के लिए डॉ. आंबेडकर ने सन् 1927 से 1930 तक एक दूसरा साप्ताहिक मुखपत्र चलाया जिसका शीर्षक था 'बहिष्कृत भारत'। इसके अनंतर पत्रकारिता की श्रृंखला उन्होंने जीवनपर्यन्त बनाये रखी। नागरिक हकों से बेखबर, दलितों को अपने हितों से वाकिफ बनाने के उद्देश्य से उन्होंने जो दूसरे पत्र प्रचलित किये उनके शीर्षक क्रमशः 'जनता', 'समता', एवं 'प्रबुद्ध भारत' रहे हैं।

ये दलित पत्रकारिता के प्रस्थापित नमूने थे। पत्रकारिता और दलित पत्रकारिता में मूलभूत भेद भी है। निष्पक्ष पत्रकारिता किसी समुदाय के विश्वास

को गवां देने का साहस नहीं कर सकती। परंतु भारतीय परिप्रेक्ष्य में पक्षपात, जातपात और विश्वासघात ये तीनों पत्रकारिता के प्रमुख अंग बन गये प्रतीत होते हैं। इन हालातों में उपेक्षित वर्ग अपने और गैर लोगों के साथ एक निर्भय, स्वतंत्र और आस्था का सम्बन्ध जिस माध्यम से कायम करता है उसे दलित पत्रकारिता कहना न्यायोचित है।

दलित पत्रकारिता का उद्भव, विकास, दिशा और नये आयाम के बारे में कुछ कहना यहां क्रम प्राप्त है। जहां तक उद्भव की बात है यह निश्चित ही हैं कि भारतीय समाज में पद्दलित होते हुए भी जब कभी उनमें कुछ शिक्षित दलित निष्पन्न हुए तभी इस प्रकार के शाब्दिक लिखित पत्र का आरंभ हुआ होगा। दलित पत्रकारिता की जन्मभूमि भारत के सबसे बड़े सांस्कृतिक राज्य और आर्यों के सबसे बड़े प्रतिद्वंद्वी नाग या महारों के एक वासस्थान 'महाराष्ट्र' ही रही। 'सिंहगर्जना' के पचहत्तरवें दीपावली विशेषांक में महारों का इतिहास बताने वाले लेख में श्री रत्नाकर गणवीर ने भी कहा – 'जमीरवान अस्पृश्यों में जागृति की पहली स्पार्क महार कौम में ही उठी। अपने जन्मसिद्ध अधिकारों के लिए प्रथम बार उन्होंने ही आवाज बुलंद की। डॉ. आंबेडकर के पहले अनेक महार नेताओं ने ऐसा प्रयास किया। लेकिन केवल डॉ. आंबेडकर की भीमगर्जना ही 'सिंहगर्जना' सिद्ध हुई।'

प्राचीन भारतीय एवं अभारतीय दार्शनिकों में से कुछ ने माना कि सृष्टि का उद्गम एक ही तत्व से हुआ है। वे उस तत्व को 'जल' या 'पानी' कहने लगे। सामाजिक दार्शनिकों में कितने ही ऐसे तत्व की खोज में साहित्य या इतिहास में खो गए परन्तु वास्तविक समाज की नींव को छू तक न सके। डॉ. आंबेडकर ने दार्शनिक और सामाजिक स्तर पर जो जन आंदोलन शुरू किया उसका आधार भी 'जल' था और उसे सन् 1927 में 'बहिष्कृत भारत' के आरंभ में चलाया गया। उसे '*महाड चवदार तालाब का सत्याग्रह*' भी कहा जाता है।

श्री अर्जुन डांगले 'लोकराज्य' के आंबेडकर विशेषांक में लिखते हैं कि 'बाबा साहेब आंबेडकर नहीं होते तो आज के क्रांतिकारी दलित साहित्य का निर्माण नहीं होता।'

प्राध्यापक रा.ग. जाधव ने भी उक्त अंक में कहा है कि दलित कवियों ने बाबासाहेब के रूप में एक दार्शनिक साक्षात्कार किया, एक जीवनदर्शन को पाया। इस दलित 'शब्द ब्रह्म' का उद्गाता महापुरुष बेशक डॉ. बाबासाहेब आंबेडकर ही है।

दलित पत्रकारिता के विकास के बारे में कह सकते हैं कि सन् 1945 से डॉ. आंबेडकर द्वारा संस्थापित शैक्षणिक संस्थाओं में से दलित युवा पीढ़ी सुशिक्षित होकर जब कलम चलाने लगी तभी से इस 'शब्द ब्रह्म' का क्रमिक विकास होने लगा।

आज दलित साहित्य सामाजिक आंदोलन का अविभाज्य अंग बन गया है। साहित्य और आंदोलन एक दूसरे के पूरक हैं। कालांतर में पृथक दलित साहित्य का प्रभाव एक संघ महाराष्ट्रीय समाज के प्रतिबिंब मराठी साहित्य के महानदी में अनजाने ही मिल जाएगा और उसे नई दिशा मिलेगी।'

प्रो. री. नेरूरकर ने दलित शब्द कला के विकास के बारे में कहा– दलित साहित्य एक दारुण युवा-साहित्य की युग घोषणा करने वाली युग प्रेरणा और युग धारणा है। इस प्रेरणा व धारणा को लेकर दलित साहित्य (जिसमें दलित पत्रकारिता का भी समावेश है) मराठी दलित साहित्य में आज केवल स्थायी ही नहीं हुआ बल्कि दसों दिशाओं में वह गतिमान हो रहा प्रतीत होता है। भगवान बुद्ध ने अपने शिष्यों को दिशाहीनता को ठुकराकर दिशा शोध का संदेश दिया था। इसी तरह दसों दिशाओं के शोध कार्य का प्रयास दलित साहित्य एवं साहित्यिकों द्वारा जितना आविष्कारक होता रहेगा उतना ही वह युग प्रमाण व युग सफल ही सिद्ध होगा।'

'अस्मिता दर्श' इस नियतकालिक को दलितों के साहित्य इतिहास का पहला 'वाटर-शेड' कहने वाले प्रो. जनार्दन वाघमारे लिखते हैं– 'आंबेडकर ने मराठी दलित लेखकों को नया 'मूड' दिया और इन नये विचारों को कथा काव्यों द्वारा अभिव्यक्त कराया गया। उन्हें अधिक तीव्र, उत्कट और प्रवाही उक्त नियतकालिक ने ही किया है। अस्मिता दर्श के संपादक प्रो. गंगाधर पानतावणे दलित पत्रकारिता के बारे में बताते हैं कि 'इतनी पत्रकारिता करने पर भी डॉ. बाबासाहेब आंबेडकर को 'पत्रकार आंबेडकर' का खिताब नहीं प्राप्त हुआ। मराठी पत्रकारिता तिलक, आगरकर, परांजपे, केलकर, खाडिलकर, कोल्हटकर तक ही दौड़ती थी। आधुनिक मराठी वाडमय के इतिहास के जो ग्रंथ प्रकाशित हुए उनमें अनेक अज्ञात व्यक्तिओं के भी निर्देश हैं परन्तु उसमें बाबासाहेब का नाम नहीं हैं। सन् 1984 में श्री रा. के. लेले ने अपने 'मराठी वृत्तपत्रों के इतिहास' में उनका उल्लेख किया है। अन्य नियतकालिकों यथा 'लोकमित्र', 'विद्यासेवक', 'यशवंत' ने तो अम्बेडकर के किसी भी वृत्तपत्र का जिक्र तक नहीं किया। श्री टी. वी. पर्वत ने अपने 'मराठी जर्नालिज्म' नामक पुस्तक में 'खबर', 'जयहिंद', 'तेज', जैसे सांय दैनिक व एक पृष्ठ वाले दैनिकों का तो

जिक्र किया परंतु उसमें 'मूकनायक', बहिष्कृत भारत', 'जनता' जैसे लोक शिक्षा व लोक जागृति के कर्तव्यनिष्ठा से बंधे अखबारों का नामोनिशान तक न होना इसे क्या कहना चाहिए? जब मराठी पत्र जगत इतनी उपेक्षा करती है तो भारतीय पत्र *जगत* का कहना ही क्या? तो भी डॉ. वी.डी. राव ने 'मराठी पत्रकारिता का उद्‌गम और विकास' नामक लेख में ब्राह्मणेतेरे समाचार पत्रों के अंतर्गत डॉ. आंबेडकर के मुख पत्रों का भी उल्लेख कर उसे 'द इंडियन प्रेस' में मुद्रित कराया है। यही उल्लेख पत्रकारिता की दृष्टि से सबसे महत्वपूर्ण है। हालांकि चरित्र लेखकों ने और समाज अन्वेषकों ने डॉ. आंबेडकर के वृत्तपत्रों का जो उल्लेख किया है वह आंदोलनात्मक एवं ऐतिहासिक दृष्टि से महत्वपूर्ण माना जाएगा। इसी प्रकार अमेरिकन विदुषी डॉ. एलिनार झेलियट ने अपने 'डॉ. आंबेडकर और महार आंदोलन' नामक प्रबंध में आंबेडकर के वृत्तपत्रीय लेखन की ही चिकित्सा की है।'

दलित पत्रकारिता के संबंध में सबसे श्रेष्ठ और महत्वपूर्ण कार्य 'पत्रकार आंबेडकर' नामक पुस्तक के लेखक ने किया जिसमें 'मूकनायक', 'बहिष्कृत भारत', 'जनता' व 'प्रबुद्ध भारत' इन चारों वृत्तपत्रों के लेखन का परामर्श लिया गया है। इससे भी अच्छी बात यह हुई है कि सन् 1990 में महाराष्ट्र शासन के शिक्षा विभाग द्वारा वसंत मून के संपादकत्व में 'डॉ. बाबासाहेब आंबेडकर' और अस्पृश्यों के आंदोलन के अध्ययन स्त्रोत खंड दो के अंतर्गत बाबासाहेब के दो मुखपत्रों अर्थात् 'बहिष्कृत भारत' तथा 'मूकनायक' को प्रकाशित कर जनता को उन्हें उपलब्ध करा दिया। इसी से दलित पत्रकारिता की भावी दिशा का मूल्यांकन किया जा सकता है। आज महाराष्ट्र के दलित चेतना के गढ़ नागपुर से कई पत्र-पत्रिकाएँ निकल रही है। पझारे संपादित 'बौद्ध मित्र संदेश' तथा अत्याधुनिक शानदार मासिक 'अश्वघोष' उनमें से सबसे अधिक लोकप्रिय होते जा रहे हैं। इसी प्रकार मध्यप्रदेश के खंडवा जिले का 'दलित नव-अभिमत' भी एक दैनिक अखबार के रूप में नई दिशा में *लोक जागरण* को करने में अपने कदम क्यों न आगे बढ़ाए? कामना करते हैं करने की, और सभी के सहयोग की।

आंदोलन हो या उसका आईना जो पत्रकारिता जैसे माध्यमों से प्रतिबिंबित होता है, उसकी सफलता तीन शब्दों में निहित है: (1) जागरुकता (2) सुशिक्षितता एवं (3) स्वाभिमान।

डॉ. आंबेडकर ने भी यही संदेश दिया है कि 'जो संघर्ष करते हैं उन्हें ही यश मिलता है। निराशा का युग खत्म हुआ है। नये युग का आरंभ हुआ है। तुम्हारा

उद्धार करने के लिए कोई भी आयेगा नहीं। तुम मन में लाओगे तो तुम्हारा भला तुम ही कर सकोगे। पंढरपुर, त्र्यंबक, काशी, हरिद्वार इत्यादि स्थलों की यात्रा कर या एकादशी, सोमवार इत्यादि उपवास कर या शनिमाहात्म्य, का पारायण कर तुम्हारा उद्धार नहीं होगा। तुम्हारे पुरखों ने हजारों साल इन बातों को करके देखा तो भी तुम्हारे सोचनीय स्थिति में एक बूँद भर भी फर्क पड़ा है क्या? तुम्हें याद रखना चाहिए कि कोई समाज जागृत, सुशिक्षित व स्वाभिमानी होगा तो ही उसका सामर्थ्य बढ़ेगा।'

पत्रकारिता के नये आयामों में हमें देखना चाहिए कि साहित्य और पत्रकारिता में साम्य और भेद क्या है। साम्य उनमें इतना ही है कि ये दोनों संदेश वाहक, ज्ञान वाहक माध्यम है। भेद इतना ही है कि इन दोनों में पहला विशिष्ट ज्ञान या संदेश को लोगों तक पहुंचाने का काम करता है। परन्तु दूसरा जनता का ही संदेश आम भाषा में जनता तक पहुंचाने का काम प्रतिदिन करता है। आज उसमें ज्ञान या विज्ञान के विशेष कालम द्वारा जनता को नई-नई रोशनी से भी अवगत कराया जाता है। स्पष्ट है कि साहित्य और पत्रकारिता में दिन-ब-दिन भेद कम होता जा रहा है। फिर भी पत्रकारिता अवाम की जो आवश्यकता बनी है उसे देखकर यह कह सकते हैं कि सुबह की गरम चाय आम आदमी की जितनी आसानी और मात्राधिक्य से जरूरत पूरी करती है उतनी ही पत्रकारिता की आज भी जो उपयोगिता है वह सुस्पष्ट है। उसी प्रकार घर में किसी डिब्बे में जैसे चीनी पड़ी रहती है और उसमें से जितनी लगे उतनी आवश्यकता पड़ने पर प्रयुक्त की जाती है इसी के भांति साहित्य की आम लोगों के लिए आर्थिक और हार्दिक दृष्टि से उपयोगिता है।

भारतीय कुल जनसंख्या का पांचवा हिस्सा दलित नर-नारी का है। उसे सामाजिक, आर्थिक, शैक्षणिक, राजनीतिक और धार्मिक क्षेत्र में 'एकमत एक मूल्य' की अम्बेडकरी समता देने का केन्द्र और राज्य शासन तथा अशासकीय संस्थाओं का भी प्रयास अनवरत चल रहा है। चुनाव की इस सरगर्मी में देशभर में छोटे-बड़े पक्ष-विपक्ष जो सुना रहे हैं वह शोर से अधिक कुछ नहीं समझ में आ रहा है। शायद आधुनिक तकनीकी के दृश्य श्राव्य दूरदर्शन के यंत्रों द्वारा द्रुत गति से उन्हें जनता तक ध्वनिक्षेपित किया जानें से ऐसा हो रहा हो। तो भी अंकित शब्दों से तुलनात्मक स्थायित्व के साथ अशिक्षित जनता को संदेश पहुंचाने वाले वृत्त-पत्र-संसार की पृथक, स्वतंत्र और बेमिसाल भूमिका जाहिर और सिद्ध ही है।

दलित पत्रकारिता की नई दिशा दलित साहित्य के आयाम के साथ विश्व में शांतिमय क्रांति लाने का काम करेगी। इसकी आस्था हम कर सकते हैं क्योंकि

मध्यप्रदेश में उज्जैन और इंदौर के विद्यापीठों ने ही महाराष्ट्र के दो युगपुरुष अर्थात क्रांतिवीर ज्योतिराव फुले एवं डॉ॰ बाबासाहेब आंबेडकर के चरित्रों को अपने अभ्यास क्रम में समाविष्ट करने का मान सर्वप्रथम हासिल किया है। फिर दलित पत्रकारिता के क्षेत्र में भी भारत के इस हृदय राज्य में किसी व्यक्ति या संस्था विशेष ने कुछ अहम् कर दिखाया तो वह अन्य सब के लिए नया जागरण एवं सबक होगा इसमें हमें बिल्कुल शक नहीं है।

जिस प्रकार आज दलित रंगभूमि मराठी और मराठेत्तर रंगभूमियों को यह एहसास करा रही है कि समाज का छोटा सा क्यों न हो, एक भाग सचमुच जीता है उसी प्रकार दलित पत्रकारिता दलितेत्तर भाइयों को यह एहसास जरूर करा देगी कि 'तुम अपनी निगाहें इतनी विशाल करो ताकि हम नाचीज भी आपकी नजर में चुनाव के दिनों के बगैर भी समाये जा सकें,

*स्त्रोत*


1. मेश्राम म.बा. (संपा.) — 1976 सिंहगर्जना दीपावली विशेषांक, यवतकाल
   1975 सिंह गर्जना दीपावली विशेषांक, यवतमाल
2. धर्माधिकारी तारा (संपा.) — 1979 अम्बेडकर विशेषांक 'लोकराज्य' मुंबई
3. मूनवसंत (संपा.) — 1990 डॉ. बाबासाहेब आंबेडकर और अस्पृश्यों के आंदोलन अध्ययन के साधन खंड दा (1927–29) 'बहिष्कृत भारत व (1920) मूकनायक' शिक्षा विभाग, महाराष्ट्र शासन, मुंबई
4. तुलसीराम (संपा.) जून — 1997 अश्वघोष हिन्दी मासिक पत्रिका नागपुर

# 15

# आर्थिक व्यवस्था

## आर्थिक व्यवस्था

डॉ. आंबेडकर का शोधार्थी के रूप में जीवन इतना व्यस्त एवं अध्ययनशील रहा कि पाठक और लेखक के लिए उनकी उपाधियों का इतना कम अन्तराल भी एक अनुसंधान का विषय हो सकता है।

कल्पना करें कि अप्रैल 14, 1891 में जन्मा बालक भीमराव सन् 1912 में बम्बई के एल्फिन्स्टोन महाविद्यालय से स्तानक होकर उसके अगले दो वर्षों के भीतर ऐसे कई कार्य पूर्ण करता है यथा– न्यूयार्क के कोलंबिया विद्यापीठ में अर्थशास्त्र, समाजशास्त्र, मानववंश-शास्त्र, नीति दर्शन और राजनीति शास्त्र के विषयों का अध्ययन करना। कला पारंगत की उपाधि के लिए "एनशिएन्ट इंडियन कॉमर्स अथवा एडमिनिस्ट्रेशन एण्ड फायनान्स ऑफ दि इस्ट इंडिया कंपनी" नामक शोध प्रबंध लिखना। और उस उपाधि को प्राप्त करना। यह महत्वपूर्ण है कि अर्थशास्त्र ही उनका सर्वप्रथम एवं सर्वोपरी शोध क्षेत्र रहा, अतः डॉ. आंबेडकर सर्वप्रथम एक अर्थशास्त्री थे तथा इसके बाद कोई और। अर्थशास्त्र के क्षेत्र में एक वर्ष में ही उन्होंने जो कार्य पूर्ण किए वे हैं "नेशनल डिविडंड ऑफ इंडिया, अहिस्टारिकल एण्ड अनालिटिकल स्टडी" अथवा "दि इवोलूशन ऑफ प्राविन्शियल फायनान्स इन ब्रिटिश इंडिया... ए स्टडी इन द प्राविन्शियल डिसेन्ट्रलायजेशन ऑफ इम्पीरियल फायनान्स" नामक शोध प्रबंध लिखकर उस पर पी.एच.डी. की उपाधि प्राप्त की तथा लन्दन स्कूल ऑफ एकॉनामिक्स एण्ड पोलिटिकल सायन्स में उच्च अध्ययन हेतु प्रवेश। इसके अतिरिक्त उन्होंने मानववंश शास्त्र के सेमिनार के लिए "कास्ट्स इन इंडिया, देअर मेकेनिज्म, जिनेसिस् एण्ड डेवलपमेंट" नामक शोध पत्र प्रस्तुत किया।

अगले चार वर्षों (1916–1920) के भीतर शोध छात्र भीमराव ने चार महत्वपूर्ण कार्य पूरे किए। ये हैं–

(1) विदेश से लौटकर भारत में बम्बई के सिडेनहॅम कॉलेज ऑफ कॉमर्स एण्ड एकॉनामिक्स में पोलिटिकल एकानामी के विषय में प्रोफेसर का कार्यभार वहन किया।

(2) इण्डियन एकॉनामिक सोसायटी के जर्नल में "प्राब्लम्स ऑफ स्माल हेल्डिंग्स इन इंडिया एण्ड देअर रेमिडिज" नामक विचारोत्तेजक शोधपत्र प्रकाशित किया।

(3) भारत से इंग्लैण्ड जाकर वहाँ के "ग्रेज इन" में बैरिस्टर-एट-लॉ का अध्ययन किया; और

(4) लन्दन विद्यापीठ में "प्राविन्शियल डिसेन्ट्रलायजेशन ऑफ इम्पीरियल फायनान्स इन ब्रिटिश इंडिया" नामक शोध निबंध प्रस्तुत कर उस पर सन् 1921 में विज्ञान पारंगत की उपाधि प्राप्त की।

उसके पश्चात् (1922 से 1924 तक) दो वर्षों में उन्होंने तीन महान कार्य पूरे किए। ये हैं–

(1) "द प्राब्लेम ऑफ रूपी : इट्स ओरिजिन एण्ड इट्स सोलूशन" अथवा "हिस्ट्री ऑफ इंडियन करंसी एण्ड बैकिंग" नामक उनका शोध कार्य ब्रिटिश सत्ता को चुनौती देने वाला और अर्थशास्त्रियों में तहलका मचाने वाला सिद्ध हुआ। इस शोध प्रबन्ध पर उन्होंने "डी.एससी." की उपाधि प्राप्त की।

(2) वे जर्मनी के प्रसिद्ध बॉन विद्यापीठ में आगे की पढ़ाई के लिये गये तथा लन्दन के शैक्षिक जगत को बौखलाने वाला "रिस्पान्सिबिलिटिज ऑफ ए रिस्पॉन्सिबल गवर्नमेंट इन इंडिया" नामक शोध पत्र विद्यार्थी संगठन के सम्मुख पढ़ा और

(3) बैरिस्टर बन कर बम्बई के हाईकोर्ट में वकालत प्रारंभ की।

## 2. उपेक्षित आर्थिक विचार

इस प्रकार डॉ. आंबेडकर जीवन के आरम्भिक वर्षों में अर्थशास्त्र के मूर्धन्य चिंतक और अन्वेषक रहे। जो भारतीय अर्थशास्त्रज्ञ नौरोजी और रानडे जैसे आर्थिक विचारकों को कृतज्ञता के साथ याद करते हैं, वे डॉ. आंबेडकर जैसे अर्थशास्त्री के प्रति अत्यन्त उपेक्षावान रहे हैं। यह कितनी आश्चर्य और खेद की बात है कि आर्थिक और राजनैतिक साप्ताहिक ने उनके योगदान को "बाबासाहेब आम्बेडर के उपेक्षित आर्थिक विचार" नामक शीर्षक से प्रकाशित किया।

डॉ. आंबेडकर का आर्थिक विश्लेषण व्यावहारिक है। मनुष्य अर्थ का कितना गुलाम है और अर्थ किसी का कितना मालिक है यह जनसाधारण के नित्य प्रति के अनुभव की बात है। शास्त्रों और काव्यों में हमारे पूर्वजों की भी अर्थदास्यत्व की दयनीयता वर्णित है। भीष्म, द्रोण और शल्यादि युधिष्ठिर के गुरुओं का वक्तव्य रहा है कि वह कौरवों का पक्ष असत्य होकर भी इसलिए लेते थे क्योंकि "अर्थस्य पुरुषः दासों दास्यत्वर्थो न कस्यचित्। इति सत्यं महाराज बद्धोस्म्य अर्थेन कौरवैः।।" अर्थात् हम कौरवों के अर्थदास्यत्व में बंधे हैं। हे महाराज युधिष्ठिर! यही सत्य है कि "मनुष्य अर्थ का गुलाम होता है। अर्थ किसी का गुलाम नहीं होता।"[1]

## 3. सैद्धान्तिक योगदान

आर्थिक न्याय और वास्तविक स्वतंत्रता का संबंध विशद करते हुए भीमराव आंबेडकर का कहना था– "कार्य करने की वास्तविक स्वतंत्रता केवल वहीं पर होती है, जहाँ शोषण का समूल नाश कर दिया गया है, जहाँ एक वर्ग द्वारा दूसरे वर्ग पर अत्याचार नहीं किया जाता, जहाँ बेरोजगारी नहीं है, जहाँ गरीबी नहीं है, अपने कार्यों के परिणाम स्वरूप जहाँ व्यक्ति अपने धंधे की हानि, घर की हानि तथा रोजी-रोटी की हानि के भय से मुक्त है।"[2] आर्थिक सिद्धान्त के विकास का यह मूल मन्त्र हैं। फिर भी कुछ लोग बाबासाहेब आंबेडकर के आर्थिक चिंतन के संबंध में ऐसा भी सोचते हैं कि उनका आर्थिक सिद्धांत के विकास में कुछ भी अवदान नहीं रहा है।[3]

**क्यों नहीं रहा?**

जिस प्रकार "सस्ती धातु महंगी धातु को चलन से बाहर कर देती है" यह ग्रेशम का आर्थिक मुद्रा नियम है। उसी प्रकार डॉ. आंबेडकर का जागतिक अर्थव्यवस्था में असंतुलन का तात्विक दृष्टिकोण है कि "जागतिक वर्गीय विषमता और भारतीय वर्णीय भेद ये सार्वत्रिक आर्थिक संतुलन व्यवस्था के दो बड़े अवरोधक तत्व हैं।" क्या इसे आर्थिक पद्धति का सामाजिक सिद्धांत नहीं कहा जा सकता? जो सिद्धान्त "समस्या निवारण" के काम न आ सके उसे "सिद्धान्त" कहे जाने से क्या लाभ?

अन्ततः आर्थिक सिद्धान्त क्या है? डॉ. आंबेडकर के अनुसार जो बात परीक्षण के बाद सत्य साबित हो, उसे ही तो सिद्धान्त कहना चाहिए। अतः जो नियम या तत्व सिद्ध हो चुका हो वह सिद्धान्त है।

डॉ. आंबेडकर अमेरिका और इंग्लैण्ड के विद्यापीठों में अठारह-अठारह घण्टे प्रतिदिन अपने शोध कार्यों में लगे रहते थे और फलतः उन्होंने तत्कालीन इतिहासज्ञ और अर्थवेत्ताओं के प्रचलित मतों को अमान्य कर अपने पक्ष के स्थापनार्थ ऐसी शोध रचनाएँ प्रस्तुत की कि जिनके अध्ययन में हम डॉ. आंबेडकर के अर्थशास्त्रीय सैद्धांतिक विचारों का परिचय प्राप्त कर सकते हैं।

## 4. प्रशासन और वित्त

डॉ. आंबेडकर के "ईस्ट इंडिया कंपनी का प्रशासन एवं वित्त" नामक शोध निबंध के अनुसार भारत में कंपनी के 66 वर्षों के इतिहास में उसने दो ही बड़े काम किए हैं। अर्थात् भारतीय धन को युद्ध में पानी की तरह बहाया और युद्ध-विराम के वर्षों में कर्ज में दबे भारतीयों का दिवाला निकाल दिया ताकि कंपनी के हिस्सेदार आपस में लाभ बाँट सकें।

इस प्रकार ब्रिटिश राज में कंपनी का वित्तीय प्रशासन इतना अव्यवस्थित हो गया था कि "मुनाफा और कर्ज तो विदेशी बढ़ा रहे थे और नुकसान उठा रहे थे भारतीय"। कंपनी के राजकीय और वाणिज्य के कार्य एक में ही मिश्रित हो जाने से उसका वित्तीय प्रशासन भी इतना उलझ गया कि ब्रिटिश पार्लियामेंट को सन् 1814 में उसको सुधारने और पृथक करने के लिए अधिनियम बनाना पड़ा।

वर्तमान संदर्भ में "ईस्ट इंडिया कंपनी" की जगह भारत सरकार या सरकार मान्य किसी बड़ी निजी कंपनी को रखिए और उसके संबंध में भारतीय प्रशासन और वित्त की व्यवस्था का विश्लेषण कीजिए तो हम देखेंगे कि जिस प्रकार विदेशी शोषण हमारी संपत्ति को लूटता था उसी प्रकार स्वदेशी आर्थिक विषमता हमारी गरीब जनता पर कहर बनकर टूट रही प्रतीत होती है।

भारत में आज तक (1957-1997) जो प्रमुख बीस और 66 प्रकार के बड़े-बड़े करोड़ों के घोटाले हुए वे आखिर किस बात की ओर संकेत करते हैं। इसी प्रकार की आर्थिक अव्यवस्था सार्वत्रिक अर्थव्यवस्था में विषमता को जन्म देती है और परिणामतः पूंजीवाद और जातीय भेद अर्थव्यवस्था में बाधक बनकर सामाजिक असंतोष को बढ़ाते हैं।[4]

## 5. वित्त एवं विकेन्द्रीकरण

डॉ. आंबेडकर का दूसरा शोध प्रबंध "ब्रिटिश भारत में प्रान्तीय वित्त का विकास" अथवा "साम्राज्य के वित्त का प्रान्तीय विकेन्द्रीकरण" भी आर्थिक सिद्धान्त में एक नई दृष्टि का सृजन करता है।

इस शोध प्रबंध को डॉ. आंबेडकर ने एक मोनोग्राफ के रूप में प्रस्तुत किया तथा इसमें उन्होंने अमेरिका और विलायत के अपने दो प्रोफेसरों सेलिग्मन और केनन के प्रति अपना आभार व्यक्त किया है। यह मोनोग्राफ विश्लेषणात्क और ऐतिहासिक भूमिका में वित्त विषय के ऐसे पहलू पर प्रकाश डालता है जिसको पहले किसी ने छुआ तक नहीं था।

भारत, जर्मनी, अमेरिका, स्विट्जरलैण्ड, आस्ट्रेलिया, दक्षिण अफ्रीका और कनाडा तथा फ्रान्स में प्रचलित शब्द प्रयोग के अनुसार "प्राविन्शियल" और "इम्पीरियल" के माने क्रमशः "स्थानीय" और "सामान्य" हैं।[5]

विश्व में आज भी जो बड़ा प्रश्न है वह यह है कि केन्द्रीय और प्रान्तीय सरकार सार्वजनिक राजस्व का व्यय अपने-अपने राज्य में किस ढंग से और कितना-कितना करते रहे हैं। यही इस ग्रन्थ का भी प्रतिपाद्य विषय है।

ग्रन्थ के प्राक्कथन में ही प्रो. सेलिग्मन ने यह स्पष्ट कर दिया है कि चाहे कोई सरकार केन्द्रीय हो या प्रान्तीय, दोनों को ही अपने आर्थिक भार का वहन करना जरूरी हो जाता है।

"युक्त रूप से आर्थिक भार को वहन" करने से तात्पर्य इतना ही है कि केन्द्र, राज्य या स्थानीय सत्ता आर्थिक बोझ को स्वेच्छा से वहन करने के लिए जो पद्धति अपनाये वह उसके आर्थिक बलाबल का समुचित प्रतिनिधित्व करती हो। सभी देशों में वित्त की समस्या को सत्ताओं के परस्पर संबंधों के आधार पर किसी एक मूलभूत तत्व को स्वीकार कर सुलझाने की चेष्टा की जाती है। आरंभ में अमेरिका और जर्मनी में केन्द्र या प्रदेश अपने सामर्थ्यानुसार दूसरे को सहायता देते थे। आधुनिक काल में कनाडा और आस्ट्रेलिया में उसके विपरीत होता रहा है। अमेरिका, जर्मनी और स्विटजरलैण्ड में जो केन्द्र सरकारें हैं वह अब तक परोक्ष कर प्रणाली और राज्य सरकारें प्रत्यक्ष कर प्रणाली द्वारा चलाई जाती रहीं या किसी एक सरकार द्वारा राजस्व का चयन किया जाता रहा और उसका कुछ भाग दूसरी सरकार को प्रदान किया जाता रहा। इस प्रकार करों को केन्द्र और राज्य 'में आवंटित किए जाने या उनके बीच करों के वितरण के कई उदाहरण मिलते हैं। अमेरिका में यह ज्वलंत प्रश्न रहा है कि उत्तराधिकार कर किस सरकार के खाते में जमा हो। जर्मनी में राज्य और केन्द्र के वित्तीय संबंध कैसे हो यह वहां की राजनीति में चर्चा के अग्रणी विषय बनें। भारत में केन्द्र और राज्य के वित्ताधिकार स्थानीय सत्ता के सन्दर्भ में किस प्रकार विकसित हुए है, यही डॉ. आंबेडकर के प्रस्तुत शोध ग्रन्थ का विषय है।

डॉ. आंबेडकर ने अपने इस शोध ग्रंथ में यह सिद्ध कर दिया है कि इम्पीरियल भारत के केन्द्र की मुट्ठी में करदाताओं से जमा किया हुआ जो खजाना था उसका धीरे-धीरे पृथक-पृथक सरकारों में भी जाना आरंभ हुआ। यह विकास कुछ क्रमिक ढंग से हुआ है और उसके लिए कई अड़चनों को पार करना पड़ा। जब पूँजी के प्रादेशिक सत्ता में बंटने का दौर रहा तब केन्द्र, प्रदेश और जनता ये तीन पक्ष अपने तीन पृथक दृष्टियों के हिमायती थे और उनकी इन दृष्टियों की भिन्नता से इस पद्धति के यश-अपयश का मूल्यांकन हो सकता था। तथापि केन्द्र की दृष्टि थी कि वह अपने खजाने में इससे कितना बड़ा लाभ प्राप्त कर सकेगी, प्रान्तीय सरकार सोचती थी कि वह अपने नियत खर्च का प्रबंध बिना किसी घाटे के प्रदत्त साधनों में कर सकेगी या नहीं और तीसरी जो जनता की दृष्टि रही उसे तो 1921 तक प्रभावित होने का मौका ही नहीं मिला।

दूसरा दौर व्यय के उचित होने और आय के साधनों को अधिक उत्पादक बनाने की बजट की पद्धति का रहा। इस पद्धति के आँकड़ों से यह सिद्ध होता है कि प्रान्तीय प्रबंध केन्द्रीय प्रबंध से अधिक बचत कर रहा है। और समय पड़ने पर प्रान्तीय बचत की थोड़ी सहायता केन्द्र को भी दी जा सकती थी। प्रान्तीय वित्त का निर्धारित राजस्व के आधार पर किया जाने वाला जो प्रबंध रहा वह सफल कहा जा सकता था। तीसरा दौर पिछली दो अवस्थाओं से कई बातों में आगे और सुधार उन्मुख रहा। उसमें राजस्व और व्यय के मदों को केन्द्र और प्रान्त में अलग-अलग रूप से विभक्त ही नहीं किया गया था, बल्कि केन्द्रीय और प्रान्तीय सांझी जिम्मेदारी में वहन करने के लिए भी प्रावधान था। उसे बजट के राजस्व की संयुक्त भागीदारी की पद्धति "असाइनमेंट ऑफ बजेट बाय शेअर्ड रेव्हिन्यू" कहते हैं। इस दौर में केन्द्र का प्रान्तों के प्रति रवैया लचीला रहा, और प्रान्तों की स्वायत्तता आर्थिक और वैधानिक रूप से स्थापित करने के लिए युक्त योजनाओं का प्रचलन रहा। कार्यपालिका की प्रशासनिक तानाशाही के विरुद्ध आवाजें उठ रही थी। विशिष्ट वर्ग के साथ सरकारी पक्षपात और सामान्य मनुष्य पर करों का भार डालने वाली अन्यायपूर्ण प्रणाली की चर्चायें हो रही थी। जनता की मांग थी कि ब्रिटिश भारत में संसदीय शासन पद्धति में संसदीय कार्यपालिका भी हो और प्रान्तों को स्वतंत्र और वैधानिक रूप से अपना सुधार स्वयं क़रने के लिए राजस्व और अन्य आर्थिक क्षेत्रों में स्वयं नीति निर्धारण का अधिकार भी प्राप्त हो। इस प्रकार इम्पीरियल राजस्व का विकेन्द्रीकरण भारत के राजनीतिक और आर्थिक जीवन का महत्वपूर्ण अध्याय है, उसका समालोचन और मूल्यांकन करते हुए हम कह सकते हैं कि "ब्रिटिश साम्राज्यवाद भारतीय समाजवाद के

आरंभ में अवरोधक रहा है जिसने भारतीय जीवन को पाशविक शांति और व्यवस्था तो प्रदान की पर उसे भिखारी भी बना दिया।

प्रस्तुत ग्रंथ का सार निम्न कथन में ही निहित है कि अच्छे वित्त प्रशासन का प्रबंध वर्तमान द्विश्रेणी सरकारी प्रणाली में संभव नहीं हो सकता और वह निश्चित रूप से कठिन होगा।

## 6. भारतीय जाति तथा कृषि

इस प्रकार वित्तीय प्रशासन के विद्वान ने मानववंश शास्त्र में भी उतनी ही रुचि दिखलाई जितनी कि वे अर्थशास्त्र में दिखाते रहे। अतः एक सेमिनार में उन्होंने जो अपना "शोधपत्र" प्रस्तुत किया उसका शीर्षक था–कास्ट्स इन इण्डिया, देअर मेकेनिज्म, जिनेसिस एण्ड डेवलपमेंट। इससे उन्होंने समाजशास्त्र की डिसिप्लिन को भी भारत में प्रविष्ट और पुष्ट किया है। सिडेनहॉम कॉलेज ऑफ कॉमर्स एण्ड एकॉनामिक्स में पोलिटिकल एकानामि के प्रोफेसर भारतीय कृषि सुधार संबंधी अपने सुझाव "भारत में लघु भू-धारकों की समस्याएँ और उनके समाधान" नामक शीर्षक वाले शोधपत्र में प्रस्तुत किए हैं। इसके पाँच विषयबिंदु निम्न प्रकार हैं।

(1) कृषि का महत्व

(2) भारत में लघु भू–धारण

(3) खण्डित भूमियों का एकत्रीकरण

(4) विस्तारित खेत और आर्थिक भू–धारण (एकॉनामिक होल्डिंग्ज) और

(5) समाधानों की समालोचना

कृषि के महत्व के बारे में डॉ. आंबेडकर ने स्पष्ट किया है कि खेती सबसे प्राचीन और स्थायी स्वरूप का प्राथमिक उद्योग है। और सभी उद्योगों में वह सबसे महत्वपूर्ण है। खाद्यान्न को उत्पन्न करने वाले इस उद्योग का विचार गंभीरता से होना चाहिए। भारत जैसे पूर्णतः खेती निर्भर देश में कृषि के महत्व को कम नहीं आँका जा सकता।

इंग्लैण्ड और फ्रांस में सैनिकी और शांति की जरूरतों के अनुसार खेतों को बड़े या छोटे आकार में विभक्त किया जाता रहा। भारत में खेत का औसतन आकार 25.9 एकड़ों से एक या दो एकड़ तक भी प्राप्त है, तथापि कृषि प्रधान भू–भाग होने पर भी भारत की कृषि उपज अन्य देशों की तुलना में सबसे कम है।

लघु और बिखरे हुए खेत के टुकड़ों को मिलाना और एकीकृत खेती को स्थायीत्व प्रदान करना ये दो प्रश्न खेती चकबन्दी (कन्सालिडेशन) के सम्मुख हैं। भूमि के उपविभाजन का अर्थ उसका भंजन करना नहीं है, अपितु ऐसा होता है। क्योंकि हर उत्तराधिकारी चाहता है कि वह प्रत्येक भूमापन में उपलब्ध जमीन का भागीदार बने बजाय इसके कि वह चाहे कि जमीन इस प्रकार वितरित हो कि प्रत्येक को जहाँ तक संभव हो वहाँ तक, पूर्णान्क सर्वे नं. प्राप्त हो। इससे विखण्ड पैदा होता है। यद्यपि विखण्डन में वितरण के न्याय का लक्ष्य भी निहित है, तथापि इससे भारत की खेती बड़ी अक्षम बनती जाती है। इसके अतिरिक्त श्रम और पशु शक्ति, बाड़ा और सीमांकन तथा उर्वरक आदि का अपव्यय भी इसके दुर्गुण हैं, जिससे फसल की निगरानी, कुओं की खुदाई और श्रम बचाने वाले साधनों का उपयोग करना अव्यवहारिक हो जाता है। इसी के कारण जोत में परिवर्तन, रास्तों का निर्माण, और जलादि का प्रबंध करना भी कठिन हो जाता है और इससे उत्पादन की लागत भी बढ़ती है।

बड़ौदा स्टेट कमेटी की रिपोर्ट और प्रोफेसर एच.एस. जेव्हान्स और श्री जी. एफ. कीटिंजे द्वारा अनुशंसित सुझावों का परीक्षण कर डॉ. अम्बेडकर ने अपना समाधान प्रस्तुत किया कि छोटे-छोटे खेत के टुकड़ों को जोड़ने से एक संयुक्त भूखण्ड तो बनेगा परन्तु उस भूखण्ड को दीर्घाकार भी होना चाहिए। यदि भारतीय कृषि छोटे और बिखरे खण्डों में भंजन से पीड़ित है तो उसे केवल संयुक्त ही नहीं बल्कि दीर्घाकार बनाने की भी जरूरत है। क्योंकि संयुक्त बनाने से बिखरे खण्ड के दोष दूर होंगे परन्तु आर्थिक या विस्तारित बनाये बिना लघु भू-धारण के दोष दूर नहीं होंगे।

किसानों के खेत को विस्तारित करने का सीधा अर्थ उसका आर्थिक विस्तार हो जाना नहीं है। बड़ौदा कमेटी, प्रो. जेव्हान्स और श्री किटिन्जे की दृष्टियों में खेत को उपभोक्ता की नजर से आदर्श आकार कितने बीघा एकड़ हो इस पैमाने पर देखने पर त्रुटियों का होना स्वाभाविक है। इसकी अपेक्षा खेत को उत्पादक या उपयुक्त खेती बनाने का लक्ष्य होना चाहिए जिसका समर्थन प्रो. डेवनपार्ट, हेनरी टेलर, प्रो. एलाय और ए.ए.एंग ने किया है। इन्हीं की परम्परा में आदर्श उपयुक्त जोन का पैमाना बताते हुए डॉ. आंबेडकर ने कहा है कि "यदि कृषि को आर्थिक संगठन समझा जाए, तो उसी से यह भी तय होता है कि भू-धारणा में लघु या दीर्घ आकार की कोई बात ही नहीं होती। किसान का खेत छोटा या बड़ा होना यह उससे संलग्न अन्य उत्पादक साधनों के पैमाने पर निर्भर होता है। आकार आर्थिक तत्व से शून्य है। परिणामतः विस्तारित खेत को आर्थिक

कहना अर्थशास्त्रीय नहीं है। उसी प्रकार लघु खेत को भी समझना चाहिए। खेत का आर्थिक या अनार्थिक होना खेत की इकाई के साथ अन्य उत्पादक साधनों के उचित या अनुचित अनुपात पर निर्भर हैं। अनुपात ही खेत को आर्थिक या अनार्थिक सिद्ध करता है। अतः भूमि और अन्य सभी घटकों के युक्त अनुपात से आर्थिक खेत का निर्धारण होता है।

भारतीय किसान भूमि के उत्पादक साधनों से सम्पन्न नहीं है और इसकी पुष्टि तत्कालीन विद्वान श्री दत्ता और श्री नानावटी ने भी की है। तब भारतीय कृषि को आर्थिक उपयुक्तता वाली कृषि बनाने के लिए डॉ. आंबेडकर के निम्न निष्कर्ष हैं। उन्होंने सुझाव दिया है–

विद्यमान साधनों की कमी को देखते हुए उपलब्ध खेती योग्य जमीन बहुत बड़ी आकार में है। तो क्या इसे आर्थिक खेत में परिवर्तित करने के लिए छोटे आकार की बनानी चाहिए? नहीं। वास्तव में उसे आर्थिक खेत में रूपांतरित करने के लिए इतनी मात्रा में कृषि भण्डार और साधनों को बढ़ाना पड़ेगा जितने में विस्तृत खेती की धारणा आवश्यक हो जाए। इस प्रकार भारत में कृषि के दोषों का उपाय विस्तृत खेत धारणा में नहीं बल्कि वृद्धिगत पूँजी और साधनों में है। किन्तु पूँजी बचत से उत्पन्न होती है और बचत तभी संभव है जब उत्पादन अतिरिक्त हो। परन्तु भारत में कृषि व्यवसाय में अतिरिक्त आय नहीं होती। फिर घाटे की अर्थव्यवस्था लाभ में परिवर्तित करना खेत के विस्तार और एकिकरण के कारण कैसे संभव है?

## 7. सामाजिक व्यवस्था बनाम अर्थव्यवस्था

सामाजिक अर्थव्यवस्था के जरिए यह संभव है। क्योंकि लघु खेत धारणा के दोषों की जननी सामाजिक व्यवस्था में पाई जाने वाली विषमता ही है। आँकड़ों के अवलोकन से यह बात साफ होती है कि भारत में कृषि जनसंख्या का बहुत बड़ा हिस्सा छोटी जोत की जमीन पर निर्भर हैं और इसका अर्थ यह है कि कृषि पर आजीविका कमाने वाली जनसंख्या का बड़ा हिस्सा अतिरिक्त या बेरोजगार है। वे किसी भी प्रकार के उत्पादक श्रम में उपयोगी नहीं हो रहे हैं। इससे भारत में कृषि पर पड़ा जनसंख्या का दबाव और भी बढ़ता जा रहा है जो दुनिया के किसी भी भाग में नहीं है। यही बड़ा दबाव भूमि के उपविभागीकरण का मुख्य कारण है। हालांकि उत्तराधिकार का कानून भूमि के उपविभागीकरण का प्रमुख कारण माना जाता है लेकिन ऐसा नहीं है। यदि खेती करना ही एकमात्र व्यवसाय हो तो खेत का छोटा टुकड़ा भी किसी को

उत्तराधिकार के तहत मिलना कुछ भी नहीं मिलने से बेहतर समझा जाता है। लोग छोटे खेत जोतते हैं, क्योंकि ऐसा ही करना वर्तमान में उन्हें लाभकारी लगता है, अन्यथा वे इसे नापसंद करते। अतः उनका दुःख भूमि के छोटे टुकड़ों पर भार डालने वाली परिस्थितियों में निहित है।

## 8. पेट का सवाल

रोजगार विहीन कृषि जनसंख्या या श्रम का परिणाम राष्ट्रीय आय में गिरावट आना है। बेकार श्रम और बेकार धन में एक महत्वपूर्ण भेद है। धन होता है पर श्रम जीता है। बेकार धन अर्जन भी नहीं करता और व्यय भी नहीं करता। परन्तु बेकार श्रम कमाई करें या न करें जीने के लिए खर्च तो उसे करना ही होता है। निठल्ला श्रम अपने राष्ट्रीय सम्पत्ति पर एक आर्थिक संकट हैं। समाज का एक बड़ा हिस्सा अपने निर्वाह के लिए न किसी श्रम को जुटा पा रहा है, न किसी धन को। अपना आर्थिक संगठन धनाभाव से ग्रस्त हे। धन अर्जित आय की एक अतिरिक्त मात्रा है। अतिरिक्त अंश श्रम के क्रय पर निर्भर है। परन्तु जहाँ श्रम नहीं वहां आय, बचत और संपत्ति भी नहीं। इस प्रकार भारतीय कृषि के विकारों के लिए जिम्मेदार यहाँ की गलत सामाजिक अर्थव्यवस्था है। विद्यमान सामाजिक अर्थव्यवस्था में एकसंघता और विस्तारीकरण के उपायों का निष्फल होना निश्चित है। इन उपायों को फलीभूत करने के लिए भारत का औद्योगीकरण करना सबसे सबल उपाय है। क्योंकि औद्योगीकरण से कृषि पर दबाव कम होंगे और धन की वृद्धि होगी। उसी प्रकार वह धन साधनों का संचय कर खेत के विस्तार की आर्थिक आवश्यकता को अवश्य उत्पन्न करेगा। उससे जमीन का भंजन और विभक्तिकरण भी घट जाएगा।

अमेरिका में 1883 में किए गए अध्ययन से पता चला है कि अन्य उद्योगों के साथ कृषि भूमि का अनुपात जिस मात्रा में बढ़ता है उसी मात्रा में खेत-भूमि का मूल्य भी परिवर्तित होता है। जहाँ सभी श्रम मात्रा कृषि में लगाई गई हो वहाँ भूमि का मूल्य कम और जहां श्रम की मात्रा युक्त हो, वहां भूखंड/जोत और उसके उत्पादन का मूल्य अधिक होता है।

सांख्यिकी के आंकड़ों से सिद्ध है कि राज्य के लिए विभिन्न प्रकार के उद्योग सबसे ज्यादा मौलिक होते हैं। और खेत के समीप फैक्ट्री के होने से खेत और फसल के मूल्य में भी वृद्धि होती है। प्रति एकड़ उत्पादन और खेतिहर मजदूरों की मजदूरी भी उससे बढ़ जाती है। तब कारखानेदार और विभिन्न दूसरे उद्योजक अपने ही उद्योगों के लिए नहीं बल्कि किसानों के लिए भी समान रूप से लाभकारी सिद्ध होते हैं।

क्योंकि औद्योगीकरण से खेतों को एक संघ बनाने में मदद मिलेगी। अतः एक संघ बनाने के पहले औद्योगीकरण होना चाहिए, ताकि इससे खेत भूमि के भंजन और विभक्तिकरण पर रोक लग सके।

## 9. छोटे किसानों के लिए राहत विधेयक

छोटे किसानों के खेती विषयक प्रश्नों को सुलझाने के लिए सन् 1927 में जो "छोटे किसान राहत विधेयक" बाम्बे लेजिस्लेटिव काउन्सिल में प्रस्तुत किया गया था, उसमें दो ऐसे प्रश्न थे जो किसानों को प्रभावित करते थे। पहला प्रश्न बिखरे हुए खेतों और दूसरा छोटे खेतों के समाधान से सम्बन्धित था। बाबासाहेब आंबेडकर के अनुसार बिखरे हुए खेतों की चकबंदी कराना किसानों की परेशानियों को दूर करने में पर्याप्त माना गया।" परन्तु छोटे खेतों के प्रश्न पर उनकी यह राय थी कि "खेत का आर्थिक रूप से उत्पादक या अनुत्पादक होना उसके आकार पर निर्भर नहीं करता, बल्कि उसे पूँजी, श्रम की मात्रानुसार बदलना पड़ता है। हमारे देश में पूँजी का बाहुल्य और बहुत अधिक कृषि उपकरण है, जो कुशल उत्पादन के लिए पर्याप्त है। लेकिन खेतों में पैदावार बढ़ाने के लिए हर किसान के पास उपलब्ध जमीन पर खेती करने के लिए आवश्यक श्रम और पूँजी नहीं हैं। अतः उस आवश्यक श्रम और हल एवं पशु आदि साधनों के अनुसार खेतों को बड़ा करने के बजाय उन्हें वर्तमान परिस्थिति में और छोटा कर देना चाहिए। भारत जैसे कृषि–प्रधान देश में हजारों वर्षों से खेती की जाने के कारण यहाँ की जमीन ऊसर हो चुकी है और हम चाहकर भी अपनी जमीन की उत्पादकता को अमेरिका की जमीन के स्तर तक, जहां की जमीन अभी जोती भी नहीं गई, नहीं ले जा सकते। अतः समस्या का समाधान खेतों का आकार बढ़ाने से नहीं हो सकता, बल्कि युक्त खेती से हो सकता है। अर्थात् जिस तरह के हमारे खेत हैं उनमें ज्यादा पूँजी और ज्यादा श्रम लगाकर हो सकता है। परन्तु उक्त विधेयक में अचल संपत्ति के बंटवारे पर नियंत्रण और चकों की बिक्री का प्रावधान है। इससे हमारी कृषि पर आधारित जनसंख्या का एक बड़ा हिस्सा भूमिहीन और गरीब हो जाएगा। जहां एक तरफ हिन्दू धर्म के एकछत्रवाद ने लोगों के एक बहुत बड़े वर्ग को सामाजिक और आर्थिक दासता में जकड़ रखा है, वहीं दूसरी ओर उत्तराधिकार के हिन्दू कानून ने दासता की दशा सहनीय कर दी है। यदि आदमी सामाजिक रूप से स्वतंत्र नहीं हैं, तो उसे आर्थिक रूप से स्वतंत्र होने देना चाहिये। उत्तराधिकारी की न्यायपूर्ण और समतामूलक व्यवस्था को समाप्त करना अनर्थ होगा।

चकबंदी और अभिवर्धन के तरीकों की अपेक्षा सहकारी कृषि का तरीका बेहतर होगा। उसमें कृषि का एक सामान्य क्षेत्र होगा जिसमें सहकारी कृषि होगी। छोटी जोतों के मालिकों का भी अपने निजी स्वामित्व को बिना गवाएँ सहकारी कृषि में सहयोग होगा। यह तरीका इटली, फ्रांस, इंग्लैण्ड और रोमानिया में अपनाया गया और वहाँ वह प्रयोग अत्यधिक लाभप्रद रहा।[7]

## 10. सहकारी खेती

डॉ. आंबेडकर के अनुसार "सहकारी खेती बड़ी और चकबंद भू-सम्पत्ति दोनों ही होगी, यदि इनके इस प्रस्ताव को लागू किया जाए कि सरकारी योजना नए टुकड़ों तक सीमित कर देने के बजाय, जैसा कि प्रवर समिति के योजना में प्रावधान हैं, इसे सभी टुकड़ों पर लागू किया जाए।

सहकारी खेती साझेदारों की कंपनी के समान होगी, जिसमें साझेदार के बदल जाने पर भी कंपनी बनी रहती है। संगठित खेती के लिए विभिन्न मालिकों के छोटे खेतों को खेती के लिए एक बनाना आवश्यक है लेकिन उस संगठित खेती का कोई एक ही मालिक होना जरूरी नहीं।

सहकारी खेती की स्थापना से किसान का स्वामित्व सुरक्षित रहेगा और उसे अपने खेत पर खेती करने की स्वतंत्रता तब तक रहेगी जब तक वह अपने खेत के साथ लगे हुए जोत या जोतों के मिलने और पूरा क्षेत्र खेती के लिए मानक आकार के बराबर या उससे बड़ा बनाने के लिए सहमत होगा। इस व्यवस्था से हस्तान्तरण और बंटवारें के जरिए नियंत्रण करने की आवश्यकता भी नहीं रहेगी। इससे जो कोई भी खेत के टुकड़े को प्राप्त करेगा वह सहकारी खेत के कृषि कार्य के प्रबंध में बाधा डालने में भी सक्षम नहीं हो पायेगा। यह राज्य के स्वामित्व और भूमि के प्रबंध की व्यवस्था की तरह की योजना है जिसमें संपत्ति के अधिकार पर प्रहार के डर की संभावना नहीं है।

मानक इकाई निश्चित करते समय इन बातों पर ध्यान देना लाभकारी होगा कि वास्तविक खेत से मानक खेत बहुत अधिक बड़ा है या उसके लगभग बराबर है? इससे छोटे किसानों का विस्थापन कितना विशाल होगा? छोटे खेत के पड़ोसी जोतधारकों को यदि पूर्वक्रम का अधिकार दिया गया हो तो वह कब और कैसे काम आयेगा ताकि उसका सटे हुए छोटे खेतों का एक संयुक्त युनिट बनाने का उद्देश्य कामयाब हो सके।

इस प्रकार छोटे किसानों के आर्थिक बोझ को घटाने और खेती के लाभ को बढ़ाने के लिये डॉ. आंबेडकर की सहकारी खेती की योजना दोषमुक्त और

लाभकारी कही जा सकती है। इस प्रकार सन् 1917 तथा 1927 में छोटे किसानों के प्रश्न एवं हल पर प्रकाश डालने वाले उनके शोध-पत्र एवं विधेयक को क्रम के हिसाब से एक शोध-ग्रंथ मान ले तो वह तीसरा ग्रंथ गिना जाएगा। हालांकि "प्रॉविन्शियल डिसेन्ट्रलाइजेशन ऑफ इम्पीरियल फाइनान्स इन ब्रिटिश इंडिया" नामक एम.एससी. उपाधि का शोध-निबंध यहां चर्चा के लिये प्रस्तुत करना चाहिए था। परन्तु उनके पीएच.डी. की उपाधि का "नेशनल डिविहिस्टा ऑफ इंडिया–ए हिसटॉरिकल एण्ड अनालिटिकल स्टडी" अथवा "द इव्योल्यूशन ऑफ प्राविन्शियल फाइनान्स इन ब्रिटिश इंडिया – ए स्टडी ऑफ प्रॉविन्शियल डिसेंट्रलाइजेशन ऑफ इंपीरियल फाइनान्स" नामक शोध प्रबंध उक्त शोध निबंध की ही एक आधारभूत विस्तृत आवृत्ति है, जिसकी चर्चा हमने ऊपर की है। अतः उनके डी.एससी. उपाधि के ग्रंथ की विवेचना करना ही अब क्रम प्राप्त है।

## 11. रुपये का प्रश्न

डॉ. आंबेडकर का चौथा शोध ग्रंथ "भारतीय चलन का प्रश्न" अथवा "रुपये का प्रश्न, उसकी उत्पत्ति और उपाय" इस समस्या से संबंधित है। इसी को आगे चलकर "भारतीय मुद्राचलन और बैंकिंग का इतिहास" नाम से प्रथम भाग के रूप में प्रकाशित किया गया।

इस ग्रंथ में बाबासाहेब आंबेडकर उस सिद्धांत का परीक्षण करते हैं जिस पर विनिमय मापदण्ड का तात्विक आधार टिका हुआ है। उन्होंने एक परिप्रेक्ष्य उपलब्ध कराया कि मुद्रा संकट से संबंधित समस्याओं और उनके लिए प्रस्तावित समाधानों का मूल्यांकन जनसाधारण कर सकें। जनता की माँग थी कि देश में स्वर्णमान की स्थापना की जाये। परन्तु देश में स्वर्ण विनिमय मान की स्थापना हो गई। डॉ. आंबेडकर के इस शोध ग्रंथ में भारत में विभिन्न समयों में प्रचलित विभिन्न धातुमानों, विश्व की घटनाओं के भारतीय मुद्रा पर पड़ने वाले प्रभाव और भारतीय मुद्रा के संबंध में ब्रिटेन की नीतियों का विवेचन किया गया है। डॉ. अम्बेडकर की समीक्षा इतनी कठोर थी कि अंग्रेज परीक्षक नाराज हो गये और उन्होंने निष्कर्षों को पढ़े बिना ही शोध प्रबंध का पुनर्लेखन करवाया।

तत्कालीन सभी प्रधान अर्थशास्त्रियों के विरुद्ध एकमेव आंबेडकर का ही ऐसा दृष्टिकोण रहा है कि भारतीय सरकार ने सर्वप्रथम अपने मुद्राचलन में स्वर्णमान की कल्पना की थी और वही मान उसको भविष्य में भी मजबूत मुद्रा मानों में सबसे अधिक स्थायित्व प्रदान कर सकता है।

यदि स्वर्ण को भारतीय मुद्राचलन का हिस्सा बनाया जाता तो वह भारत में मूल्य स्तर को किस प्रकार प्रभावित करता इसके बारे में डॉ. आंबेडकर और चेम्बरलेन कमीशन के निम्न दृष्टिकोण अत्यंत विचारणीय है।

डॉ. आंबेडकर के अनुसार "स्वर्ण फैलने और घटने वाला लचीला माध्यम है परन्तु रुपया केवल फैलने वाला ही माध्यम है, और घटनेवाला माध्यम नहीं है।" इसलिए मुद्रा का फैलाव ही मूल्यवृद्धि का मुख्य कारण है।

इसके विरुद्ध चेम्बरलेन कमीशन का दृष्टिकोण था जिसके पक्ष में उसके निम्न चार तर्क थे--

(1) भारत में मुद्राचलन में स्वर्णमान लागू करने से भारतीय लोग स्वर्ण को बचा-बचा कर संग्रहित करते रहेंगे और आर्थिक संकट के समय उसका उपयोग नहीं होने देंगे।

(2) भारत इतना गरीब देश है कि वह सोने जैसे धातु के खर्च को झेल नहीं सकेगा।

(3) भारतीय लोगों का वाणिज्य व्यापार इतना छोटा है कि वह स्वर्णमान को मुद्राचलन में स्वीकार नहीं कर सकेगा।

(4) भारतीय लोगों के लिए रुपयों में प्रवर्तनीय "पेपर" ही उसमें कम खर्चेवाला होने से मुद्राचलन का सर्वश्रेष्ठ साधन है और स्वर्णमान का मुद्राचलन में आगमन नोटों और रूपयों की लोकप्रियता के विरुद्ध सिद्ध होगा।

## उक्त तर्कों का डॉ. आंबेडकर ने उत्तर दिया है कि

(1) लोगों द्वारा सोने का संचय करना और आर्थिक विपत्ति के समय उसका उपयोग न करना यह आक्षेप पुराना है। इस आक्षेप में कोई कानूनी नियंत्रण की व्यवस्था को ध्यान में न रखकर बोलता तो कुछ बात भी होती। लोग मुद्रा को इसीलिए सचित करते हैं क्योंकि वे उसे मूल्य संचय का साधन समझते हैं। अगर वे सोचें कि उसकी वर्तमान उपयुक्तता भावी उपयुक्तता से अधिक मूल्यवान है तो वे उसे संचित नहीं करेंगे। भारतीय लोग आर्थिक संकट में स्वर्ण का उपयोग नहीं होने देंगे यह बात भी ठीक नहीं है, क्योंकि ऐसे भी उदाहरण है कि जब जरूरत पड़ी तो कीमती धातुओं को भी भारत से निर्यात किया गया और फिर भारतीय लोग और अभारतीय लोग

मुद्रा के संबंध में एक ही मानसिक प्रवृत्ति के लोग हैं। किसी वर्ग विशेष की यह कोई विशिष्टता नहीं है।

(2) भारत गरीब देश है लेकिन गरीबी स्वर्ण के मुद्राचलन से अदृश्य होने के कारण भी हो सकती है क्योंकि स्वर्ण मुद्रा चलन से अदृश्य होने के कारण अन्य प्रकार की पर्यायी मुद्रा-मान ही है जो अतिरिक्त मात्रा में मुद्राचलन में प्रविष्ट होती है और "सस्ती धातु, महंगी धातु को चलन से बाहर भगा देती है" के ग्रेशम के नियमानुसार स्वर्ण भी मुद्रा चलन से इस प्रकार लुप्त हो जाता है। इसीलिए भारत की ही बात न कर कोई भी देश स्वर्णमान को मुद्राचलन में लागू कर सकता है बशर्ते कि वह सस्ती पर्यायी मुद्राचलन को स्वीकार नहीं करे।

(3) भारतीय लोगों का वाणिज्य व्यापार छोटा होने और स्वर्णमान को मुद्राचलन में स्वीकार न करने की बात भी विसंगत है। क्योंकि मुद्राचलन में जो इकाई होती है उसके भार और आकार वाणिज्य के लिए सुविधा देने वाला होना चाहिए। अत: डॉ. आंबेडकर का मत था कि छोटे वाणिज्य में स्थिति को निपटाने लायक चलन की इकाई पर्याप्त छोटी होनी चाहिए। "सावरेन" नामक चलन की इकाई इतनी बड़ी है कि उसका चलन व्यापार में उपयोगी ही नहीं। अत: "सावरेन" को इकाई न बनाकर स्वर्णमान के तत्व का मूल्यमापण किया जाना चाहिए।

(4) भारतीय लोगों के लिए कम खर्चेवाला "पेपर" मान ही मुद्राचलन का सर्वश्रेष्ठ साधन मानना और स्वर्णमान से नोटों और रुपयों की लोकप्रियता में गिरावट आयेगी ये सारी बातें भी आक्षेप के रूप में चेम्बरलेन कमिशन द्वारा कही गई जो बिना परीक्षा के स्वीकार करना उचित नहीं है। अत: बाबासाहेब कहते थे कि नोटों और रुपयों की लोकप्रियता स्वर्णमान के चलन में आने से गिरती है या नहीं इस बात को सत्यता के प्रमाण पर तौलना चाहिए। प्रति प्रश्न है कि क्या पेपर को मुद्रा चलन प्रणाली में स्वीकार करने में कोई भी भय नहीं है? क्या रुपयों में परिवर्तित होने के बाद "पेपर" उसके मूल्य को प्रभावित नहीं करेगा? कमीशन का उत्तर शायद नकारार्थी रहा, परन्तु डॉ. आंबेडकर का उत्तर था कि "पेपर" यदि असुरक्षित ढंग से खाते

> की इकाई में परिवर्तनीय बनाया गया तो यह उस इकाई का मूल्य गिरने से बचा नहीं सकता। क्योंकि उससे प्रतियोगिता में इकाई की मांग कम की जाती है और उसके मूल्य में इस प्रकार गिरावट आती है। इसलिए आर्थिक होने पर भी "पेपर" को मुद्रा चलन में बदला गया तो वह रुपये के मूल्य को एक खतरा है। अतः रुपये के अवमूल्यन को रोकने के लिये रुपये का स्वर्ण में मुक्त रूप से परिवर्तनीय बनाया जाना चाहिए और इससे भी बेहतर रुपये को एक निश्चित सीमा तक ही मुद्रा चलन में रखना और उसे अपरिवर्तनीय बना देना चाहिए।

निष्कर्ष यह है कि भारतीय स्थिति में मुद्राचलन में स्वर्णमान को स्वीकार करना रुपये की मूल्य स्थिति को गिरने से बचाने और दृढ़ मान को कायम करने के लिए सबसे अच्छा उपाय है।

परन्तु फाउलर कमेटी की मुद्रा चलन के संबंध में यह सिफारिश थी कि भारत सरकार स्वर्णमान के साथ-साथ रुपये का भी चलन अपनी मर्जी के अनुसार जारी करे। इसमें जो अन्तर्द्वन्द रहा वह यह था कि स्वर्णमान और रुपये का चलन ये दोनों एक साथ परस्पर नाशक है। अतः बाबासाहेब के अनुसार भारत सरकार को चाहिये कि वह रुपयों को द्रवित कर उन्हें "बुलियन" के रूप में बेच दें और प्राप्त राशि का उपयोग राजस्व में करें तथा उत्पन्न रिक्तता को अपरिवर्तनीय "पेपर" करेंसी से पूर्ण करे। अर्थात् उनका सुझाव सार रूप में इतना ही था कि टकसाल न केवल जनता के लिए ही, बल्कि सरकार के लिए भी बंद कर दी जाए, ताकि भारतीय मुद्रा चलन, स्वर्ण टेंडर और रुपये की सीमित मात्रा के निर्धारण पर आधारभूत होकर वह अंग्रेजी मुद्रा चलन प्रणाली में निहित तत्वों के साथ एकरूप हो जाए।

इस प्रकार डॉ. आंबेडकर की दृष्टि मूल्यदर वृद्धि के बुरे परिणामों से भारतीयों को बचाने के लिए मूल्य दर को स्थिर करने की उच्चतम और आवश्यकताओं से निष्पन्न एक हितदृष्टि रही है कि उन्होंने स्वर्णमान की मुद्राचलन में सिफारिश की। तथापि वह "भावनिक" और बुद्धि "विलासिता" की बात नहीं थी।

डॉ. आंबेडकर के वे विचार आज भी प्रासंगिक है जिसमें कहा गया है कि मुद्रा स्फीति बढ़ जाने से महंगाई बढ़ती है और आर्थिक स्थिरता खतरे में पड़ती है। अन्ततोगत्वा सरकार का बजट भी घाटे का होता है। तब रिजर्व बैंक नोट छापने

का कार्य तीव्र गति से जारी रखता है जिसके फलस्वरूप भावों में बढ़ोतरी होती रहती है। इसलिए रिजर्व बैंक के मुद्रा कार्यों पर नियंत्रण रखना जरूरी है। डॉ. आंबेडकर ने 1921 में जो बात बताई थी वह आज भी सत्य साबित हो रही है।

ऊपर हमने डॉ. आंबेडकर के विद्वता पूर्ण लिखित ग्रंथों के गहन विचारों पर प्रकाश डाला है। अब हम उनके अन्य बिन्दुओं पर प्रचलित विचारों को प्रस्तुत करेंगे। इन बिन्दुओं में बजट, कर और जल तथा जनपरियोजनाओं का विचार प्रमुख है।[8]

## 12. बजट

"बजट कैसा हो" इस प्रश्न का समाधान हम आंबेडकरी चिंतन में खोजे तो हमें निम्न विधानों को हृदयंगम करना अनिवार्य है।

सबसे पहले बजट को व्यय और राजस्व इन दोनों संदर्भों से देखना चाहिए। तथापि बजट के संबंध में दो दृष्टिकोण हैं। एक है वित्त सदस्य का दृष्टिकोण और दूसरा है करदाताओं का दृष्टिकोण। इन वित्त सदस्य या सरकार और करदाताओं के दृष्टिकोणों पर भी विचार करना आवश्यक है। वित्त सदस्य के दृष्टिकोण से देखने पर महत्वपूर्ण बात यह है कि उसे किस राजस्व प्रणाली को विश्वसनीय समझना चाहिए? राजस्व की जो मदें हैं उनसे कितनी मात्रा निश्चित रूप से प्राप्त हो सकती है और उनसे वह कैसे अपने वित्त व्यवस्था के कार्यभार का प्रबंध कर सकता है? करदाताओं के दृष्टिकोण से विचार करने पर प्रश्न उठता है कि क्या समाज के सभी आर्थिक वर्गों पर लगाया जाने वाला जो राजस्व का कर है वह भेदभावपूर्ण तो नहीं हैं? क्या वह करदाता की क्षमता के अनुसार मान्यता प्राप्त सिद्धांतों के आधार पर हीं वसूला जाता है या नहीं? क्या गरीब और अमीर को समान रूप से भू-राजस्व के अन्तर्गत लगान देनी पड़ती है या आय की निश्चित सीमा से नीचे की आय वालों को कर नहीं देना पड़ता जैसे की आयकर के अन्तर्गत होता है।

राजस्व के संदर्भ में डॉ. आंबेडकर का राज्य को सुझाव था कि "लोगों की समृद्धि ही राज्य की सबसे बड़ी धरोहर होती है। उन्हें दयनीय या भिखारी नहीं बना देना चाहिए। जो राज्य अपनी जनता को भिखारी बना देता है, अंततः वह खुद भी भिखारी हो जाता है।"[9]

इस प्रकार राजस्व के स्रोतों का प्रबंध इस किफायत से होना चाहिए कि उससे राज्य को पूरा लाभ मिले। हालांकि जब सरकार कोई उद्योग या निर्माण

अपने हाथ में लेती है तो वह इस कार्य को प्रधानतया राजस्व प्राप्ति के लिए नहीं बल्कि सेवा के लिए ही ऐसा करती है।

अब व्यय के संदर्भ में बजट का विचार करें तो हमारे सम्मुख घाटे के बजट का उदाहरण आता है। आम लोग घाटे से घबराते भी हैं। डॉ. आंबेडकर कहते थे "घाटा कोई ऐसी चीज नहीं है, जिससे भयभीत होना चाहिए। घाटा किसी सामाजिक विकास की बड़ी नीति को अपनाए जाने के परिणाम स्वरूप हुआ हो तो इसमें घबराने की बात बिल्कुल ही नहीं। हाँ, घाटा पूर्णतः प्रशासन के अनुत्पादक खर्च में बढ़ोत्तरी के कारण हुआ हो और प्रशासन की गुणवत्ता उसे न्याय न दे सके या सामान्य प्रशासन का व्यय बहुत ज्यादा हो या फिजूलखर्ची हो तो चिंता की बात अवश्य होनी चाहिए। दूसरी बात जो ध्यान देने योग्य है, वह यह है कि छंटनी से बजट को संतुलित करना ही सदन की एकमात्र आकांक्षा नहीं होनी चाहिए, बल्कि उसे अनिवार्य शिक्षा, चिकित्सा की सुविधा, नशाखोरी से लोगों को मुक्ति दिलाने और जीवन की सभी केन्द्रित सुविधाओं को उपलब्ध कराने की परिषद् की इच्छा के प्रति भी अपना ध्यान केन्द्रित करना चाहिए।

तथापि घाटे की वजह से बजट निराशाजनक होता है उसे इतना गंभीर नहीं समझना चाहिए, यदि वह निंदनीय भी है तो उसे वास्तव में गंभीर कहा जा सकता है। फिर खर्चे के संबंध में यह भी बात है कि उसे विकासोन्मुख उद्देश्यों पर किया गया या केवल कानून और शांति व्यवस्था को बनाये रखने में ही खर्च किया?

वित्त व्यवस्था गड़बड़ और आर्थिक दशा गंभीर होने से सालाना बचत में गिरावट होती रहती है। उससे बचत के बजट प्रस्तुत करने के बजाय बजट में लगातार घाटा ही घाटा दिखाई देता है। साथ ही कर्जे की भी अदायगी करनी पड़े तो खाली खजाने पर बहुत बड़ा बोझ पड़ना अवश्यम्भावी है। शिक्षा और मद्यनिषेध पर होने वाले अनिवार्य खर्चे से वित्त व्यवस्था पर और भी भारी बोझ पड़ेगा।

बजट में आज और कल के संकटों से निबटा जा सकने वाला एक सामान्य नीति का भी होना जरूरी है। उपयुक्त आर्थिक नीति को सरकार द्वारा परिषद की सहमति से शुरू करना भी जरूरी होता है। ऐसे समय वित्त सदस्य को एक कुशल नीतिज्ञ की तरह परिस्थिति से निबटने का फैसला करना चाहिए।"

बजट के बारे में सरकार का दायित्व क्या होना चाहिए इस पर अपना वक्तव्य देते हुए डॉ. बाबासाहेब आंबेडकर ने कहा था, "कोई भी सार्थक

सरकार, कोई भी सरकार जो अपने दायित्वों के प्रति गंभीर है, गरीबों से यह नहीं कह सकती है कि वह उन्हें सुविधाएँ नहीं दे सकती, क्योंकि उसमें कर लगाने का साहस नहीं है।"[10]

"सरकार का मुख्य दायित्व यह है कि वह गरीबी की समस्या का सामना करे।"

"हमारा देश भिखारियों और कुलियों का देश है। इसलिए कोई भी सार्थक सरकार इस गंभीर समस्या की उपेक्षा नहीं कर सकती।"[11]

"सरकार को इस बात का ध्यान हो कि, उसके बजट प्रस्तावों का उद्देश्य राष्ट्रीय आय में वृद्धि करना है, क्योंकि प्रतिव्यक्ति राजस्व में अपना देश कनाडा, आस्ट्रेलिया, न्यू साउथ वेल्स, न्यूजीलैण्ड, दक्षिण अफ्रीका संघ, दक्षिण आस्ट्रेलिया और आयरिश फ्री स्टेट जैसे कई राष्ट्रों से बहुत पीछे चल रहा है।

अतः कोई बजट ऐसा न हो कि राजस्व की दृष्टि से उसे अनियोजित और व्यय की दृष्टि से अर्थहीन कहना पड़ें।

फिर सरकार के सामने बजट से प्राप्त धनराशि को खर्च करने के लिए उपलब्ध दो अच्छे विकल्पों में से ठीक विकल्प पर धन का व्यय करने का उचित फैसला लेने का भी प्रश्न उपस्थित हो सकता है। ऐसे समय उसे नशाखोरों की स्थिति सुधारने या बच्चों की शिक्षा पर खर्च करने, इन दो विकल्पों में से किसे स्वीकार करें ऐसी दुविधा का सामना करना पड़े तो डॉ. आंबेडकर की राय है कि "मैं स्वयं शराब नहीं पीता और मैं चाहता हूँ कि कोई भी शराब न पिए। परन्तु समस्या यही है। अगर आप मुझे एक शिक्षित व्यक्ति दिखा दें जो संयमी भी हो तो मैं उसका स्वागत करूंगा। लेकिन अगर आप ऐसे संयमी को अपनाने को कहते हैं जो मुर्ख हो, जो निकम्मा हो, जो कुछ नहीं समझता हो, तो मैं उसकी तुलना में उस व्यक्ति को पसंद करूंगा, जो पीता हो परन्तु कुछ जानता तो हो।"[12] अर्थात् सरकार को शहरों की अपेक्षा गाँव की प्राथमिक शिक्षा को, कराघात लगाने और उसके वितरण को अधिक ध्यान में रखना चाहिए। क्योंकि गाँव में जाने से महसूस होता है कि उसकी बड़ी दयनीय अवस्था है और कहना पड़ता है कि "गाँव में गोबर के ढेर के सिवाय और कुछ नहीं है। गाँवों में जो गंदगी है, उसमें सुधार लाना आज की तात्कालिक आवश्यकता है।"

अन्त में इतना ही कहना बजट के संबंध में पर्याप्त होगा कि हमारे वित्तमंत्री को चाहिए कि बजट से संबंधित राजस्व के प्रति वे ज्यादा सावधानी बरतें और दक्षता दें और जन-कल्याणकारी मदों के विनियोग में वे उसकी फलश्रुति पर अधिक ध्यान रखें।

## 13. कर तथा व्यय

अब प्रश्न उठता है कि वित्त यानि सम्पत्ति का कर सरकार और नगरपालिका के बीच कैसे व्यवस्थित किया जाए। यदि कोई सरकार यह चाहती है कि सम्पत्ति कर को प्रथम शुल्क बनाये, उस कर को अदा न करने पर जुर्माना करे और जुर्माने को पूर्व-प्रभावी रूप से लागू करे और उस कर की उगाही नगरपालिका करती रहे तो यह बात साफ जाहिर है कि ऐसा करना सरकार का नगरपालिका पर अन्याय करना होगा और उससे "मेहनती मेंड पर और मुफ्तखोर टांड मर" की कहावत ही चरितार्थ होगी।

जहाँ तक वित्तीय प्रबंध और शिक्षा जैसे बुनियादी ढाँचे पर सरकार द्वारा व्यय किए जाने का प्रश्न है डॉ. आंबेडकर ने कहा था कि दुर्भाग्य से कभी-कभी ऐसा प्रतीत होता है कि शिक्षा विभाग और उत्पाद शुल्क विभाग एकदम विपरीत दिशा में काम करते हैं। होना तो यह चाहिए कि जितनी राशि सरकार हम लोगों से उत्पाद शुल्क के रूप में लेती है, कम से कम उतनी राशि शिक्षा पर खर्च हो। परन्तु वास्तव में सरकार उत्पाद शुल्क के प्राप्ति का एक तिहाई हिस्सा भी शिक्षा पर खर्च नहीं करती।

विद्या, नीति एवं संपत्ति का अटूट संबंध है। अत: यहाँ शिक्षा और शासन की नीति के बारे में संक्षेप में कहना गलत नहीं होगा।

## 14. शिक्षा तथा व्यय

यद्यपि शिक्षा-शास्त्रियों का ऐसा मत है कि प्राथमिक शिक्षा पर होने वाला खर्च अधिकांश अपव्यय में जाता है और प्राथमिक विद्यालय में दाखिल होने वाले पर एक सौ बच्चों में से केवल 18 बच्चे ही कक्षा चार तक पहुँच कर साक्षर हो पाते हैं। तथापि उन पर जो खर्च पहले ही किया जा चुका है, वह बेकार न चला जाए, इसलिए प्राथमिक शिक्षा पर अधिक खर्च करें ताकि अन्तत: उसका कुछ परिणाम निकले।

जहाँ तक प्राथमिक, सेकेण्डरी और कॉलेज शिक्षा में समाज के विभिन्न वर्गों में व्याप्त असमानता को मिटाकर सबको एक स्तर पर लाने के लिए वित्तीय प्रबंध की बात है, ऐसा लगता है कि गैर-ब्राह्मण वर्ग जनसंख्या में प्रथम स्थान पर है पर शिक्षा में तीसरे स्थान पर, पिछड़ी जातियाँ जनसंख्या में दूसरे स्थान पर है, पर शिक्षा में चौथे स्थान पर, मुसलमान जनसंख्या में तीसरे स्थान पर है पर शिक्षा में दूसरे स्थान पर और विकसित हिन्दू जनसंख्या में चौथे स्थान पर

है किन्तु शिक्षा में प्रथम स्थान पर। अतः सरकार पिछड़ी जातियों की ओर अधिक ध्यान दें, उनकी छात्रवृत्ति देने के लिए बजट में कुछ धनराशि अलग से नियत करें और दलित जातियों के लड़कों को छात्रवृति देने की पद्धति में छात्रवासों और उसकी व्यवस्थापक निजी संस्थाओं के अभिवृद्धि का भी अन्तर्भाव हो।

शासन द्वारा विश्वविद्यालय को अनुदान मिलता है। ऐसे विश्वविद्यालय की विधायी संस्था में पिछड़ी जातियों के प्रतिनिधियों को स्थान देना उसका लक्ष्य होना चाहिए जिससे उनकी उच्च शिक्षा का स्तर दूसरे शिक्षित समुदायों के बराबर बढ़ेगा। क्रांतिवीर ज्योतिराव फुले ने शिक्षा से वंचित दलितों का आर्थिक पतन कैसे होता है यह दर्शाते हुए कितना सच ही कहा है कि "विद्या बिना मति गई, मति बिना नीति, नीति बिना गति गई, गति बिना संपत्ति; संपत्ति बिना शुद्र गिरा, इतना अनर्थ एक अविद्या ने करा।"

## 15. आर्थिक शोषण की वतनवारी पद्धति

महार, वर्थनिया और जुगलिया या होलिया नामक ऐसे ही शूद्र थे जो दक्खन, गुजरात और कर्नाटक में वंशानुगत कर्मी, वतनदार या वतनधारक कहलाते थे। वे वतन कानून के अनुसार सरकारी सेवक तो थे परन्तु उनके दायित्व, काम या समय, काम करने वालों की संख्या आदि निश्चित नहीं थे। इतना सब होने पर भी उनको मेहनताने के रूप में सरकारी खजाने से मिलने वाला प्रतिमास वेतन नहीं के बराबर था। रैयत से जो कुछ लाभ उन्हें मिलता था उसके लिए उन्हें पटेल, कुलकर्णी और मामलतदार की बेगार करनी पड़ती थी। अतः यह एक क्रूर और अन्यायपूर्ण प्रणाली पूरे दलित वर्ग को आर्थिक पतन की ओर ले जा रही थी। सामाजिक जीवन में महारों के गाँव में जूते-मोजे पहनकर जाने से गाँव वाले किसान उनका बलुता बंद कर उनका बहिष्कार करते थे। ऐसे कठोर आर्थिक रूढ़ी को बदलने के लिए अर्थात् वतनदार को वतन में परिवर्तन करने की अनुमति, उनके पारिश्रमिक के भुगतान की व्यवस्था और उनके कार्यों की कानून द्वारा व्याख्या इन तीन उद्देश्यों को वंशानुगत कार्य अधिनियम संशोधन विधेयक में निहित कर डॉ. आंबेडकर ने 17 सितम्बर 1937 को उसे बाम्बे लेजिस्लेटिव असेम्बली में प्रस्तुत किया।[13]

## 16. आर्थिक शोषण की खोती पद्धति

उक्त बेगारी की व्यवस्था के समान एक दूसरी दमनकारी व्यवस्था खोतों के माध्यम से छोटे भू-;धारकों पर आर्थिक जुल्म करती थी। कृषि से राजस्व

प्राप्त करने की इस व्यवस्था को खोती व्यवस्था कहते थे। उस व्यवस्था में ये दोष थे कि यह भू-धारण की एक लघु व्यवस्था थी, जो महाराष्ट्र के रत्नागिरी, कोलाबा और थाणे जिलों में कानून, प्रथा और अनुदान द्वारा प्रचलित थी। यह रैयतवाड़ी व्यवस्था से इस बात में भिन्न है कि जहाँ भू-राजस्व भूमि के दखलदारों से सीधे वसूला जाता वहाँ खोती व्यवस्था में उसकी वसूली के लिए खोत लोगों को नियुक्त किया जाता था। वे सरकार को राजस्व का भुगतान करते और अपने अधीनस्थ धारकों के साथ जैसा चाहे वैसा व्यवहार करते। उनके धन और सामान की वसूली कर उन्हें गुलामों की तरह मारते-पीटते। इसलिए खोती व्यवस्था के उन्मूलन की मांग अधीनस्थ धारकों द्वारा की गई और वैसा विधेयक बम्बई विधानसभा में डॉ. आंबेडकर द्वारा 1937 में ही प्रस्तुत किया गया। इस विधेयक में निहित उद्देश्य ये थे—सरकार और भू-धारकों में सीधा संबंध स्थापित करना और खोतों को मुआवजा देकर हटाना और अधीनस्थ धारकों के कब्जे में भूमि को रखकर इन्हें दखलकार का दर्जा देना और खोती व्यवस्था के दोषों को निर्मूलित कर भू-राजस्व का लाभ सरकार को प्राप्त करा देना।

जिस प्रकार एक समुद्र में बड़ी मछली छोटी मछली का शिकार करती है उसी प्रकार भारत के ग्रामीण अर्थव्यवस्था में बड़े मालिक छोटे दलालों का आर्थिक शोषण करते थे। खोत भू-धारकों का शोषण करते थे तो खेत मालिक खोतों का। कुल या किरायेदार की हैसियत से खोत लोग खेत मालिकों के दमन और जुल्म में जीवन यापन करते थे। खोतों को जमीन का हक दिलाने वाला बिल विधानसभा में सन् 1937 में प्रस्तुत करने वाले प्रथम विधायक भी डॉ. आंबेडकर ही रहे हैं।

डॉ. आंबेडकर ही एक ऐसे चिन्तक थे जिन्होंने बहुत पहले बीमा के राष्ट्रीयकरण का सुझाव दिया क्योंकि इससे न केवल लोगों के आर्थिक हितों की सुरक्षा होती है अपितु राज्य की अर्थव्यवस्था को भी भारी बल मिलता है।[14]

डॉ. आंबेडकर इस मत के भी हिमायती रहे कि भारतीय कर प्रणाली में व्यक्ति के करक्षमता के अनुसार कर लगाने की पद्धति का अवलम्ब किया जाना चाहिए क्योंकि सरकार द्वारा जनता पर लगाये जाने वाला कर उनकी कर शक्ति के अनुसार नहीं था।

दामोदर घाटी और हीराकुण्ड परियोजना में भी डॉ. आंबेडकर का प्रमुख योगदान रहा है। भारत में वर्तमान अर्थव्यवस्था पर नजर दौड़ाने से पता चलता है कि यदि उसका वृद्धि दर 6.6 प्रतिशत प्राप्त करना है तो उसे कृषि विकास का दर 2.4 प्रतिशत बढ़ाना आवश्यक है यद्यपि यह मुश्किल काम है। भारतीय

रिजर्व बैंक का भी यही सुझाव है कि राज्य सराकरों को चाहिए कि वे ग्रामीण परियोजनाओं में अधिक से अधिक निवेश का प्रबंध करें ताकि लागत को निकाला जा सके और संसाधनों को सक्रिय बनाया जा सके। इस हालत में डॉ अम्बेडकर के कृषि संबंधी विचार ग्रामीण हित वर्धन के लिए निस्संदेह लाभकारी होंगे।

अब तक हमने बाबासाहेब आंबेडकर के एम.ए., पीएच.डी., एम.एससी. और डी.एससी. के शोध ग्रंथों और शोध प्रपत्रों में निहित उनके सैद्धांतिक आर्थिक विचारों की विवेचना की। साथ ही खोती पद्धति, वतनदारी, सामूहिक खेती, जमींदारी प्रणाली, उद्योगों का राष्ट्रीयकरण, खाद्यान्न का प्रश्न, बजट और भू-राजस्व आदि ज्वलंत प्रश्नों के व्यावहारिक उपायों से भी स्पर्श करने वाले उनके विचारों को प्रस्तुत किया गया। तथा बीमा का राष्ट्रीयकरण, दामोदर-हीराकुण्ड परियोजना, कर पद्धति और ग्रामीण विकास जैसे मूलभूत विषयों की भी समीक्षा आंबेडकर जी ने अपने विचार-प्रकाश में की। इसके अनन्तर हम डॉ. आंबेडकर की आर्थिक नीति वर्तमान आर्थिक नीति, और उदारीकरण के बिन्दु पर थोड़ी चर्चा करेंगे।

## 17. नई आर्थिक व्यवस्था

वर्तमान आर्थिक नीति क्या है? भारत में आज जो नई अर्थनीति है वह देश का द्रुत उद्योगीकरण के लक्ष्य से बनाया गया सरकार का न्यूनतक साझा कार्यक्रम नामक एक दस्तावेज है। उसमें विदेशी निवेश, उदारीकरण और समाजवाद तथा निजीकरण के जरिये बीमा उद्योग, बुनियादी आर्थिक ढांचे, आर्थिक वृद्धि, औद्योगिक उत्पादन, रोजगार आदि में सुधार और विकास लाना निहित है। यही भारत की वर्तमान आर्थिक नीति है। लेकिन नीति के अपनाने और व्यवहार में लाने में कई अड़चने हैं। उनमें दो प्रमुख अड़चने बौद्धिक और राजनैतिक हैं। बौद्धिक स्तर पर कोई भी दो अर्थशास्त्री नीति के बिन्दु पर एकमत नहीं है। राजनैतिक स्तर पर एक ही दल में अनेक विसंगतिया इन बिन्दुओं पर झलकती हुई प्रतीत होती है। इस प्रकार न आगे न पीछे की अगतिक नीति के अनुसार नई आर्थिक नीति का आदर्श विषमता और अगतिकता से किंकर्तव्यमूढ़ बना हुआ है।

किसी भी नीति को सफल बनाने के लिए पारदर्शिता और लोकसमर्थन जैसे पहलू अत्यंत विचारणीय होते हैं। यह बात आर्थिक नीति पर भी सर्वथा लागू होती है। क्या भारतीय नई आर्थिक नीति के वर्तमान स्थगित स्थिति के मद्देनजर

कोई बेहतर और वैकल्पिक नमूना प्रस्तावित किया जा सकता है? जरूर। और वह है डॉ. आंबेडकर का आर्थिक नीति का आदर्श जिसे हम यहाँ संक्षेप में सार रूप में प्रस्तुत करते हैं।

## 18. औद्योगिक प्रजातंत्र

डॉ. आंबेडकर कहते थे कि "यह विस्मयकारक बात है कि जब पुरुषों और महिलाओं ने राजनीतिक प्रजातंत्र को पाने के लिए संघर्ष किया, तो इस प्रजातंत्र को उद्योग क्षेत्र में लाने के लिए इतना कम संघर्ष क्यों किया गया। मुझे विश्वास है, औद्योगिक प्रजातंत्र से अगणित लाभ होंगे चाहे वह प्रजातंत्र सहकारिता के ढंग पर हो या सिन्डिकॅलिज्म की तरह स्वशासन के पैमाने पर। इसका कोई कारण नहीं है कि सभी शासकीय इकाईयाँ भौगोलिक ही क्यों होनी चाहिएं। यह प्रणाली भूतकाल में आवश्यक थी, क्योंकि तब संचार के साधन मंदगति के थे। लेकिन अब यह आवश्यक नहीं है। इसी प्रकार की किसी प्रणाली के कारण आदमी को फिर उसके कार्य में अभिमान की भावना महसूस होने लगेगी और वह फिर से उस क्रियाशील प्रेरक से निकलने का द्वार ढूँढेगा जो अभी थोड़े से भाग्यवान लोगों को छोड़कर किसी को ज्ञात नहीं है। ऐसी प्रणाली के लिए आवश्यक है: भू-स्वामी का निर्मूलन और पूँजीपति का नियंत्रण। इसका निष्कर्ष यह नहीं है कि अर्जित प्राप्ति समतल होनी चाहिए। और समाजवाद के विपरीत यह एक स्थायी या अंतिम प्रणाली नहीं है। यह ऊर्जा और प्रस्तावित कार्य की आकृति से अधिक कुछ नहीं। ऐसे ही किसी ढंग से, मुझे यकीन है कि व्यक्ति की उन्नति के साथ विशाल तकनीकी संगठन का मेल बिठाया जा सकता है जिसे औद्योगिकरण के कारण रूपांतरित होना आवश्यक हो गया है।[15]

## 19. आर्थिक शोषण से सुरक्षा के दस बिन्दु

डॉ. आंबेडकर ने "स्टेट्स एण्ड मायनारिटिज" नामक अपने मौलिक ग्रंथ में अपनी आर्थिक नीतियों का घोषणा-पत्र, जो आर्थिक शोषण से सुरक्षा का दस्तावेज है, निम्न प्रकार दस धाराओं में प्रस्तुत किया।

"भारतीय संघ (राज्य) अपने संविधान के कानून का इसे अंग घोषित करेगा कि-

(1) जो उद्योग मूलभूत उद्योग हैं अथवा जो मूलभूत उद्योग घोषित किए गये हो वे राज्य द्वारा अपनाये और चलाये जायेंगे।

(2) वे उद्योग जो मूलभूत उद्योग नहीं हैं लेकिन जो बुनियादी उद्योग हैं वे राज्य द्वारा अपनाये जायेंगे और राज्य या राज्य के स्थापित निगमों द्वारा चलाये जायेंगे।

(3) बीमा पर राज्य का एकाधिकार होगा और कि राज्य प्रत्येक वयस्क नागरिक को अपने वेतन (रोजी), जो विधिमंडल तय करेगी, के अनुपात से बीमा पॉलिसी लेने के लिये बाध्य करेगा।

(4) कृषि राज्य उद्योग होगा।

(5) राज्य इस प्रकार के उद्योगों, बीमा और कृषि-भूमि, जो निजी व्यक्तियों के हाथों में है; भले ही वे उसके स्वामी, भाड़ेदार के रूप में हो या बंधक धारी के रूप में हो, पर आजीविका के अधिकार को अर्चित करेगा और वह उनकी भूमि के उसके (पुरुष) या (स्त्री) अधिकार के मूल्य के बराबर के ऋणपत्र के रूप में मुआवजा प्रदान करेगा। प्रावधान होगा कि भूमि, कारखाना अथवा उपनीधि के मूल्य का निर्धारण, उसकी आपातकालीन मूल्यवृद्धि, संभावनीय अथवा बिना कमाये (अनार्जित) मूल्य अथवा अनिवार्य अभिग्रहण के कोई मूल्य का विचार न कर, किया जायेगा।

(6) ऋणपत्र धारक नकद देय को लेने के लिए कैसे और कब अधिकारी होगा इस बात का निर्णय राज्य करेगा।

(7) ऋणपत्र हस्तांतरणीय और पैतृक संपत्ति होगा परन्तु न ऋणपत्र धारक न मूलधारक का अन्तरिती न ही उसका उत्तराधिकारी भूमि वापस लेने या राज्य द्वारा अभिग्रहित किसी औद्योगिक धंधे के ब्याज के लिए अधिकारी होगा अथवा वह किसी प्रकार से उसके लेन-देन का अधिकारी होगा।

(8) ऋणपत्र धारक अपने ऋणपत्र के ब्याज के लिए अधिकारी होगा जिस ब्याज का दर कानून द्वारा परिभाषित होगा, जो राज्य द्वारा नकद या अन्य प्रकार के भुगतान, जो भी राज्य को उचित लगेगा, के जरिए दिया जायेगा।

(9) कृषि उद्योग का संगठन निम्न के आधार पर किया जायेगा—

1. राज्य अभिग्रहीत भूमि को मानक आकार के खेतों में विभाजन करेगा और उन खेतों की खेती के लिए गाँव के निवासियों को भाड़ेदारों

(परिवार के समूह से बने) के रूप में बोने के लिए निम्न शर्तों पर भाड़े पर दिए जायेंगे–

(अ) खेत को सामूहिक खेत के रूप में बोया जायेगा।

(ब) खेत को सरकार द्वारा बनाये नियमों और निर्देशों के अनुसार बोया जाएगा।

(क) भाड़ेदार खेत की पैदावार, जो खेत पर उचित रूप से लगाये गये खर्चे के भुगतान के बाद शेष रहेगा, को उपचारिक ढंग से आपस में बांट लेंगे।

2. भूमि को ग्रामवासियों के लिए जात, धार्मिक श्रद्धा के भेदभाव के बिना और इस प्रकार वहां न कोई भू-स्वामी होगा, न भाड़ेदार और न ही भूमिहर मजदूर, भाड़े पर दिया जाएगा।

3. सामूहिक खेतों को जल, पशु, उपकरण, उर्वरक, बीज इत्यादि के आपूर्ति से बोने के लिए वित्त के निर्वहन का कर्त्तव्य राज्य का होगा।

## राज्य को अधिकार होगा

(अ) खेत के पैदावार पर निम्न खर्चे को लगाने का अधिकार–

1. भूमि राजस्व के लिए एक अंश;

2. ऋण पत्र धारकों के भुगतान के लिए अंश; और

3. आपूर्त पूंजी वस्तुओं के उपयोग के लिए भुगतान हेतु एक अंश; और

(ब) उन भाड़ेदारों को दण्ड देने का अधिकार जो भाड़ेदारी की शर्तों का उल्लंघन करते हैं या जो राज्य द्वारा उपलब्ध कराये गये साधनों का सर्वोतम उपयोग करने में हठधर्मिता से उपेक्षा करते हैं या जो किसी अन्य प्रकार से सामूहिक खेतीकरण के प्रयोग को हानि पहुँचाते हैं।

(10) यह प्रयोग यथाशीघ्र कार्यान्वित किया जाएगा लेकिन किसी भी प्रकार से इसकी अवधि संविधान के कार्यान्वित होने की तिथि के दसवें वर्ष के बाद तक लंबित नहीं होगी। (अम्बेडकर : 1947 : 408 - 12)

## 20. उपसंहार

आज हम भारतीय प्रजातंत्र और राष्ट्रीय स्वतंत्रता के पंचदशक की स्वर्ण जयंति सर्वत्र मना रहे हैं। भारतीय संघ ने कल्याणकारी राज्य की स्थापना के लिए

अपनी वचनबद्धता संविधान के आमुख में दिगदर्शित की है। आगामी दशक में भी हम अपने कल्याणकारी राज्य की आर्थिक नीति में बाबासाहेब आंबेडकर के उपर्युक्त आर्थिक दर्शन को प्रयोग में ला सके तो भी हम सब नागरिक यह विश्वास से कह सकेंगे कि "भारतीय प्रजातंत्र में देर है लेकिन अंधेर नहीं।"

## संदर्भ

1. आंबेडकर : 1920 - 1927 - 29 तथा 1990 : 149।
2. आंबेडकर : कल्याण मंत्रालय : 1994 : 33।
3. नागर : 1992 : 23।
4. नाईक : 1995 : 10।
5. महाराष्ट्र शासन : 1989 : 55।
6. डिबेट्स खण्ड 21 : 607
7. रायफेल्ड : इंप्रेशन ऑफ दि को-आपरेटिव मूवमेंट इन फ्रांस एण्ड इटली
8. गजभिये/ वाघमारे : 1997 : 62
9. महाराष्ट्र शासन : 1994 : 17
10. महाराष्ट्र शासन: 1994: 33, 34
11. कल्याण मंत्रालय : 1994 : 34
12. आंबेडकर 1994 : 46
13. *बांम्बे लेजिस्वेटिव असेम्बली डिबेट्स*, खण्ड 1: 1091-92।
14. स्मारिका 1990-91 : 13
15. डॉ. आंबेडकर, *रिव्यूव ऑफ बी. रसेल्स प्रिंसिपलस आफ सोशल रिकन्स्ट्रक्शन* 1918 : 141-42।

# 16
# राजनैतिक विचार

## प्रस्तावना

समाज को अपने नियंत्रण और प्रशानिक व्यवस्था के लिए एक स्थायी और मजबूत सरकार या शासन की आवश्यकता होती है। उसके सामने दो विकल्प हैं। एक, हुकुमशाह और पुलिस बल की सरकार और दूसरा लोकशाही और न्यायपलिका की सरकार। पहले प्रकार की शासन व्यवस्था में शांति और प्रशासन की नागरिक आवश्यकता की पूर्ति तो होगी। परन्तु उसमें नागरिकों के मूलभूत स्वातंत्र्य की गारंटी नहीं होगी। वह पाशविक शांति की रक्षा तो करेगी परन्तु अहिंसात्मक आत्मशांति प्रदान नहीं करेगी। वह सामाजिक, आर्थिक और राजनैतिक समानता तो प्रदान करेगी परन्तु अपनी ही इच्छा-स्वच्छंदता के साथ, दूसरों के नीति स्वातंत्र्य और न्याय तत्व के साथ नहीं। इन्हीं राजनैतिक सुव्यवस्था को प्रस्थापित करने के लिए समाज के सामने जो दूसरा विकल्प है वह धम्म और न्यायपालिका के प्रशासन का है।

हुकुमशाह और पुलिस तथा धम्म और न्यायपालिका ये चार शब्द डॉ. आंबेडकर के राजनैतिक जीवन के तात्विक सिद्धान्त के प्रतिनिधिक शब्द हैं। उसी का हम यहाँ विवेचना करेंगे।

"हुकुमशाही" में विचारों को व्यक्त करने की स्वतंत्रता नहीं होती, चाहे वह पूँजीपतियों की हो या सर्वहारा की। मार्क्स के समय वयस्क मताधिकार की अपनी सीमित परिधि थी। अतः वह सामाजिक परिवर्तन के लिए सर्वहारा वर्ग की हुकुमशाही की सरकार का समर्थन करते थे। आज लोकशाही व्यापक और शक्तिशाली शासन पद्धति के रूप में सामाजिक परिवर्तन के लिए समर्थ हो रही है और उसी शासन पद्धति में डॉ. आंबेडकर का अदम्य विश्वास रहा।[1]

पुलिस बल यानी सेना बल की व्यवस्था पर ही किसी भी देश की स्वतंत्रता के भविष्य की सुरक्षा निर्भर करती है। ऐसी सेना जिस पर हम देश के

लिए हर समय किसी भी स्थिति में संघर्ष करने के लिए विश्वास कर सकें और आन्तरिक विद्रोहियों की चुनौती पर सरकार को कायम रख सकें। ऐसी सेना नहीं जो "राजनैतिक सेना" हो क्योंकि डॉ. आंबेडकर के अनुसार राजनैतिक सेना भारत की स्वतंत्रता के लिए बहुत बड़ा खतरा सिद्ध होगी।[2]

भारत के लोग केवल एक ही शर्त पर स्वतंत्र भारत की रक्षा कर सकेंगे और वह शर्त यह है कि यदि भारत में सेना अराजनैतिक रहती है।[3]

उपरोक्त कथनानुसार कि "धम्म" शब्द भी डॉ. आंबेडकर के राजनैतिक जीवन के तात्विक सिद्धांत का प्रतिनिधि है, हमें इस शब्द का निहित अर्थ क्या है इसे जानना चाहिए।

बर्क के मतानुसार सही धर्म समाज की नींव है, जिस पर एक सभ्य सरकार खड़ी रहती है और उसकी स्वीकृति हासिल करती है।

आंबेडकर के मतानुसार "धम्म" स्वातंत्र्य, समता और बंधुत्व के त्रयी पर आधारित होने के कारण एक नवीन सामाजिक व्यवस्था को स्थापित करने के लिए आवश्यक है, जिसमें एक नई राजनैतिक व्यवस्था का भी निर्माण हो सकता है।[4]

"धम्म" का तात्पर्य "नैतिकता" से है। मान लीजिए कि देश का संविधान "धम्म" या "नैतिकता" को राज्य का सबसे महान "कानून" बना देता है। उदाहरणार्थ "पंचशील" के तत्वों को समाज में लागू किया जाता है। कुछ लोग उसका पालन न कर यदि उल्लंघन करते हैं तो ऐसे लोगों को नियंत्रित करने के लिए न्यायपालिका (न्यायदान व्यवस्था) या अदालत की आवश्यकता है। बाबासाहेब डॉ. आंबेडकर के अनुसार न्यायदान की व्यवस्था विधायिका और कार्यपालिका से पृथक और स्वतंत्र होनी चाहिए ताकि समाज में नागरिकों को न्याय मिल सके।

डॉ. आंबेडकर ने कहा है "समाज को अपनी एकता को बनाये रखने के लिए या तो कानून का आश्रय लेना पड़ेगा या फिर नैतिकता का। दोनों के बिना समाज टुकड़े-टुकड़े हो जायेगा। अतः नैतिकता पर आधारित धर्म प्रत्येक समाज में अच्छे सम्बन्धों को निर्धारित करने के लिए प्रमुख होना चाहिए।"[5]

समाज में व्यवस्था की स्थापना के लिए सरकार की आवश्यकता को सभी ने स्वीकार किया है। सरकार में सत्ता भी निहित है, इसे सब जानते हैं। देश के राजनीतिक दलों का लक्ष्य सत्ता हथियाने पर ही केन्द्रित रहता है। वर्गविहीन समाज की कल्पना साम्यवादी शासन पद्धति का ध्येय माना जाता है। राज्यविहीन

समाज की कल्पना तो हो ही नहीं सकती। बाबासाहेब आंबेडकर सामाजिक शासन पद्धति के लिए राज्य समाजवाद की राजनीतिक कार्य प्रणाली को ही आदर्श सरकार मानते थे।

## राजनीतिक दल

प्रजातांत्रिक राज्यों में राजनीतिक दलों का बड़ा महत्त्व है। परन्तु राजनीतिक दल कैसा होना चाहिए। इसके बारे में "जितने पक्ष उतने मत" प्रचलित हैं। अप्पादोराई के अनुसार "राजनीतिक दल नागरिकों का कमाधिक मात्रा में संगठित समूह है जो एक राजनीतिक इकाई के रूप में कार्य करता है, जिसके राज्य में विवादास्पद मुख्य राजनीतिक प्रश्नों पर अपने पृथक ध्येय और दृष्टिकोण होते हैं और जो एक राजनीतिक इकाई के रूप में एकत्रित कार्य कर सरकार पर नियंत्रण को हासिल करने के लिए प्रयत्नशली होता है।[6]"

मैकाइवर की परिभाषा के अनुसार "राजनीतिक दल किसी तत्व या योजना के समर्थन में संगठित हुआ संगठन है, जिसे वह वैधानिक साधनों से सरकार को निर्णायक बनाने का प्रयत्न करता है।"[7]

**आर.जी. गेटेल** की दृष्टि में "राजनीतिक पक्ष नागरिकों का एक समूह होता है, जो कमाधिक मात्रा में संगठित होकर एक राजनैतिक इकाई की हैसियत से काम करता है और जो अपने मताधिकार के प्रयोग से सत्ता हथियाने का लक्ष्य बनाता है और अपनी नीतियों को व्यवहार में लाता है। यह सबसे अधिक विस्तृत और व्यापक स्वरूप का होता है जिसमें सार्वजनिक मत को संगठन और सरकार बनाने परिणामक बनाया जाता है।"[8]

परन्तु राजनीतिक दल क्या होता है इसकी परिभाषा डॉ. आंबेडकर के अनुसार इस प्रकार है: राजनीतिक दल एक सेना की भाँति होता है। उसमें इन बातों का होना आवश्यक है।

1. नेता, जो सेनापति की तरह होता है।
2. संगठन, जिसमें (क) सदस्यता (ख) दृष्य योजना और (ग) अनुशासन का समावेश है।
3. तत्व और नीति
4. कार्यक्रम अथवा काम की योजना
5. रणनीति और युद्धनीति अर्थात् कब क्या करना है और लक्ष्य तक कैसे पहुँचे इसकी योजना।

## राजनैतिक विचार धारा

डॉ. आंबेडकर की राजनैतिक विचारधारा भारतीय समाज में विद्यमान वास्तविकताओं की समस्याओं के निराकरणार्थ प्रस्तुत एक बौद्धिक उपाय प्रणाली है जो राज्य के व्यवस्थित संगठन से संबंधित है।

भारतीय समाज की वास्तविकताओं में हमें इस तथ्य को नहीं भूलना चाहिए कि भारतीय जनसंख्या आर्य, द्रविड़, मंगोल और शिथियन नस्लों के मिश्रण से बनी हुई है। यूं तो वांशिक रूप से सभी प्रकार के लोगों में विभिन्नताएं पाई जाती हैं। लेकिन जातीय भिन्नता हमारे समाज की एक ऐसी विशेषता है जो संसार के मानचित्र में भारतवर्ष के सिवाय अन्य कहीं भी दिखाई नहीं देती। स्पष्ट है कि जातीय विभिन्नता नैसर्गिक निर्मित्ति नहीं है, बल्कि वह कृत्रिमतापूर्वक समाज पर थोपी गई व्यवस्था या कुव्यवस्था प्रतीत होती है। मानव समाज में एक समूह जब दूसरे समुदाय के प्रति अलगाव रखता है तब वह जाति प्रथा निर्माण में अपने कदम उठाता है। समाज में एक वर्ग की कई मानव श्रेणियाँ जब अपने ही श्रेणी विशेष में रक्त संबंध निर्धारित करते हैं तब वह एक ही वर्ग के लोगों में जातिवाद के अनेक स्तर को जन्म देता है।

आशावादी डॉ. आंबेडकर ने संकेत दिया कि भारतीय लोग काश्मीर से कन्याकुमारी तक एक सूत्रता में स्वयं को ला सकते हैं यदि वे सांस्कृतिक समन्वय और जात्यांतर्गत विवाह को अपने सामाजिक जीवन में उतारें। वे रूढ़ियों का अन्धानुकरण नहीं करें और बुद्धिवाद को अपनाएं।

बुद्धिवाद को अपनाना बड़ा कठिन और साहस का कार्य है। क्या भारत के राजनेता या समाज सुधारक या धर्मपुरुष अपने प्रत्येक भारतीय पुरुष या महिला को अपने धर्मशास्त्रों के कुप्रभाव से अपने मन को मलीन न कर आपस में खान-पान तथा रक्त के संबंध स्थापित करो कहने का साहस दिखा सकता है? क्या ब्रिटिश भारत में किसी ने इस बात की कोई चिन्ता की थी कि सामाजिक सुधार किए बिना राजनैतिक स्वतंत्रता की पहल क्यों हो जबकि भारतीय इतिहास गवाह है कि भारत में राजनैतिक क्रांतियाँ सामाजिक और धार्मिक सुधारों के पश्चात् ही आई हैं और परिणामतः वहीं काम आज हमारे कंधों का बोझ बन गये है? क्या ऊँची जाति वाले हिन्दुओं ने जाति प्रथा को खत्म करने का यत्न करने का साहस कभी दिखाया है? उस जातिवाद को खत्म करने का साहस जो श्रम-विभाजन नहीं बल्कि श्रमिकों का विभाजन है, जो आर्थिक संगठन नहीं बल्कि विघटन है, और जो सामाजिक मिलन नहीं बल्कि दुराव है। क्या ऐसे

श्रम-विभाजन को समाप्त किए बगैर नवीन सामाजिक व्यवस्था का निर्माण संभव है, जिसके आदर्श स्वतंत्रता, समानता और बंधुत्व होंगे तथा जिसका आधार प्रजातंत्र के तत्वों के अनुकूल होगा।

डॉ. आंबेडकर ने ऐसा साहस दिखाया है और हमें भी ऐसा करने को कहा है ताकि हम जातिवाद पर आधारित संस्था को समाप्त कर बुद्धिवाद पर प्रतिष्ठित नये समाज की रचना कर सके।

डॉ. आंबेडकर प्रजातंत्र के अगाध प्रेमी थे। वे उसे भारत में स्थापित करना चाहते थे। इस देश में प्रजातंत्र की स्थापना में कई मुसीबतें हैं। भारत की एकता को जो खतरा है वह तो उसके भाषावार प्रांतों में ही निहित हैं। इसके अतिरिक्त नस्ल, भाषा और साहित्य का अपना-अपना दंभ भी है जो पृथक राष्ट्रवाद के खतरे में विकसित हो सकता है। अतः प्रांतों के पुनर्निर्माण का उपाय ही इस खतरे को टाल सकता है। ऐसा अभिमत डॉ. आंबेडकर ने 1948 के भाषाई प्रांत आयोग को भेजे गये अपने स्मृति पत्र में व्यक्त किया है।

"टाइम्स ऑफ इंडिया" में 23 अप्रैल 1953 में प्रकाशित अपने लेख में डॉ. आंबेडकर ने कहा था कि नवीन राज्य के निर्माण में भाषाई आधार एक तथ्य है। तो प्रतिबंध और संतुलन के द्वारा राज्य के जातीयवादी बहुमत के दुरुपयोग को रोका जाना चाहिए। प्रतिबंध बहुमत के जातीय स्वच्छंदता या बेबंदशाही पर होना चाहिए और संतुलन, सभी अल्पसंख्यक समूहों और अन्य शासक दलों के बीच होना चाहिए।

डॉ. आंबेडकर के अनुसार भारतवर्ष के उत्तरप्रदेश, बिहार, मध्यप्रदेश, राजस्थान और महाराष्ट्र जैसे बड़े-बड़े प्रांतों की संस्कृति दक्षिण भारत की संस्कृति से भिन्न है। उनके बीच भाषाई समस्या और आधिपत्य का मामला भी संघर्ष की स्थिति को बढ़ावा देता है। इस तरह इस बात की अत्यंत जरूरत है कि राज्य पुनर्गठन आयोग को भारत वर्ष में यदि किसी प्राप्त विभाजन की नीति का पालन करना ही है तो वह नीति "एक भाषा एक राज्य के तत्व" पर आधारित होनी चाहिए, न कि "एक राज्य एक भाषा के तत्व" पर। क्योंकि एक भाषा-धिष्ठित राज्य स्थायी और जनतांत्रिक प्रांत के निर्माण के लिए सहयोग की भावना बढ़ाने वाला होता है और "एक राज्य एक भाषा का तत्व" जनतंत्र के विरुद्ध नेतृत्व और प्रशासन में भाषाई समूहों के बीच झगड़े को पैदा करता है। तथापि "एक भाषा एक राज्य" के तत्व में यह ध्यान रखना आवश्यक है कि राज्य की अधिकृत भाषा के रूप में हिन्दी को ही वरीयता मिलनी चाहिए तथा भारत देश इसके सर्वथा अनुकूल होने तक अंग्रेजी का प्रयोग किया जाना चाहिए।

क्योंकि इस धारण के विपरीत यदि प्रांतीय भाषा को राज्य-भाषा का दर्जा मिला तो उससे वह प्रांत पृथक राष्ट्रवाद के खतरे में पड़ सकता है इसलिए उत्तर के बड़े राज्य और दक्षिण के छोटे राज्यों के बीच जो भेद है, उसे केन्द्रीय विधिपालिका में अपने क्षेत्र और जनसंख्या के अनुसार समानता के आधार पर समान प्रतिनिधित्व नहीं मिलने से बल मिलता है। उस भेद को दूर करने के लिए डॉ. आंबेडकर की यह योजना रही कि बड़े राज्य को ऐसी इकाइयों में विभाजित किया जाए कि प्रत्येक घटक इकाई में दो करोड़ से अधिक जनसंख्या न हो, उनसे कुशल प्रशासन और क्षेत्रीय विशेष जरूरतों का भी समाधान हो तथा उनकी भावनाओं को भी सन्तुष्टि मिले। छोटे राज्य के होने से राज्य में बहुमत और अल्पमत का जो अनुपात है, वह घटता है और बहुमत के द्वारा अल्पमत पर जुल्म ढाये जाने का व्यवहार भी न्यून होता है। भारत में बहुमत और अल्पमत का जो अनुपात है वह राजनैतिक न होकर जातीय तथा अपरिवर्तनीय है। ऐसे मूल्य के विरुद्ध अल्पसंख्यक समूहों को सुरक्षा प्रदान करने के लिए डॉ. आंबेडकर ने यह सुझाव दिया है कि संविधान में सुधार लाकर बहु-सदस्यीय निर्वाचन क्षेत्र में "एकत्रित करने की रीति" से मतदान पद्धति को लागू किया जाना चाहिए। भारत के उत्तर और दक्षिण भू-भाग के राजनैतिक ध्रुवीकरण और तनाव को शिथिल करने के लिए उन्होंने भारत के लिए हैदराबाद में द्वितीय राजधानी के निर्माण का मत भी प्रकट किया था।

डॉ. आंबेडकर की राजनैतिक विचार धारा में मानवतावाद कूट-कूट कर भरा हुआ है। जहां एक ओर बकल कहते हैं कि इतिहास के निर्माण में भूगोल और भौतिक तत्वों की भूमिका है और मार्क्स कहते हैं कि वह आर्थिक शक्तियों का परिणाम है, वहीं दूसरी ओर डॉ. आंबेडकर का कथन है कि उक्त सिद्धांत अर्धसत्य प्रकट करते हैं और उन्होंने इस बात पर जोर दिया है कि इतिहास के बनाने में आदमी की अहम भूमिका है तथा केवल नैसर्गिक शक्तियां ही उसके निर्णायक तत्व नहीं है।

उनके अनुसार राजनेता एक महापुरुष भी होना चाहिए और महापुरुष की परीक्षा कार्लाइल ने दो गुणों से की है.... ईमानदारी और बुद्धिमता ये ही वे गुण है। इसके अतिरिक्त डॉ. आंबेडकर के अनुसार एक राजनेता और महापुरुष में इन गुणों के साथ-साथ सामाजिक ध्येय परक कृतित्व और समाज सेवक की समर्पित भावना इन गुणों का भी होना अनिवार्य है। ऐसे गुणों के धनियों में उन्होंने रानाडे का नामोल्लेख किया और कहा कि जो बाते रानाडे के समय लोगों को अपने धर्म के उत्तम पवित्र आदेश लगते थे वह उन्हें हिन्दू समाज के लिए शर्म

और गलती की बातें प्रतीत होती थी। रानाडे का लक्ष्य एक सच्चे सामाजिक प्रजातंत्र का निर्माण करना था जिसके बिना निश्चित और स्थायी राजनीति नहीं बनाई जा सकती। डॉ. आंबेडकर ने निरंकुश शासन के खतरे की ओर इशारा करते हुए चेतावनी दी कि "निरकुंशता निर्वाचित होने के कारण खत्म नहीं होती, न ही निरंकुश लोग अपने संबंधी होने के कारण वह स्वीकार्य हो जाती है। निरंकुशता के प्रति सुरक्षा का उपाय यही है कि उसका सामना कर उसे सत्ता से बेदखल कर दिया जाए और उसके स्थान पर विपक्ष को बिठाया जाए।"[9]

डॉ. आंबेडकर के विचार में लोकप्रिय सरकार के बनने और बिगड़ने के भारतीय सामाजिक परिप्रेक्ष्य में दो बहुत महत्वपूर्ण पहलू हैं। यदि कोई (मत और निवार्चन क्षेत्र की) योजना दृष्टिकोण तथा आदमियों का प्रतिनिधित्व साकार करने में असफल होती है तो वह लोकप्रिय सरकार को बनाने में भी नाकाम होती है। भारतीय समाज में प्रत्येक जातीय समूह अपने विशेष किस्म के मतैक्य को पैदा करने में लगा रहता है। अपने मतैक्य के लिए उसे परस्पर आदान-प्रदान और सहभाग पर निर्भर रहना होता है। इस परस्पर सहकारिता का सबसे अधिक अभाव हिन्दू, मुसलमान, पारसी, क्रिश्चियन आदि समुदायों की अपेक्षा छूत हिन्दू और अछूत हिन्दू के बीच अधिक तीव्रतर है। इसलिए दास्यत्व में जीने वाले अछूतों के सामाजिक हितों को अन्य कोई भी समूह अभिव्यक्त नहीं कर सकता।

यह बात मत प्रतिनिधित्व की हुई। जहाँ तक जन प्रतिनिधित्व की बात है, डॉ. आंबेडकर अछूतों के लिए विधान परिषद में प्रतिनिधित्व की मांग के समर्थक रहे। कांग्रेस ने मुसलमानों के लिए जातीय प्रतिनिधित्व की योजना प्रस्तुत की। उसके नेताओं ने अछूतों के प्रतिनिधित्व को सामान्य निर्वाचन से नियंत्रित कर अपने राजनैतिक "रेडिकल" तथा सामाजिक "टोरी" होने का परिचय दिया। बहु-सदस्यीय निर्वाचन क्षेत्र में दो या तीन सीटों तक आरक्षण के मॉडरेट लोगों के प्रस्ताव से भी अछूतों के प्रतिनिधित्व को प्रभावी नहीं बनाया जा सकता। 'डिप्रेस्ड क्लास मिशन' का प्रस्ताव रहा कि परिषद् के निर्वाचित सदस्यों के पसंद से अछूतों के प्रतिनिधियों का नामांकन होना चाहिए। मानो इससे परिषद् उनकी भलाई क्या हो उसकी अधिपति है बजाय इसके कि स्वयं अछूत अपने पसंद से अपनी भलाई निर्धारित करे और उसे ही विधायक अपनी स्वीकृति प्रदान करें।

प्रश्न यह है कि भिन्न-भिन्न सामाजिक समूहों को देश या प्रांत की राजनीति में सामाजिक भेदभावों को बढ़ावा न देते हुए किस प्रकार प्रतिनिधित्व दे सकते थे? इससे भी अधिक महत्वपूर्ण बात यह थी कि भिन्न-भिन्न

प्रतिनिधित्व की राजनैतिक व्यवस्था से सामाजिक भेद कैसे मिटाये जायेंगे? भारत की जो प्रधान कौमें ब्रिटिशराज में अपने-अपने राजनैतिक प्रतिनिधित्वों का अधिकार जताती रही वे उस हेतु "स्वयं निर्धारण" का तत्व स्वीकार करती थीं। "स्वयं निर्धारण" का तत्व और "जातीय प्रतिनिधित्व" एक ही तत्व के दो नाम हैं। दलितों के लिए आरक्षित सीटों के साथ उक्त तत्व का ही समर्थन डॉ. आंबेडकर ने भी किया था। इस योजना का लाभ यह था कि उससे सामाजिक भेदभाव को बढ़ावा तो नहीं मिलेगा बल्कि उससे यह भेद-भाव ही मिट जायेगा, क्योंकि उसमें एसे अवसर उपलब्ध हो सकते थे जिससे एक दूसरे के साथ सम्पर्क, सहकारिता और सदियों से सामाजिक परम्परा में विद्यमान प्रवृत्तियों का पुनर्सामाजिकरण हो।

सन् 1939 में ब्रिटिश भारत की सभी प्रमुख राजनैतिक पार्टियों ने भारत सरकार अधिनियम 1935 को स्वीकार किया था और उसमें से कुछ दलों ने तो उसको साकार रूप भी दिया था। वह अधिनियम प्रांतों की स्वायत्तता से संबंधित था। सवाल यह था कि क्या केन्द्रिय सत्ता के साथ प्रान्तीय स्वायत्तता का समन्वय हो सकता है? एक दूसरे शब्दों में कहे तो प्रश्न है कि क्या प्रजातंत्र की व्यवस्था में राज्य और केन्द्र की सत्ता सुसंगत बनाई जा सकती है? यह एक परीक्षण का विषय था और उसका परीक्षण वर्तमान में व्यवह्रित संसार के अन्य देशों में प्रचलित प्रजातन्त्र से हो सकता है। डॉ. आंबेडकर ने प्रजातन्त्र पर अधिष्ठित अन्य संघों का परीक्षण कर अपना निष्कर्ष बताया कि राज्य की स्वायत्तता से केन्द्र पर केवल सीमित जवाबदारी पड़ती है। इससे केन्द्र के घटकों में आधिपत्य विकसित होता है। संघ के जो घटक-तत्व भारत में उपलब्ध थे उसमें समानता भी नहीं थी, बल्कि असमानता थी। इस प्रकार भारतीय संघ के दो असमान घटक-राज्य थे। एक घटक प्रांत और दूसरा घटक-हुक्मरान-राज्य था। संघ एक स्वायत्त प्रांतों की स्वाभाविक प्रक्रिया की स्थिति होती है। वे प्रांत अपने नैसर्गिक प्रक्रिया में संघ में विलिन हो जाते हैं। जबकि हुक्मरान राज्य का विलीनीकरण भिन्न-भिन्न परिस्थितियों पर निर्भर है। यह परिस्थितियाँ उनके ब्रिटिश सत्ता के साथ किए गए ऐतिहासिक संधियों और अपने हस्तान्तरित स्वीकार पत्रों से नियंत्रित होती हैं। लेकिन भारत में संघ को लागू करने के लिए पूर्व शर्त यह थी कि न केवल स्वायत्त प्रांतों बल्कि हुक्मरान राज्यों का भी उसमें विलीनीकरण हो। संघ के राज्य और लोक सदनों में प्रांतों का प्रतिनिधित्व निर्वाचन पद्धति से होता है लेकिन राज्य प्रतिनिधि अपने एकात्मक शासकों के नुमाईंदे थे जिसमें वे अपना विश्वास व्यक्त करते थे। शासकों के ब्रिटिश

नौकरशाही के अधीन होने से उनके प्रतिनिधि भी उसके निर्देशों पर चलेंगे। संघ प्रणाली में भारतीय हुक्मरान राज्यों को विदेशी क्षेत्र के रूप में इस्तेमाल किए जाने से वे पृथकतावाद को बढ़ावा देंगे हालांकि उन्हें एक अखिल भारतीय संघ को विकसित करना चाहिए था। ब्रिटिश योजना यही नहीं करती बल्कि वह संघीय विधायिका को हुक्मरान के कार्य और राज्य के प्रशासन के बारे में बहस करने की अनुमति भी नहीं देती, हालांकि शासकों के नुमाइंदे प्रांत से संबंधित मुद्दों पर बहस में भाग ले सकते थे और उस पर अपना मतदान कर सकते थे। योजना में इस प्रकार प्रतिनिधित्व के मामले की तरह कर प्रणाली, प्रशासन, विधि निर्माण इत्यादि में भी हुक्मरान के प्रति पक्षपात था। हुक्मरान इसलिए ब्रिटिश भारत के भाग्य का निर्णायक था।

अतः डॉ. आंबेडकर 1935 के भारत सरकार अधिनियम में प्रस्तावित संघ रचना का कई खामियों के कारण परित्याग करते थे। राज्य के मसले का उनका उपाय यह था कि राज्य को राजनैतिक इकाई नहीं समझनी चाहिए। बल्कि उसे प्रशासनिक इकाई मानना चाहिए। कानूनी ढंग से उसे हुक्मरान को पेंशन अदा कर और बदले में उनके क्षेत्रों को अधिग्रहण कर, जैसे कि भूमि अधिग्रहण अधिनियम के तहत किया जाता है, निपटाना चाहिए। भूमि अधिग्रहण में यह प्रावधान था कि सरकार अपने राजनैतिक उद्देश्यों के लिए निजी अधिकार और संपत्ति का अधिग्रहण करे।

लेकिन हुक्मरान और हिन्दू महासभा को छोड़कर कोई भी अन्य प्रमुख दल इस योजना से संतुष्ट नहीं था। हिन्दू महासभा को लगता था कि हुक्मरानों का विलय हिन्दू शक्ति में वृद्धि होगी। संघीय योजना इस बात पर अपना ध्यान केन्द्रित नहीं करती थी कि स्वतंत्र आदमी और गरीब आदमी का दृष्टिकोण एक ही है। यदि ऐसी योजना साकार होती है तो हुक्मरानों का आधिपत्य स्वतंत्र आदमी की स्वतंत्रता को खतरा सिद्ध होगा। तथा वह गरीब आदमी का रोड़ा बनेगा जो चाहता है कि संविधान उसे पुराने मूल्यों का पुनर्मूल्यांकन करने और स्वार्थाधिकारों को ध्वस्त करने के योग्य बनाये।[10]

डॉ. आंबेडकर ने समय की मांग को देखकर भारत के भावी संविधान का प्रस्ताव अपने "कम्युनल डेडलॉक एण्ड ए वे टू साल्व इट" नामक ट्रैक्ट में प्रस्तुत किया। ऐसे प्रस्ताव कई धुरंधरों ने सन् 1945 में प्रस्तुत कर जातीय गुत्थि को सुलझाने के लिए अपनी योजनाएं पेश की थीं। इसके पहले भी सन् 1941 में डॉ. आंबेडकर ने स्वयं निर्धारण के तत्व और ऐतिहासिक आवश्यकता के अनुरूप पाकिस्तान के निर्माण की योजना प्रस्तुत की थी। परन्तु उनका सांप्रत

प्रस्ताव एक वैकल्पिक योजना थी जो संगठित भारत के गठन तथा ठीक नियंत्रण और संतुलन से सभी अल्पसंख्यकों के हितों की सुरक्षा के बारे में बनाई गई थी।

उनके अनुसार संविधान सभा का गठन जातीय समस्या के सुलझाने के पहले करना गलत था। संविधान सभा की जो योजनाएँ सर स्ट्रैफोर्ड क्रिप्स तथा सर तेज बहादूर सप्रू द्वारा बनाई गई थीं वे असफल रहीं, क्योंकि दोनों योजनाओं में जातीय प्रश्न सुलझाया नहीं गया एवं उनकी योजना एक तत्व पर आधारित होने के बजाय एक पद्धति पर निर्भर रही। परिणामतः अन्त में जातीय अल्पसंख्यकों की निरंतर बदलती माँगों की संतुष्टि का हमें निरंतर यत्न करते रहना पड़ा।

भारत में जो बहुमत है वह जातीय बहुमत होने के कारण राजनैतिक बहुमत में परिवर्तनीय नहीं है। यह उनका सैद्धान्तिक तत्व है। इस आधार पर बहुमत का शासन न तात्विक रूप से समर्थनीय है, न व्यवहार में न्याय सम्मत है। अतः बहुमत प्राप्त समूंह को सापेक्ष बहुमत से ही संतोष मानना चाहिए। यह सापेक्ष बहुमत भी इतना बड़ा नहीं होना चाहिए कि उससे वह समूह छोटे-छोटे अल्प समूहों के साथ संयुक्तिकरण से निरपेक्ष बहुमत हासिल करने में सफल हो जाए और अपनी सरकार स्थापित करे। इसी प्रकार प्रमुख अल्पमत समूहों को भी यह संभव नहीं होना चाहिए कि वह ऐसे ही संयुक्तिकरण से अपना बहुमत हासिल कर सके। बल्कि सभी अल्पमत समूहों के जोड़ से ही अंतिम बहुमत विधिपालिका में हासिल किया जाना चाहिए। इस प्रकार इन तत्वों के आधार पर केन्द्रीय और प्रांतीय विधि भवनों में जातवार प्रतिनिधित्व कैसे प्राप्त होगा इसका विवेचन डॉ. आंबेडकर ने तपसील में किया है।

डॉ. आंबेडकर का प्रस्ताव मुख्यतः संगठित भारत के लिए था; लेकिन भारत के विभाजन की स्थिति में भी, उनकी अपेक्षा थी, कि पाकिस्तान के मुसलमान इन तत्वों के लाभों को उनके देश के गैर-मुसलमानों को इन्कार नहीं करेंगे। इन तत्वों के स्वीकारने से उनके सहधर्मों, जो भारत में अन्यथा असहाय अल्पसंख्यक समुदाय होंगे, भी अपने हितों की रक्षा कर लेंगे। राजनीति में बहुमत शासन के तत्व को न्यौछावर करने से, डॉ. आंबेडकर के मत में, हिन्दुओं के अन्य जीवन क्षेत्र यथा सामाजिक तथा आर्थिक क्षेत्र में भी, कोई फर्क नहीं पड़ सकता है।

जहां तक अल्पसंख्यकों की सुरक्षा की बात थी, डॉ. आंबेडकर ने अपने "स्टेट्स एण्ड मायनारिटिज" नामक स्मृति पत्र में समग्र रूप से अल्पसंख्यकों की और विशेष रूप से अनुसूचित जातियों की सुरक्षा योजना बनाई जिसे उन्होंने

सन् 1946 में संविधान सभा के सम्मुख रखी थी। यह योजना उन्होंने मसौदे के अनुच्छेदों के रूप में बनाई थी और उसके साथ विश्लेषणात्क नोट और सांख्यिकी भी प्रस्तुत की थी।

इस स्मृति पत्र में नागरिकों के मूलभूत अधिकारों, अल्पसंख्यकों के अधिकारों की सुरक्षा तथा विधानपालिका, स्थानीय संस्था, कार्यपालिका और प्रशासनिक सेवाओं में अनुसूचित जातियों के प्रतिनिधित्व की योजना स्पष्ट शब्दों में दर्ज है। वह शिक्षा के विशेष प्रावधान और अनुसूचित जातियों की पृथक ग्रामों में नवीन वसाहत के बारे में भी व्यवस्था प्रदान करती है। उसका पहला अनुच्छेद ही भारतीय राज्यों को संघ में प्रविष्ट करने के संबंध में है। संघ में प्रवेश के आधार पर राज्यों के "पात्र" राज्य का यह कर्त्तव्य नियत किया गया है कि वह संघ के संविधान के तहत निर्धारित तत्वों के अनुकूल अपने एक आंतरिक सरकार को बनायेगा। तथापि "अपात्र" राज्यों का क्षेत्र संघीय क्षेत्र के रूप में इस्तेमाल किया जायेगा।

यह स्मृति पत्र अनुसूचित जातियों के अधिकारों तथा विशेषाधिकारों को ही प्रस्तावित नहीं करता है, बल्कि वह उन अधिकारों के उल्लंघन किए जाने की हालत में खास उपायों को भी प्रस्तुत करता है। इसके लिए स्मृति पत्र के लेखक सन् 1931 में गोलमेज परिषद् में अल्पसंख्यकों के सम्मुख प्रस्तुत किए गए अपने स्मृति पत्र के संदर्भों को बहुत अधिक मात्रा में इस्तेमाल करते हैं।

इन अधिकारों की उपाय योजना का स्रोत नीग्रों के मुक्ति के बाद उनके हित में पारित अमेरिका के कानून और संशोधित नियम एवं ब्रह्मदेश के बहिष्कार प्रतिबंधक अधिनियम हैं। स्मृति पत्र के नाविन्यपूर्ण बातों में एक प्रधानमंत्री के निर्वाचन के लिए प्रावधान से संबंधित है-- इसके अनुसार संघीय और प्रांतीय मुखिया का चुनाव विधायिका के समस्त सदनों द्वारा किया जाएगा। कैबिनेट में भिन्न-भिन्न समूहों के प्रतिनिधियों का चुनाव सदन के प्रत्येक अल्पमत समूह के सदस्यों द्वारा किया जाएगा, और कार्यपालिका में बहुमत वाले समूह के प्रतिनिधियों का चुनाव फिर समस्त सदनों के द्वारा किया जायेगा।

उसकी दूसरी अनोखी विशेषता यह है कि उसमें आर्थिक शोषण तथा अभाव एवं भय से मुक्ति के लिए नागरिकों के मूलभूत अधिकारों के अतिक्रमण के विरुद्ध उपाय योजना का भी प्रावधान है। यह योजना देश के आर्थिक ढाँचे के मरिवर्तन के लिए पारित संविधान के एक दशक की अवधि में लागू किए जा सकने वाले वैधानिक प्रावधान के द्वारा पूर्ण की जाने के यत्न से संलग्न है। संक्षेप में राज्य समाजवाद को लागू कर यह योजना राज्य के स्वामित्व तथा समस्त

बुनियादी एवं मूलभूत उद्योगों और बीमा के राज्य प्रबंधन की आशा रखती थी। कृषि, जो बुनियादी उद्योगों के अन्तर्गत रखी गई है, का संगठन सहकारिता की पद्धति से होना चाहिए। राष्ट्रीयकृत उद्योगों के मालिकों और भू स्वामियों को ऋणपत्रों के माध्यम से उनके अधिकारों के मूल्य के बराबर का भुगतान कर उनके नुकसान का मुआवजा मिलना चाहिए। ऋणपत्र के धारकों को कानून से निर्धारित दर के अनुसार ब्याज प्राप्त करने का भी अधिकार हैं।

इस प्रकार डॉ. आंबेडकर की राजनैतिक विचारधारा संसदीय प्रजातंत्र और मानवतावाद तथा आर्थिक सामाजिक समानता की मानवीय भावना से कूट-कूट कर भरी हुई है।

## राजनैतिक संघर्ष

राजनीतिक दल कैसे हो, इसका नमूना जो उसकी परिभाषा में हमने देखा है, उसी के अनुसार क्या डॉ. आंबेडकर द्वारा गठित स्वतंत्र मजदूर पक्ष (1936) और शेडयुल्ड कास्ट फेडरेशन अथवा अनुसूचित जाति संघ (1942) रहे हैं यह अब हमें देखना है।

इन दो राजनीतिक दलों के नेता स्वयं डॉ. आंबेडकर रहे हैं और वह एक सेनापति की तरह उसका नेतृत्व कर रहे थे, इसमें तो कोई संदेह नहीं हो सकेगा।

स्वतंत्र मजदूर पक्ष के अध्यक्ष और कोषाध्यक्ष स्वयं बाबासाहेब थे, श्री एम. बी. समर्थ उनके महासचिव और श्री एस.ए उपश्याम उनके सहायक सचिव थे।

पक्ष के तत्व इस प्रकार थे–

1. **राजनीतिक प्रोग्राम**

(क) 1935 के अधिनियम को कुछ सुधारों के साथ लागू करना।

(ख) प्रातिनिधिक और जवाबदेह सरकार का समर्थन करना।

(ग) अच्छे, कुशल और निष्कलंक प्रशासन के लिए प्रयास का वादा।

(घ) न्यायपालिका को कार्यपालिका से पृथक रखने का वादा, और

(ङ) सभी जातियों और समुदायों को प्रशासन में योग्य अवसर उपलब्ध करा देने का आश्वासन।

2. **आर्थिक नीति**

(क) कृषि का विकास करना।

(ख) उपर्युक्त उद्देश्य से पक्ष द्वारा लैंड मार्गेज बैंक, को-आपरेटिव्ह क्रेडिट सोसायटीज, और मार्केटिंग सोसायटी जैसे वित्त एजेन्सियों की स्थापना करना।

(ग) कृषि के विकास में लघु भू-धारक के विखण्डन को बड़ा बाधक समझना।

(घ) खोतों, (विशेषतः) तालुकदारों और (सामान्यतः) भू-मालिकों द्वारा प्रताड़ित छोटे किसानों (अग्रिकल्चरल टेनन्टस) की रक्षा करना।

(ङ) कृषि पर बढ़ रही जनसंख्या का दबाव कम करने के लिए आश्वस्थ संयोजकों को उद्योगों और व्यापार आरंभ करने के लिए पक्ष द्वारा उत्साहित करना।

(च) तकनीकी ज्ञान को बढ़ावा देने के लिए तकनीकी और व्यावसायिक शिक्षा की व्यवस्था।

(छ) औद्योगिक श्रमिकों के लिए काम का समय निर्धारण, पर्याप्त मजदूरी, पगारी छूट्टियाँ, बढ़ोतरी और भर्ती और (सस्ते) तथा स्वास्थ्यवर्धक निवास स्थानों को प्राप्त करा देने के संबंध में कानून बनाये जाना।

(ज) जनहित में राज्य प्रबंधन और औद्योगिक राज्य-स्वामित्व के तत्वों को लागू कराना।

3. **सामाजिक नीति**

(क) पक्ष द्वारा आवश्यक सामाजिक सुधारों और सामाजिक प्रतिबंध और बहिष्कार के निषेध के लिए वैज्ञानिक व्यवस्था को कराना।

(ख) भीखमंगों और अन्य निराश्रितों की समस्या का निदान।

(ग) ग्रामीण जनता के दृष्टिकोण में अनुकूल परिवर्तन लाना, और

(घ) आधुनिक परिस्थितियों के अनुसार वेतन प्रणाली में सुधार करना।

4. **शैक्षणिक नीति**

(क) मुफ्त और अनिवार्य प्राथमिक शिक्षा का प्रबंध कराना।

(ख) वयस्क शिक्षा की योजना को लागू करना।

(ग) उच्च शिक्षा का अवसर उपलब्ध कराना, और

(घ) शैक्षणिक दृष्टि से पिछड़े हुए समुदायों के लिए शिक्षा की सुविधाओं को प्राप्त कराना।

इस प्रकार उपर्युक्त तत्वों पर आधारित स्वतंत्र मजदूर पक्ष की स्थानीय और राष्ट्रीय राजनीति में भूमिका क्या रही?

पक्ष ने बंबई इलाके में प्रांतीय सभा के चुनाव में तेरह सुरक्षित सीटों में से ग्यारह और सात सामान्य सीटों में से तीन यानी कुल लड़ी गई बीस सीटों में से चौदह पर अपनी विजय हासिल की। सी.पी. तथा बेरार इलाके में पन्द्रह सीटों में से दस सुरक्षित सीटों पर विजय हासिल की। इसके अलावा बाम्बे विधान परिषद के लिए एक शेडयूल्ट कास्ट सदस्य श्री सोलंकी और एक गैर-अनुसूचित जाति के पक्ष के सदस्य श्री जोशी को गवर्नर द्वारा नामजद किया गया।

10 अक्टूबर 1941 में डॉ. आंबेडकर ने खण्डित पड़ी महार रेजिमेंट को गवर्नर द्वारा प्रथम बटालियन के हाथों पृथक रूप से पुनर्स्थापित कराया। राष्ट्रीय राजनीति में पाकिस्तान के निर्माण को लेकर जो गांठ पैदा हुई उसे बाबासाहेब ने "पाकिस्तान पर विचार" नामक ग्रंथ उसी वर्ष प्रस्तुत कर सुलझा दी। और राजनीतिक क्षेत्र में सर स्टॅफोर्ड क्रिप्स के प्रस्ताव शेडयूल्ड कास्ट के संबंध में संदर्भ रहित होने के कारण उन्हें डॉ. आंबेडकर ने देश की गुत्थि सुलझाने के योग्य नहीं समझा।

आर्थिक दृष्टिकोण से स्वतंत्र मजदूर पक्ष की भूमिका राजनैतिक दृष्टिकोण जैसी ही बड़ी महत्वपूर्ण रही। 17 सितम्बर 1937 में डॉ. बाबासाहेब आंबेडकर ने कोंकण प्रांत में प्रचलित कृषि के भाड़ेदारों का आर्थिक शोषण करने वाली जो भू-भागीय खोती कृषि प्रणाली थी उसके निषेधार्थ विधान सभा में एक बिल प्रस्तावित किया और उसके माध्यम से भू-धारकों को भूमि का कब्जा करने का अधिकार प्राप्त करा दिया। ऐसा बिल प्रस्तावित करने वाले डॉ. आंबेडकर भारत के पहले विधायक रहे हैं।

7 नवम्बर 1938 को पक्ष द्वारा कांग्रेस सरकार की श्रम विरोधी नीति के खिलाफ सफल मोर्चे का प्रदर्शन किया और बाबासाहेब आंबेडकर ने उस इन्डस्ट्रीयल डिस्प्यूट बिल को प्रस्तुत करने वाली सरकार का घोर निषेध किया।

सन् 1939 में पक्ष के सदस्य श्री घोड़ीचोर ने विदर्भ प्रांत के बीड़ी मजदूरों की स्थिति सुधारने वाला एक और बिल प्रस्तावित किया था और पक्ष ने सी.पी. एवं बेरार प्रांत के श्रमिकों के प्रश्नों को सुलझाने के कतिपय प्रयत्न किए।

श्रमिकों में जागृति पैदा करने के लिए बाबा साहेब अम्बेडकर ने सन् 1938 में मनमाड में रेलवे मजदूरों की परिषद को सम्बोधित करते हुए कहा था–

"देश में श्रमजीवी वर्ग के दो शत्रु रहे, और वे ब्राह्मणशाही और पूँजीवाद हैं।"[1]

सामाजिक दृष्टिकोण से भी स्वतंत्र मजदूर पक्ष की अहम् भूमिका रही थी। महाराष्ट्र की अस्पृश्य जमात "महार" पर उच्चवर्णियों से वंशानुगत "महार वतन" नामक जो दास प्रथा लादी गई थी उसका निर्मूलन करने के लिए भी बाबासाहेब ने बाम्बे विधान सभा में सन् 1937 में ही एक बिल प्रस्तुत किया था। परन्तु वह उस समय पारित नहीं हो सका। तथापि "वतन प्रणाली" का निर्मूलन सन् 1950 में "बाम्बे इन्फिरियर विलेज वतन अबॉलिशन एक्ट" के तहत भारतीय संविधान का अनुच्छेद 23 के अनुसार कराया गया।

पक्ष द्वारा विधान सभा में यह भी प्रस्ताव रखा गया था कि सरकार जन्म नियंत्रण के बारे में आवश्यक कदम उठाये और "अनुसूचित जाति" के लिए "हरिजन" जैसी घृणास्पद संज्ञा के प्रयोग को निरस्त करे। लेकिन ये प्रस्ताव भी हिन्दू दबाव में दबे और अस्वीकृत ही रहे।

प्राथमिक और विद्यापीठ शिक्षा, पंचायत राज, स्थानीय बोर्ड, नशाखोरी निषेध, न्यायपालिका की पृथकता इत्यादि अनेक मसलों पर स्वतंत्र मजदूर पक्ष ने अपने प्रस्ताव और बिल पेश किए थे।

इसके अतिरिक्त पक्ष का योगदान सामान्य जनता को उनके हक और राजनीतिक सहभागिता, सहयोग, दिलाने और उनके स्तर को समविचार के लोगों के स्तर तक उठाने के लिए जागृति प्रदान करने में महत्वपूर्ण रहा।

## शेडयूल्ड कास्ट फेडरेशन

स्वतंत्र मजदूर पक्ष का कार्यकाल अल्प लेकिन अच्छा रहा। ब्रिटिश सरकार ने जब भारत की स्वीकृति के बिना द्वितीय विश्व युद्ध में उसकी सहायता की घोषणा की तो भारतीय लोग असंतुष्ट हुए। ब्रिटिश नीति के विरोध में प्रांतीय मंत्रालयों ने इस्तीफा दिया। सन् 1939 से 1945 तक राजकीय क्रियाकलाप मानो भारत में ठंडे बस्ते में पड़ गया था। इस समय बाबासाहेब आंबेडकर ने भी घोषणा की कि स्वतंत्र मजदूर पक्ष को निरस्त कर उसके स्थान पर शेडयूल्ड कास्ट फेडरेशन को गठित किया जाए।

ब्रिटिश सरकार ने क्रिप्स योजना द्वारा असंतुष्ट हिन्दुओं और मुसलमानों को आजादी का सब्जबाग दिखाकर संतुष्ट तो किया परन्तु "दलितों को हिन्दू-सियारों द्वारा भक्षण के लिए" खुला छोड़ दिया।

अनुसूचित जाति के लोग हिन्दुओं से पृथक होने पर भी देश के साथ थे। अत: बाबासाहेब ने 1942 को नागपुर सभा में अखिल भारतीय शेडयूल्ड कास्ट फेडरेशन के गठन की घोषणा कर अनुसूचित जातियों के लिए राजकीय हकों की मांग की। उसी वर्ष डॉ. आंबेडकर वाइसराय की एग्जिक्यूटिव कौंसिल के लेबर मेंबर मनोनीत किए गए।

जब मार्च 1946 में प्रांतीय सभाओं का आम चुनाव हुआ तो शेडयूल्ड कास्ट फेडरेशन ने जो सीटें लड़ीं उनमें से केवल एक प्रत्याशी चुनकर आया क्योंकि निर्वाचन का आधार संयुक्त चुनाव पद्धति और हिन्दू प्रतिघात रहा था।

भारत का भावी विधान निर्धारित करने हेतु ब्रिटिश सरकार ने जिस कैबिनेट मिशन को भेजा था उसके द्वारा प्रकाशित "स्टेट पेपर" में प्रस्तुत जो "वैधानिक परिषद" का गठन होना था उसमें हिन्दू, मुस्लिम और सिक्ख के प्रतिनिधित्वों को तो मान्य किया गया था किन्तु दलितों की उसमें भी उपेक्षा हुई।

जब अन्तरिम सरकार बनाया जानी थी उसमें कांग्रेस, मुस्लिम लीग, सिक्ख, एंग्लोइंडियन्स, पारसी और क्रिश्चयन के सदस्य तो सम्मिलित थे, परन्तु उसमें शेडयूल्ड कास्ट के प्रतिनिधि के प्रवेश की कोई गुंजाइश नहीं थी। शेडयूल्ड कास्ट फेडरेशन के सदस्य डॉ. जोगेन्द्रनाथ मण्डल को अपना "कोटा" भरने के लिए कम से कम मुस्लिम लीग ने तो अपनाया परन्तु कांग्रेस ने नहीं। जब प्रांतीय सभाओं के सदस्यों द्वारा संवैधानिक सभा के सदस्यों को निर्वाचित कराना था तब मुस्लिम लीग की मदद से ही बंगाल प्रांतीय सभा से डॉ. आंबेडकर निर्वाचित हुए थे। किन्तु आंबेडकर को प्राप्त हुई वह सीट बंगाल के विभाजन के कारण उन्हें खोनी पड़ी। अन्तत: उस सीट की भरपाई सन् 1947 के बाम्बे प्रांतीय विधान मण्डल के निर्वाचन से कांग्रेस द्वारा की गई।

जैसे ही उन्हें धम्म तत्व के आधार पर देश की राजनीतिक व्यवस्था स्थापित करने का मौका मिला, और वह मौका उन्हें संवैधानिक सभा के सम्मुख शेडयूल्ड कास्ट के लिए मेमोरेण्डम पेश करते समय सन् 1947 में प्राप्त हुआ, तो डॉ. आंबेडकर ने अपना राज्य समाजवाद, संसदीय प्रजातंत्र और आरक्षण का आर्थिक, राजनैतिक और अनुसूचित जमात के हितचिंतन का अपना व्यवहारिक सिद्धांत प्रस्तुत किया।

डॉ. आंबेडकर ने स्वंत्रत मजदूर पक्ष के बाद शिडयूल्ड कास्ट फेडरेशन पक्ष की नागपुर में सन् 1942 में स्थापना कर जीवन भर उसी पक्ष के नेता के रूप में महान् कार्य सम्पन्न किये। वह कभी मंत्री तथा कभी विद्वान सांसद के रूप में अपने दस वर्षों की निरंतर गतिशीलता और एक प्रकाशपुंज की भाँति आत्मतेजस्विता से सारे समाज में चमकते हुए प्रतीत होते हैं। सांसद के रूप में उनकी क्या भूमिका रही इस बिंदु पर हम अगले पृष्ठ में विवेचना कर रहे हैं। साथ ही यहां शिडयूल्ड कास्ट फेडरेशन पक्ष के ऐतिहासिक भूमिका पर भी प्रकाश डालना नहीं भूलना चाहिए।

## संसद में डॉ. आंबेडकर की भूमिका

सन् 1947 से 1951 तक डॉ. आंबेडकर स्वतंत्र भारत के कैबिनेट में प्रथम कानून मंत्री रहे। सन् 1951 से 1956 तक वे विपक्ष के सदस्य की हैसियत से भारतीय संसद में कार्यरत रहे। इस प्रकार डॉ. आंबेडकर ने चार वर्षों तक सरकार में रहकर और पांच वर्षों तक विपक्ष में रहकर अपने देश में राजनैतिक संगठन को बलशाली, सार्थक और नैतिक प्रतिमानों के योग्य बनाने के लिए अपना अमूल्य योगदान दिया।

कानून मंत्री की हैसियत से उन्होंने सन् 1949 और विपक्ष के संसद सदस्य के नाते सन् 1955 में "संविधान" के वास्तविक स्वरूप और "संशोधन" से सम्बन्धित जो अभिमत व्यक्त किए वे उनके पद के निरपेक्ष एक आदर्श तत्ववेत्ता के विचार रहे।

संविधान के वास्तविक स्वरूप की चर्चा करते हुए उन्होंने संविधान सभा के परिसंवाद में कहा कि "अपना संविधान अधिनायकवाद का विधान नहीं बल्कि एक ऐसा विधान होना चाहिए जिसमें एक संसदीय प्रजातंत्र हो, जहां सरकार, यूं कहा जाए तो, हमेशा एक तिहाई मतों पर अपने निर्माणधिन की अवस्था में रहे, अपने भूल-सुधार के लिए जनता के प्रति जिम्मेदार, न्यायपालिका के प्रति उत्तरदायी रहें, तो मुझे यह कहने में कोई संकोच नही होगा, कि अपने संविधान में जो तत्व अन्तर्भूत किए हैं वे अन्य किसी भी संविधान में अन्तर्भूत तत्वों से यदि बेहतर नही, तो उसके समान ही अच्छे हैं।"[12]

उन्होनें अपनी संसदीय परिचर्चा में संविधान में बार-बार संशोधनों किए जाने वाले पर अपना दृष्टिकोण प्रकट करते हुए कहा था कि-

"समय-समय पर संविधान में हस्तक्षेप करना बुरी बात है। मैंने आखरी

बार ऐसा कहा था लेकिन मैं नही समझता हूं कि सरकार ने इधर कोई ध्यान देने की चिंता की है। मुझे वही चेतावनी फिर दोहरानी चाहिए। और मुझे कुछ दलीलें भी देनी चाहिए कि संविधान में हस्तक्षेप और संशोधन इतनी आसानी से क्यों नहीं होना चाहिए। जो कोई न्याय संस्थाओं द्वारा कृत कानून की व्याख्याओं और कानून की व्याख्या कैसे की जाती है से परिचित है– वह याद करेगा कि कानून की व्याख्या करने का एक प्रसिद्ध नियम है जिसे ''स्टेयर डे सिसिस कहते हैं'', उसका अर्थ यह है कि अदालतों ने कई लम्बे वर्षों से किसी व्याख्या को परिभाषित किया। तब कोई वकील उठकर अदालत को विश्वास दिलाये कि जो प्रचलित व्याख्या है वह गलत है और उसे बदलना चाहिए। तब अदालतें कहती हैं कि वे उसे नहीं बदलेंगी, तथापि वे स्वीकार करती हैं कि वह व्याख्या गलत है।"

"लोग जानते हैं कि संविधान में विशिष्ट नियमों, और विशिष्ट कर्त्तव्यों का अंतर्भाव होता है, तथा उनके अनुसार वे अपने समझौते और भविष्य की अपनी योजनाएं बनाते हैं। अतः यह ठीक नहीं है कि प्रति वर्ष आओ और इन मूल्यों में विध्न डालो। यही वजह है कि मैं यह कहता हूँ कि संविधान में इतने हल्केपन से और बारम्बार संशोधन नहीं होना चाहिए। मैं नहीं जानता कि सरकार इसकी तरफ ध्यान देगी या नहीं, शायद नहीं।"[13]

इस प्रकार सरकार में रहकर या विपक्ष के सदस्य के नाते डॉ. अम्बेडकर ने 1947 से 1956 तक के दौरान अपने लिखित दस्वावेजों और भाषणों में जो कुछ कहा है उसमें विचार की एकात्मता तथा पद्धति की एकता है। इसका एक मौलिक पहलू यह है कि उसमें नैतिक चाव समाजिक सुधार के सुझाव, तथा जनहित की तेज वकालत की एक शृंखला है।

डॉ. आंबेडकर ने निर्वाचन सुधारों, उम्मीदवारों के चुनाव एवं पात्रताओं और अपात्रताओं के बारे में जब अपने मत प्रकट किए तो उनमें उन्होंने अपनी दूर-दृष्टि का ही परिचय दिया। ये प्रश्न वर्तमान में पहली पंक्ति में होते हैं और वे दैनिक वृत्त पत्रों के घोषवाक्यों की चीजें हैं। डॉ. आंबेडकर की दृष्टि में चरित्र परम महत्वपूर्ण है। राजनेता का चरित्र अक्लमंद प्रशासन का अनिवार्य अंग होता है। सरकार एक विश्वस्त साख है जिसे जन लाभ के लिए निर्मित की जाती है। यह एक आदमी द्वारा उसके सामाजिक प्राणी के नाते सुख वर्धन के लिए नियोजित एक यंत्रणा होती है। डॉ. आंबेडकर के अनुसार, "शीलहीन ज्ञान बड़ा खतरनाक होता है, ज्ञान शील से संपन्न होना चाहिए। जिसका मतलब है कि व्यक्ति अपने चरित्र, नैतिक-साहस, और किसी भी प्रकार के प्रलोभन से मुक्त

रहे और, अपने आदर्शों के साथ प्रामाणिक भी। मैं यह देखने को बड़ा उत्साही हूँ कि इस वृहत सभा में ऐसा कोई सदस्य प्रवेश न करे जिसके पास पर्याप्त मात्रा में शील का अभाव है।"

अर्धशती के आरंभ में संविधान के उद्घाटन तथा भारत सरकार द्वारा युद्धोत्तर पुनर्निर्माण कार्यक्रमों को हाथ में लिए जाने के पश्चात् कल्याण राज्य का उद्भव हुआ।

कल्याणकारी कार्यक्रमों के लिए अपर्याप्त निधि के बारे में डॉ. बाबासाहेब को अफसोस था। उनके अनुसार, वास्तव में अपने समाज के गरीबतर तबकों के कल्याण पर पर्याप्त ध्यान नहीं दिया गया तथा सामाजिक तथ्य को ध्यान में रखकर वरीयता का क्रम रेखांकित नहीं किया गया। उन्होंने कहा, "कोई भी भूखा आदमी ऐसे आलोचक से सहानुभूति नहीं रखेगा जो उसे यह बताने वाला होगा कि "मेरे प्रिय साथी, यद्यपि मैं सत्ता में हूँ, यद्यपि मैं अधिकार में हूँ, यद्यपि मेरे पास सब ठीक करने की सभी कानूनी ताकत हैं, तुम्हें मुझसे चमत्कार करने की अपेक्षा नहीं करनी चाहिए, क्योंकि मैंने अपने पूर्व की ऐसी धरोहर पाई है जो बहुत अकीर्तिकर थी। "यदि सरकार एक निश्चित समय सीमा में जनता की समस्याओं को हल नहीं करेगी, तो जनता ऐसी सरकार से उब जायेगी और निराश हो जायेगी। यदि हम संसद में अपने दायित्व को अच्छी तरह नहीं निभाएंगे तो जनता ऐसी संसद को अत्यन्त घृणा की दृष्टि से देखेगी। यह एक अवांछनीय स्थिति होगी।"

यदि भिन्न-भिन्न कुशल कार्यों में प्रशिक्षण के सर्वसमावेशक कार्यक्रम को व्यवहार में उतारा जाता और तकनीकी एवं विज्ञान की अनिवार्यता को ध्यान में रखकर शिक्षा के ढाँचे को विशेषत: हाईस्कूल स्तर पर पुन: निर्धारित कराया जाता तो पचास वर्षों के बाद इस नये विचार से एक नवीन भारत का उदय होता।

एक विपक्ष के सदस्य की हैसियत से डॉ. आंबेडकर ने सरकार का विरोध तथा ट्रेजरी बेंचों की आलोचना अकारण ही नहीं की। दूसरी तरफ जब प्रशंसा उचित थी अथवा जब वह ठीक आचरण या न्याय सम्मत मूल्यांकन की मांग करती थी तो उन्होंने उसे सहर्ष स्वीकार किया। श्री सी.डी. देशमुख के प्रति उनकी प्रशंसा और स्तुति यह प्रकट करती है कि एक विपक्ष के सदस्य के नाते उनका व्यवहार सही था। वर्तमान विपक्ष के सदस्यों को डॉ. आंबेडकर के आचार और विचार से ऐसे सबक सीखने चाहिए।

उपर्युक्त काल के दौरान डॉ. आंबेडकर जीवन के भिन्न-भिन्न स्तरों पर सामाजिक पर्यावरण से प्रतिकार कर रहे थे और अपने ईद-गिर्द के लोगों की

वैचारिक प्रक्रिया को आकारित और प्रभावित किए जा रहे थे। भारतीय राजनीति के वे दिन आदर्शवादी द्रष्टाओं से अधिशासित थे। डॉ. आंबेडकर के समकालीन सांसदों के नाम उन महापुरुषों के नाम थे जो देश के नैतिक और सामाजिक स्तर को उठाने के प्रयास कर रहे थे और अपने नव-स्थापित आजादी के समर्थन में प्रयत्नशील थे। कानून के माध्यम से सामाजिक स्थापत्य में महत् प्रयोगों के अवसर का वह युग था। तथा यद्यपि डॉ. आंबेडकर कानून की सीमाओं के भीतर प्रतिबन्धों का एहसास कर रहे थे उन्होंने स्वयं को भिन्न-भिन्न प्रकार के विषयों पर समुचित और स्पष्ट रूप से अभिव्यक्त किया था।

अर्थ में व्यवहारवादी, दृष्टि में राष्ट्रवादी भारत अर्थात् विभिन्नता में एकता के ढाँचे के निर्माता डॉ. आंबेडकर के राज्यों के पुनर्गठन के विचार आज भी गंभीरता से ध्यान देने योग्य हैं।

भारत की धरती पर आमतौर से कानून तथा कार्यपालिका को दुरुपयोगों और अतियों से बचाने वाली स्वतंत्र न्यापालिका की परम्पराओं का रोपण हुआ है। भारत की राजनैतिक एकता की प्राप्ति शिक्षा की धीमी प्रक्रिया से हुई है और जो ढाँचा बड़े परिश्रम से रचा गया है उसे कायम रखने और बढ़ाने की आवश्यकता है।

जो हुक्मरान राज्य भारतीय संघ में विलीन हुए वे सामाजिक और राजनैतिक विकास के भिन्न-भिन्न स्तरों से थे। सामाजिक वृद्धि और विभिन्न क्षेत्रों के एकीकरण की प्रक्रिया को बढ़ावा देना कार्यपालिका तथा विधिपालिका का एकमेव कर्त्तव्य था। डॉ. आंबेडकर के लेखन और चिंतन ऐतिहासिक रुचि की सामग्री को प्रदान करते हैं। उनका दर्शन पश्चिम के उत्तम बौद्धिक परम्पराओं तथा पूर्व की भावनाओं से अभिभूत है। वह उनके अति संवेदनशील मस्तिष्क की वर्तमान समस्याओं के प्रति सहज प्रतिक्रिया है।

संक्षेप में डॉ. आंबेडकर ने अपने संघर्ष के लम्बे वर्षों में साधारण आदमी के भाग्य को सुधारने की कोशिश की। वह जनसाधारण के धर्म योद्धा थे। उन्होंने ब्रिटिश संसदीय तथा न्यायपालिका की संस्थाओं के लाभ-देही गुणों को स्वीकार करने में प्रतिकार नही किया और उनका न्याय के शासन, बराबरी तथा सद्विवेक में विश्वास था जिसका आज के भारत में बहुत महत्त्व है।

अब हम डॉ. आंबेडकर के संविधान का मसौदा बनाने के प्रयासों की चर्चा करेंगे।

सन् 1946 में 9 दिसम्बर को संवैधानिक सभा ने एक तरफ डॉ. राजेन्द्र प्रसाद को अपना अध्यक्ष चुना तो सन् 1947 में 9 अगस्त को संविधान सभा के

मसौदा समिति ने डॉ. बाबासाहेब को अपना सभापति नियुक्त किया। संविधान सभा ने राजनीतिक जीवन से जातवार पक्षपात को मानों खत्म करने का ही बीड़ा उठाया था, क्योंकि सन् 1947 में 29 अप्रैल को संविधान सभा ने अस्पृश्यता का उन्मूलन करने का दृढ़ निश्चय कर बाबासाहेब आंबेडकर द्वारा बनाये गय मसौदे पर आधारित संविधान को संविधान सभा ने सन् 1950 में 26 जनवरी को व्यवहार में लागू कर दिया। स्वाधीन भारत के प्रथम कैबिनट में कानून मंत्री के पद पर रहकर भी बाबासाहेब प्रधानमंत्री पंडित नेहरू के साथ पदभार का वितरण, काश्मीर प्रश्न, विदेश नीति और हिन्दू कोड बिल के मुद्दों को लेकर सहमत नहीं थे, अत: फिर से वह विपक्ष दल के नेता के रूप में अपनी भूमिका निभाते रहे।[14]

सन् 1952 के जनवरी में नये संविधान के तहत प्रथम आम निर्वाचन हुआ। शेडयूल्ड कास्ट फेडरेशन ने भी अपने उम्मीदवार खड़े किए। उनका अलायन्स प्रजा समाजवादी पक्ष के साथ था। शेडयूल्ड कास्ट फेडरेशन का घोषणा पत्र निम्न प्रकार था।

**(अ) पक्ष के तत्व**

1. शेडयूल्ड कास्ट फेडरेशन सभी भारतीयों को कानून के सम्मुख बराबरी का व्यवहार देंगे।
2. प्रत्येक भारतीय को वह अपने में एक साध्य मानेंगे, राज्य को उस साध्य का एक साधन मात्र मानेंगे।
3. फेडरेशन संविधान में प्रदत्त धार्मिक, आर्थिक और राजनैतिक मुक्ति के तत्वों को स्वीकार करता है।
4. वह सरकार के सांसदीय प्रणाली का समर्थन करेगा।

**(ब) पक्ष का प्रोग्राम (आन्तरिक मामले)**

1. समानता, न्याय और प्रशासन के एकरूप प्रणाली के संबंध में ब्रिटिश उत्तरदायित्व को वह चालू रखेगा।
2. वह उच्च और निम्न वर्गों के बीच दूरी को न्यूनतम करने का प्रयत्न करेगा।
3. वह कृषि और औद्योगिक उत्पादन को बढ़ाने में सहायक उपायों को लागू कर, और जनसंख्या के अत्यधिक वृद्धि पर नियंत्रण लगाकर गरीबी दूर करने का प्रयास करेगा।

4. वह राष्ट्रीय उपक्रम से सहमत रहेगा, जहाँ निजी उद्योग संभव होगा और राष्ट्रीय उपक्रम आवश्यक नहीं होगा, वहाँ निजी उद्योग को अनुमति देगा।
5. वह भूमिहीन मजदूरों के लाभ के लिए जोत में न लगाई भूमि को आरक्षित रखेगा और उनकी उपजीविका के लिए पर्याप्त मजदूरी के तत्व को प्रस्तुत करेगा।
6. वह एक भाषा एक राज्य के तत्व पर आधारित भाषावार प्रांत के निर्माण का समर्थन करेगा।
7. वह भ्रष्टाचार का निर्मूलन करेगा और प्रशासन की शुद्धता को पुनर्स्थापित करेगा।

## बाह्य मामले

1. शेडयूल्ड कास्ट फेडरेशन सभी पड़ोसी देशों के साथ शांतिपूर्ण संबंध बनाये रखने की तीव्र इच्छा रखता है।
2. वह समझता है कि काश्मीर का विभाजन होने पर, मुस्लिम क्षेत्र पाकिस्तान को मिले और गैर–मुस्लिम क्षेत्र जिसमें जम्मू और लद्दाख का समावेश है, भारत को प्राप्त हो।
3. कम्युनिस्ट चीन को यू.एन.ओ. का स्थायी सदस्य बनाने के प्रयास के बजाय भारत को यह प्रयत्न करना चाहिए कि वह यू.एन.ओ. में स्वयं स्थायी सदस्यता हासिल करे। भारत का पहला कर्त्तव्य उसके स्वयं के बारे में होना चाहिए।

## स्त्रोतों का प्रश्न

1. पक्ष का विचार है कि वह अपने वित्तीय संसाधन निम्न प्रकार बढ़ायेगा–

   (क) सेना पर व्यय घटाकर

   (ख) नमक कर को पुनः लगाकर

   (ग) नशाखोरी के प्रतिबंध पर किए जा रहे अनाप–शनाप खर्चे का निषेध कर और आबकारी राजस्व की बचत कर, और

   (घ) बीमा का राष्ट्रीयकरण

## राजकीय पक्षों और समूहों के साथ सहकार

1. पक्ष किसी भी ऐसे राजकीय दल के साथ सहकार करने का प्रस्ताव करता है जिसके तत्व फेडरेशन के तत्वों के विरुद्ध न हो।
2. वह पिछड़े हुए और अनुसूचित जाति-जनजातियों के लिए कार्य करेगा।

शेडयूल्ड कासट फेडरेशन द्वारा 34 लोकसभा सीटों पर पहले सामान्य निर्वाचन क्षेत्रों में अपने उम्मीदवार खड़े किये गये थे जिनमें से केवल दो प्रत्याशी निर्वाचित हुए। भंडारा में 1954 के लोकसभा उपचुनाव में भी स्वयं डॉ. आंबेडकर चुनाव हार गये थे।

शेडयूल्ड कास्ट फेडरेशन ने भिन्न-भिन्न प्रांतों के विधान सभाओं के 215 क्षेत्रों के लिए अपने प्रत्याशी खड़े किये थे। उनमें से केवल 12 सीटें उन्हें प्राप्त हुईं।

उक्त पराजय का कारण यह रहा कि पक्ष के पास अपर्याप्त साधनों का होना, दलित आंदोलन के प्रति आम ईर्ष्या और द्वेष की भावना, कांग्रेस का उस समय लोकप्रिय होना और प्रजा सोसलिस्ट पार्टी का लोकप्रिय न होना। तथापि सन् 1952 में डॉ. आंबेडकर राज्य सभा के लिए बम्बई विधायिका से निर्वाचित हुए थे।

शेडयूल्ड कास्ट फेडरेशन पार्टी ने अपने समय में कौनसी भूमिका अदा की इस प्रश्न पर विचार होना अनिवार्य है। उसकी भूमिका विशेषतः राजनैतिक, वैधानिक, सामाजिक और आर्थिक गतिविधियों में काफी अग्रसर रही है। इसे अग्रलिखित बातों से जान सकते हैं–

### 1. राजनैतिक कार्य

शेडयूल्ड कास्ट फेडरेशन देश की राजनीति में शरीक हुई। उसका प्रसार देशभर में हुआ। उसकी शाखाएँ सभी प्रांतों में फैली। उसने अधिकांश जाति-अनुजातियों को एक मंच पर ला बिठाया और उनमें सम्मान की भावना जगाई। उन्हें राजनीति का जीवन सिखाया और अपने हित शांतिपूर्ण और संवैधानिक तरीकों से सुरक्षित रखने की प्रेरणा दी। अनुसूचित जातियों के हितों को संगठित कर उनके सुरक्षा के लिए वह प्रयत्नशील रही। उन्होंने ब्रिटिश और भारतीय अधिकारियों को कई बार स्मृति पत्र दिए। उन्होंने कैबिनेट मिशन और विलायत के प्रधानमंत्री को ज्ञापन दिए और कहा कि अनुसूचित जातियों को भारतीय राजनीति में पृथक स्थान प्राप्त होना चाहिए। संवैधानिक सभा को वर्ष

1946 में "स्टेटस अण्ड मायनारिटीज" नामक स्मृति पत्र प्रस्तुत किया गया जिसमें शेडयूल्ड कास्ट फेडरेशन और डॉ. आंबेडकर के राजनैतिक दर्शन की झाँकी मिलती है।

श्रम विभाग का पदभार संभालने के समय बाबासाहेब ने आम हित के प्रश्न को सुलझाने के लिए सरकारी, श्रम और व्यवस्था के प्रतिनिधियों के संयुक्त सलाह की त्रिपक्षीय नीति का सूत्रपात किया।

उन्होंने सन् 1945 में मुख्य श्रम आयुक्त की आवश्यक कर्मचारियों के साथ नियुक्ति की। सन् 1946 में केन्द्रीय सभा में बीमा के बारे में योजना से संबंधित जो बिल प्रस्तुत किया था वह 19 अप्रैल 1948 को कानून बन गया। उन्होंने वर्कमॅन्स कम्पेन्सेशन एक्ट, दि इंडियन माइन्स एक्ट, द फैक्टरीज एक्ट बगैरा अधिनियमों में अनुकूल सुधार सुझाये। 11 अप्रैल 1946 में उन्होंने जो "मिनिमम वेजेस बिल" संसद में प्रस्तावित किया था, वह 9 फरवरी 1948 को पास किया गया।

## 2. वैधानिक कार्य

संविधान के मसौदा कमेटी के सभापति के नाते उनकी सेवाएँ देशहित में बड़ी महत्वपूर्ण रही हैं। काफी परिश्रम के बाद उन्होंने राष्ट्र को एक नया संविधान दिया जो 26 जनवरी 1950 को लागू कराया गया। कानून मंत्री की हैसियत से उन्होंने हिन्दू कोड बिल जैसे हिन्दू फैमिली कानूनों में बहुत सुधार प्रस्तावित किए और उन सुधारों के प्रावधानों को पारित न होते हुए देखकर उन्होंने सन् 1951 में 10 अक्टूबर को अपने पद से भी इस्तीफा दिया। यहाँ उनके संवैधानिक कार्यों को विस्तार से देना उचित होगा।

## संवैधानिक मसौदा और महत्वपूर्ण तथ्य

मसौदा समिति के अध्यक्ष डॉ. आंबेडकर ने मसौदा संविधान के तृतीय वाचन पर वाद-विवाद को उत्तर देते हुए भारत के लोगों को कहा कि "वे अपनी आजादी को अपने खून के अंतिम बूंद तक रक्षा करने की प्रतिज्ञा करें।"[15]

साथ ही उन्होंने लोगों को चेतावनी दी कि वह लम्बे अर्से तक सामाजिक और आर्थिक समानता का अस्वीकार अपने राजनैतिक जनतंत्र को खतरे में डालकर ही कर सकते हैं।

"26 जनवरी को" डॉ. साहेब ने कहा, "हम राजनैतिक जीवन में समान होंगे तथा सामाजिक और आर्थिक जीवन में असमान होंगे। हमें यह विसंगति

यथासम्भव शीघ्रमय पल में दूर करनी चाहिए अन्यथा जो लोग असमानता के शिकार हैं वह उस राजनैतिक प्रजातंत्र के ढांचे को जिसे इस सभा ने इतने परिश्रम से रचा है, तबाह कर देंगे।"

डॉ. आंबेडकर का पौन घंटे का भाषण बारंबार तथा लंबे हर्षोल्लास के साथ मसौदा संविधान के आठ दिनों के परिसंवाद के निष्कर्ष के अंत में ही समाप्त हुआ। उनके भाषण के उपसंहार के समय पूरे सदन ने उनका तीन से अधिक मिनट तक तालियों की गड़गड़ाहट द्वारा समर्थन किया। सदन के सभी वर्गों के सदस्यों ने उनका अभिनंदन किया और उनके साथ हस्तांदोलन किया।

संविधान के तीसरे वाचन के प्रत्युत्तर में डॉ. आंबेडकर के भाषण का सार इस प्रकार था—

संविधान सभा की प्रथम बैठक 9 दिसम्बर 1946 को हुई। आज उसके संवैधानिक कार्य को दो वर्ष, ग्यारह महीनों तथा सत्रह दिनों की अवधि पूर्ण हुई। इस समय के दौरान सभा ने कुल ग्यारह सत्र बुलाये थे।

इन ग्यारह सत्रों में से आरंभिक छः सत्र उद्दिष्ट प्रस्ताव को पारित करने में तथा मूलभूत अधिकारों, संघ रचना, संघ सत्ता, प्रांतीय रचना, अल्पसंख्यक समूह और अनुसूचित क्षेत्र और अनुसूचित जमातों की कमेटियों के प्रतिवेदन का विचार करने में व्यतीत हुए। शेष पाँच सत्र संविधान के मसौदे पर विचार करने में खर्च किए गए। कुल ग्यारह सत्रों में संविधान सभा के 165 दिन लगे। इनमें से 141 दिन सभा ने मसौदे के विचार में लगा दिए।

जहाँ तक मसौदा कमेटी की बात है वह संविधान सभा द्वारा 29 अगस्त 1947 में चुन ली गई थी। उसने अपनी प्रथम बैठक 30 अगस्त को आयोजित की। तब से वह 141 दिनों तक बैठकर, उस दौरान संविधान के मसौदे की तैयारी में व्यस्त रही। संविधान के सलाहकर ने मसौदा कमेटी के कार्यारंभ के लिए जो पाठ बनाये थे उस रूप में मसौदा संविधान में 243 अनुच्छेदों तथा 13 परिशिष्टों का अन्तर्भाव था।

मसौदा समिति द्वारा जो प्रथम मसौदा-संविधान संवैधानिक सभा को प्रस्तुत किया गया उसमें 315 अनुच्छेदों तथा 8 परिशिष्टों का समावेश था। विचारणीय दौर के अन्त में मसौदा संविधान के अनुच्छेदों की संख्या बढ़कर 386 हो गई। अंतिम रूप में मसौदा संविधान में 395 अनुच्छेद तथा 8 परिशिष्ट थे। मसौदा संविधान के संशोधन की कुल संख्या लगभग 7675 थी। उनमें से वास्तविक पारित हुए संशोधन की कुल संख्या 2473 थी।

मैं इन तथ्यों का उल्लेख इसीलिए कर रहा हूँ, क्योंकि किसी एक दौर में यह कहा जाता था कि सभा ने अपने कार्य को पूर्ण करने के लिए इतना अधिक समय लिया कि मानों वह एशो-आराम से चल रही थी और सार्वजनिक मुद्रा का अपव्यय कर रही थी। कहा जाता था कि उसका किस्सा "रोम के जलते वक्त नेरो द्वारा बाँसुरी बजाने" के समान ही था। क्या इस आरोप की कोई बुनियाद है? दूसरे देशों की संविधान सभाओं ने संविधान बनाने के लिए कितना समय लगाया यह देखा जाय।

अमेरिकन सभा 25 मई 1787 में आयोजित की गई और उसने अपना कार्य 17 सितम्बर 1787 को अर्थात चार महिनों के भीतर समाप्त किया था। कनाडा की संविधान सभा 10 अक्टूबर 1864 में बुलाई गई थी और उसका संविधान मार्च 1867 में यानी दो वर्ष तथा पाँच महिनों की अवधि में कानून के रूप में पारित किया गया। आस्ट्रेलियन संवैधानिक सभा का आयोजन मार्च 1891 में हुआ और संविधान 9 जुलाई 1900 को कानून बना मतलब उसने नौ वर्षे का समय लगाया। दक्षिण अफ्रीकी सभा अक्टूबर 1906 में बैठी तथा उसका संविधान 20 सितम्बर 1907 में कानून के रूप में घोषित हुआ अर्थात् उसने एक वर्ष परिश्रम किया।

यह सच है कि हमने अमेरिकन और दक्षिण अफ्रीकी सभा की अपेक्षा अधिक समय लिया है। परन्तु हमने कनाडा की सभा की अपेक्षा अधिक समय नहीं लगाया तथा आस्ट्रेलियन सभा की तुलना में बहुत कम समय लिया है। समय के व्यय के आधार पर तुलना करने में दो बातों का ध्यान रखना जरूरी है। एक बात यह है कि अमेरिका, कनाडा, दक्षिण अफ्रीका तथा आस्ट्रेलिया के संविधान हमारे संविधान से बहुत छोटे है। हमारे संविधान के 395 अनुच्छेद है, जबकि अमेरिकन संविधान के अनुच्छेद केवल सात हैं जिनमें प्रथम चार अनुच्छेद वर्गों में विभाजित हैं जिनकी कुल संख्या 21 तक है। कनाडा के संविधान में 147 अनुच्छेद है। आस्ट्रेलिया के संविधान में 128 अनुच्छेद है तथा दक्षिण अफ्रीका के संविधान में 147 अनुच्छेद हैं।

दूसरी बात यह ध्यान देने की है कि अमेरिका, कनाडा, आस्ट्रेलिया तथा दक्षिण अफ्रीका के संविधानों के रचयिताओं को संशोधन की समस्या का सामना नहीं करना पड़ा। वे प्रस्तावित होते ही पारित हुए थे। दूसरी ओर इस संविधान सभा को 2,473 संशोधनों का सामना करना पड़ा। उपर्युक्त तथ्यों से स्पष्ट है कि देरी का आरोप आधारहीन है। तथा सभा अभिनन्दन की पात्र है, क्योंकि उसने इतने साहसी कार्य को इतनी अल्पावधि में सफलता के साथ पूर्ण किया है।

जहाँ तक कार्य के गुणावगुणों की बात है श्री नजीरुद्दीन अहमद ने उसकी स्पष्ट निन्दा की। उनके मतानुसार, मसौदा कमेटी ने जो कार्य किया है वह स्तुति के योग्य नहीं, इतना ही नहीं, बल्कि वह सकारात्मक रूप से मानक स्तर से निम्न है। प्रत्येक जन को मसौदा कमेटी द्वारा किए गये कार्य के बारे में अपने मत को प्रकट करने का अधिकार है तथा श्री नजिरुद्दीन का अपना मत व्यक्त करने के लिए स्वागत है।

श्री नजिरुद्दीन अहमद स्वयं को मसौदा कमेटी के किसी सदस्य की अपेक्षा एक अधिक प्रतिभावान आदमी समझते थे। मसौदा कमेटी उनके दावे को चुनौती देना नहीं चाहती थी। दूसरी ओर मसौदा कमेटी ने उनका अपने बीच स्वागत ही किया होता यदि सभा ने उनको उसमें नियुक्त करने के योग्य समझा होता। यदि उनका स्थान संविधान की रचना प्रक्रिया में नहीं है तो यह निश्चित रूप से मसौदा कमेटी का दोष नहीं है।

श्री नजिरुद्दीन अहमद ने मसौदा कमेटी के लिए उसके प्रति अपनी नापसंद सप्रमाण दर्शाने हेतु एक नवीन नामाभिधान को गढ़ा है। वह उसे "बेकाबू" समिति कहते हैं। वह अपने तेरो-नश्तर से निस्संदेह प्रसन्न होंगे। लेकिन वह प्रामाणिकता से यह नहीं जानते हैं कि आधिपत्य के बिना बेकाबू होने और आधिपत्य के साथ बेकाबू होने के बीच एक भेद है। यदि मसौदा समिति बेकाबू थी तो वह स्थितियों पर अपने आधिपत्य को जमाये बिना कदापि नहीं थी। वह केवल अंदाज से मछली पकड़ने का यंत्र नहीं घूमा रही थी। वह जिस मछली को हासिल करना चाहती थी उसे पाने के लिए ज्ञात पानी में उसे ढूँढ रही थी। कुछ बेहतरीन बात की तलाश करना बह जाने के समान नहीं है। यद्यपि उन्होंने अपनी टीका से मसौदा समिति की बधाई नहीं चाही, मैं उसे मसौदा कमेटी के बधाई के रूप में समझता हूँ।

मसौदा समिति कर्त्तव्य के साहसी उल्लंघन तथा प्रतिष्ठा की झूठी शान की दोषी बन गई होती यदि उसने अपने जो संशोधन दोषपूर्ण लगते थे उन्हें निरस्त करने तथा जो उचित संशोधन थे उनको अपनाने का साहस नहीं दिखाया होता। यदि वह दोष है तो मुझे खुशी है कि मसौदा कमेटी ने ऐसे दोषों को स्वीकारने और उन्हें सुधारने के लिए पहल करने में लज्जा का अनुभव नहीं किया।

मुझे प्रसन्नता है कि एक व्यक्ति के अपवाद के अलावा संविधान सभा के सदस्यों की एक आम सहमति मसौदा कमेटी द्वारा संपन्न कार्य की प्रशस्ति पर दिखाई देती है। मुझे विश्वास है कि मसौदा कमेटी अपने श्रम के प्रति यह

स्वाभाविक स्वीकृति इतने उदार शब्दों में अभिव्यक्त हुई देखकर प्रसन्नता का अनुभव करती है। जहाँ तक मेरे ऊपर बरसाई गई बधाई की बात है जो सभा के सदस्यों तथा मसौदा कमेटी के मेरे सहयोगियों द्वारा की गई है, मैं इतना अभिभूत हुआ हूँ कि उनके प्रति मेरी कृतज्ञता पूर्णरूप से ज्ञापित करने के लिए मेरे पास पर्याप्त शब्द नहीं है।

मैं संविधान सभा में अनुसूचित जातियों के हितों की रक्षा करने की अपेक्षा से बेहतर संकल्प के बिना ही आया था। मुझे यह दूरतक कल्पना नहीं थी कि मैं अधिक दायित्व के कार्य को वहन करने के योग्य समझा जाऊँगा। मैं इसलिए बड़ा चकित हुआ जब सभा ने मेरा मसौदा कमेटी में चयन किया। मैं उससे भी अधिक चकित हो गया जब मसौदा कमेटी ने मुझे सभापति बनाया।

मसौदा कमेटी में मेरे मित्र श्री अल्लादी कृष्णस्वामी अय्यर जैसे मुझसे बड़े, बेहतर और अधिक योग्य आदमी थे। मैं संविधान सभा तथा मसौदा कमेटी का बड़ा कृतज्ञ हूँ कि उन्होंने मुझमें इतना विश्वास और निश्चय रखा तथा मुझे अपने साधन के रूप में चुना और देश की सेवा करने का अवसर मुझे अवसर प्रदान किया।

जो श्रेय मुझे दिया जा रहा है उसका मैं वास्तव में अधिकारी नहीं हूँ। वह अंशतः संविधान सभा के संवैधानिक सलाहकार श्री बी.एन. राऊ, जिन्होंने संविधान का रूक्ष मसौदा, मसौदा–कमेटी के विचारार्थ बनाया था, को जाता है। आंशिक श्रेय मसौदा कमेटी के सदस्यों को जाना चाहिए जिन्होंने जैसा कि मैंने कहा है, 141 दिन बैठने का कष्ट किया और नवीन सूत्रों को योजनाबद्ध करने तथा विभिन्न दृष्टिकोणों को स्थान देने का कार्य किया। बिना प्रतिभाओं के संविधान के शिल्पीकरण का कार्य इतने सफल निष्कर्ष तक नहीं पहुँच सकता था।

श्रेय का अधिक बड़ा हिस्सा संविधान का मुख्य मसविदा बनाने वाले श्री एस.एन. मुकर्जी को जाता है। जटीलतम प्रस्तावों को सरलतम तथा अतिस्पष्ट कानूनी स्वरूपों में रखने की उनकी योग्यता का सानी, तथा उनके जैसा कठिन परिश्रमी दूसरा नहीं था। वे सभा के लिए एक संपत्ति सिद्ध हुए। उनकी मदद के बगैर इस सभा ने संविधान को अंतिम रूप देने में कई अधिक वर्ष लगाये होते। मुझे श्री मुकर्जी के अधीनस्थ काम करने वाले स्टाफ सदस्यों का जिक्र न करने की भूल नहीं करनी चाहिए। क्योंकि, मैं जानता हूँ कि उन्होंने देर मध्यरात्रि तक कितना कठोर परिश्रम किया है। मैं उन सभी को उनके प्रयत्न तथा सहकार्य के लिए आभार प्रकट करना चाहता हूँ।

मसौदा समिति का कार्य बहुत विकट हुआ होता यदि संविधान सभा काम चल रहे रास्ते में बिना सीनेन्ट के इधर उधर बिखरे हुए काले और सफेद पत्थरों के समान असम्बद्ध शक्ल की विचित्र भीड़ हुई होती जिसमें प्रत्येक सदस्य अथवा प्रत्येक समूह स्वयं एक कानून होता। ऐसे में वहाँ अव्यवस्था के अलावा कुछ नहीं होता। परंतु अव्यवस्था की यह संभावना नहीं रही जब सभा के भीतर मौजूद कांग्रेस पार्टी अपनी कार्यविधि में व्यवस्था और अनुशासन को सार्थक बनाया। कांग्रेस पार्टी के अनुशासन के कारण ही मसौदा समिति प्रत्येक अनुच्छेद तथा संशोधन के निश्चित ज्ञान के साथ संविधान को दिशा देने में समर्थ हुई। अतः कांग्रेस पार्टी सभा में मसौदा संविधान के सुगम वहन के सभी श्रेय की अधिकारी है।

इस संविधान सभा की कार्यप्रणाली बहुत नीरस हो जाती यदि सभी सदस्य पार्टी के अनुशासन के अनुरूप हाँ में हाँ मिलाने वालों की एक सभा में रूपान्तरित हो जाते। सौभाग्य से वहाँ विद्रोही भी थे। वे थे श्री कामथ, डॉ. पी. एस. देशमुख, श्री सिंधवा, प्रो. सक्सेना तथा पंडित ठाकुरदास भारगव जैसे। उनके साथ थे प्रो. के.टी. शाह तथा पंडित एच.एन. कुन्जरू।

उनके द्वारा उठाये गये थे बहुतांश सैद्धान्तिक थे। यह कि मैं उनके सुझाव स्वीकार करने को तैयार नहीं था इससे उनके सुझावों का मूल्य कम नहीं होता। उन्होंने सभा की कार्यप्रणाली को तरोताजा रखा। मैं उनका कृतज्ञ हूँ। उनके बिना संविधान को पारित करने का कार्य यांत्रिक हो जाता और मुझे उसके महत्वपूर्ण अंशों और तत्वों का जो भाष्य करने का अवसर प्राप्त हुआ वह नहीं मिलता।

अन्त में, अध्यक्ष महोदय, आपने इस सभा के कार्यप्रणाली को जिस ढंग से संचालित किया उसके लिए मैं आपको धन्यवाद देता हूँ। आपने सभा के सदस्यों के प्रति जिस सौजन्यता और भावनाओं को दर्शाया उन्हें कदापि भुलाया नहीं जा सकता।

ऐसे भी अवसर आये थे जब मसौदा समिति के संशोधनों को स्वभावतः शुद्ध तकनीकी आधारों पर निषिद्ध किए जाने का प्रयास हो रहा था। वे मेरे लिए बहुत चिंता के पल थे। मैं इसलिए आपका विशेष रूप से अभारी हूँ कि आपने संविधान की निर्माण-प्रक्रिया पर कानूनवाद की कृत्रिमेता को हाथी होने की अनुमति नहीं दी।

मैं संविधान के गुणों की चर्चा में नहीं जाऊँगा। संविधान कितना भी अच्छा क्यों न हो वह निश्चित रूप से बुरा साबित होगा यदि इसे चलाने वाले बुरे समूह के लोग हों। संविधान कितना भी बुरा क्यों न हो वह अच्छा साबित होगा यदि

उसे चलाने वाले अच्छे समूह के लोग हो। संविधान का प्रयोग उसके स्वरूप पर पूर्णतः निर्भर नहीं है। संविधान राज्य के केवल अंगों यथा विधिपालिका, कार्यपालिका तथा न्यायपालिका का प्रावधान कर सकता है। राज्य के इन अंगों की कार्यप्रणाली जिन बातों पर निर्भर है वे हैं जनता तथा राजनैतिक दल। ये अपनी आकांक्षाओं और नीतियों को व्यवहार में लाने वाले अपने माध्यमों के जरिये इसे स्थापित करेंगे।

भारत की जनता और उसके दल किस ढंग से बर्ताव करेंगे इसके बारे में कौन कह सकता है? क्या वे अपनी ध्ययों की प्राप्ति के लिए संवैधानिक पद्धतियों का अवलम्ब करेंगे अथवा वे उनकी प्राप्ति के लिए क्रांतिकारी साधनों का सहारा लेंगे। यदि वे क्रांतिकारी साधनों का उपयोग करेंगे, तो संविधान कितना भी अच्छा क्यों न हों, यह कहने के लिए किसी भविष्यवेत्ता की जरूरत नहीं है कि वह असफल होगा। इसलिए भारत के लोग तथा उनके दल संभवतः क्या भूमिका अदा करेंगे के सन्दर्भ के बगैर संविधान पर कोई निर्णय पारित करना व्यर्थ होगा।

संविधान की निंदा बड़े पैमाने पर दो दल करते हैं, कम्युनिस्ट पार्टी तथा सोशलिस्ट पार्टी। वे संविधान की निंदा क्यों करते हैं? क्या इसका कारण यह है कि वह सचमुच एक बुरा संविधान है? बिल्कुल नहीं। साम्यवादी दल ऐसा संविधान चाहता है जो सर्वहारा के अधिनायकवाद पर आधारित हो। वे संविधान की इसीलिए निंदा करते हैं, क्योंकि वह एक संसदीय जनतंत्र पर आधारित है।

समाजवादियों को दो चीजें चाहिए। पहली चीज जो वे चाहते हैं वह यह है कि यदि वे सत्ता में आये, तो संविधान द्वारा उन्हें सभी निजी संपत्ति का मुआवजे के बगैर राष्ट्रीयकरण अथवा समाजीकरण करने की आजादी मिले। दूसरी चीज जो समाजवादियों को चाहिए वह यह है कि संविधान में उल्लेखित जो मूलभूत अधिकार हैं वे अंतिम और बिना किसी मर्यादा के होने चाहिए ताकि यदि उनका दल सत्ता हथियाने में असफल होता है तो उन्हें आलोचना करने की ही नहीं, बल्कि राज्य को उलटने की भी निर्बाध आजादी प्राप्त हों।

यही मुख्य आधार हैं जिनके आधार पर संविधान की निंदा की जा रही है। मैं यह नहीं कहता हूँ कि संसदीय प्रजातंत्र का तत्व ही राजनैतिक प्रजातंत्र का एकमेव आदर्श है। मैं यह नहीं कहता हूँ कि निजी संपत्ति को मुआवजा के बगैर हासिल नहीं करने का तत्व इतना पवित्र है कि उससे असहमति हो ही नहीं सकती है। मैं यह भी नहीं कहता हूँ कि मूलभूत अधिकार कदापि अंतिम नहीं हो सकते हैं तथा उनके ऊपर रखे गये प्रतिबन्धों को कदापि हटाया नहीं जा

सकता है। परंतु जो मैं कहता हूँ वह यह है कि जो तत्व संविधान में अन्तर्भूत है वह वर्तमान पीढ़ी का दृष्टिकोण है या यदि आप इसे अतिशयोक्तिपूर्ण कथन समझतें हैं तो कहूंगा कि वह संविधान सभा के सदस्यों का दृष्टिकोण है। मसौदा समिति को उसे संविधान में अंतर्भूत करने के लिए दोष क्यों दिया जाए? मैं कहता हूँ कि संविधान सभा के सदस्यों को भी दोष क्यों दें?

एक महान अमेरिकरन, राजनीतिज्ञ, जेफरसन, जिन्होंने अमेरिकन संविधान की निर्माण प्रक्रिया में इतनी महान भूमिका निभाई, ने कुछ बड़े गहन दृष्टिकोणों को अभिव्यक्त किया है जिन्हें संविधान के रचयिता नजरअंदाज करने का साहस नहीं दिखा सकते हैं। एक स्थान पर उन्होंने कहा है–

"हम प्रत्येक पीढ़ी को एक पृथक राष्ट्र के रूप में सोच सकते हैं। बहुमत की इच्छानुसार उसे ढालना हम अपना अधिकार मान सकते हैं, किन्तु आनेवाली पीढ़ी को ढालने का अधिकार जताना अन्य राष्ट्रों के नागरिकों पर अधिकार जमाने की अपेक्षा से कम है यह हम नहीं मान सकते हैं।"

अन्य स्थान पर उन्होंने कहा है कि–

"अपनी भलाई के लिए स्थापित संस्थाओं को अपने ध्येय के दायित्व के प्रति जवाबदेह बनाने हेतु भी छुआ या सुधारा नहीं जा सकता है, क्योंकि उनमें पूर्वपरम्परा से ऐसे अधिकार निहित हैं जिन्हें वे सार्वजनिक विश्वास से देश के प्रबंधन में प्रयुक्त करती हैं, कि कल्पना एक राजा द्वारा दुरुपयोग को रोकने का शायद अच्छा प्रावधान हो, परन्तु स्वयं राष्ट्र के दुरुपयोग के खिलाफ वह अत्यन्त असंगत है। तथापि अपने वकील तथा पुरोहित सामान्यत: इस सिद्धांत का प्रचार करते हैं, तथा समझते हैं कि पूर्व की पीढ़ीयों ने हमारी अपेक्षा अधिक खुलेपन से इस धरती को एकत्व में बांध रखा; उन्हें अपने अपरिवर्तनीय सिद्धांत हमारे ऊपर थोपने का अधिकार था, तथा यह कि हम उसी प्रकार कानून बनायें और उन्हें अपनी भावी पीढ़ियों पर लादें ताकि, उन्हें बदलने का उन्हें कोई अधिकार न हो, मानो यह धरती मृतकों की ही हो, जीवितों की नहीं।"

मैं यह स्वीकार करता हूँ कि जेफरसन ने जो कहा है वह केवल सत्य मात्र ही नहीं, बल्कि वह अचूक सत्य है। जिसके बारे में कोई संदेह नहीं हो सकता है। यदि संविधान सभा इस तत्व से दूर हट जाती तो वह निश्चित रूप से दोष की भागीदार होती, और निंदनीय भी होती। परन्तु मैं पूछता हूँ कि क्या वह इस तत्व से दूर हटी? बात इसके बिल्कुल विपरीत है। इसके लिए किसी को संविधान के संशोधन से संबंधित प्रावधान का परीक्षण मात्र करना है। सभी ने कनाडा की सभा की तरह जनता के अपने संविधान में संशोधन करने के

अधिकार को अस्वीकार नहीं किया है। अथवा अमेरिका या कनाडा की सभाओं की तरह संविधान के संशोधन को अव्यावहारिक वचनों तथा शर्तों के बंधन में जकड़ कर संविधान पर पूर्णत्व तथा संदेह से परे होने की छाप से अपने आपको बचाया ही नहीं, बल्कि संविधान में संशोधन के लिए उसने अत्यधिक स्पष्ट विधि का प्रावधान भी किया।

मैं ऐलान करता हूँ कि संविधान का कोई भी आलोचक यह प्रामाणित करे कि संसार में कहीं भी किसी संविधान सभा ने ऐसी परिस्थितियों में जिनमें इस देश ने अपने को पाया है, संविधान के संशोधन की इतनी सुस्पष्ट प्रणाली का प्रावधान किया है। यदि जो लोग संविधान से असंतुष्ट हैं वे अपने पक्ष के समर्थन में वयस्क मतदान से निर्वाचित संसद में दो-तिहाई बहुमत भी प्राप्त करने में असमर्थ हैं तो उनका संविधान के प्रति असंतोष आम लोगों द्वारा अनुभव किया जाने वाला असंतोष नहीं माना जा सकता है।

संवैधानिक का मतलब केवल एक बिन्दु मात्र है जिसको मैं संदर्भ में प्रस्तुत करता हूँ। एक गंभीर आरोप इस आधार पर किया जाता है कि केन्द्रीकरण की मात्रा अत्यधिक है तथा राज्यों का दर्जा नगरपालिकाओं जैसा हो गया है। यह स्पष्ट है कि यह दृष्टिकोण केवल अतिशयोक्ति ही नहीं, बल्कि संविधान वास्तव में क्या करने की योजना करता है के बारे में एक गलतफहमी पर भी आधारित है।

केन्द्र तथा राज्यों के बीच के संबंध के बारे में यह जरूरी है कि जिस मूलभूत तत्व पर यह संबंध आधारित है उसे मन में धारण करें। संघवाद का बुनियादी तत्व यह है कि विधिपालिका तथा कार्यपालिका की सता का केन्द्र तथा राज्यों के बीच विभाजन केन्द्र द्वारा बनाये गये कानून से नहीं बल्कि स्वयं संविधान द्वारा किया जाता है। यही है जो संविधान करता है। राज्य किसी भी प्रकार से अपनी विधिपालिका अथवा कार्यपालिका की सत्ता के लिए केन्द्र पर निर्भर नहीं है। इस बात में केन्द्र तथा राज्य एक समान है।

ऐसे संविधान को केन्द्रवादी कैसे कहा जा सकता है यह समझना कठिन है। यह हो सकता है कि अन्य किसी भी संघवादी संविधान की अपेक्षा यह संविधान केन्द्र को उसके विधिपालिका तथा कार्यपालिका की सत्ता को प्रयोग में लाने के लिए इतना विस्तृत क्षेत्र सौंपता है। यह हो सकता है कि अवशेष अधिकार भी केन्द्र को दिए जाते हैं, राज्यों को नहीं परन्तु ये विशेषताएँ संघवाद का सार नहीं हैं।

संघवाद का प्रमुख लक्षण संविधान द्वारा केन्द्र और उसके इकाइयों के बीच विधिपालिका तथा कार्यपालिका के अधिकारों के विभाजन में स्थित होता है। यही तत्व अपने संविधान में अन्तर्भूत है। इसके बारे में कोई चूक नहीं हो सकती। इसलिए यह कहना कि राज्यों को केन्द्र के अधीन रखा गया है गलत है। केन्द्र अपनी इच्छा से इस विभाजन की रेखा का उल्लंघन नहीं कर सकता न ही न्यायपालिका ऐसा कर सकती है। क्योंकि जैसा कि ठीक कहा गया है–

"अदालतें सुधार कर सकती हैं, वे हटा नहीं सकतीं। वे पूर्वभाष्यों को नवीन दलिलों, नवीन दृष्टिकोणों के प्रकाश में पुनर्भाषित कर सकती हैं, वे सीमान्तक बातों में विभाजक रेखा को इधर-उधर कर सकती हैं, लेकिन यहाँ जो अवरोधक है उसे वे लांघ नहीं सकती, यहाँ जो अधिकार के निश्चित विभाजन हैं उन्हें वे पुनर्विभाजित नहीं कर सकती हैं। वे विद्यमान अधिकारों को वृहतर परिधि दे सकती हैं, परन्तु वे एक सत्ता के स्पष्टतः प्रदत्त अधिकारों को दूसरी सत्ता के लिए सौंप नहीं सकती।"

इसीलिए संघवाद को परास्त करने वाला केन्द्रीकरण का प्रथम आरोप निरस्त होता है।

दूसरा आरोप है कि केन्द्र को राज्यों पर आधिपत्य का अधिकार दिया गया है। यह आरोप स्वीकार करना चाहिए। लेकिन ऐसे आधिपत्य के अधिकारों को समाहित करने के लिए संविधान की निंदा करने के पूर्व कुछ विचारणीय बातों को मन में धारण करना चाहिए। पहली बात यह है कि ये आधिपत्य के अधिकार संविधान के सामान्य लक्षण के अंग नहीं है। उनके इस्तेमाल तथा प्रयोग लिखित रूप से केवल आपात्कालीन परिस्थिति में सीमित है।

दूसरी विचारणीय बात यह है: क्या आपात्काल के उद्‌भव होने के समय हम केन्द्र को आधिपत्य के अधिकार देने से बच सकते हैं? जो लोग आपात्काल में भी केन्द्र को आधिपत्य के अधिकार देने में किसी वजह को स्वीकार नहीं करते हैं, वे मसले के मूल में स्थित जो समस्या है उसकी स्पष्ट कल्पना कर रहे हैं ऐसा प्रतीत नहीं होता है। यह समस्या "द राउन्ड टेबल" नामक प्रसिद्ध मैगजीन के दिसम्बर 1935 के अंक में लेखक द्वारा इतने स्पष्ट रूप से रेखांकित की गई है कि मुझे उससे निम्न अंश उध्दृत करने पर कोई आपत्ति नहीं हो रही है।

लेखक कहता है कि–

"राजनीतिक प्रणालियों अधिकारों तथा कर्त्तव्यों के मिश्रण हैं जो अन्तिमतः इस प्रश्न पर स्थित है कि नागरिक अपना विश्वास किसे अथवा किस सत्ता को

समर्पित करता है। साधारण व्यवहार में यह प्रश्न उपस्थित नहीं होता है, क्योंकि कानून सुगमतापूर्वक काम करता है, तथा आदमी इन मामलों में एक सत्ता तथा उन मामलों में दूसरी सत्ता की आज्ञा पालन करते हुए अपना व्यवहार करता है। लेकिन विपत्ति के समय अधिकारों के संघर्ष उत्पन्न हो सकते हैं, तथा उस समय यह जाहिर है कि अंतिम विश्वास का विभाजन नहीं हो सकता है। विश्वास के प्रश्न का निर्णय अंतिम दौर में कानून का पंचों द्वारा स्पष्टीकरण किए जाने से नहीं होता। कानून को तथ्यों के अनुकूल होना चाहिए अन्यथा कानून के लिए वह बहुत बुरा सिद्ध होगा। जब सभी औपचारिकतावाद को निकाल बाहर करों तो शेष प्रश्न इतना ही है कि वह कौन सी अधिसत्ता है। जिसका नागरिकों की अवशेष आज्ञापालन की वृत्ति पर आधिपत्य होता है? क्या वह सत्ता संघ है अथवा उसकी इकाई-राज्य है?''

इस सवाल का हल इस प्रश्न के उत्तर पर निर्भर है जो समस्या का केन्द्र बिन्दु है। इसमें कोई संदेह नहीं है कि बहुमत के अनुसार नागरिक की आज्ञा पालन की शेष भावना अपात्काल में केन्द्र के प्रति होनी चाहिए तथा उसके इकाई राज्यों के प्रति नहीं होनी चाहिए। क्योंकि केन्द्र ही है जो सामान्य ध्येय तथा पूरे देश के जनसाधारण के हितों के लिए कार्य कर सकता है।

इसी में केन्द्र को कुछ विशिष्ट अधिसत्ता के अधिकार आपात्कालीन प्रयोग के लिए प्रदान करने का औचित्य स्थित है।

और इस सब के बाद इकाई-राज्यों पर इन आपातकालीन अधिकारों द्वारा कौन सा दायित्व रखा गया है? इससे अधिक कुछ नहीं कि संकट के समय उन्हें अपने विचारार्थ स्वयं के स्थानीय हितों के साथ-साथ समस्त राष्ट्र के हितों और मतों को रखना चाहिए। केवल वे लोग ही जो समस्या को समझते नहीं हैं इसके विपरीत आरोप लगा सकते हैं।

यहाँ मैं समाप्त कर सकता था लेकिन मेरा मन अपने देश के भविष्य के बारे में इतना भरा है कि मुझे लगता है कि उसके बारे में अपने विचारों को व्यक्त करने के लिए इस अवसर का उपयोग करना मेरा कर्त्तव्य है। 26 जनवरी के दिन भारत एक स्वतंत्र देश होगा। उसकी स्वतंत्रता का क्या होगा? क्या वह अपनी स्वतंत्रता को बनाये रखेगा अथवा वह फिर उसे गवायेंगा? यह पहला विचार है जो मेरे मन में आता है। यह बात नहीं है कि भारत पहले कभी आजाद देश नहीं था। मुद्दे की बात यह है कि उसने अपने अर्जित स्वतंत्रता को पहले कभी खोया था। क्या वह दूसरी बार भी इसे खोयेगा? यही विचार है जो मुझे भविष्य के बारे में अति चिंतित करता है।

जो बात मुझे अधिक व्याकुल करती है वह यह तथ्य है कि भारत ने पहले कभी अपने स्वतंत्रता को खोया ही नहीं है, बल्कि उसने अपने स्वयं के कुछ लोगों के विश्वासघात के कारण उसे खोया है। मोहम्मद-बिन-कासिम द्वारा हुए सिन्ध के आक्रमण में दाहर नरेश के सैनिक, सेनापतियों ने मोहम्मद-बिन-कासिम के दलालों से घूस लेकर दाहर के पक्ष में लड़ने से इंकार किया था। जयचन्द ने भारत पर आक्रमण करने तथा पृथ्वीराज के खिलाफ लड़ने के लिए मोहम्मद गौरी को बुलाया और उसे अपनी तथा सोलंकी राजाओं की तुनुक देने का अभिवचन दिया था। जब शिवाजी हिन्दुओं की मुक्ति के लिए लड़ रहे थे तब अन्य मराठा राजपूत और उनके महाराज मुगल बादशाहों की तरफ से युद्ध में लड़ रहे थे। जब ब्रिटिश सिक्ख शासकों को नष्ट करने का प्रयत्न कर रहे थे। तब उनका मुख्य सेनापति गुलाबचंद चुप बैठा रहा तथा उसने सिक्ख राज्य को बचाने की कोशिश नहीं की थी। सन् 1857 में जब भारत के एक बड़े हिस्से ने ब्रिटिशों के खिलाफ एक स्वतंत्रता के युद्ध का ऐलान किया तब सिक्ख लोग खड़े रहे तथा उस दृश्य को स्तब्ध द्रष्टाओं की भाँति देखते रहे।

क्या इतिहास अपनी पुररावृत्ति करेगा? यही विचार है जो मुझे चिंता से भर रहा है। यह चिंता उस तथ्य के अनुभव से गहराती जा रही है कि जातिभेद तथा मतभेदों के रूप में अपने पुराने शत्रुओं के अतिरिक्त हमारे पास विभिन्न तथा परस्पर विसंगत राजनैतिक मतभेदों वाले कई राजनैतिक दल होंगे। क्या भारतीय लोग देश को मतभेदों के ऊपर रखेंगे अथवा वे मतभेदों को देश के ऊपर रखेंगे? मैं नहीं जानता हूँ। लेकिन इतना निश्चित है कि यदि राजनीतिक दल मतभेद को देश के ऊपर रखते हैं तो अपनी आजादी दूसरी बार भी खतरे में पड़ जायेगी तथा उसे हमेशा के लिए खोना पड़ेगा। इस घटना की संभावना के खिलाफ सुरक्षा के बारे में हम सबको धैर्य से सोचना चाहिए। हमें यह प्रतिज्ञा करनी चाहिए कि अपने खून के आखिरी कतरे तक हम अपनी आजादी की रक्षा करेंगे।

26 जनवरी को भारत इस अर्थ में प्रजासत्तात्मक देश बनेगा कि भारत उस दिन से जनता का, जनता द्वारा, जनता के लिए शासन को हासिल करेगा। यही विचार मेरे मन में आता है। उसके प्रजातांत्रिक ढाँचे का क्या होगा? क्या वह इसे कायम रख सकेगा अथवा उसे फिर खो देगा? यह दूसरा विचार है जो मेरे दिमाग में आता है तथा वह मुझे उतना ही व्याकुल बनाता है जितना की पहला विचार।

यह बात नहीं है कि भारत प्रजातंत्र से परिचित नहीं है। एक समय था जब भारत में अनेक गणराज्य थे तथा जहां-जहां राजाओं का आधिपत्य था वहां वे राजा या तो निर्वाचित होते थे या सीमित थे। यह बात नहीं है की भारत संसदों

से अपरिचित था। संसदीय प्रणाली से अज्ञात रहा। बौद्ध भिक्षु संघों का अध्ययन प्रकट करता है कि यहां केवल संसद सभायें ही नहीं थीं-क्योंकि संघ संसद सभाओं के सिवाय कुछ नहीं थे- बल्कि संघ आधुनिक समय में ज्ञात सभी संसदात्मक प्रणालियों के नियमों से परिचित थे तथा उनका इस्तेमाल करते थे।

उनके बैठने के प्रबंधन से संबन्धित नियम थे, प्रस्तावों को प्रस्तुत करने के नियम थे, प्रस्तावों को पारित करने, कोरम (सदस्यों की सत्र में आवश्यक संख्या), संसद में उपस्थिति बाध्य करने वाला अधिकारी (व्हिप), मतगणना, मतशलाका द्वारा मतदान करना, अविश्वास प्रस्ताव (सेंसर मोशन), नियमितता लाना, फैसला किए गए मुद्यों को पुर्नप्रस्तुत करना (रेस जुडिकेटा) इत्यादि के संबंध में उनके अपने नियम थे। यद्यपि संसदीय प्रणाली के इन नियमों को बुद्ध द्वारा भिक्षु-संघों के बैठकों पर लागू किया गया था तथापि उन्होंने इन नियमों को अपने समकालीन भारत में प्रचलित राजनैतिक सभाओं से अपनाया होगा।

यह प्रजातंत्र की प्रणाली भारत में लुप्त हो गई। क्या वह इसे दूसरी बार भी खो देगा? मैं नहीं जानता हूँ। लेकिन इस बात की भारत जैसे देश में कुछ संभावना है- जहाँ प्रजातंत्र लम्बे अर्से से अप्रयुक्त होने के कारण उसे बिल्कुल नवीन चीज समझी जायेगी.... कि वहाँ प्रजातंत्र अधिनायकवाद में बदल जाने का खतरा है। यह बिल्कुल संभव है कि यह नवीनता से जन्मी प्रजातंत्र प्रणाली अपना स्वरूप कायम रखेगी, लेकिन वास्तव में यह अधिनायकवाद को स्थापित करेगी। यदि मतदाताओं का प्रचण्ड बहुमत एक ही दल को प्राप्त हुआ (लॅडस्लाइड) तो दूसरी संभावना यथार्थ में ब‌दलने का खतरा बहुत अधिक है।

यदि हम चाहते हैं कि प्रजातंत्र केवल रूप में ही नहीं बल्कि सार में भी कायम हो तो हमें क्या करना चाहिए? मेरे निर्णय के अनुसार जो प्रथम बात हमें करनी चाहिए वह यह है कि हमें अपने सामाजिक तथा आर्थिक उद्दिष्टों की प्राप्ति के लिए संवैधानिक पद्धतियों का कड़ाई से पालन करना चाहिए। उसका अभिप्राय यह है कि हमें क्रांति के रक्तरंजित तरीकों का त्याग करना चाहिए। उसका अर्थ यह है कि हमें नागरी अवज्ञापालन, असहकारिता एवं सत्याग्रह का तरीका छोड़ देना चाहिए। जब आर्थिक एवं सामाजिक उद्दिष्टों को हासिल करने के लिए संवैधानिक पद्धतियों का कोई भी मार्ग उपलब्ध नहीं था तब असंवैधानिक तरीकों के इस्तेमाल को कुछ औचित्य था। लेकिन जब संवैधानिक पद्धतियां खाली हैं तब इन असंवैधानिक तरीकों के लिए कोई भी औचित्य नहीं हो सकता है। ये तरीके अराजकता के व्याकरण के सिवाय और कुछ नहीं हैं तथा जितना जल्दी उन्हें छोड़ दिया जायेगा उतना ही हमारे लिए अच्छा होगा।

दूसरी बात जो हमें करनी चाहिए वह यह है कि हमें प्रजातंत्र को कायम रखने के इच्छुक सभी को जॉन स्टुअर्ट ने जो चेतावनी दी है उसका पालन करना चाहिए, अर्थात् यह कि कोई अपनी स्वतंत्रता महान् आदमी के चरणों पर भी समर्पित न करे अथवा अधिकार प्राप्त व्यक्ति पर विश्वास न करे क्योंकि देश के लिए आयुष्य भर सेवा करने वाले महापुरुषों के प्रति कृतज्ञ होने में यह खतरा है कि वह उसे गलत काम करने के लिए प्रवृत्त करता है, क्योंकि कृतज्ञता की सीमाएँ होती हैं।

जैसे कि आयरिश देश भक्त डॅनियल ओकॉनेल ने ठीक ही कहा था कि अपनी प्रतिष्ठा की कीमत पर कोई भी आदमी कृतज्ञ नहीं बन सकता और, अपनी सुशीलता की कीमत पर कोई भी महिला कृतज्ञ नहीं हो सकती तथा अपनी आजादी की कीमत पर कोई भी राष्ट्र कृतज्ञ नहीं हो सकता है। ये चेतावनी अन्य किसी देश की अपेक्षा भारत के मामले में बहुत ज्यादा जरूरी है। क्योंकि भारतीय भक्ति अथवा जिसे भक्ति पथ या नायकपूजा कहना चाहिए, अपनी राजनीति में ऐसी भूमिका अदा करती है कि मात्रा की दृष्टि से संसार के किसी भी अन्य भाग के राजनीति में उसका सानी नहीं है। धर्म में भक्ति आत्मा की मुक्ति का मार्ग हो सकती है। लेकिन राजनीति में भक्ति अथवा नायक पूजा निश्चित रूप से पतन तथा अधिनायकवाद की संभावना का मार्ग है।

तीसरी बात जो हमें करनी चाहिए वह यह है कि हम राजनैतिक प्रजातंत्र मात्र से ही संतोष न करें। हमें अपनी राजनैतिक प्रजातंत्र प्रणाली को सामाजिक एवं आर्थिक दोनों बनाना चाहिए। राजनैतिक प्रजातंत्र सामाजिक प्रजातंत्र के आधार बिना टिक नहीं सकता और सामाजिक प्रजातंत्र का अभिप्राय क्या है? उसका अभिप्राय है एक ऐसा जीवन मार्ग जो स्वतंत्रता, समानता तथा भातृभाव को जीवन के तत्वों रूप में स्वीकार करता है।

ये जो स्वतंत्रता, समानता तथा बंधुभाव के तत्व हैं उन्हें त्रिकोटी की पृथक बातों के रूप में नहीं समझना चाहिए। वे तत्व त्रिकोटी को एक में मिलाते हैं। इसका मतलब है कि एक को दूसरे से पृथक करना प्रजातंत्र के सही लक्ष्य को ही पराजित करना है। स्वतंत्रता को समानता से अलग नहीं कया जा सकता है, समानता को स्वतंत्रता से अलग नहीं किया जा सकता है। न स्वतंत्रता ही और न समानता ही को भी बंधुभावना से अलग किया जा सकता है। समानता के बिना स्वतंत्रता थोड़े लोगों की बहुजनों पर अधिसत्ता का कार्य करेगी। स्वतंत्रता के बिना समानता वैयक्तिक आत्मबल का ही संहार करेगी। बंधुभाव के बिना स्वतंत्रता तथा समानता घटनाओं को प्राकृतिक प्रक्रिया के अंग नहीं बना सकेंगे। उन्हें कार्यान्वित करने के लिए एक प्रहरी की जरूरत पड़ेगी।

हमें इस तथ्य का स्वीकार करने से आरंभ करना चाहिए कि भारतीय समाज में दो बातों का पूर्ण अभाव है। उनमें एक है समानता। सामाजिक क्षेत्र में हम भारत में ऐसा समाज पाते हैं जो सीढ़ी-दर-सीढ़ी असामनता के तत्व पर आधारित है जिसका अर्थ है कुछ लोगों का उत्थान तथा दूसरों का पतन। आर्थिक क्षेत्र में हम ऐसा समाज पाते हैं जिसमें कुछ लोग हैं जिनके पास अमाप धन है, और इसके विपरीत ऐसे आदमी हैं जो बड़ी निर्धनता में जीते हैं।

26 जनवरी के दिन हम विसंगतियों के जीवन में पदार्पण करने वाले हैं। राजनीति में हमें समानता प्राप्त होगी तथा सामाजिक एवं आर्थिक जीवन में हमें असामनता प्राप्त होगी। राजनीति में हम एक आदमी एक मत तथा एक मत एक मूल्य के तत्व को स्वीकार करेंगे। अपने सामाजिक तथा आर्थिक जीवन में हम, सामाजिक तथा आर्थिक ढांचे के कारण, एक आदमी एक मूल्य के तत्व को अस्वीकार करते रहेंगे।

विसंगतियों के इस जीवन को हम कब तक जीते रहेंगे? अपने सामाजिक तथा आर्थिक जीवन में समानता हम कब तक इंकार करते रहेंगे? यदि हम लम्बे अर्से तक उसका इंकार करें तो हम इससे अपना राजनैतिक प्रजातंत्र विपत्ति में डाल कर ही कर सकते हैं। हमें इस विसंगति को यथा संभव शीघ्रतम पल में दूर करना चाहिए अन्यथा जो लोग असमानता के शिकार हैं वे जिस राजनैतिक प्रजातंत्र के ढांचे को इस सभा ने इतने परिश्रम से बनाया है उसे ढहा देंगे।

दूसरी बात जिसका हममें अभाव है वह है बंधुत्व के तत्व का स्वीकार। बंधुत्व का क्या अभिप्राय है? बंधुत्व का अर्थ है सभी भारतीयों की एक दूसरे के प्रति भाईचारे की भावना। भारत एक राष्ट्र है इसकी भावना। यह वह तत्व है जो सामाजिक प्राणियों को एकत्व तथा सबलता में बांध देता है। इसे प्राप्त करना कठिन है। यह कितना कठिन है इसकी कल्पना इस कहानी से हो सकेगी जो जेम्स ब्राइस ने संयुक्त अमेरिका के राष्ट्रकुल के एक ग्रंथ में प्रस्तुत की थी।

ब्राइस के अपने शब्दों में वर्णन किया जाए तो कहानी यह है कि-

"कुछ वर्ष पहले अमेरिकन प्रोटेस्टंट एपिसकोपल चर्च अपने तृतीय वार्षिक सभा में अपनी पूजा विधि के संशोधन में व्यस्त थी। यह वांछनीय समझा गया था कि छोटे वाक्यों की प्रार्थनाओं में समस्त जनता की प्रार्थना को भी प्रस्तावित किया जाए। तथा उत्तर इंग्लैण्ड के एक प्रख्यात दिव्य पुरोहित ने "हे प्रभु! हमारे राष्ट्र को आशिष दें। इन शब्दों को प्रस्तावित किया। इस प्रस्ताव के स्वीकृत होने के बाद एक संध्या के क्षण के उत्तेजन पर उस वाक्य को पुनर्विचारार्थ अगले दिन प्रस्तुत किया गया जब सामान्य नागरिकों के द्वारा "राष्ट्र"

शब्द पर बहुत सारी आपत्तियाँ उठाई गईं क्योंकि वह शब्द राष्ट्रीय एकता की इतनी अधिक निश्चित स्वीकृति को अभिप्रेत करता है कि उसे निरस्त करना पड़ा तथा उसके स्थान पर इन शब्दों को पारित किया गया यथा "हे प्रभु! इन संयुक्त राज्यों को आशिष दें।"

जब यह घटना घटी थी उस समय संयुक्त राज्य अमेरिका में इतनी कम एकता थी कि अमेरिका की जनता ने यह नहीं सोचा था कि वे एक राष्ट्र थे। यदि संयुक्त राज्यों की जनता यह सोच नहीं सकती थी कि वे राष्ट्र थे, तब भारतीय के लिए यह कल्पना करना कि वे एक राष्ट्र हैं कितना कठिन हैं। मुझे याद है वे दिन जब राजनैतिक मानस के भारतीय लोग "भारत के लोग" इस अभिव्यक्ति को नापसंद करते थे। वे "भारतीय राष्ट्र" इस अभिवचन को अधिक पसंद करते थे।

मैं इस मत का हूँ कि हम एक राष्ट्र है इस विश्वास से हम एक बड़ी भ्रांति के प्रेम में पड़ रहे हैं। जो लोग कई हजारों जातियों में बंटे है वे एक राष्ट्र कैसे हो सकते हैं? जितनी जल्दी हम यह अनुभव करेंगे कि "राष्ट्र" इस संज्ञा के सामाजिक तथा मनोवैज्ञानिक (मानसिक) अर्थ में हम अभी तक "राष्ट्र" नहीं हैं उतना ही हमारे लिए अच्छा है। क्योंकि तभी हम यह एहसास करेंगे कि हमे राष्ट्र बनने की जरूरत है तथा उस ध्येय की प्राप्ति के मार्ग तथा साधनों के बारे में हम गंभीरता से सोचेंगे। इस ध्येय की प्राप्ति बड़ी कठिन होगी—इतनी अधिक कठिन कि जितनी संयुक्त राज्यों में भी नहीं रही थी।

संयुक्त राज्यों में जाति का प्रश्न नहीं था। भारत में जातियाँ हैं। ये जातियाँ राष्ट्र-विरोधक हैं। सबसे प्रथम इसलिए क्योंकि वे सामाजिक जीवन में पृथकतावाद को साकार करती हैं। वे राष्ट्र विरोधी इसलिए भी हैं क्योंकि वे जाति-जाति के बीच ईर्ष्या तथा हिंसा को पैदा करती हैं। परन्तु हमें इन सभी मुश्किलों पर विजय पाना पड़ेगा यदि हम वास्तव में एक राष्ट्र बनने के इच्छुक हैं। क्योंकि बंधुत्व तभी यथार्थ हो सकता है जब वहाँ एक राष्ट्र हो। बंधुत्व के बिना समानता तथा स्वतंत्रता रंग के स्तरों से अधिक गहरे नहीं होंगे।

यह मेरा अपने सम्मुख जो कार्य हैं उनके बारे में चिंतन है। कुछ लोगों के लिए यह सुखद नहीं हो सकेगा। परन्तु यह कहना असत्य नहीं हो सकता है कि इस देश की राजनैतिक सत्ता लम्बे अर्से से थोड़े ही लोगों का एकाधिकार रही है तथा यहाँ के बहुजन बोझ ढोने वाले पशु ही नहीं है, बल्कि वे भक्ष्य पशु भी हैं। इस एकाधिकार ने उन्हें केवल अपने भलाई के अवसर से वंचित ही नहीं किया है, बल्कि उसने उन्हें जिसे जीवन का सत्य कह सकते हैं उससे ही

धीरे-धीरे विहीन कर दिया है। ये दलित वर्ग अधिशासित होने से क्लांत हो गये हैं। वे अपना शासन आप करने के लिए आतुर हैं।

दलित वर्गों में यह आत्म-जागृति की उत्तेजना वर्ग-संघर्ष अथवा वर्ग-युद्ध में विकृत होने देना नहीं चाहिए। इससे वह सदन के विभाजन की ओर अग्रसर होगी। वह दिन सचमुच बड़ी विपत्ति का दिन होगा। क्योंकि जैसा कि अब्राहम लिंकन ने उचित ही कहा, जो सदन अपने में ही विभक्त है वह ज्यादा काल तक नहीं टिका रह सकता अतः जितनी जल्दी उनकी आकांक्षाओं के लिए स्थान दिला सकते हैं उतना ही बेहतर अल्पसंख्यक लोगों के लिए है, उतना ही बेहतर देश के लिए है, उतना ही बेहतर उसकी आजादी को कायम रखने के लिए है तथा उतना ही बेहतर जनतांत्रिक ढांचे को निरन्तर बनाये रखने के लिए है। यह तभी हो सकता है जब जीवन के हर क्षेत्र में समानता तथा बंधुभाव की स्थापना होगी। इसीलिए मैंने उन पर इतना अधिक बल दिया है।

मैं सदन को इससे अधिक उबाना नहीं चाहता। आजादी निस्संदेह बड़ी खुशी की बात है। लेकिन हमें यह नहीं भूलना चाहिए कि इस आजादी ने हम पर बड़े दायित्वों का भार सौंपा है। आजादी से हमने ब्रिटिशों को किसी भी गलत घटना के लिए दोषी ठहराने का बहाना खोया है। यदि इसके पश्चात् गलत घटनायें घटती हैं तो हमें दोषी ठहराने के लिए अपने अलावा दूसरा कोई भी नहीं मिलेगा। घटनाओं के गलत होने का बहुत बड़ा खतरा है। समय शीघ्र ही बदल रहा है। लोग जिनमें अपनों का भी समावेश है, नवीन विचार पद्धति से प्रभावित होते जा रहे हैं। वे जनता द्वारा शासन से उबते जा रहे हैं। वे जनता के लिए शासन को अपनाने के लिए तैयार हैं तथा इसके प्रति उपेक्षावान हैं कि शासन जनता का है तथा जनता द्वारा है या नहीं।

यदि हम उस संविधान की सुरक्षा करना चाहते हैं जिसमें हमने जनता की, जनता के लिए तथा जनता द्वारा सरकार के तत्व को प्रतिष्ठित करने का प्रयास किया था तो हमें यह निश्चय करना चाहिए कि हमारी जो बुराई हमारे पथ में है तथा जिससे जनता को "लोगों के द्वारा सरकार" की अपेक्षा "लोगों के लिए" सरकार का अधिक पसंद करने की उत्तेजना मिलती है उसे स्वीकार करने में विलंब नहीं करेंगे, न ही उसको दूर करने की पहल करने में शिथिलता बरतेंगे। यही देश की सेवा का एकमात्र मार्ग है। इससे बेहतर मार्ग मैं नहीं जानता हूँ।"

इस प्रकार डॉ. आंबेडकर के द्वारा किये गये वैधानिक कार्य शेडयूल्ड कास्ट फेडरेशन के कार्य को चार चाँद लगाने वाले रहे इसमें कोई शक नहीं। अब हम "पक्ष" की अन्य गतिविधियों की तरफ अपनी दृष्टि डालते हैं। सन्

1952 में डॉ. आंबेडकर एस.सी.एफ. के नेता एवं राज्य सभा के सदस्य के रूप में कई बिलों की चर्चाओं में अपने दृष्टिकोण देते रहें। विशेषत: "अनटचेबिलिटी (आफेन्सेस) बिल और "द रिपोर्ट आफ द कमिश्नर फार शेडयूल्ड कास्ट्स एण्ड शेडयूल्ड ट्राइब्स" पर दिए गए उनके व्याख्यान बहुत महत्वपूर्ण हैं। तथापि उनके द्वारा जिन समाजिक-आर्थिक कार्यों को पूरा किया गया वे कम महत्व के नहीं हैं। उन्हीं की यहाँ थोड़ी चर्चा करेंगे। साथ ही शिडयूल्ड कास्ट फेडरेशन से रिपब्लिकन पार्टी ऑफ इंडिया नामक पक्ष के जन्म तथा कार्य की समीक्षा करेंगे।

## 3. सामाजिक-आर्थिक कार्य

उन्होंने सन् 1943 में अनुसूचित जातियों के लिए रोजगार में 8.1/3 प्रतिशत आरक्षण दिला दिया। उसी के प्रभाव से शिड्यूल्ड कास्ट्स (अनुसूचित जातियों) के लिए छात्रवृति की विशेष योजना को केन्द्रीय बजट में 1944 में स्वीकृति प्राप्त हुई। सन् 1948 में इसी सहूलियत को अनुसूचित जनजातियों के लिए भी लागू किया गया।

अक्टूबर 1943 में शेडयूल्ड कास्ट फेडरेशन द्वारा प्रस्तावित विधेयक भी केन्द्रीय सभा में पारित हुआ जिसका उद्देश्य सेना में अधिकारी के पद पर अस्पृश्यों के प्रतिबंध को हटाना था। सन् 1953 में श्री बी.के. गायकवाड और बी.एस. मोरेजी के नेतृत्व में हैदराबाद राज्य के मराठ वाड़ा क्षेत्र में भूमिहीनों विशेषत: अनुसूचित जातियों द्वारा कृषि के लिए अविकसित जमीन का सत्याग्रह हुआ।

सन् 1942 से 1956 तक शेडयूल्स कास्ट फेडरेशन (अनुसूचित जाति परिषद) ने आधुनिक भारत के इतिहास में कठिन परीक्षा का समय देखा। अपने जीवन के अंतिम चरण में बाबासाहेब आंबेडकर ने "रिपब्लिकन पार्टी ऑफ इंडिया" नामक नई पार्टी गठित कर शेड्यूल्ड कास्ट फेडरेशन को बर्खास्त करने की इच्छा प्रकट की। क्योंकि वह चाहते थे कि उसमें अनुसूचित जातियों के साथ-साथ गैर जातियाँ भी सम्मिलित होकर बलशाली कांग्रेस के प्रतिपक्ष में शक्तिशाली विपक्ष का काम करें और प्रजातंत्र का यश बढ़ायें। उनके अकस्मात् परिनिर्वाण के उपरांत 3 अक्टूबर 1957 को नागपूर में उनके अनुयाईयों द्वारा एक विशेष परिषद् में रिपब्लिकन पार्टी ऑफ इंडिया की स्थापना की गई। उसके संविधान को 10 मार्च 1958 में लागू किया गया और धारा 11 के तहत भारतीय

संविधान के आमुख में दर्ज "न्याय, स्वतंत्रता, समानता और भातृत्व" को उसका लक्ष्य घोषित किया गया।

मार्च 1957 के आम चुनाव में भी शेड्यूल्ड कास्ट फेडरेशन के ग्यारह सदस्यों के प्रेसीडियम ने लोकसभा की 25 और विधान सभाओं की 105 सीटें लड़ी थीं। उनमें 8 प्रत्याशी लोकसभा और 19 प्रत्याशी विधानसभा में चुनकर भी आये थे। ये सभी विजयी प्रत्याशी बाद में रिपब्लिकन पार्टी ऑफ इंडिया के सभासद बनें।

1962 के आम चुनाव में रिपब्लिकन पार्टी ऑफ इंडिया ने 69 प्रत्याशी लोकसभा के लिए खड़े किए थे। उनमें से केवल तीन सीटों पर उन्हें विजय हासिल हुई और विभिन्न विधानसभाओं के लिए उसने जो 301 प्रत्याशी निर्वाचन में खड़े किए थे उनमें से केवल ग्यारह प्रत्याशी विजयी हुए।

1967 के आम चुनाव में रिपब्लिकन पार्टी ऑफ इंडिया ने लोकसभा की 72 सीटें लड़ी और उनमें से केवल एक सीट उन्हें हासिल हुई। विधान सभाओं की जो 381 सीटें चुनाव में थी उनमें से केवल 21 सीटों पर उनको विजय मिली। बाद में रिपब्लिकन पार्टी ऑफ इंडिया का निर्वाचन परिणाम अपेक्षा से कम ही रहा। परन्तु उसने संघर्ष जारी रखा।

सन् 1959 में प्रथम बार और उसके पश्चात् 1970 में रिपब्लिकन पार्टी ऑफ इंडिया में आन्तरिक फूट पड़ गई और यह स्थिति संगठन की एकता में बाधक ही बनती गई। तथापि 1957 से 1971 तक पार्टी की स्थिति अच्छी रही क्योंकि 7 मार्च 1960 को उसने महाराष्ट्र के मुख्यमंत्री श्री यशवंतराव चव्हाण से नागपुर की दीक्षा भूमि और बौद्ध धर्म में प्रविष्ट अनुसूचित जातियों के लिए सहूलियतों और भूमिहीन कृषि श्रमिकों के लिए कृषि में न लाई गई भूमि के वितरण की मांग की और उनमें दीक्षा भूमि और नव-बौद्धों के लिए सहूलियत की मांगे सरकार द्वारा स्वीकृत भी हो गई।

उसके बाद पार्टी ने 21 अक्टूबर 1964 में बाबासाहेब की मूर्ति संसद भवन में प्रतिष्ठित कराने की मांग भी तत्कालीन प्रधानमंत्री लाल बहादुर शास्त्री के सम्मुख रखी थी। 1987 में उसने मराठवाड़ा विद्यापीठ को बाबासाहेब आंबेडकर के नाम परिवर्तित करने के लिए सत्याग्रह किया था।

रिपब्लिकन पार्टी ऑफ इंडिया की उक्त मांगों को ध्यान में रखते हुए पूर्व प्रधानमंत्री श्री वी.पी. सिंह के कार्यकाल वर्ष 1989-91 में बाबासाहेब

अम्बेडकर का तेलचित्र संसद के केन्द्रीय कक्ष में स्थापित करने और बौद्ध धर्मावलंबियों को वैधानिक सहूलियतें प्रदान करने की मांगे स्वीकृत की गई।

इस प्रकार इन्डिपेन्डन्ट लेबर पार्टी और शेडयूल्ड कास्ट फेडरेशन तथा रिपब्लिकन पार्टी ऑफ इंडिया ने उपेक्षित लोगों में आशान्वित परिवर्तन लाने के लिए एक साधन सक्रियता की भूमिका निभाई[16]

## वर्तमान

लोकशाही की आज देश में क्या दशा है? इस पर भी लोकशाही के पक्षधर और उसके विरोधी विचारों पर सरसरी नजर दौड़ा कर देखें तो अपने सामाजिक जीवन का चित्र बड़ा आशादायी नहीं लगता है।

भारतीय प्रजातंत्र की रचना तो निर्विवाद रूप से निर्दोष सैद्धांतिक स्तंभों पर आधारित है। उसके अंग प्रत्यंग एक दूसरे के साथ सुव्यवस्थित किए हुए हैं। राज्य सरकार और संविधान को ही लीजिए। जनसंख्या, क्षेत्र, सरकार, और सार्वभौमिकता के अंगों वाला राज्य, बाबासाहेब आंबेडकर के अनुसार "सामाजिक एकता अथवा भातृत्व" के आधार पर स्थित होना चाहिए। राज्य प्रशासन सरकार के माध्यम से ही चलाया जाता है। चाहे विधि बनायें, कानून को लागू करें या उसकी व्याख्या करें, शासन को एक स्वयं शासित सरकार बनना है तो उसे जवाबदेही और अच्छी बनना अत्यावश्यक है। ऐसी आदर्श व्यवस्था के मूलभूत संगठन को शिल्पकृत करनेवाला संविधान शासन के भिन्न-भिन्न अंगों की सत्ता और नागरिकों के विविध अधिकार और कर्त्तव्यों को निर्धारित करता है।

जब शरीर स्वस्थ हो तो शारीरिक कार्य भी सुचारु रूप से चलते हैं। इसी की भाँति स्वस्थ राजनीतिक मूल्यों पर स्वस्थ प्रशासन निर्भर होता है। चलने की दिशा तय हो तो भूलने का प्रश्न पैदा नहीं होता। फिर भी भारत में प्रजातंत्र की फलश्रुति के संबंध में इतना आक्रोश क्यों है? दोष किसका और कैसे? इन प्रश्नों के उत्तर में शायद जनता और शासन को बाबासाहेब और बर्क के शब्दों में इतना भर कह देना पर्याप्त होगा कि "संविधान के कुशल संचालन के लिए जनता को उसके आशय से ठीक ढंग से शिक्षित किया जाना चाहिए।" "सरकार को सत्ता देना तो आसान है पर विवेक देना कठिन।"[17]

प्रजातंत्र की रचना भले ही निर्दोष हो लेकिन उसकी दशा जब तक सशक्त आधारों पर उसका कार्य गतिमान नहीं होती तब तक इच्छित फलश्रुति मिलना असंभव है।

देश का उच्चतम कानून अर्थात् संविधान, राजनैतिक सरंचना और आर्थिक प्रजातंत्र को स्थापित किए जाने पर भी अपना लक्ष्य केन्द्रित करता है। अतः संविधान जनक डॉ. आंबेडकर चाहते थे कि "विधानपालिका में अनुसूचित जाति, अनुसूचित जनजाति जैसे सबसे पिछड़े वर्ग के लिए पृथक प्रतिनिधित्व और आरक्षण प्राप्त हो। लेकिन प्राप्त समय में उन्होंने संयुक्त निर्वाचन प्रणाली से ही संतोष माना। नागरिक हकों को हासिल करने के लिए उन्होंने सत्याग्रह की नीति इस दृष्टि से परित्यक्त की कि वह अनाचार को जन्म देगी। संसदीय प्रजातंत्र के प्रतिकूल सामाजिक वातावरण को देखकर उन्होंने बाद में असंसदीय प्रजातंत्र प्रणाली का ही समर्थन किया। उसी प्रकार राज्य विभाजन के भाषावार आधार की अपेक्षा उन्होंने परिस्थितिनुरूप प्रशासनिक आधार पर अधिक बल दिया।"[18]

सामाजिक विकास एवं राष्ट्रनिर्माण हेतु अस्पृश्यता उन्मूलन, दारिद्रय दूर करना, जाती समस्या का समाधान, एकात्मक बलवान राष्ट्र का निर्माण और मजबूत विदेश नीति आदि के संबंध में उनके विचार आज भी भारतीय प्रजातंत्र का सुपथ-प्रदर्शन करने में समर्थ और सार्थक सिद्ध होंगे।

डॉ. आंबेडकर के अनुसार दुर्भाग्य से भारतीय प्रजातंत्र में राजनैतिक बहुमत उपलब्ध नहीं है। उसकी जगह जातीय बहुमत से भिन्न-भिन्न समुदायों के जन प्रतिनिधि निर्वाचित किए जाते हैं। इसलिए सांसदीय लोकतन्त्र के समर्थक डॉ. आंबेडकर प्रचलित समाज व्यवस्था और मतदाताओं के रुझान को सम्मुख रख इस बात के समर्थक रहे कि भारतीय लोकतंत्र का विधान-मण्डल निर्धारित समय से पहले बर्खास्त न हो, यह कि संसद को जातीय बहुमत के बल पर अविश्वास का प्रस्ताव पारित कर सरंकार को हटाने के शक्ति प्रयोग का अधिकार नहीं मिलना चाहिए और संघीय कार्यपालिका और विधिपालिका साथ-साथ अस्तित्व में रहें।[19]

उनके अनुसार प्रधानमंत्री को पूरे सदन के एकल हस्तान्तरणीय मत से चुना जायेगा, राजकीय पक्ष के आगोश में किसी भी जातीय बहुमत मात्र से नहीं। और वह पूरे सदन का नेता होगा, किसी एक बहुमत प्राप्त दल का नहीं।

कैबिनेट में अल्पसंख्यकों के प्रतिनिधि भी विधि मण्डल के प्रत्येक अल्पसंख्यक समुदाय के सभासदों के द्वारा एकल हस्तान्तरणीय मत से चुने जायेंगे। उनका नामांकन और पदच्युति स्वयं प्रधानमंत्री नहीं करेंगे।

तथापि कार्यपालिका में बहुसंख्यक जमात के प्रतिनिधियों का चुनाव समस्त सदन द्वारा एकल हस्तान्तरणीय मत में होगा। इससे विधिपालिका में सर्व समुदायों के सभी सदस्यों के बीच जुड़ाव पैदा होगा।

कैबिनेट सदस्य को विधिपालिका का सदस्य होना जरूरी नहीं। उनमें से कुछ विधिपालिका के सदस्य न भी हो तो भी उन्हें विधिपालिका में बैठने, बोलने, मतदान और प्रश्नोत्तर का अधिकार होगा।

कैबिनेट के सदस्य लांछन या अन्य प्रस्ताव पर पदत्याग कर सकते हैं लेकिन वे उनके विरुद्ध महाभियोग और भ्रष्टाचार अथवा देशद्रोह के और सदन द्वारा लाये गये कारणों के अलावा किसी भी अन्य कारणों से हटाये नहीं जायेंगे। इससे वह तुच्छ जातीय या राजकीय मन्तव्यों और जातीय बहुमत के नेता की स्वच्छंदता की सतह से ऊपर रह सकेगा।

## भविष्य

तत्कालीन बहुमत के निर्णय के सामने असंसदीय शासन प्रणाली के स्थान पर जिस प्रकार का भी भारतीय प्रजातांत्रिक गणराज्य स्थापित हुआ उसी से समझौता कर डॉ. आंबेडकर ने उसके उज्जवल भविष्य के लिए निम्न शर्तें रखीं–

### 1. समानता

समानता का समाज में होना वैयक्तिक सम्मान और सामाजिक व आर्थिक प्रजातंत्र के लिए सबसे बड़ी और प्रथम आवश्यकता है। क्योंकि असमानता राजनैतिक प्रजातंत्र के ढांचे को ही ध्वस्त करती है। यह पहली शर्त है।

### 2. द्विपक्षीय प्रणाली

बहुमत वाले शासक दल की सरकार को तानाशाही से बचाये रखने हेतु और उसके समक्ष शक्तिशाली विरोध दर्शाने के लिए, प्रजातंत्र में दो पक्ष होने चाहिए। ये हैं एक तो बहुमत वाला शासक पक्ष तथा दूसरा अल्पमत वाला विपक्ष। जातीय दलों और राजकीय दलों में यह अन्तर है कि पहला स्थायी और अपरिवर्तनीय प्रवृत्तिवाला होता है और उसे मिटाया तो जा सकता है, परन्तु सुधारा नहीं जा सकता। लेकिन दूसरे प्रकार के दल को हमेशा जोड़ा-तोड़ा और सुधारा जाता है। अतः प्रजातंत्र के संचालन में इन दो राजकीय पक्षों का होना अनिवार्य है।

## 3. कानूनी और प्रशासनिक समानता

सामाजिक और आर्थिक विषमता के खतरे की तरह कानूनी और प्रशासनिक असमानता भी राष्ट्रीय एकात्मता का घोर शत्रु है। ऐसी स्थिति में बहुमत प्राप्त पक्ष अल्पसंख्यकों के मतों से नियंत्रित न होकर जातीय बहुमत से चलने वाला होता है। और ऐसी बहुमत वाली सरकार अन्याय से पीड़ित लोगों की रक्षा करने की बजाय अपराधी को संरक्षण देती है।

जिस प्रकार ब्रिटेन और अमेरिका में राजनीतिक पद और नागरिक पद अलग-अलग होते हैं उसी प्रकार भारत में भी होना चाहिए, ताकि (सरकार में) जो लोग सत्ता में बैठे हैं वे न्याय और समय की माँग के अनुसार यदि सामाजिक और आर्थिक बंधनों को सुधारने की आवश्यकता पड़े तो उसे निर्भय होकर सुधारें।

## 4. संवैधानिक नैतिकता

संविधान में कानूनी तजबीज उसका अस्थिपंजर होता है और वैधानिक नैतिकता उसकी मांस पेशी है। उसे ही इंग्लैण्ड में "रूढ़ी" के नाम से जाना जाता है। ये रूढ़ियाँ स्वस्थ तात्विक पहलुओं के रूप में कानून के अस्थिपंजर में न्याय और ऐतिहासिक प्रक्रिया में विकसित होकर मांस पेशी की पूर्ति करती है। ऐसी प्रथाओं को यद्यपि अदालत मान्यता प्रदान नहीं करती तथापि उनकी अवहेलना करने वालों को जनमत की अदालत में खड़ा किया जा सकता है।

याद रहे इन्हीं रुढ़ियों के प्रस्थापन में अमेरिकन राष्ट्रपति वाशिंगटन ने संवैधानिक नैतिकता बनाये रखने के लिए राष्ट्रपति पद तीसरी बार हासिल करने के मोह से अपने आप को बचाया। राजा विंडसर एडवर्ड तृतीय ने इंग्लैण्ड की संसदीय प्रणाली के विरुद्ध एक सामान्य महिला से विवाह करने के उपरांत अपने राजपद का त्याग किया। संसद के शिष्टाचार को कायम रखने के लिए ही डॉ. आंबेडकर का हिन्दू कोड बिल पर प्रधानमंत्री पंडित जवाहरलाल नेहरू के साथ मतभेद हुआ तब उन्होंने अपने कानून-मंत्री पद से इस्तीफा दे दिया।

## 5. बहुमत जुल्म न करें

प्रजातंत्र में दो प्रतिस्पर्धी पक्षों में से बहुमत प्राप्त पक्ष सरकार बनाता है और अल्पमत वाला पक्ष विपक्ष में बैठता है। तथापि बहुमत प्राप्त पक्ष को चाहिए कि वह विरोधी पक्ष पर जुल्म न ढाये। उसे यह देखना चाहिए कि संसद के भीतर

और बाहर भी ऐसा वातावरण बने कि क्रांतिकारी या अवैधानिक मानसिकता को बढ़ावा न मिलें।

## 6. नैतिक व्यवस्था

डॉ. आंबेडकर के अनुसार प्रजातंत्र के लिए समाज में एक नैतिक व्यवस्था का होना अत्यन्त आवश्यक है। नैतिकता के बिना सरकार के लागू किए हुए कानुन विफल होंगे। राजकीय पुरुष को राजनीति में व्यवहार ही करना नहीं होता बल्कि ऐसे धर्म का प्रतिनिधित्व करना होता है जिसमें राजनीति की पद्धति और दार्शनिक मूल्यों का समावेश होता है। यद्यपि "राजनीति एक प्रकार से अनगिनत बेस्वाद और अस्वस्थ लगने वाली मल-निकास प्रणाली सी बन गई, जहाँ राजपुरुष का कार्य नाले में काम करने की तरह है, तथापि उसे राजनीति को शट्ठों का खेल न बनाकर नैतिक कर्त्तव्य के रूप में स्वीकारना चाहिए।"[20]

## 7. नागरिक चेतना

अंतिम शर्त नागरिक चेतना की है जो प्रजातांत्रिक संविधान के सफल संचालन के लिए आवश्यक है। "नागरिक चेतना" का अर्थ है? "कष्ट किसे हो रहा है इसके प्रति सोच कर न हम गलत कार्य का विरोध करने वाली चेतना, और यह कि प्रत्येक जन चाहे वह उसे बुराई विशेष से कष्ट भोग रहा हो या नहीं, उसको कष्ट से राहत दिलाने के लिए तत्परता से तैयार रहे। भारतीय परिप्रेक्ष्य में यह नितांत आवश्यक है कि सवर्ण लोग अवर्ण लोगों के प्रति ऐसी ही नागरिक चेतना धारण करें जैसी एक स्वेत नागरिक रेवरंड स्कॉट ने अपने श्वेत लोगों की चिन्ता न कर अश्वेत लोगों पर चल रहे रंगभेद और आधिपत्य का निषेध किया था। क्योंकि सन् 1950 से भारतीय लोगों ने यह प्रतिज्ञा ली कि वे भारत का निर्माण, सार्वभौम समाजवादी धर्म निरपेक्ष प्रजातांत्रिक गणराज्य में कर उसके सभी नागरिकों के लिए न्याय, स्वातंत्र्य, समानता और बंधुत्व को प्राप्त करेंगे। हर नागरिक का दायित्व है कि वह इन आदर्शों के प्रति अपना कर्त्तव्य पालन करे।

भारतीय प्रजातंत्र का यश इन्हीं आधारों पर टिका हुआ है।

## उपसंहार

संक्षेप में राज्य का कार्यभार चलाने वाली सरकार, जिस किसी बहुमत प्राप्त दल की हो, उसे चाहिए कि वह लोगों के कल्याण का लक्ष्य बनाकर देश

के संविधान के अनुरूप न्याय, धर्म निरपेक्षता, आर्थिक बराबरी, ग्रामीण दलित मुक्ति, जमातों का विकास, पिछड़े वर्ग का उद्धार, अल्पसंख्यकों की समस्याओं का समाधान, राष्ट्रीय एकता, एक हृदयता, तथा अनुसूचित जातियों के उत्थान को प्रोत्साहन दें और राजनैतिक मूल्यों को बनायें रखें, ताकि हमारे संविधान की धारायें 38, 39 और 46 के अनुसार मूल दर्शन और पद्धति पर अधिष्ठित हमारा कल्याणकारी शासन डॉ. बाबासाहेब आंबेडकर के सपनों का भारत निर्माण करने के अपने दायित्व में सफल हो।

## संदर्भ

1. महाराष्ट्र शासन : 1992 : 13
2. आंबेडकर 1946 : 361
3. जाटव : 1966/1990 : 196-197
4. महाराष्ट्र शासन : 1992 : 41
5. आंबेडकर 1950 : 17
6. अप्पादोराई : 1965 : 530
7. मैकाइवर 1947 : 396
8. गेटेल : 1950 : 289
9. आंबेडकर 1940 : 207
10. आंबेडकर : 1939
11. कीर : 1971 : 325
12. कान्स्टिट्यूयंट असेम्बली डिबेट्स 1949:1663
13. पार्लियामेंटरी डिबेट्स 1995 : 2457-58
14. महाराष्ट्र सरकार : 1992 : 103
15. द *हिन्दुस्तान टाइम्स* : 1949 नवम्बर 26, शनिवार
16. क्षीर सागर : 1992 : 103 - 109
17. वही, 1992, 46
18. वही, 1992, 23
19. अम्बेडकर : 1947 : 25
20. क्षीर सागर 1992 : 60-61

# 17

# धार्मिक दर्शन

## 1. धर्म की परिभाषा

"यतोऽभ्युदयानिः श्रेय सिद्धिः स धर्मः की सुन्दर व्याख्या है। इस व्याख्या के अनुसार धर्म वह है जिससे इस जीवन का अभ्युदय और भावी जीवन में निःश्रेयस की सिद्धि हो। लेकिन यह व्याख्या दार्शनिक है जिसे वैशेषिक दर्शन परंपरा ने प्रस्तुत की थी। दार्शनिक बातें सामान्य जीवन से उतनी ही दूर रहती है। जितनी निकट उससे धार्मिक बातें रहती है। भारतीय समाज के संदर्भ में उक्त कथन एकदम ठीक बैठता है। अन्यथा "विविधता में एकता" अर्थात् "सत्कार्यवाद" को स्थापित करने वाले सांख्य दर्शन के विपरीत "एकता में विविधता" अर्थात् "असत्कार्यवाद" दर्शानेवाला वैशेषिक संप्रदाय क्यों स्थापित किया जाता अथवा "धर्म" को व्यक्ति के अभ्युदय तथा निःश्रेयस का आधार मानने के पश्चात् समाज में रोटी–बेटी व्यवहार से बहिष्कृत अस्पृश्य वर्ग जिसे गांधी ने "मानवता का कलंक" कहा है, क्यों कायम किया जाता?

वास्तव में सत्य यह है कि धर्म कोई ऊपर से टपकने वाली प्राकृतिक घटना नहीं है बल्कि वह मानवनिर्मित सामाजिक संस्था है जिसे मानव समाज के विकासशील दिमाग ने भिन्न–भिन्न समय में भिन्न–भिन्न प्रकार से परिभषित और प्रयुक्त किया है।

जब हम कहते हैं कि वैदिक अर्थ में "धर्म" शब्द किसी भी तरह "सदाचार" की वकालत नहीं करता है तब हमें यह समझना है कि तत्कालीन समाज नैतिक दृष्टि से उतनी उन्नतावस्था में नहीं था जितना कि हमारा वर्तमान समाज है।

फिर कभी–कभी "सदाचार" शब्द का इस्तेमाल धर्मग्रंथों में किया गया है परन्तु उसका अभिप्राय वर्तमान अर्थ में नहीं हुआ है। उदाहरणार्थ मनुस्मृति 2:12 में धर्म के चार लक्षणों में श्रुति, स्मृति के साथ "सदाचार" तथा

आत्मतुष्टि का भी उल्लेख है। लेकिन यहां "सदाचार" का अर्थ है "वेदों और स्मृतियों के आदेश का पालन" और आत्मतुष्टि का मतलब है तदनुरूप प्राप्त परिणाम।

कुछ भी हो, "धर्म" इस संज्ञा से जीवन में स्थापित क्रमिक मानवीय संस्थाओं में से एक समझना क्रमप्राप्त है। यथा सबसे प्रथम जीवन का क्रम है, उसके बाद समाज तथा उसके अनंतर सामाजिक, सांस्कृतिक, शैक्षिक, आर्थिक, राजनैतिक संस्थाएं आदि को समझा जाना चाहिए।

यद्यपि ये विकासशील अवस्थाएं है तथापि धर्म संस्था का जो मूल्य मानव जीवन में है वह इस मान्यता से कम नहीं हो जाता। इसलिए मनोवैज्ञानिक कहते हैं कि जब से पृथ्वी पर मानव समुदाय आया है तब से अभी तक औद्योगिक तथा वैज्ञानिक क्रांति के युग में भी कोई समाज ऐसा नहीं है जिसके पास धर्म संस्था नहीं है। बर्क ने भी इसीलिए यह कहा है कि "समाज के जीवन की बुनियाद धर्म है"। प्रो. डायसी ने तो यहां तक कहा है कि सार्वभौम सत्ता की बाह्य मर्यादा यदि जनता है तो उसकी आन्तरिक मर्यादा "धर्म" है।

इस प्रकार समाज तथा धर्म ये दोनों समानांतर संस्थाएं होने पर भी समय-समय पर वे एक-दूसरे को प्रभावित करती रही हैं। जिस प्रकार सामाजिक अवस्थाओं की श्रेणियां हैं उसी प्रकार धार्मिक अवस्थाओं की अपनी विकास की श्रेणियां हैं। ये श्रेणियां मानव जीवन के विकास स्तर की परिचायक और मानक सिद्ध हुई हैं।

नीतिमान के आधार पर हम धर्म की परिभाषा दो वर्गों में विभक्त कर सकते हैं। एक वर्ग में नीतिवादी व्याख्याएं रख सकते हैं। तथा दूसरे वर्ग में ईश्वरवादी परिभाषाओं का अन्तर्भाव कर सकते हैं। जे.एच. ल्युबा ने धर्म की कुल पचास परिभाषाएं दी हैं। उन सबका समावेश हम यहां नहीं कर सकते हैं। परन्तु कुछ विशेष परिभाषाओं को यहां प्रस्तुत करते हैं।

ईश्वरवादी परिभाषाओं में हम निम्न को यहां उद्धृत करेंगे। विलियम जेम्स के अनुसार 'किसी दिव्य शक्ति की ओर आकर्षण तथा स्वयं की असहायता के बोध से मनुष्य की त्यागयुक्त मानसिक वृत्ति ही धर्म है"। जेम्स फ्रेझर कहते हैं कि "जीवन में व्याप्त विश्व नियंत्रक श्रद्धेय दिव्यतत्वों की आराधना धर्म हैं"। मैकेन्झी के मत में "सर्वोत्तम ठोस कार्य करने की प्रेरणा देने वाली शक्ति को धर्म कहते है।" डॉ. एस. राधाकृष्णन ने अपने "द हिन्दू व्यूव ऑफ लाईफ" में कहा है कि "हम अपने आप से डरते हैं इसलिए धर्म के कवच को हम

अपनी रक्षा के लिए पकड़ रखते है।'' स्वामी प्रभवानंद के अनुसार ''स्वयं के जीवन की कृतार्थता के संबंध में अत्यधिक इच्छा माने धर्म।''

अब हम नीतिवादी धर्म परिभाषाओं को लेते हैं। इस वर्ग में तथागत बुद्ध की धर्म परिभाषा का उल्लेख सर्वप्रथम करना चाहिए। वे कहते हैं कि ''भयभीत मनुष्य किसी भी प्रकार के धर्म की शरण में जाता है लेकिन जिस शरण से मनुष्य का सब दुःख नष्ट न हो वह उत्तम शरण नहीं है। अतः सर्व दुःखों के विनाश का उपाय ही धर्म है।''

जॉन स्टुअर्ट मिल का कथन है, ''नीति का बड़ा दुश्मन धर्म है। नीति माने ईश्वर की इच्छा के अनुसार काम करना ऐसा धर्म कहता है। लेकिन ये धारणा गलत है। मिल ने पूछा है कि यदि ईश्वर सर्वशक्तिमान, दयालु है तो फिर पृथ्वी पर उसने इतना दुःख, दरिद्रता एवं हिंसा क्यों पैदा की? इसका उत्तर किसी धर्मग्रंथ ने नहीं दिया। मतलब यह कि नीति मनुष्य के इसी जन्म के कल्याण पर आधारित है। नीति का ईश्वर या परलोक से कोई संबंध नहीं है। उन्होंने अपने ग्रंथ ''ऑन लिबर्टी'' में कहा है कि नीति व्यक्तिगत भी है तथा सामाजिक भी।

डॉ. आंबेडकर के अनुसार 'धर्म' शब्द के अनेक अर्थ हैं। क्योंकि धर्म संकल्पना विभिन्न अवस्थाओं में से विकसित हुई है। एक अवस्था में धर्म का जो आशय था वह दूसरी अवस्था में नहीं रहा। धर्म संकल्पना कभी निश्चित नहीं रही। आदीम अवस्था में प्राकृतिक घटनाओं यथा बिजली, बाढ़ आदि को ही चमत्कार या जादू के रूप में धर्म माना जाने लगा था। दूसरी अवस्था में इन सभी प्राकृतिक घटनाओं के पीछे एक मूल स्वरूप शैतानी या शिव स्वरूप कल्याणकारी शक्ति है ऐसा माना जाने लगा तथा उस अदृश्य शक्ति को ईश्वर कहकर उसे ही धर्म माना जाने लगा था। तीसरी अवस्था में पृथ्वी और आदमी ईश्वर निर्मित है, ईश्वर अमर है, उसका अंश आदमी में होता है जिसे ''आत्मा'' कहते हैं। अतः आत्मा भी अमर है तथा आदमी के सभी कर्म पहले से निर्धारित हैं और उसे अपने कर्मों के लिए ईश्वर में श्रद्धा, आत्मा में विश्वास करना है और प्रार्थना, विधि, यज्ञ, बलि आदि से ईश्वर को प्रसन्न रखना है। इसे ही ''धर्म'' संज्ञा से अभिप्रेत किया जाने लगा। अतः डॉ. आंबेडकर ने ऐसे अबौद्धिक ईश्वरवादी अनीतिपरक व्यख्याओं को ठुकरा कर कहा कि जिस उपाय से समाज और आदमी के सभी मानवनिर्मित दुःखों का हरण होता है, जिस शरण से मानसिक कष्ट दूर होते हैं तथा जिस संगठन से सबको बल, यश तथा कल्याण-मंगल की प्राप्ति होती है वही धर्म है। इस प्रकार धर्म साध्य नहीं बल्कि साधन है। उनके अनुसार धर्म का प्रयोजन विश्व स्वरूप का विश्लेषण करना ही नहीं है बल्कि

विश्व की पुनर्रचना करना है। इन्सान को इन्सान से प्रेम करना चाहिए यह नीति है। इस नीति को ईश्वर की मान्यता की आवश्यकता नहीं है। मनुष्य को नीति के लिए ईश्वर को संतुष्ट करने की आवश्यकता नहीं है। नीति मनुष्य के स्वयं कल्याण एवं मनुष्य मात्र में आपस में प्रेम रखने की है। संक्षेप में डॉ. आंबेडकर की धर्म की परिभाषा इतनी ही है: "नीति यानी धर्म तथा धर्म यानी नीति। नीति यह धर्म का सार है। नीति के बिना धर्म का अस्तित्व नहीं है।"

ऊपर निर्दिष्ट दोनों वर्गों में वर्गीकृत धर्म की व्याख्याओं का सार यह है कि जहां एक तरफ ईश्वरवादी परिभाषाएं सामाजिक जीवन के वास्तविक दु:खों को भुलाकर मनुष्य का संबंध ईश्वर के साथ जोड़ती है वहीं दूसरी ओर नीतिपरक मिल एवं अम्बेडकर की व्याख्याएं बौद्ध धर्म के तीन आधार स्तंभों अर्थात्–

1. सामाजिक दु:ख का उपाय शील या सदाचार,
2. मासिक दु:ख का उपाय समाधि या चित्त की कुशल एकाग्रता तथा,
3. सार्वत्रिक मतभेदों का उपाय प्रज्ञा अथवा सम्यक् दृष्टि व सम्यक संकल्प, का पुरजोर समर्थन करती हैं।

## 2. धर्म के आवश्यक पहलू

बुद्ध ने अपने धर्म की उपमा एक बेड़े के साथ की। उन्होंने कहा कि मेरा धर्म बेड़े की भांति बाढ़ को पार करने के लिए है न कि उसे पकड़कर रखने के लिए। स्पष्ट है कि बुद्ध धर्म को एक मानव कल्याण का साधन स्वरूप मानते थे।

डॉ. आंबेडकर ने भी कहा कि धर्म मनुष्य के लिए है मनुष्य धर्म के लिए नहीं। उनके भी मत में धर्म एक साधन मात्र है।

मनुष्य तथा समाज और धर्म का अटूट संबंध है। धर्म में आदिम मानव से लेकर आधुनिक मानव की आस्था, लगाव और प्रेम इसीलिए रहे हैं क्योंकि इस साधन से उसे कुछ प्राप्ति, संतोष या लाभ मिलता है। चाहे वह मानसिक लाभ हो या भौतिक दोनों स्थितियों में धर्म व्यक्तिगत तथा सामाजिक अंगों के विकास का पक्षधर है। अत: धर्म के आवश्यक पहलू मानवीय आवश्यकताओं की पूर्ति की सक्षमता में निहित है।

धर्म किस प्रकार सामाजिक आवश्यकताओं की पूर्ति कर सकता है? जब तक धर्म का उद्देश्य सामाजिक कार्यों को इस प्रकार व्यवस्थित करना नहीं होता

कि सब लोगों को इसी जीवन में सुख एवं आनन्द मिले, तब तक वह सामाजिक अवश्यकताओं की पूर्ति करने योग्य नहीं बन सकता। इसीलिए डॉ. आंबेडकर ने धर्म के चार महत्वपूर्ण पहलू बताये हैं। ये हैं:

1. धर्म नैतिकता पर आधारित हो–समाज में बहुसंख्यक लोग शांति से जीना चाहते हैं। कुछ थोड़े से लोगों की भांति वे झगड़ा फसाद नहीं करते। कानून व्यवस्था केवल झगड़े-फसाद के समय समाज में शांति व्यवस्था को बलपूर्वक कायम रख सकती है। सामान्य जीवन में व्यवस्था कायम करने के लिए नैतिकता के आधार की अत्यन्त जरुरत होती हैं। यह जरूरत धर्म पूरी कर सकता है यदि वह नैतिकता पर आधारित हो। डॉ. आंबेडकर ने कहा है "समाज को अपनी एकता बनाये रखने के लिए या तो कानून का आश्रय लेना पड़ेगा या फिर नैतिकता का। दोनों के बिना समाज टुकड़े-टुकड़े हो जायेगा। अतः प्रत्येक समाज में अच्छे सम्बन्धों को निर्धारित करने के लिए नैतिकता पर आधारित धर्म प्रमुख होना चाहिए।"[1]

2. धर्म का दूसरा आवंश्यक पहलू यह है कि उसे वैज्ञानिक होना चाहिए। वह एक सामाजिक संदेश बने बिना सामाजिक आवश्यकता की पूर्ति नहीं कर सकेगा। धर्म यदि केवल विश्वासों का जमघट होगा या रहस्यवाद होगा तो वह मानवता को आगे बढ़ाने का दायित्व पूरा नहीं कर पायेगा। उसे पाखण्ड या व्यक्तिवाद को भी बढ़वा नहीं देना चाहिए। इसके लिए उसे वैज्ञानिक होना जरूरी है। विज्ञान में निष्पक्षता और यथार्थता पाई जाती है। अतः डॉ. आंबेडकर के शब्दों में "धर्म को यदि वास्तव में कार्य करना है तो उसे बुद्धि या तर्क पर आधारित होना चाहिए जिसका दूसरा नाम विज्ञान ही है।"

3. धर्म का तीसरा आवश्यक पहलू है– धर्म को नैतिकता के साथ स्वतंत्रता, समानता तथा भातृत्व को जीवन के मूलभूत सिद्धांतों के रूप में स्वीकार करना चाहिए। जितना अटूट संबंध धर्म और नैतिकता में है उतना ही अटूट संबंध धर्म तथा भातृत्व के बीच है। धर्म के नाम पर असमानता का व्यवहार करना दुभार्ग्यपूर्ण है। सामाजिक संस्था के रूप में धर्म में स्वतंत्रता तथा समानता के लिए उचित स्थान होना चाहिए। क्योंकि कोई धर्म जब तक इन सामाजिक सिद्धांतों को मान्यता नहीं देगा, उसका भविष्य अन्धकारमय ही बना रहेगा।

4. धर्म का चौथा आवश्यक पहलू यह है कि उसे निर्धनता का अनुमोदन नहीं करना चाहिए। निर्धनता समाज में आर्थिक असमानता की खाई को गहराती है। मार्क्स ने धर्म को अफीम कहा है इससे उनका अभिप्राय धर्म के द्वारा निर्धनता की तारीफ करना ही है। ईश्वरवादी धर्म प्रायः यही करते हैं। ईसाई धर्म में भी गरीबी का उदात्तिकरण किया गया है। गांधी ने भी इसी आधार को लेकर ईश्वर को "दरिद्रनाराण" कहा– निर्धन ईश्वर के समान है; ईश्वर निर्धनों के हृदय में रहता है। डॉ. आंबेडकर गरीबी को समाजिक बुराई मानते थे, न कि शुभ अवस्था। उनके अनुसार निर्धनता को शुभ अवस्था घोषित करना, धर्म को भ्रष्ट करने के समान है, बुराई तथा अपराध को बढ़ावा देना है और इस संसार को नर्क के समान बनाना है" इसलिए धर्म को निर्धनता का उदात्तिकरण नहीं करना चाहिए।

इसके अतिरिक्त डॉ. आंबेडकर की दृष्टि में धर्म को आवश्यक रूप से ये भी कर्त्तव्य करना चाहिए कि वह जीवन की पवित्रता बनाये रखने, जीवन में पूर्णता प्राप्त कराने, निर्वाण की ओर ले जाने, तृष्णा का त्याग करने, अनात्मवाद, अनित्यवाद तथा दुःखवाद को समझने और मानव जीवन के नैतिक संस्थान के आधारभूत कर्म-नियम की स्थापना में अपना योगदान दें।

धर्म के आवश्यक पहलुओं में उक्त बातों को दर्शाया गया है। तथापि कुछ अनावश्यक बातें भी हैं, जिन्हें धर्म के अन्तर्गत गिनाई जाती हैं। ये जो धर्म के अनावश्यक पहलू हैं वे आठ प्रकार के विश्वास हैं। डॉ. आंबेडकर ने इन पहलुओं को निम्न प्रकार से प्रस्तुत किया है– 1. पराप्राकृतिक 2. ईश्वर 3. ब्रह्मसायुज्य 4. आत्मा 5. यज्ञ 6. कल्पनाश्रय 7. धर्मग्रंथ तथा 8. अपौरुषेयता में विश्वास।

धर्म के पहलुओं की उक्त चर्चा के बाद हमें यह जानना जरूरी है कि डॉ. आंबेडकर का वैज्ञानिक धर्म जिस दर्शन पर स्थित है उसके दार्शनिक तथा सामाजिक आधार कौन से हैं? तथा उनका धर्म-दर्शन क्या है? इन्हीं बिन्दुओं पर हम यहां चर्चा करेंगे।

## 3. डॉ. आंबेडकर का धर्म-दर्शन

दर्शन कोई भी हो जितना वह वास्तविक मानवीय समस्याओं के ऊपर होता है उतना ही वह समाज के लिए निरुपयोगी सिद्ध होता है। डॉ. आंबेडकर की विचारधारा में ऐसे दर्शन का न कोई स्थान था न कोई मूल्य। वे एक व्यवहारवादी तत्ववेत्ता थे। उनके दर्शन और धर्म के आधार हमेशा जीवन और

समाज के यथार्थ तथ्य रहे हैं। उन्होंने धर्म की जितनी यथार्थ व्याख्या की उतनी ही वैज्ञानिक उनकी दाशीनिक दृष्टि रही है। इसलिए वह धर्म से बढ़कर सद्धम्म की संकल्पना प्रस्तुत करते हैं जो कि उनका एक धर्म दर्शन ही प्रतीत होता है। तथा उस धम्म दर्शन के सबल आधार वे जीवन के कठोर तथ्यों में ही ढूंढते है। इस प्रकार उनके धर्म दर्शन की सामाजिक उपयोगिता के मान से ग्यारह दिशाएं है जो निम्न प्रकार हैं:–

1. मन के मैल को दूर कर उसे निर्मल बनाना।
2. संसार को 'धर्म राज्य' बनाना।
3. सभी के लिए ज्ञान के द्वार खोल देना।
4. स्वयं अंधा होकर दूसरों को मशाल दिखाने जैसा पण्डिताऊपन न करना।
5. प्रज्ञावान बनना अर्थात् जन हित की दृष्टि रखना तथा इसी जीवन में सुख-विहार करना।
6. शीलवान बनना ताकि उसके हाथ की प्रज्ञा खतरे में पड़े आदमी की रक्षा कर सके।
7. प्रज्ञा तथा शील के साथ कारुणिक भी होना जिससे दरिद्रों, अनाथों और बूढ़ों की सहायता हो सके तथा दूसरों को ऐसा करने की प्रेरणा मिल सके।
8. प्रज्ञा, शील, करुणा से भी आगे बढ़कर कल्याण मित्र बनना ताकि समाज में प्राणिमात्र के लिए मैत्री भावना की जा सके।
9. समानता के ऊंचे आदर्श को जीवन में अपनाना सद् धर्म या धम्म-दर्शन है।
10. आदमी का मूल्यांकन उसके जन्म से नहीं बल्कि उसके कर्म से करना।
11. विभिन्न मनुष्यों में समानता लाने के लिए जीवन में न्याय की स्थापना करना।

उपरोक्त आठवीं दिशा में डॉ. आंबेडकर ने प्रज्ञा, शील, करुणा तथा मैत्री पर बल दिया है। यह उनके दर्शन का केन्द्र बिन्दु है। ये मूल्य उन्होंने तथागत बुद्ध से ग्रहण किए हैं। तथागत बुद्ध ने दुनिया के दर्शनों में स्वर्णिम मानवतावादी दर्शन को खोजा था। आंबेडकर मानव समाजवादी दार्शनिक के रूप में तथागत के आधुनिक युग के उत्तराधिकारी हैं। उनके दर्शन को धर्म दर्शन इसी अर्थ में कहा जाना चाहिए जिस अर्थ में दर्शन तथा विज्ञान दोनों के सामंजस्य से समाज

के लिए आविष्कारक चिंतन अर्थात् दर्शन-विज्ञान को समझा जाता है। जो दर्शन विज्ञान का साथ कायम रखता है वह समाज के लिए सार्थक तथा अविस्मरणीय सिद्ध होता है।

5000-3000 ई.पू. में मानवीय दिमाग ने अपनी भव्य दार्शनिक उड़ान से खेती, नहर, सौर-पंचाग आदि-आदि। कितने ही अत्यन्त महत्वपूर्ण तथा समाज की कायापलट करने वाले आविष्कार किए। समाज उन्हें भूल नहीं सकता। 3000-2600 ई.पू. के समय मानव-जाति ने अपने बौद्धिक अपकर्ष के कारण बहुत कम नए आविष्कार किए। समाज उसे याद नहीं करता। दर्शन का सुवर्णयुग 700 ई.पू. से 300 ई.पू. तक रहा जब भारत में उपनिषद से लेकर बुद्ध तक और यूरोप में थेल्स से लेकर अरस्तू तक के दर्शनों का जन्म हुआ जो एक बहुमुखीन प्रगति की उपज है जिसे कोई भुलाये भूल नहीं सकता।

यह भी एक ऐतिहासिक तथ्य है कि धर्म के सम्प्रदायवादी संकुचित विचार-सरणी के रूप में दर्शन ने जब उसका साथ छोड़ा तथा विज्ञान का पल्लू पकड़ा तब उसने अपनी शक्ति दिखाना फिर शुरु किया। 400 ई.पू. में जब हिन्दु दर्शन थक जाता है तब ई.पू. 300 तक यूनानी दर्शन आगे बढ़ता रहता है। उसी दौरान जब यूरोपीय दर्शन पर अंधेरा छा जाता है तब 900-1200 ई. में दर्शन की मशाल इस्लामिक दार्शनिकों के हाथ में जलती रहती है। जहां एक ओर आधुनिक यूरोप में 1600 ई. में. सांप्रदायिक धर्म से अपने को छुड़ाकर वहां की दर्शन परम्परा अपने दर्शन के प्रदीप को जलाने में सफल होती है वहां दूसरी तरफ भारतीय दर्शन परंपरा ईसा की पहली शाताब्दि तक राख की ढेर में चिंगारी बनी पड़ी रहती है तथा ईसा की प्रथम से छठी शताब्दी तक वह बौद्ध दार्शनिकों के रूप में प्रकाशमान होती है। परन्तु उसके बाद भारत में एक के बाद एक धार्मिक सम्प्रदाय उभरते रहे और यहां के दर्शन धर्म की ही ऐसी तूती बोलने लगी कि वे अपनी सुध-बुध ही खो बैठे। राहुल सांकृत्यायन के शब्दों में "नवीं से बारहवीं सदी तक भारतीय दर्शन इस्लामिक दर्शन का समकालीन ही नहीं समकक्ष रहता है, किन्तु उसके बाद वह ऐसी चिर समाधि लेता है, कि आज तक भी उसकी समाधि खुली नहीं है। इस्लामिक दर्शन के अवसान के बाद यूरोपीय दर्शन की भी यही हालत हुई होती, यदि उसने सोलहवीं सदी में धर्म से अपने को मुक्त न किया होता।"[2]

भारत अपनी चिर निद्रा से उठकर पुनर्जागरण के नये दार्शनिक प्रकाश में कदम रख सकता है यदि वह डॉ. आंबेडकर के दर्शन के अनुसार धर्म तथा विज्ञान के बीच सामंजस्य पैदा करें। और वह अपनी दृष्टि को प्रज्ञा, करुणा,

नैतिकता तथा मैत्री से अभिभूत कर आंबेडकर के समान दार्शनिक तथा वैज्ञानिक, व्यावहारिक एवं उपयोगितावादी, सामाजिक एवं नैतिक, निश्चित एवं गतिशील और व्यक्तिवादी तथा समाजवादी दृष्टि के अर्थ में धार्मिक बनायें।

आवश्यकता आविष्कार की जननी होती है। अतः सामाजिक आवश्यकता ही धर्म नामक सामाजिक संस्था को जन्म देती है। इसका दर्शन यदि कोई है तो वह धम्म है जो मजहब से भिन्न है।

डॉ. आंबेडकर का धार्मिक दर्शन धर्म को मजहब से भिन्न इसलिए करता है, क्योंकि उसके अनुसार मजहब ईश्वर में विश्वास, आत्मा में विश्वास, ईश्वर की पूजा, आत्मा का सुधार, प्रार्थना आदि करके ईश्वर को प्रसन्न रखना प्रतिपादित करता है। इस प्रकार मजहब एक व्यक्तिगत चीज है। धर्म एक सामाजिक वस्तु है। ईश्वर और आत्मा की जगह प्रज्ञा तथा करुणा धर्म के दो तत्व हैं। एक तत्व मिथ्या विश्वासों का विनाश करने के लिए है और दूसरा तत्व है सामाजिक जीवन को सार्थक बनाकर जीने के लिए। मजहब का उद्देश्य सृष्टि के आरंभ का पता लगाना है जबकि धर्म का उद्देश्य संसार का पुनर्निमाण करना।

नीति या सदाचार के लिए आदमी को स्वतंत्रता चाहिए। स्वतंत्र होने से आदमी अपने किए का स्वयं जिम्मेदार होता है। धर्म में ऐसी स्वतंत्रता होती है जो मजहब में नहीं होती। मजहब में नैतिकता का स्थान आकस्मिक या नहीं के बराबर है, धर्म में नैतिकता उसका अविभाज्य अंग है। मजहब के अनुसार आदमी ईश्वर को प्रसन्न करने के लिए नैतिक बनता है। परन्तु धर्म के अनुसार आदमी को अपने भले के लिए ही यह आवश्यक है कि वह आदमी से मैत्री करे।

इस प्रकार डॉ. आंबेडकर के धम्म-दर्शन में बुद्ध द्वारा उपदिष्ट करुणा, मैत्री, मुदिता तथा उपेक्षा इन असीम भावनाओं का अन्तर्राष्ट्रीय समाजिक जीवन को सुसंस्कृत बनाने के लिए अत्यंत महत्वपूर्ण स्थान है।

प्रश्न यह है कि क्या ऐसे ही मानवतावादी आधार और दार्शनिक एवं वैज्ञानिक तत्व संसार के धार्मिक चिंतन में खोजे जा सकते हैं तथा उनका परिशीलन कर बौद्ध धर्म की सांस्कृतिक श्रेष्ठता का दावा प्रमाणित किया जा सकता है जिसके कारण डॉ. आंबेडकर ने 14 अक्टूबर 1956 को अपने लाखों अनुयायियों के साथ बौद्ध धर्म को अंगिकार किया तथा उसे एक सर्वश्रेष्ठ मानवतावादी धर्म घोषित किया। इस बिन्दु पर हम अगले चरण में विचार करते हैं।

## 4. दर्शन के आधार पर डॉ. आंबेडकर द्वारा धम्म-ग्रहण

डॉ. आंबेडकर की दृष्टि में धम्म के अर्थ को ऊपर समझाया है। वह धम्म मजहब से भिन्न है यह भी वहां देखा है। अब दर्शन के मान पर मजहबी और धम्मिक दृष्टियों का यहां मूल्यांकन करना चाहिए।

दर्शन का मतलब है दृष्टियों का तथ्यात्मक परीक्षण करने का वैज्ञानिक साधन। हम किसी भी दावे को तब तक सच नहीं मान सकते हैं जब तक वह बौद्धिक परीक्षण में और यथार्थ घटनाओं में खरा नहीं उतरता।

धर्मवचनों की परीक्षा भी इसी मान पर कर सकते हैं। धार्मिक महापुरुषों के कथन तथा वास्तविक तथ्य इनकी संगति तथा धर्म का प्रयोग व उसका निष्पादन कैसे और क्या है इस आधार पर हम प्रत्येक धर्म का मूल्यांकन शास्त्रीय ढंग से कर सकते हैं। परीक्षण का यह मानक वास्तविक होना चाहिए। इसके लिए हमें पाश्चात्य दर्शन का आश्रय मिल सकता है। क्योंकि उस दर्शन ने विज्ञान का अनुगमन कर इस मानक को विश्वसनीय तथा सुसंगत बनाया है।

पाश्चात्य दर्शन का मानक कतिपय दार्शनिकों और उनके चिंतन धाराओं की निरंतरता से पुष्ट हुआ है। उसकी दार्शनिक शृंखला यूनानी दार्शनिक थेल (ई.पू. 640-550) से अन्द्रानिकुस (ई.पू. 86) तक की आरंभिक कड़ी से लेकर फिलो यूदियों (ई.स. 25) से देमासियुस (ई.स. 549) तक के नव-अफलातूनी दार्शनिकों में से गुजर कर मुहम्मद पैगंबर (ई.स. 590-622) से इब्न मैमून (इ.स. 1135-1208) तक के इस्लामिक दर्शनों के सहारे राजर बैकन (इ.स. 1214-94) से ल्योनार्दो-दा-विन्ची (इ.स. 1453) तक के मध्यकाल से होते हुए बेकन (इ.स. 1561-1626) से बर्ट्रांड रसेल (इ.स. 1872) तक के आधुनिक काल तक अखण्डित है। पाश्चत्य दर्शन के इस अखण्डता का रहस्य उसकी समाज के लिए उपयोगी आविष्कारक कृतिशीलता है जिसे विश्व ने अपने दिमाग में स्थायी रूप से अंकित कर दिया है। इस प्रकार ईसा पूर्व सातवीं शताब्दी से ईसवीं सन् 1900 तक के छब्बीस शताब्दियों में पाश्चात्य दर्शन का योगदान बेमिसाल है। इनमें से छः से बारहवीं शताब्दी तक के छह शताब्दियों के योगदान को जो इस्लामिक दर्शन के श्रेय में जाता है, घटा भी दिया जाए तो बीस शताब्दियों का पाश्चात्य दर्शन का योग भी कम बेमिसाल नहीं है।

उपर्युक्त महान दार्शनिकों के कृतित्व के साथ हम समकालीन भारतीय तथा इस्लामिक दार्शनिकों के स्थिति का तुलनात्मक मूल्यांकन करें तो हमें दिखाई देगा कि बौद्ध दार्शनिक चिंतन पाश्चात्य दर्शन के मान पर एकदम खरा और उपयुक्त उतरता है।

यह सत्य है कि पश्चिमी यूनानी दार्शनिक के लगभग 400 वर्ष पहले ई.पू. 1000 से ई.पू. 600 तक भारतीय मनीषियों ने गंभीर चिंतन की आधार शिला रखी। उन मनीषियों में ये नाम उल्लेखनीय हैः वामदेव (ई.पू. 1000) प्रवाहण जैवलि (ई.पू. 700), उद्दालक आरुणि (ई.पू. 700), याज्ञवल्क्य (ई. पू. 650) तथा चार्वाक (ई.पू. 600)। इन मनीषियों के चिंतन की तत्कालीन परिस्थितियों के सापेक्ष क्या फलश्रुति रही हैं?

वैदिक काल (1500-1000 ई.पू.) में जहां समाज में पितृसत्तात्मक व्यवस्था तथा सामन्तवाद की विषमताएं मौजूद रही वहां दूसरी ओर वैदिक ऋषियों के मन में भय, देवता, धर्म इस प्रकार की स्वप्न कल्पना चल रही सी प्रतीत होती है। वहां कृषि, पशुपालन, मांसाहार, मांस का सूप पेय, सोमरस-पान, ताम्रकार, रथकार, उनके सूत कातने जैसे उद्योग, सामन्त, शासक ब्राह्मण पुरोहित जैसे शोषक तथा शेष शासित शोषित वर्ग तत्कालीन समाज में दिखाई देते हैं तथा मानसिक विश्व में ईश्वर, आत्मादि विश्वास भी प्रचलित रहें परन्तु दर्शन के रूप में उस समय की मानसिकता अभी अपरिपक्व थी। वहां न कोई विषमताओं के प्रति आक्रोश था न उसका दार्शनिक समाधान ही प्रस्तुत किया गया था।

राहुल सांकृत्यायन ने ठीक ही कहा है कि "यद्यपि एक से देश या काल में मानव प्रगति की समानता का कोई नियम नहीं है, तो भी यहां कुछ बातों में हिन्दी-यूरोपीय जातीय दोनों शाखाओं-यूनानियों और हिन्दियों को हम दर्शन क्षेत्र में एक समय प्रगति करते देख रहे हैं, यद्यपि यह प्रगति आगे विषम गति पकड़ लेती है। हां, एक विशेषता जरूर है, कि समय बीतने के साथ हिन्दी आर्यों की सामाजिक प्रगति रुक गई, जिससे उनके समाज शरीर को सुखंडी मार गई। इसका यदि कोई महत्व है तो यही कि उनका समाज जीवित 'फोसील' बन गया, आज वह चार हजार वर्ष तक की पुरानी बेवकूफियों का एक अच्छा म्युजियम है, जबकि यूनानी समाज परिस्थिति के अनुसार बदलता रहा... आज यहाँ नव्य शिक्षित भारतीय भी वेद और उपनिषद् के ऋषियों को ही अनन्त काल तक के लिए दार्शनिक तत्वों को सोचकर पहले से रख देने वाला समझते हैं, वहां आधुनिक यूरोपीय विद्वान अफलातूंन और अरस्तू को दर्शन की प्रथम और महत्वपूर्ण ईंटें रखने वाले समझते हुए भी, आज की दर्शन विचार धारा के सामने उनकी विचार धारा को आरंभिक ही समझता है।"[3]

इसीलिए डॉ. आंबेडकर ने भी यहां के सुशिक्षित विद्यार्थियों को चेतावनी दी कि "एक हाथ में भारतीय संविधान और दूसरे हाथ में "मनुस्मृति" लेकर

न्याय की तलाश करना बेकार सिद्ध होगा। समानता पाने के लिए असमानता के तत्व पर आधारित रचना मनुस्मृति को छोड़ना ही पड़ेगा।''

यदि वैदिक-उपनिषद् के काल में वास्तविक ठोस जीवन के दुःख के प्रति ऋषियों-कवियों ने प्रतिवाद नहीं किया या नहीं कर सके तो क्या बुद्ध कालीन सामाजिक-आर्थिक तथा धार्मिक विसंगतियों के प्रति ऐसा ही उपेक्षा भाव रहा है? उत्तर है नहीं। क्योंकि जिस समय भारत में उपनिषद् के दार्शनिक विचार तैयार हो रहे थे, उसी वक्त उससे उल्टी दिशा की ओर जाती दूसरी विचार-धाराएं भी चल रही थीं। सयुग्वा रैक्व जैसे वैदिक परम्परा से अपना संबंध बनाये रखना चाहने वाले विचारकों के अतिरिक्त ऐसे भी विचारक थे, जो वैदिक परम्परा से अपने को बंधा नहीं समझते थे, और जीवन तथा विश्व की पहेलियां को वैदिक परम्परा से बाहर जाकर हल करना चाहते थे।

वैदिक काल में भारतीय आर्यों का प्रारंभिक समाज पितृ सत्तात्मक व्यवस्था से चल रहा था। अब वह सामन्तवाद की ओर बढ़ा। इसी समय उसकी दो शाखाएं हुईं, एक तो वह जिसने कुरु पंचाल (मेरठ-रुहेलखण्ड) और आस-पास के प्रदेशों में जा राजसत्ता कायम की, दूसरी वह जिसने कि पंजाब में तथा मल्ल-वज्जी (युक्तप्रांत, बिहार की सीमाओं) में अपने सामन्तवादी प्रजातंत्र कायम किए। इसके अतिरिक्त सिन्धु उपत्यका और दूसरे भू-भागों में पहले से मसोपोटामिया की सभ्यता तथा संस्कृति के उत्तराधिकारी के रूप में बसे अनार्यों के भी अपने सामन्तवादी तथा राजतांत्रिक विचार थे।

इस प्रकार बुद्धकालीन भारत में जो वैदिक (ब्राह्मण), अवैदिक (व्रात्य) तथा अनार्य वर्ग थे उनमें से ब्राह्मणों की तथा स्वतंत्र विचार वाले व्रात्यों की अपनी-अपनी राजनैतिक शासन प्रणालियां जनपद या गणतंत्र के रूप में भिन्न-भिन्न जनपदों में प्रचलित थी। अनार्यों का समावेश दोनों पद्धतियों में हुआ था। आर्यों और अनार्यों के विचार समन्वय बुद्धोत्तर कालीन अथर्ववेद में प्रथम बार करने का प्रयास हुआ है। तथापि तत्कालीन वैदिक दर्शन प्रणाली ने सामाजिक भेद को मिटाने के अत्यल्प प्रयास किए। परन्तु अवैदिक दर्शन का इस दिशा में प्रयत्न उल्लेखनीय है।

इस युग के स्वतंत्र विचारकों में चार्वाक तथा कपिल, और बुद्ध तथा उनके समकालीन एवं बुद्धोत्तर दार्शनिकों का स्थान महत्वपूर्ण है।

''चार्वाक'' यह मत संस्थापक व्यक्ति का नाम नहीं है बल्कि यह परलोक, पुनर्जन्म, देववाद को इन्कार करने वालों के लिए गाली के तौर पर

इस्तेमाल किया गया एक शब्द है। प्राचीन चार्वाक सिद्धांत ये थे– ईश्वर नहीं, आत्मा नहीं, पुनर्जन्म और परलोक नहीं। जीवन के भोग त्याज्य नहीं, ग्राहय हैं। अनुभव और बुद्धि को हमें सत्य के अन्वेषण के लिए अपना मार्गदर्शक बनाना चाहिए।

जिस प्रकार अचेतन प्रकृति के राज्य में गति शांत एकरस प्रवाह की तरह नहीं, बल्कि रह-रहकर गिरते जल-प्रपात या मेंढक कुदान की भांति होती है। यही बात मानव संस्कृति, वैज्ञानिक आविष्कारों और सामाजिक प्रगति के बारे में तथा दर्शन क्षेत्र में भी लागू होती है। क्योंकि यहां भी कुछ समय तक प्रगति तीव्र होती है, फिर प्रवाह रुंध जाता है, उसके बाद एकत्रित होती शक्ति एक बार फिर फूट निकलती दिख पड़ती है। यूरोप में ईसा पूर्व छठी से चौथी शताब्दी तक दार्शनिक प्रगति तीव्र रही, उसके बाद वह तेरहवीं सदी तक रुंध गई तथा सत्रहवीं सदी में फिर एक बार वह फूट निकली। भारत में भी यही क्रम दिख पड़ता है।

ई.पू. पन्द्रहवीं से तेरहवीं सदी में जहां भारद्वाज, वशिष्ठ, विश्वामित्र जैसे प्रतिभाशाली वैदिक कवि समय मानस पर छाये रहे। उसके बाद ई.पू. सात सदियों तक कर्म कांडी जंगल की मानसिक निद्रा में यहां का दर्शन पड़ा रहा। आगे की ई.पू. की तीन सदियों में वह प्रतिभा फिर जाग उठी। फिर सात सौ वर्षों तक निष्क्रियता का दौर रहा और ईसा की दूसरी सदी में बौद्ध दार्शनिक नागार्जुन के दर्शन के रूप में क्रियाशीलता तीव्रता से प्रस्फुटित हुई। ईसा की छठवीं शताब्दि तक प्रतिभा का प्रभाव प्रखर होता गया जिसकी कुछ किरणें आठवीं तथा बारहवीं सदी में भी दिख पड़ती हैं। तब से यह प्रतिभा जो लुप्त हुई तो बीसवीं सदी के तेजपुंज डॉ. आंबेडकर के माध्यम से चमकने लगी। यहां हमें इस बात पर गौर करना है कि बुद्ध के दार्शनिक विचार न केवल तत्कालीन दुःख के सार्थक उपाय रहें बल्कि वे अन्य समकालीन तथा पीछे के विचारों की अपेक्षा श्रेष्ठतर तथा अनोखे रहे हैं। इसकी प्रतीति इस तथ्य से भी होती है कि जहां एक ओर उनके समकालीन प्रख्यात स्वतंत्र विचारक शोषक वर्ग के अधिशासित सांप्रदायिक धर्मों के खिलाफ आवाज उठा रहे थे वहीं दूसरी तरफ बुद्ध तथा उनके उत्तराधिकारी दार्शनिकों ने सबसे अनोखे और चिरस्थायी दर्शन की बुनियाद डाली।

अजित केशकम्बल, तथा मक्खलि गोशाल भौतिकवादी विचारक थे। पूर्णकाश्यप तथा प्रकुधकात्यायन नित्यतावादी रहे। संजय बेलट्ठिपुत्त, निगंठ नातपुत्त, अनिश्चितवाद के प्रवर्तक थे। ये सभी उस समय के सभ्य समाज में

बहुत सम्मान्य लोग थे। लेकिन सबमें गौतम बुद्ध अपने "अभौतिक क्षणिक अनात्मवादी" दर्शन के कारण न केवल अद्वितीय बल्कि असामान्य और अनोखे व्यक्तित्व रहे।

सांकृत्यायन के शब्दों में "दो सदियों तक के भारतीय दार्शनिक दिमागों के जबरर्दस्त प्रयास का अंतिम फल हमें बुद्ध के दर्शन क्षणिक अनात्मवाद के रूप में मिलता है। भारतीय दर्शन धाराओं में जिसने काफी समय तक नई गवेषणाओं को जारी रहने दिया, वह यही धारा थी। नागार्जुन, असंग, वसुबंधु, दिङ्नाग, धर्मकीर्ति भारत के अप्रतिम दार्शनिक इसी धारा में पैदा हुए थे। उन्हीं के ही उच्छिष्ट भोजी पीछे के प्रायः सारे ही दूसरे भारतीय दार्शनिक दिखलाई पड़ते हैं।"[14]

बौद्ध धर्म के चार दार्शनिक संप्रदायों के चार विभिन्न मत माध्यमिकवाद (मध्यम प्रतिपदा या शून्यवाद), विज्ञानवाद, सौत्रान्तिकवाद तथा वैभाषिकवाद है। बौद्ध समाज प्रजातंत्र तथा मतभिन्नता के आदिम से आधुनिक काल तक का हामी रहा है। उनमें वैचारिक कलह जैसी बात नहीं है। यदि बौद्ध संस्कार मौर्य या गुप्त शासन काल में भारत ने अपनाया तो वे उसके स्वर्णयुग के ऐतिहासिक शासनकाल रहे हैं।

मध्ययुगीन काल में पूर्व में भारत पर जिस इस्लामिक कबीलेशाही तथा सामन्तवाद ने कब्जा कर उसके प्राचीन गणतंत्र के ढांचे को दबाने में हिन्दू जातिवाद की मदद की वही इस्लामिक साम्राज्य पश्चिम में स्पेन तथा यूरोप में यूनानी दर्शन को वहां के स्वतंत्र विचारकों के हाथ में सौंपकर स्वयं वहां से लुप्त हुआ। यहूदी, ईसाई तथा अरबी कौमों में अत्यधिक मजहबी युद्ध हुए। इसी धार्मिक संकीर्णता से छूटने पर पश्चिम के राष्ट्र वैज्ञानिक आविष्कार, सामाजिक परिवर्तन तथा दार्शनिक शास्त्र का समुचित उपयोग कर सके इस तथ्य से डॉ. आंबेडकर भी सुपरिचित थे। अतः डॉ. आंबेडकर ने अपने समय के सभी धर्मों, दर्शनों तथा समाज विज्ञानों का सूक्ष्म अध्ययन किया। भारत के प्राचीन गणतंत्र और बुद्ध के स्वतंत्र विचार से आधुनिक हिन्दू समाज को वक्त के साथ बदलने के लिए उन्होंने पाश्चात्य पुनर्जागरण के हथियार को भारतीय विद्यागार में ढूंढ कर उसे वर्तमान सार्वभौम धर्मनिरपेक्ष समाजवादी प्रजातंत्रात्मक गणराज्य के संविधान के रूप में प्रस्तुत किया।

वे बौद्ध धर्म को एक प्रकार से धर्म निरपेक्ष-धर्म मानते थे। ऐसे धर्म को उन्होंने "धम्म" की संज्ञा देकर उसे मजहब से पृथक माना है। वे मार्क्स के "अफीम" शब्द में शायद सभी साम्प्रदायिक मजहबी बातों के सिवाय और

किसी "धर्म" को रखना अनुचित समझते थे। उन्होंने भारत के अध:पतन का कारण यहां के ही देशद्रोही, बुद्धद्रोही समाज कंटकों को माना है। दार्शनिक धार्मिक विचारों में भी यहां बेईमानी के उदाहरण मिलते हैं। शंकर ने बौद्ध दर्शन के विचार से ही अपना ब्रह्मवाद खड़ा किया था लेकिन वेदांत के आचार्यों ने एवं राधाकृष्णन जैसे दार्शनिकों ने भी उसके प्रति अपनी कृतज्ञता ज्ञापित नहीं की। खैर परांकुशदास व्यास ने अपने "श्रुतप्रकाशिका" नामक टीका में कहा है कि:–

वेदोऽनृतो बुद्ध कृतागमो ऽनृतः
प्रामाण्यमेतस्य च तस्य चानृतम्।
बोद्धाऽनृतो बुद्धिफले तथाऽनृते,
यूयं च बौद्धश्च समानसंसदः॥

अर्थात् शंकरानुयायियों! तुम्हारे लिए वेद परमार्थतः अनृत (असत) है, वैसे ही शून्यवादी बौद्धों के लिए (बुद्ध के लिए) उपदेश अनृत है; तुम्हारे लिए इस वेद का और उनके लिए इस बुद्ध–आगम का प्रमाण होना गलत है। तुम दोनों के लिए बौद्धा (ज्ञाता, जीव) अनृत है, उसी तरह बुद्धि (ज्ञान) और उसका फल (मुक्ति) भी अनृत है; इस प्रकार तुम और बौद्ध एक ही भाई –बिरादर हो।[5]

शासकों में भी सहिष्णुता के बजाय प्रखर द्वेष अधिक मात्रा में था। उसे धार्मिक संकीर्णता हवा दे रही थी। बौद्धों के कत्ल करने के लिए यहां इनाम तक वितरित हुए।

अत: डॉ. आंबेडकर इस दूषित वातावरण को शुद्ध करना चाहते थे। इसके लिए उन्होंने सामाजिक सत्याग्रह किए। इब वह धार्मिक क्रांति करना चाहते थे। दर्शन के आधार पर अनेक वर्षों तक कई धर्मों का अन्वेषण कर अन्त में उन्होंने बौद्ध धर्म स्वीकार किया। अन्य धर्मों की समालोचना कर उन्होंने बताया कि समाजिक विकास के लिए एक साधन के रूप में बौद्ध धर्म सर्वश्रेष्ठ क्यों है।

येवला कान्फ्रेन्स में सन् 1935 में उन्होंने हिन्दू धर्म को त्यागने की घोषणा की तथा सन् 1956 में नागपुर में 14 अक्टूबर 1956 को अपने पांच लाख अनुयायियों के साथ बौद्ध धर्म को अंगीकार किया। इस प्रकार 21 वर्षों तक डॉ. आंबेडकर ने अपने जीवन में अन्य धर्मों का अध्ययन कर उन्हें बौद्ध धर्म के साथ परखा और जिस धर्म को उन्होंने नकारा उसके बुद्धिसंगत तर्क दिए तथा जिसे उन्होंने अंगीकार किया उसके भी बौद्धिक कारण बताये। ये तर्क निम्न प्रकार हैं:–

## इस्लाम

भारतीय मुसलमान तुर्क के कमाल पाशा की भांति विकासोन्मुख नहीं है।[6] मुस्लिम महिलाओं को बहुपत्नी और रखेल की यातनाओं का शिकार बनना पड़ता है। इस्लाम में दासता से छुटकारा पाने का कोई रास्ता नहीं है। भारतीय प्रांतों से प्राप्त जनगणना रिपोर्ट से पता चला है कि मुसलमान जातिगत भेद को केवल मानते ही नहीं बल्कि अस्पृश्यता का भी पालन करते हैं, जिनसे हिन्दू समाज भी ग्रस्त है। इसके अलावा मुसलमानों में औरतों के लिए पर्दा प्रणाली की सख्ती भी है। भारत के मुसलमानों में कोई ऐसा संगठित आंदोलन नहीं जो पर्याप्त मात्रा में सामाजिक दोषों के निर्मूलन का कार्य कर रहा हो। डॉ. आंबेडकर ने अपने "भारत का विभाजन अथवा पाकिस्तान" नामक ग्रंथ में[7] में लिखा है, "ए स्पिरिट ऑफ इन्टॉलरन्स फॉर इटस् सिविरिटी एण्ड इट्स वायलन्स, द सप्रेशन ऑफ ऑल रॅशनल थिंकिग विच इज इनकन्सिस्टन्ट विद् द टिचिंग ऑफ इस्लाम इज अन्नोन एनिव्हेअर आऊटसाईड द मुस्लिम वर्ल्ड।"

डॉ. आंबेडकर ने ईसाई धर्म के प्रति निम्न तर्क दिए।

## ईसाइयत

डॉ. आंबेडकर ने बाईबल पढ़ा था, स्वयं को मोजेस के साथ पहचाना जिसने अपने लोगों को दासता के बाहर निकाला था। बुद्ध तथा ख्रिस्त के व्यक्तित्वों ने उन्हें आकर्षित किया था। तथापि ईसाई लोगों के बारे में उनका अवलोकन था कि दक्षिण भारतीय ईसाई लोग गिरजाघरों में जातिभेद को मानते हैं। राजनीतिक पिछड़ेपन से वे ग्रस्त हैं। और स्वयं ईसाई अनुयायियों ने सामाजिक अन्याय को नष्ट करने के लिए कभी संघर्ष नहीं किया। यदि अछूत या दलित लड़के क्रिश्चयन बनते हैं तो उन्हें शिष्यवृत्ति से भी हाथ धोना पड़ता है।

डॉ. आंबेडकर ने सिक्ख धर्म के प्रति ये तर्क दिए हैं।

## सिक्ख

सम्राट अशोक (इ.पू. 300) की भांति डाक्टर आंबेडकर सैनिक मानसिकता पर आधारित धर्म को अस्वीकार करते रहे। अतः उन्होंने सिक्ख धर्म का भी त्याग किया। हालांकि वह उसके आरंभिक दिनों में प्रशंसक रहे क्योंकि दलित वर्गों से ब्रिटिशों ने सैनिक सेवा छीन ली थी और सिक्ख धर्म के जरिये उन्हें यह सेवा फिर से मिलने की संभावना थी।

इसके अलावा दलित वर्गों के लोग सिक्ख धर्म आपनाने से हिन्दू संस्कृति के भीतर ही आ सकते थे। यदि उसे पर्याय के रूप में डॉ. आंबेडकर मानते थे तो उसकी वजह इतनी ही थी कि वह हिन्दूओं के भाग्य के प्रति अपनी कुछ जिम्मेदारी का भी एहसास करते थे। सिक्ख धर्म अपनाने से अछूत हिन्दू तो रहते मगर इस्लाम और ईसाई धर्म अपनाने से वे गैर-हिन्दू ही नहीं बल्कि सांस्कृतिक रूप से भी पृथक हो जाते। उनका गैर-भारतीय नागरीकरण हो जाता। इससे मुसलमानों की जनसंख्या दुगुनी बढ़ती और उनका आधिपत्य वास्तव में बढ़ जाता। उसी प्रकार इससे ईसाईयों की संख्या बढ़ जाती है और देश पर ब्रिटेन का वर्चस्व कायम रहता। इन्हीं कारणों से डॉ. आंबेडकर ने दलितों को धर्मान्तर के बारे में सिक्ख धर्म अंगीकार करने हेतु प्रोत्साहन नहीं दिया।

डॉ. आंबेडकर ने हिन्दू और जैन धर्म के बारे में यह कहा है।

## हिन्दू और जैन

हिन्दू धर्म की बुराइयों एवं कुरीतियों से तो डॉ. आंबेडकर पहले से ही त्रस्त थे। हिन्दू धर्म के बारे में डॉ. आंबेडकर स्वयं से ही यह प्रश्न करते हैं कि "क्या मैं हिन्दू बन सकता हूं?" तथा उन्हें इस प्रश्न पर अपने दिल की तह से जो परम उत्तर मिलता है वह है "बिलकुल नहीं।" इसका कारण केवल एक है। वह यह है कि हिन्दू धर्म असमानता का घर है, इतना हीं नहीं, बल्कि उसका अधिकृत सिद्धांत है... क्रमिक असमानता, जनता का दास्यत्व एवं ब्राह्मणों का शक्तिमानों के रूप में पूजन तथा हिन्दू समाज में महिला एवं पुरुष की प्रतिष्ठा का नकार।

हालांकि जैन धर्म बुद्ध धर्म का समकालीन एवं ज्येष्ठ धर्म था। उसे श्रमण संस्कृति के रूप में श्रमण गौतम के दार्शनिक अनात्मवाद के निकट रहना अपेक्षित था। किन्तु आरंभ से ही आत्मवाद पर आधारित इस धर्म ने आत्मपीड़न को धर्म के रूप में प्रतिष्ठित कर अपने तत्वों को अव्यवहार्य बना दिया था। डा. आंबेडकर ने जैन धर्म के बारे में इतना ही बताया है कि वह अत्यंत अव्यवहार्य है। "अहिंसा परमो धर्म" की जैन शिक्षा अति उच्च कोटी की है एवं उपयोग की सीमा लांघ चुकी है। इसलिए डॉ. आंबेडकर को इस धर्म के प्रति भी कोई रुचि नहीं थी।

तो क्या डॉ. आंबेडकर धर्म को अफीम मानने वाले मार्क्सवाद को पसंद करते थे? बिल्कुल नहीं। जिस प्रकार भगवान बुद्ध अपने समकालीन धर्माचार्यों की तरह नित्यता या आत्मा के विपरीत अनित्यता या अनात्मा के दर्शन को मानने

वाले होने पर भी चार्वाक की भांति भौतिकवादी या जड़वादी नहीं रहे उसी प्रकार डॉ. आंबेडकर धर्म को समाज में परिवर्तन के लिए एक साधन के रूप में मानने वाले होने के कारण बौद्ध धर्म के परिवर्तनवाद के प्रेमी रहे हैं एवं भौतिकवादी साम्यवादी मार्क्स के विचारों से भी उक्त बिन्दु पर असहमत रहे हैं।

## साम्यवाद

डॉ. आंबेडकर साम्यवाद के विरोधी रहे, क्योंकि वे संसदीय प्रजातांत्रिक पद्धति के प्रेमी थे। और इस कारण वे हिंसा के विरुद्ध थे। वे जानते थे कि सामाजिक और मानवीय पुनर्निर्माण का आधार धर्म है, जिसकी जरूरत भारतीय समाज और धर्म में उपेक्षित और पददलित वर्ग के लिए समय की मांग है। इसे साम्यवाद कभी पूरा नहीं कर सकता।

मार्क्स के अनुसार सभी धर्म "सताये हुए लोगों का विलाप", "गूंगी" तथा "गरीबी की गौरवगाथा" है। हालांकि डॉ. आंबेडकर ने गरीबी का उदात्तिकरण करने वाले धर्म को बहुत गलत तथा नारकीय धर्म कहा है तथापि वे ऐसे तत्व से मुक्त धर्म में आस्था रखते थे। परन्तु मार्क्सवाद शोषण के निर्मूलन की एक क्रूर पद्धति है और वे परिवर्तन की एक शांतिमय पद्धति में विश्वास रखते थे। मार्क्सवाद न धर्म है, न ही पवित्र मानी गई वैचारिकी। डॉ. आंबेडकर का कहना है... "जहां तक समस्या का संबंध है, मार्क्स और मार्क्सवादी विश्लेषण सम्यक है परन्तु उसकी पद्धति विरोधी तत्वों का खात्मा कर देने की है। उसे वर्गों के मानस को उत्साहित करना चाहिए था ताकि वह उनकी गलती से बचने के लिए एक प्रहरी का काम करता। इसके बजाय वह पुलिस नियंत्रण परस्त बन गया है। यदि पुलिस की सरकार असफल रहती है तो अनाचार फैलेगा। रूस ने प्रेम, लगन और शांतिपूर्ण नीतिमानों से मानस परिवर्तन किया होता तो उसकी नींव दीर्घकालीन और मजबूत बनती। डॉ. आंबेडकर ने भविष्यवाणी की कि रूस का साम्यवाद अपनी सख्त और निर्दयी नीतियों के कारण समाप्त होगा।"

रूस में क्या हुआ इसका साक्षी स्वयं इतिहास है। क्या भारत में भी जो परिस्थितियां हैं उन्हें वर्गीय भेद के अन्तर्गत ही रखा जा सकता है, जिसमें पाश्चात्य राष्ट्र साफ तौर पर रखे जा सकते हैं। पाश्चात्य तथा यूरोपीय देशों में पूंजीवाद के समाजिक भेद ही है, वहां जातीय भेद नहीं है। भारत में वर्गभेद, वर्णभेद, जातिभेद, लिंगभेद, भाषाभेद, रंगभेद, जन्मभेद, धर्मभेद इत्यादि सामाजिक असमानताएं है जिसका निराकरण वर्गीय उपाय के मार्क्सवाद में नहीं बल्कि डॉ. आंबेडकर के बौद्धिक मानवतावाद में है।

कार्ल मार्क्स जन्म से यहूदी थे। काल ने यहूदी धर्म की प्रासंगिकता को खत्म किया। यहूदी, ईसाई, इस्लामी ये तीनों सामी धर्म काल और देश में अपने सामर्थ्य के अनुसार शासन संस्थाओं को प्रभावित करते रहे। बीसवीं सदी में विज्ञान ने दर्शन को और दर्शन ने धर्म को नये-नये दायित्व दिये हैं। कहां वह बीता युग जिसमें सभी ज्ञान शाखाएं धर्म के अधीन थी और कहां यह वर्तमान जिसमें एक बड़े संयुक्त परिवार के बुढ़े बुजुर्ग की भांति धर्म इन अनेक ज्ञान शाखाओं से अलग-थलग उपेक्षित बैठा है। कहा ही है कि जो अपनी मदद खुद नहीं कर सकता उसकी मदद भगवान भी नहीं करता।

ईरान में जरथूस्त्र के धर्म का यही हाल हुआ। धार्मिक इतिहास यही बतलाता है कि जो धर्म किसी एक सरदार, सामन्त या शासक के निजी स्वार्थ का हामी रहा वह राजवंश के मिटते की खुद मिटता रहा और जो धर्म प्रजा का प्रेम पात्र रहा वह प्रजातंत्र में प्रियभाजन बनता रहा।

बुद्ध क्षत्रिय थे किन्तु जातिवादी धर्म ने उनको बुद्धिवादी बनाया। मार्क्स यहूदी थे किन्तु वर्गवादी व्यवस्था ने उन्हें साम्यवादी बनाया। डॉ. आंबेडकर अस्पृश्य थे किन्तु विषमतावादी परिस्थितियों ने उनको मानवतावादी बना दिया।[8]

डॉ. बाबासाहेब आंबेडकर ने धर्म को सामाजिक संदर्भ मे तौलने का एक मापदण्ड दिया है। महात्मा गांधी के अनुसार बाबासाहेब का वह धर्म मूल्यांकन का मानक जिस पर हिन्दुओं और उनके धर्म को भी तौलना है, इतना सख्त है कि उन मानकों पर प्रत्येक ज्ञात जीवित धर्म भी शायद खरा नहीं उतरेगा।

बाबसाहेब के अनुसार: ''प्रश्न मानक के सख्त या नरम होने का नहीं है बल्कि प्रश्न यह है कि क्या मानक ठीक है या नहीं। क्योंकि लोगों और उनके धर्म को समाजिक नैतिकता पर आधारित सामाजिक मापदण्डों से ही तो परखा जाना चाहिए।

डॉ. आंबेडकर ने तुलनात्मक धर्मों की पद्धति की आलोचना करते हुए कहा कि वह इस भ्रम से भ्रमित हैं कि सभी 'धर्म समान और शुभ है। उनका अपना दृष्टि कोण यह रहा है कि धर्म' नैतिक और वास्तविक दोनों होता है, क्योंकि वह नैतिक आदर्श बताता है और क्या सही और क्या गलत है यह भी समझाता है। वह मानते थे कि ''बौद्ध धर्म को भी यथार्थतः समझने के लिए अन्य धर्मों का अध्ययन वैज्ञानिक पद्धति से करना अनिवार्य होगा।[9]

क्या दर्शन के आधार पर सभी धर्म कमोबेश एक जैसे ही है ऐसा मान सकते हैं? क्या उनमें ऐसे भी धर्म है जो कमोवेश विज्ञान के निकट भी कहे

जा सकते हैं? क्या सभी धर्मों में कोई एक अधिक से अधिक बुद्धिसंगत, तथा सौ फीसदी नैतिकता का पर्यायी और अंधविश्वासों का परम शत्रु भी है जो डॉ. आंबेडकर के आर्थिक, नैतिक, सामाजिक बंधुत्व के तत्वों के संग युक्त बैठ सकता हो?

## बौद्ध धर्म

बी.बी.सी. लंदन में सन् 1956 के मई मास में अपने व्यक्तव्य में डॉ आंबेडकर ने कहा, "मुझे बौद्ध धर्म पसंद है क्योंकि वह संयुक्त रूप से तीन तत्वों का प्रतिपादन करता है, जिन्हें अन्य धर्मों में संयुक्त रूप से कहीं नहीं पाया जाता। बौद्ध धर्म प्रज्ञा की शिक्षा देता है जिसका मतलब है मिथ्या विश्वासों को दूर करने वाली निर्मल बुद्धि। वह करुणा अर्थात् मैत्री तथा समता की शिक्षा देता है। यही आदमी के अच्छे और सुखी जीवन के लिए आवश्यक भी है। न कोई भगवान और न ही कोई आत्मा मनुष्य को अपने द्वारा पैदा किए हुए नरक से मुक्ति दिला सकते हैं।"

धम्मपद के अनुसार 'वैर कभी वैर से शांत नहीं होता, वह अवैर से ही शान्त होता हैं।' शान्तिमय साम्यवाद द्वेषमयी साम्यवाद से अधिक ज्येष्ठ, श्रेष्ठ तथा बलवान है जो बुद्ध ने मार्क्स के जन्म के दो हजार पांच सौ वर्षों पूर्व ही 'भिक्खू संघ' के रूप में संस्थापित किया था।[10]

इतना ही नहीं, डॉ. आंबेडकर के अनुसार बुद्ध द्वारा स्थापित "बौद्ध भिक्षूनि संघ" भी महिला उत्थान का एक क्रांतिकारी सामाजिक योगदान था।

आश्चर्य नहीं, कि बौद्ध धर्म के इस ज्ञान और गुण के खजाने में से पीछे के धर्मों ने भी कुछ अंश ग्रहण किए हो। इसी आधार पर डॉ. आंबेडकर ने कहा कि ईसाई धर्म भी बौद्ध धर्म की नब्बे प्रतिशत प्रतिलिपि है। काश! हिन्दु कौम भी ऐसा ही करती। डॉ. इकबाल ने सच ही कहा है कि 'गौतम बुद्ध की शम्मा अगियार में जल रही है लेकिन अफसोस कि कौम ने पैगामें गौतम की जरा परवाह न की। कद्र पहचानी न अपने गोहरे एकदाना की। आशकार जिसने किया वह जिन्दगी का राज था, हिन्द को खयालि अपने फलसफे पर नाज था।'

लेकिन आश्चर्य तो इस बात का है कि जिस बुद्ध को यहाँ की हिन्दू कौम ने नहीं अपनाया वह स्वयं उनके (हिन्दू के) गुरु ब्राह्मणों को अपने संघ में अधिक से अधिक मात्रा में दाखिल करते थे और जिन दलितों या अस्पृश्यों को यहाँ की हिन्दू कौम आज भी नहीं अपना सकी है उन्हें भी बुद्ध अपने संघ में शामिल करते थे। डॉ आंबेडकर का अवलोकन है कि बौद्ध संघ में पचहत्तर

प्रतिशत ब्राह्मण भिक्खू तथा पच्चीस प्रतिशत गैर-ब्राह्मण भिक्खुओं का समानता पर आधारित संगठन था। इसमें भिन्न-भिन्न जाति, लिंग, प्रांत, धर्म तथा वर्ग, रंग या कुल के कोई भी सदस्य शामिल हो सकते थे जिससे यह भूमि 'एक हृदय हो भारत जननी' कहलाई। इसी से बौद्ध 'संघ' एक रस विशाल सागर कहलाया।

डॉ. आंबेडकर के अनुसार 'भारत के बाहर बुद्ध का नाम राम और कृष्ण के नामों से अधिक लोकप्रिय है। उनका और उनके अनुयायी बौद्धों का भी नाम मौर्यकाल मैं भारत में परम जनप्रिय रहा है। लेकिन ब्राह्मणों के द्वेष और कुटिलता ने दुनिया के इस 'गौरव' को भारत में एक 'कलंक' या 'अस्पृश्य' बना डाला है।

डॉ. आंबेडकर के मतानुसार 'बौद्ध धर्म समानता का बानी है। समानता के अलावा वह तर्कसंगत भी है। उसके मुख्य सिद्धांतों का ईश्वरवादी धर्मों में समावेश नहीं है। वह दु:ख के विनाश का बुद्धि संगत मार्ग है। उसकी न्याय पद्धति शांति का प्रादुर्भाव करती है। और वह संसार की रक्षा कर सकता है।'[11]

डॉ. आंबेडकर का स्पष्ट कथन था कि "वह धर्म जो विज्ञान के अनुकूल है, जो समाज की आचार संहिता है, जो गरीबी की बड़ाई नहीं करता, जो सामाजिक, बौद्धिक, आर्थिक, राजनैतिक स्वतंत्रता को अहिंसक पद्धति से बहाल करता है, जो पुरुष तथा स्त्री में बराबरी को मानता है और जो 'यही तथा अभी' के संदर्भ में मनुष्य की मुक्ति का महामार्ग है, बौद्ध धर्म है।[12]

डॉ. आंबेडकर ने बौद्ध धर्म की उपर्युक्त और ऐसी ही अनेक विशेषताएँ बताई है। उन विशेषताओं का विश्लेषण करना आवश्यक है। उस पर हम "बौद्ध धर्म का अस्तित्व" नामक परिच्छेद में विचार करेंगे।

## 5. बौद्ध धर्म का अस्तित्व

ईसा पूर्व छठी शताब्दी में बुद्ध ने दावा किया था कि 'मैं केवल एक ही बात कहता हूँ और वह यह है कि दु:ख है और उसका उपाय भी है।'

दु:ख क्या है? यह जो सब कुछ पुराना अस्तित्व विच्छिन्न होकर दूसरा नया अस्तित्व बनने का निरन्तर क्रम है उसके प्रति मानसिक, सामाजिक, आर्थिक, राजनैतिक या धार्मिक अवैज्ञानिक दबाव है जो नयी पीड़ा या दु:ख को जन्म देते हैं। इस दु:ख की निरन्तरता को बताते हुए बुद्ध ने कहा कि ... दु:ख इस प्रकार पैदा होता है ... सभी कुछ अनित्य, अनात्म, प्रतीत्य समुत्पन्न (विनाश के बाद उत्पत्ति का क्रम) होने से तथा ऐसा होना एक अटल नियम होने से "मैं या मेरा

वंश का अनित्य न हो, अनात्म न हो तथा विनष्ट न हो" के धुन की रट से जो अटल है वह टलने वाला नहीं है। अतः दुःख होता है कि हाय रे, मैं मरा, मुझे मारा, मेरा छीन गया!

बुद्ध ने कहा है कि मेरा धर्म बेड़े की तरह पार होने के लिए है, पकड़ कर रखने के लिए नहीं। अतः दुःख का उपाय यही है कि अपने और अटल सत्य के जो संबंध है उन्हें समझो, उनको स्वीकार करो और उनके अनुकूल परिवर्तनों को सबके हित, कल्याण, मंगल के लिए जीवन में साकार करो।

बुद्ध का एक ही सत्य है कि सभी अनित्य, अनात्म, दुःख है। जो नित्य, आत्म, आनंद है वह वास्तव में है ही नहीं। प्रकृति का यही नियम है। परलोक, पुनर्जन्म, परमेश्वर मन के बहलावे हैं। सत्य के ऊपर की परतें हैं। "हमें तो मालूम है जन्नत की हकीकत लेकिन मन को बहलाने के लिए खयाल यह अच्छा है" वाली बात यहाँ सार्थक लगती है।

जैसा कि उपर्युक्त कथन में डॉ. आंबेडकर ने कहा है, क्या बौद्ध धर्म वैज्ञानिक है? दूसरे शब्दों में कहे तो क्या बौद्ध विचारों ने तत्कालीन शासन, बुद्धिजीवी तथा समाज में अपना आकर्षण बनाये रखा है, जो बीसवीं सदी के अन्त में भी डॉ. आंबेडकर जैसे समाज वैज्ञानिकों के समाज परिवर्तन के आंदोलन के लिए भी वैसा ही उपयोगी हो जैसा कि वह पहले रहा था।

सिद्धार्थ गौतम का जन्म ई.पू. 563 में शाक्य गणतन्त्र कपिलवस्तु में लुम्बिनी नामक वन में हुआ था। उन्होंने अपने पड़ोसी कोलिय् प्रजातंत्र की सुन्दरी कन्या भद्रा कपिलायनी या यशोधरा से विवाह कर लिया। उसने राहुल नामक बालक को जन्म दिया। उनतीसवें वर्ष में उन्होंने गृहत्याग किया। 36 वर्ष की आयु में बोधि या ज्ञान प्राप्त कर वे बुद्ध बने। फिर 45 वर्ष तक उन्होंने धर्मोपदेश किया तथा 80 वर्ष की उम्र में मल्लों के गणतंत्र में कुसीनारा नामक गाँव में उनका महापरिनिर्वाण हुआ।

उनके प्रथम उपदेश को "धर्मचक्र प्रर्वतन" कहा जाता है। उन्होंने कहा कि काम-सुख में लिप्त होना भी दुःख है तथा शरीर पीड़ा में लगना भी दुःख है। तृष्णा दुःख का कारण है। तथा दुःख का उपाय है आर्य अष्टांगिक मार्ग या मध्यम मार्ग। इन दो अतियों से बचने के मार्ग के आठ अंग है। ठीक दृष्टि, ठीक संकल्प, ठीक वचन, ठीक कर्म, ठीक आजीविका, ठीक प्रयत्न, ठीक स्मृति तथा ठीक समाधि।

ठीक दृष्टि दुःख, निदान, विनाश तथा मार्ग का ठीक ज्ञान दर्शन रखना है। ठीक संकल्प लोभ, हिंसा, प्रतिहिंसा रहित संकल्प को कहा गया है।

ठीक वचन है – झूठ, चुगली, कटुवाणी और बकवास रहित सच्ची मीठी बातों का बोलना। ठीक कर्म-हिंसा-चोरी-व्यभिचार रहित कर्म होते हैं और ठीक जीविका समाज द्वारा अनुमोदित कल्याणकारी जीविका है।

ठीक प्रयत्न उस व्यायाम को कहते हैं जिसमें उत्पन्न बुरी भावनाओं को रोकने और अनुत्पन्न भावनाओं को उत्पन्न न होने देना, अच्छी भावनाओं को ग्रहण करने तथा उत्पन्न अच्छी भावनाओं को कायम रखने का प्रयास किया जाता है। ठीक स्मृति का मतलब है काया, वेदना, चित्त और मन के धर्मों की स्थितियों का सदा यथार्थ अवलोकन करना तथा ठीक समाधि कुशल धर्मों में चित्त की एकाग्रता है।

बुद्ध के इन्हीं उपदेशों को सुनकर उनके पास जब उनसठ शिष्य हुए तो सारनाथ में उन्हें संबोधित कर उन्होंने कहा – शिष्यों! बहुत जनों के हित के लिए, बहुत जनों के सुख के लिए, लोक पर दया करने के लिए, देव मनुष्यों के प्रयोजन, हित-सुख के लिए विचरण करो। एक साथ दो मत जाओ। मैं भी उरुवेला सेनानी ग्राम में धर्म उपदेश के लिए जा रहा हूँ।[13]

इसके बाद बुद्ध ने अपने जीवन के 44 वर्ष आज के आधुनिक उत्तर प्रदेश तथा बिहार राज्यों की सीमा के अन्तर्गत स्थानों में चारिका और उपदेश करते हुए बिताए।

बौद्ध धर्म तथा प्रजातंत्र परस्पर पूरक तत्व है। बुद्ध ने अपने शिष्यों का संघ जनतांत्रिक तत्वों के आधार पर ही संगठित किया था। राष्ट्र निर्माण तथा अपराजय के लिए सामूहिक निर्णय, सामूहिक कर्त्तव्य पालन, तथा स्त्री स्वातंत्र्य पर उन्होंने अधिक बल दिया। शाक्य-मल्ल-लिच्छवि-प्रजातंत्रों में उनके अनुयायी भारी संख्या में थे। प्रजातंत्र प्रणाली उनको कितनी प्रिय थी इसका प्रत्यंतर इसी बात से होता है कि अजात-शत्रु मगधनरेश के राजतंत्र के बदले उन्होंने वैशाली के लिच्छवियों के प्रजातंत्र प्रणाली की अधिक प्रशंसा की है। उनके शिष्यों में मगध के सारिपुत्र, मौदगल्यायन, महाकश्यप जैसे ब्राह्मण विद्वान थे। उज्जैन के कात्यायान जैसे राजपुरोहित थे। मगधनरेश बिंबिसार तथा कोसलनरेश प्रसेनजित जैसे अनुयायी थे। कूटदंत, सोणदंड जैसे प्रभुताशाली ब्राह्मण उनके शिष्य थे। श्रावस्ती के धनकुबेर सुदत्त ने सिक्के से ढाँक एक भारी बाग जेतवन खरीदकर भिक्षुओं तथा बुद्ध को रहने के लिए दिया था। वहीं की विशाखा नामक सेठानी ने पूर्वाराम विहार उन्हें भेट किया था। कौशाम्बी के तीन भारी सेठों में तो विहार बनवाने में होड़ सी लगाई थी।

## 1. अनित्यतावाद

बुद्ध का दर्शन जगत के सभी घटनाओं को अनित्य कहता है। अनित्य का अर्थ बाहरी परिवर्तन नहीं बल्कि आन्तरिक आमूलाग्र मौलिक परिवर्तन है। बुद्ध कार्य कारण की निरन्तर या अविच्छिन्न संतति को नहीं मानते। बल्कि वह मानते थे कि एक का बिल्कुल नाश होता है और दूसरे का बिल्कुल नया उत्पाद होता है। ऐसा परिवर्तन प्रतिक्षण होता रहता है। अतः इसे क्षणिकवाद भी कहा गया है। इसके अनुसार भौतिक तथा अभौतिक वस्तुएं सारी अन्तिम अर्थात मरणशील है। सभी क्षणभंगुर है। इसका कोई अपवाद नहीं है। यह अटल नियम है।

## 2. प्रतीत्य समुत्पाद

एक दूसरा अटल नियम जो बुद्ध ने बताया वह यह है कि कोई भी वस्तु, घटना या कार्य उत्पन्न होने से पहिले क्षण अपने कारण के अन्तिमक्षण के प्रत्यय या लुप्त होने की प्रतिक्षा में होता है। ऐसा जो विगत कारण है उसे प्रत्यय कहा गया है। विनष्ट या विच्छिन्न हेतुओं से नवीन कार्य पैदा होता है। कार्यकारण परम्परा में निरंतरता नहीं बल्कि विच्छिन्नता है। कारण के विगत होने पर ही नया कर्म उत्पन्न होता है। इसीलिए इस नियम को प्रतीत्य समुत्पाद यानी उत्पत्ति तथा विनाश के क्रम का प्रवाह कहते है। प्रतीत्य समुत्पाद के इसी विच्छिन्न प्रवाह को नागार्जुन ने अपने शून्यवाद में बताया हैं।

बुद्ध ने कहा "जो प्रतीत्य समुत्पाद को देखता है, वह धर्म (बुद्ध के दर्शन) को देखता है, जो धर्म को देखता है, वह प्रतीत्य समुत्पाद को देखता है। रूप, वेदना, संज्ञा, संस्कार और विज्ञान नामक पांच उपादान स्कंध प्रतीत्य समुत्पन्न है।

प्रतीत्य समुत्पाद के बारह अंग (न्दादशांग) हैं। उसके अनुसार नित्य, ध्रुव, अविनाशी तत्व आत्मा अविद्या सभी दुःखों का निदान है। यही अविद्या अपने चक्र को 12 अंगों में दुहराती है। (1) अविद्या (2) संस्कार (3) विज्ञान (4) नाम-रूप (5) छः इन्द्रियाँ (6) स्पर्श (7) वेदना (8) तृष्णा (9) उपादान (ग्रहण) (10) भव (आवागमन) (11) जाति तथा (जन्म) (12) जरामरण यही वे अंग है। जिस-जिस प्रत्यय से विज्ञान (जीव) उत्पन्न होता है वही उसकी संज्ञा होती है। चक्षु से चक्षुर्विज्ञान, श्रोत्र से श्रोतृविज्ञान, घ्राण से घ्राणविज्ञान, जिव्हा से जिव्हाविज्ञान, काया से कायविज्ञान तथा मन से मनोविज्ञान उत्पन्न होते हैं। बिना प्रत्यय के विज्ञान का प्रादुर्भाव नहीं हो सकता। जिस प्रकार काष्ट के निमित्त से जो अग्नि जलती है उसे काष्ट अग्नि कहते हैं उसी प्रकार जिस इन्द्रिय के निमित्त से विज्ञान उत्पन्न होता है उसी इन्द्रिय के नाम से मनोविज्ञानादि कहते हैं।

नाम (विज्ञान) तथा रूप (भौतिक) स्कंध उत्पन्न है। उनमें सत्काय या आत्मा नहीं यह साबित होता है। मन तथा भौतिक ये तत्व अपने आहार से उत्पन्न है। चक्षु का आहार रूप, श्रोत्र का आहार शब्द, घ्राण का आहार गंध, जीभ का आहार रस, काय का आहार स्पर्श तथा मन का आहार धर्म है। इन्हीं आहारों के विनाश से तदुत्पन्न मन और कायादितत्व का निरुद्ध होंगे। सभी आहारों का निदान है तृष्णा, तृष्णा का निदान है वेदना, वेदना का निदान है नाम और रूप, नाम और रूप का निदान है विज्ञान, विज्ञान का निदान है संस्कार, संस्कार का निदान है अविद्या या आत्मा या सत्काय दृष्टि। सभी आहारों के प्रत्ययों पर उसके परिणाम भी निर्भर है।

## 3. अनात्मवाद

बुद्ध के पहिले आत्मवादी ऋषी तथा भौतिकवादी आचार्य थे। उनके अनुसार आत्मा इन्द्रिय-गोचर (रूपी) तथा अरूपी भी था। वह अणु था और अनन्त भी था। तथा वह नित्य भी था और अनित्य भी। बुद्ध के अनुसार आत्मा है ही नहीं फिर उसके रूपी-अरूपी, सांत-अनन्त तथा नित्य-अनित्य होने की बात पैदा ही नहीं होती। उनके अनुसार "आत्मा" की धारणा सच्चे ज्ञान की प्राप्ति में एक बंधन है।

बुद्ध की शिष्या पण्डिता धम्मदिन्ना ने कहा था कि पंच उपादान स्कंध सत्काय है तो उसका कारण तृष्णा (अविद्या) या आत्मा है। शोपेनहार ने तृष्णा को ही मनुष्य की प्रवृत्तियों में एक बलवती शक्ति के रूप में बाधक तत्व कहा है। आत्मा की दृष्टि बुद्ध के अनुसार अनैसर्गिक है। आत्मा का विश्वास एक मूर्ख विश्वास है। इसीलिए उनके दर्शन को अनात्मवाद कहा गया है। अनात्मवाद के अनुसार अनात्मा केवल अभावात्मक वस्तु को ही अभिप्रेत नहीं करता बल्कि वह उपनिषद के "आत्म-नित्य-ध्रुव" के वस्तुसत् के बिल्कुल विपरीत "अनात्मा-अनित्य-अध्रुव" के वस्तुसत् को प्रकाशित करता है। इसीलिए मनुष्य अनात्मा है, न शरीर उसका है, न मन उसका है, कुछ भी नहीं जो अपना कहा जा सकता हो।

## 4. वैज्ञानिकवाद

बुद्ध ने अपने "प्रतीत्य समुत्पाद" के जिस वैज्ञानिक, महान तथा व्यापक सिद्धांत का आविष्कार किया था, उसे व्यक्त करने के लिए उस वक्त अभी भाषा भी तैयार नहीं हुई थी; इसलिए अपने विचारों को प्रकट करने के वास्ते जहाँ

उन्हें प्रतीत्य समुत्पाद, सत्काय जैसे कितने ही नये शब्द गढ़ने पड़े; वहाँ कितने ही पुराने शब्दों को उन्होंने अपने नये अर्थों में प्रयुक्त किया है। "धर्म" इस शब्द को उन्होंने अपने खास अर्थ में प्रयुक्त किया है, जो कि आज के विज्ञान की भाषा में वस्तु की जगह प्रयुक्त होने वाला "घटना" शब्द का पर्यायवाची हैं। "ये धर्म हेतु-प्रभवा:" (जो धर्म है वह हेतु से उत्पन्न है) यहाँ भी धर्म विच्छिन्न प्रवाह वाले विश्व के कण तरंग अवयव को बतलाता है।[14]

## 5. अभौतिकवाद

किसी भी ज्ञान या गवेषना के लिए यह अति आवश्यक है कि आदमी स्वतंत्रता से विचार करे। जिस प्रकार आत्मा या अविद्या के नित्य कूटस्थता के कारण किसी भी तरह संशोधन या परिवर्तन करना असंभव है उसी प्रकार भौतिक तत्व की रट लगा रखने से भी गुणात्मक सच्चाई को देखना कठिन हो जाता है। जहाँ बुद्ध आत्मा को ज्ञान, आदर्श जीवन में बाधा मानते थे वहाँ वह भौतिकवाद को भी शील समाधि तथा प्रज्ञा के विकास में अड़चन समझते थे। इसलिए उन्होंने अभौतिकवाद को प्रतिपादित किया। अभौतिकवाद के अनुसार मन भौतिक तत्व नहीं बल्कि वह बिल्कुल नई चीज है जो पहले अपने हेतु या कारण में मौजूद नहीं रहा। मन भी हजारों वर्षों से विकसित होता आया है जिसकी निष्पत्तियाँ आज हमें भव्य द्विव्य विचारों तथा आश्चर्यजनक विज्ञान के आविष्कारों तथा सामाजिक विकासक्रमों के रूप में दिखाई दे रही है। बुद्ध का अभौतिकवाद न पर्मेनिद, जेनो, कान्ट, बर्कले की भांति स्थिरता का प्रवक्ता है, न वह ऐसा विज्ञान वाद है जो ज्ञान या वस्तुतः की सच्चाई को असंभव मानता हो। प्रकृति का ज्ञान होता ही नहीं इसके अलावा वह सापेक्ष होता है कहकर ज्ञान की सापेक्षता का उद्‌घोष करने वाला मत बुद्ध, नागार्जुन, दिग्नाग, धर्मकीर्ति आदि बौद्ध दार्शनिकों ने प्रतिपादित किया है। जीवन गतिशील है। उसके विकास का क्रम, पृथ्वी, जीव, मनुष्य तथा मन इस प्रकार उत्तरोत्तर हुआ है। भौतिकवादी दार्शनिकों में देमोक्रितु, एपीकुरु, हेराक्लितु, लुक्रेशियस, हॉब्स, स्पिनोजा, क्रातिलों, दीदेरो, हेल्वेशियों, दोलबाश, फ्वेरबारव, स्तोइक, हेगल इत्यादि का उल्लेख किया जा सकता है। इन्हीं दार्शनिकों के दर्शनों का चरम विकास हेगेल के दर्शन के रूप में आधुनिक युग के अभौतिकवाद में हुआ। तथा इन्हीं वस्तुवादी दर्शनों का चरम विकास मार्क्स (1818-83) के दर्शन में अर्थात् भौतिकवाद में हुआ हैं। डा. आंबेडकर ने दोनों प्रकार के चरम विकास को अर्थात् भौतिकवाद तथा अभौतिकवाद को अपने समाज तथा धर्म संस्थाओं पर प्रयुक्त किया। बुद्ध के दर्शन का प्रभाव एक ओर जहाँ शोपनहार (1788-1860) तथा

विलियम जेम्स (1891-1956) पर पड़ा, वही प्रभाव डॉ आंबेडकर (1891-1956) पर पड़े बिना कैसे रह सकता था। बुद्ध का अभौतिकवाद यानी अनात्मवाद तथा गुणात्मक परिवर्तनवाद का परम समन्वय ही आंबेडकरवाद था।

## 6. अनीश्वरवाद

बुद्ध के प्रतीत्य समुत्वाद के अनुसार हर भौतिक-अभौतिक घटना क्षणिक है, गति है, भवति है अर्थात् अवर्तमान का वर्तमान होना है। जैसे मनुष्य के बाद मन का विकास हुआ मन के बाद मानसिक कल्पनाओं इत्यादि का। तब ईश्वर जगत का निर्माता है कहना बुद्ध को कैसे स्वीकार हो सकता था। उनका साफ कथन है अनीश्वरवाद। बुद्ध ने मल्ल प्रजातंत्र की राजधानी अनुपिया के भार्गव गोत्र के परिव्राजक से वार्तालाप में कहा "जो श्रमण-ब्राह्मण ईश्वर के कर्त्तापण को श्रेष्ठ बताते हैं वह इस प्रकार बताते हैं कि जो ब्रह्म है वह नित्य, ध्रुव, शाश्वत, निर्विकार और सदा के लिए वैसा ही रहने वाला है और जो, हम लोग उस ब्रह्म द्वारा उत्पन्न किए गए है, अनित्य, अध्रुव, अल्पायु, मरणशील है। क्या ऐसा कहना शाश्वत ईश्वर का मरणशील आदमी के परिणाम में बदलना ईश्वर के बारे में मज़ाक नहीं हुआ? एक जगह (केवटट्सुत्त में) बुद्ध ने तो सृष्टिकर्ता ब्रह्मा का सूक्ष्म परिहास करते हुए ब्रह्मा के मुंह से यह कहलवाया कि "देवता समझते है कि मैं (ब्रह्म) चार महाभूत कहाँ जाकर निरुद्ध हो जाते हैं इस को जानता हूँ क्योंकि मैं सर्वज्ञ हूँ, परन्तु हे ब्रह्मशिष्यों यह अज्ञान मैं दूसरे देवताओं के सामने नहीं प्रकट कर सकने के कारण तुम्हें देवताओं की सभा से एक ओर जाकर कहता हूँ कि मैं भी नहीं जानता और यह तुम्हारा ही दोष है कि तुम बुद्ध को छोड़कर बाहर में इस बात की खोज कर रहे हो। उन्हीं के पास जाओ, जैसा वह कहें, वैसा ही समझो।"[15] ब्रह्म निमत्तिक सुत्त के अनुसार बुद्ध ने एक बार बक ब्रह्मा को फटकारते हुए कहा - "ब्रम्हा! दूसरे लोक से च्युत होकर तू यहाँ उत्पन्न हुआ और कहता है कि यह ब्रह्मलोक नित्य, ध्रुव, शाश्वत, शुद्ध, अच्युत, अज, अजर, अमर है, न च्युत होता है, न उपजता है।"[16] तेविज्ज सुत्त में बुद्ध ने वाशिष्ट ब्राह्मण को कहा था त्रैविद्य ब्रह्मणों में एक ब्राह्मण भी नहीं, जिसनें बह्मा को अपनी आँख से देखा हो। ब्राह्मणों के पूर्वज ऋगमंत्र के रचयिता विश्वामित्र-पुत्र अष्टक, बृहदुकथ-मूर्धन्वा; अंहोमुच के पिता वामदेव; कुशिक-पुत्र विश्वामित्र; जमदग्नि-भार्गव; बृहस्पति-पुत्र भारद्वाज; मित्रास्वरूण-पुत्र वशिष्ठ; मरीचिपुत्र कश्यप; वरुण-पुत्र भृगु इनमें तथा वामक और अंगिरा ऋषियों में कोई नहीं जिसने ब्रह्मा को देखा हो। तो भी ब्रह्म सलोकता का मार्ग बतलाना ऐसा ही हुआ

जैसा एक अंधों की पांति में एक दूसरे से जुड़ा हो, पहिले वाला भी नहीं देखता, बीचवाला भी नहीं देखता, पीछेवाला भी नहीं देखता।"[17]

## 7. सार्थकवाद

बुद्ध ने अपने भिक्षु संघ और सभी सत्यान्वेषियों के लिए जीवन का एक परम लक्ष्य प्रस्तुत किया था। उस लक्ष्य के संगत सभी सार्थक निर्देशों को उन्होंने स्पष्ट किया और बताया।... उस लक्ष्य के असंगत बातों को निरर्थक व अक्षम उन्होंने ऐसी बातों को अव्याकृत रखा है। अव्याकृत बातों में वे ही बातें हैं जो लोक के शान्त होने या न होने के बारे में हैं। बुद्ध ने इन अव्याकृत बातों के बारे में मालुंक्यपुत्र से कहा था कि "इनके बारे में कहना सार्थक नहीं, क्योंकि वे भिक्षु चर्या, और निर्वाण के लिए उपयोगी नहीं।"

## 8. उपनिषद का प्रतिषेद

उपनिषद और ब्राह्मण के तत्वाज्ञान सत्-चिद्-आनन्द से बिलकुल उल्टा तत्वज्ञान अर्थात् अ-सत् (अनित्य, प्रतीत्य-समुत्पन) अ-चित् (अनात्म)-अन्-आननद (दुःख) बुद्ध ने घोषित किया। परन्तु आधुनिक मालुंक्यपुत्र सर राधाकृष्णन् ने कहा "बुद्ध उपनिषद में वर्णित आत्मा के बारे में चुप हैं।[18] तथा "बुद्ध का लक्ष्य (मिशन) था, कि उपनिषद के श्रेष्ठ विज्ञानवाद को स्वीकार कर उसे मानव जाति के दिन-प्रतिदिन की आवश्यकता के लिए सुलभ बनाये। ऐतिहासक बौद्ध धर्म का अर्थ है, उपनिषद् के सिद्धांत का जनता में प्रसार।" (पृ. 389)

राधाकृष्णन जी के इस मत का प्रतिषेध बुद्ध के अनित्यः-दुःख-अनात्मवाद से ही होता है। इसके अलावा अक्षपाद (इ.स. 250), वादरायण (इ.स. 300), वात्सयायन (इ.स. 400), उद्योतकर (इ.स. 500), कुमारिल (इ.स. 550), वाचस्पति (इ.स. 841), उदयन (इ.स. 984) जैसे ब्राह्मणों ने भी बुद्ध के दर्शन को अनित्य-दुःख अनात्मवांद ही माना है। स्वयं बुद्ध और उनके शिष्य, नागसेन (इ.पू. 150) नागार्जुन (इ.स. 175), असंग (इ.स. 375), वसुबंधु (इ.स. 400), दिग्नाग (इ.स. 425), धर्मकीर्ति (इ.स. 600), धर्मोत्तर (इ.स. 725) और शांतरक्षित (इ.स. 750) भी "सच्चिदानंद" वाद का प्रतिषेध करते हैं। यह बात प्रमाणित करने के लिए 2500 वर्षों तथा इक्कीस देशों के बौद्ध इतिहास पर्याप्त से अधिक है।

## 9. विचार स्वातंत्र्य

बुद्ध का प्रतीत्य समुत्पाद का दर्शन विचार जगत में वैचारिक स्वायंत्र्य का जनक है। वैचारिक घटना पर भी उत्पत्ति और विनाश का नियम लागू है।.... बुद्ध और बौद्ध दर्शनिकों ने प्रत्यक्ष और अनुमान दो के अतिरिक्त तीसरे प्रमाण को मानने से इंकार कर दिया। इन्द्रिय और विषय का जब सन्निकर्ष (योग) होता है, तो पहले-पहल हमें वस्तु का अस्तित्व मात्र ज्ञात होता है। ज्ञान में विचार भी शामिल होता है। ज्ञाता, ज्ञान तथा विषय के परस्पर संबंध है। ज्ञान में केवल विचार का ही योग नहीं होता। प्रत्यक्ष में वस्तु का ज्ञान पहले और रंगादि आकार प्रकार के कल्पना का ज्ञान बाद में होता है। इसीलिए प्रत्यक्ष को दिग्नाग और धर्मकीर्ति ने भी कल्पना-अपोढ़ (कल्पना से रहित) माना है।

बुद्ध ने विचार स्वातंत्र्य को प्रकट करने वाले अपने उपदेश में कहा, "भिक्षुओ! मैं बेड़े (कुल्ल) की भांति पार जाने के लिए तुम्हें धर्म का उपदेश करता हूँ, पकड़ रखने के लिए नहीं। जैसे भिक्षुओ! पुरुष ऐसे महान जल-अर्णव को प्राप्त हो, जिसका उरला तीर खतरे और भय से पूर्ण हो और परला तीर क्षेमयुक्त तथा भयरहित हो। वहां न पार ले जाने वाली नाव हो, न इधर से उधर जाने के लिए पुल हो। तब वह तृण-काष्ठ-पत्र जमाकर बेड़ा बांधे और उस बेड़े के सहारे हाथ और पैर से मेहनत करते स्वस्तिपूर्वक पार उतर जाये। उतर जाने पर उसके मन में हो... "यह बेड़ा मेरा बड़ा उपकारी हुआ है, इसके सहारे मैं पार उतर सका, क्यों न मैं ऐसे बेड़े को सिर पर रखकर, या कन्धे पर उठाकर ले चलूं। तो क्या ऐसा करने वाला पुरुष उस बेड़े के प्रति अपना कर्त्तव्य पालन करने वाला होगा? नहीं भिक्षुओ! वह पुरुष उस बेड़े से दुःख उठाने वाला होगा।"[19]

नाना मतवादों में सच कौन-सा और झूठ कौन-सा बताने के लिए केश पुत्र ग्राम के कालामों के ऐसे ही संदेह का समाधान करते हुए बुद्ध ने सबसे प्रथम बुद्धिवाद यानी विज्ञान की यह कसौटी बताकर सत्य को परखने के लोकतांत्रिक पद्धति को उजागर किया। उन्होंने कहा कि जब कोई अपने ही वाद को सच कहे और दूसरे के वाद को झूठ तो उनमें से कौन सच कहता है, कौन झूठ यह जानने के लिए "कालामों! मत तुम-श्रुत (सुने वचनों, वेदों, कल्पना) के कारण किसी बात को मानों, मत तर्क के कारण से, मत नय-हेतु से, मत वक्ता के आकार के विचार से, मत अपने चिर-विचारित मत के अनुकूल होने से, मत वक्ता के! भव्यरूप होने से, मत "श्रमण हमारा गुरु है" से। जब कालमों।

तुम खुद ही जानों कि ये धर्म (काम या बात) अच्छे, अदोष, विज्ञों से अनिन्दित है। यह लेने, ग्रहण करने पर हित, सुख के लिए होते है, तो कालामों! तुम उन्हें स्वीकार करो।"[20]

## 10. सर्वज्ञता

बुद्ध स्वयं के बारे में तथा किसी अन्य के प्रति सर्वज्ञता का दावा करना गलत समझते थे। उन्होंने कहा .. "जो कोई मुझे श्रवण गौतम सर्वज्ञ सर्वदर्शी है ऐसा कहते हैं वह मेरे बारे में यथार्थ कहने वाले नहीं है। वह असत्य से मेरी निंदा करते हैं।"[21]

"ऐसा श्रमण ब्राह्मण नहीं है जो एक ही बार सब जानेगा, सब देखेगा, सर्वज्ञ सर्वदर्शी होगा।"[22]

## 11. प्रत्यक्ष प्रमाणवाद

बौद्ध धर्म केवल प्रत्यक्ष और परोक्ष प्रत्यक्ष को छोड़ किसी भी प्रमाण को स्वीकार नहीं करता। प्रत्यक्ष के चार प्रकार हैं-(1) इन्द्रिय प्रत्यक्ष (2) स्वसंदेवन प्रत्यक्ष, (3) मानस प्रत्यक्ष तथा (4) योगी प्रत्यक्ष। ये चारों प्रत्यक्ष कल्पनारहित है। परोक्ष प्रत्यक्ष या अनुमान प्रमाण 'सामान्य' जैसे संवृत्ति सत्य की परीक्षा के लिए आवश्यक पर्वत में धुए को देखकर हम अपने पाक घर की अग्नि को याद कर उससे पर्वत की अग्नि की परोक्ष रूप से कल्पना करते है। अतः यह प्रत्यक्ष न होकर कल्पनाश्रित अनुमान प्रमाण है। जो वहाँ अग्नि के अर्थ तक पहुँचा सकता है। ऐसे अविसंवादी ज्ञान को अनुमान कहते है। पदार्थ के अर्थ का सही ज्ञान प्राप्त करने के लिए चार भ्रांतियों से बचना चाहिए। ये भ्रांतियाँ हैं– (1) भ्रांतिज्ञान यथा मरुस्थल में पानी का आभास (2) संवृत्तिमतज्ञान यथा किसी पदार्थ का अमुक-अमुक लक्षण यह है ऐसा संवृत्ति के आधार पर मानना (3) अनुमान-अनुमानक स्मार्ताभिलापक ज्ञान यानी कल्पना कर शब्द को अभिप्रेत अर्थ का ग्रहण करना तथा (4) तैमिरी ज्ञान अर्थात् इन्द्रिय में विकार उत्पन्न होने से किसी वस्तु को विकृत रूप में देखना। विषय दो ही प्रकार से जाना जा सकता है, प्रत्यक्ष या परोक्ष रूप से। तीन हेतुओं अर्थात् क्रिया हेतु, स्वभाव हेतु तथा अनुपलब्धि के आधार से अर्थ का अनुमान करना वास्तविक पदार्थ की खोज में सहायक सिद्ध होता है। इस प्रकार बुद्ध के धम्म में उसके दिग्नाग जैसे प्रवक्ता ने पहले पहल अनुमान के स्वार्थानुमान तथा परार्थानुमान ये दो प्रकार बताये है। शब्द प्रमाण को बौद्ध दर्शन संप्रदाय बिल्कुल स्वीकार नहीं करता। इससे वह किसी वैज्ञानिक गवेषणा का निकट दर्शन साबित होता है।

## 12. निर्वाण

बुद्ध धर्म के अनुसार जीवन के लक्ष्य निर्वाण में बुद्ध के उपरोक्त सभी तत्व सार्थक हो जाते हैं। निर्वाण इस शब्द का प्रयोजन "अनात्मवाद", प्रतीत्य समुत्वाद, के दर्शन का सहज परिणाम है। निर्वाणगत पुरुष (तथागत) का मरने के बाद क्या होता है इसका अभिप्राय अनात्मवादी दर्शन में आसानी से समझा जा सकता है। अनात्मवाद अज्ञों को भयभीत करने वाला है ... बालांना त्रासजनकम्। क्योंकि वहां आनन्द भोगने वाला कोई नित्य ध्रुव आत्मा का निषेध है ... अजात, अभूत, अकृत, आदि। बुद्ध ने कहा "दुद्दसं अनत्तं नाम न हि सच्चं सुदस्सनं। पटिबिद्धा तण्हा जानतो पस्सतो नत्थि किञ्चनं" अर्थात् जहाँ तृष्णा क्षीण हो गई, आस्त्रव, चित्तमल, भोग, जन्मान्तर और विशेष मतवाद की तृष्णाएं जहाँ नहीं रह जाते वह अवस्था निर्वाण है।[23] इससे अधिक कहना बुद्ध के अव्याकृत प्रतिज्ञा की अवहेलना करनी होगी।

प्रतीत्य समुत्पन्न (विच्छिन्न प्रवाह रूप से उत्पन्न) नाम-रूप (विज्ञान और भौतिकतत्व) तृष्णा के गारे से मिलकर जो एक जीवन प्रवाह प्रवाहित हो रहा हैं, इस प्रवाह का अत्यन्त विच्छेद ही निर्वाण है।

निर्वाण बुझना है, यह उसका शब्दार्थ ही बतलाता है।[24]

हमने ऊपर बुद्ध और उनके दर्शन के बारे में बताया है। प्रश्न है क्या यह बुद्ध दर्शन व्यावहारिक भी है या नहीं? यदि हाँ तो इसका व्यवहार कहाँ तक हो रहा है?

बौद्ध समाज ही बुद्ध के दर्शन का व्यावहारिक क्षेत्र है। इसमें इन तत्वों का प्रयोग किस प्रकार और कहाँ तक हो रहा है इसका आकलन इस तथ्य से हो जाता है कि विश्व में आज इक्कीस देश बौद्ध हैं। संसार के कुल जनसंख्या का हर पांचवा व्यक्ति बौद्ध है। बौद्ध संस्कृति पर आधारित राष्ट्र और इससे प्रभावित अन्य राष्ट्र भी पंचशील को विश्वशांति का मूलभूत मंत्र मानते हैं। स्वयं भारत में बुद्ध और बुद्ध के जीवन से संबंधित चिन्ह तो राष्ट्रीय गौरव के प्रतीक हैं। जापान ने औद्योगिक, तकनीकी और विज्ञान के अन्वेषणों में अपना एक अलग कीर्तिमान स्थापित किया। चीन ने अपने जनसंख्या के विस्फोट को रोजगार की शक्ति में सक्रिय बनाकर एक आदर्श पहल की। इस प्रकार बौद्ध संस्कृति के चहेते अन्य राष्ट्र भी वैचारिक, सामाजिक, आर्थिक और जीवन के विभिन्न क्षेत्रों में अपनी अनोखी छाप छोड़ रहे है। यह उनका व्यवहारिक योगदान है जिसका अनुकरण विकासशील देशों तथा विकसित राष्ट्रों के लिए भी आवश्यक है।[25]

हाँ तो बौद्ध धर्म वैज्ञानिक है और अन्य धर्मों पर उसकी वरीयता है यह जो डॉ. आंबेडकर का दावा है उसके प्रमाण में हमे कुछ आधुनिक साक्षियों को यहाँ प्रस्तुत करना है।

डॉ. आंबेडकर ने अपने अंतिम ग्रंथ "द बुद्ध एण्ड हिज धम्म" में बौद्ध धर्म और उसके प्रवर्तक गौतम बद्ध के संबंध में नई दृष्टियों को उजागर किया है। गौतम ने गृहत्याग क्यों किया इस प्रश्न का उत्तर उन्होंने तत्कालीन सामाजिक परिस्थितियों में दिखला दिया। बुद्ध ने जो बुद्धत्व प्राप्त किया था उस बुद्धत्व का मौलिक संदेश सामाजिक बौद्ध धर्म है इसे उन्होंने जोर देकर समझाया। तत्कालीन अन्य धर्म संस्थाएँ राज संस्थाओं के साथ मिलकर सामाजिक विषमता को यथा स्थिति रखने में पुनर्जन्म, कर्म, अहिंसा तथा संसरण जैसे शब्दावली में किस प्रकार जनता को दिगभ्रमित करते थे और स्वयं बौद्ध धर्म अकेले उसका किस प्रकार प्रतिवाद कर जनतंत्र तथा स्वतंत्र चिंतन का प्रवर्तन करता था इसका भी उन्होंने सांगोपांग विवेचन उक्त ग्रंथ में किया हैं। उसी से निम्न आधुनिक साक्षियों का बौद्धधर्म पर साक्षात्कार पेश करते हैं।

## (1) प्रो. एस. एस. राघवाचार्य

**प्रश्न**- राघवाचार्य जी आप बुद्ध के युग की तुलना बुद्ध पूर्व युग के साथ किस प्रकार करते हैं?

**उत्तर**- "बुद्ध पूर्व युग भारतीयों का सर्वाधिक अंधकारमय युग था। चिन्तन की दृष्टि से यह पिछड़ा हुआ युग था। उस समय का विचार धर्मग्रंथों के प्रति अन्ध विश्वास से जकड़ा हुआ था। नैतिकता की दृष्टि से भी अन्धकारपूर्ण युग था। विश्वासी हिन्दूओं के लिए नैतिकता का मतलब इतना ही था कि धर्मग्रंथों के अनुसार यज्ञादिकों को ठीक-ठीक कर सकना। आत्मत्याग या चित की पवित्रता आदि जैसे यथार्थ नैतिक विचारों को उस समय के नैतिक चिन्तन में कोई उपयुक्त स्थान प्राप्त न था।

## (2) श्री आर.जे. जैक्शन

**प्रश्न**- जैक्शन साहेब, क्या आप राघवाचार्य की दृष्टि का अनुमोदन कर सकते है?

**त्तर**- मेरा मत है कि ऋग्वेद की ऋचाओं में हम पाते हैं कि आदमी बहिर्मुख है। उसका सारा चिन्तन देवताओं की ओर अभिमुख है।

आदमी के अन्दर जो सामर्थ्य छिपी हुई है बौद्ध धर्म ने उसकी ओर ध्यान आकर्षित किया है। वेदों में हमें प्रार्थना, प्रशंसा और पूजा ही मिलती है। बौद्ध धर्म में ही हमें प्रथम बार चित को सही रास्ते पर चलाने के क्रम की शिक्षा मिलती है।

## (3) श्री विनवुड रीड

प्रश्न- रीड साहब आपने "आदमी की शहादत" नामक जो किताब लिखी है उसमें अपने विकास के क्रम के बारे में चर्चा की है। क्या आप विकास के इतिहास में बौद्ध धर्म के किसी पहलू के योगदान के बारे में बतायेंगे?

उत्तर- हमने अपनी पुस्तक "मारटायरडम ऑफ मैन" में यही लिखा है कि जब हम प्रकृति की पुस्तक खोलकर देखते हैं, जब हम लाखों-करोड़ों वर्षों खून तथा आंसुओं में लिखा हुआ "विकास" का इतिहास पढ़ते हैं, जब हम जीवन का नियंत्रण करने वाले नियमों को पढ़ते हैं, और उन नियमों को जो विकास को जन्म देते हैं, तो हमें यह स्पष्ट दिखाई देता है कि यह सिद्धांत कि परमात्मा प्रेम-रूप है, कितना भ्रामक है। हर चीज में बदमाशी भरी पड़ी है और अपव्यय का कहीं कोई ठिकाना नहीं है। जितने भी प्राणी पैदा होते हैं। उनमें बचने वालों की संख्या बहुत ही थोड़ी होती है। चाहे समुद्र में देखो, चाहे हवा में देखो और चाहे जंगल में देखो ... हर जगह यही नियम है, दूसरों को खाओ तथा दूसरों द्वारा खाये जाने के लिए तैयार रहो। हत्या ही विकास क्रम का कानून है। भगवान बुद्ध का धर्म इससे कितना भिन्न है।

## (4) डॉ. रंजन राय

प्रश्न- डॉक्टर साहेब आप स्वयं वैज्ञानिक है। क्या आप विज्ञान और बौद्ध धर्म की तुलनात्मक समालोचना पर कुछ प्रकाश डालकर हमें अनुगृहीत करेंगे?

उत्तर- उन्नीसवीं शताब्दी के उत्तरार्ध में तीन कानूनों की तूती बोली जाती थी। किसी ने उन्हें अस्वीकार करने का साहस नहीं किया। ये कानून थे ....

1. जड़-पदार्थ का कानून
2. जड़-पदार्थ के समूह का कानून
3. शक्ति का कानून। यह उन आदर्शवादी चिंतकों के जयघोष थे, जो समझते थे कि ये तीनों अविनाशी है। उन्नीसवीं शताब्दी के वैज्ञानिकों के अनुसार ये तीन कानून ही सृष्टि के संचालक थे। 19वीं शताब्दी के वैज्ञानिकों के अनुसार ये तीन कानून ही मूल तत्व थे। उनकी कल्पना थी कि विश्व अविनाशी अणुओं का समूह है। उन्नसीवीं शताब्दी समाप्त होने को आई।

**प्रश्न-** फिर क्या हुआ?

**उत्तर-** श्री जे.जे. थामसन और उनके अनुयायियों ने अणुओं पर हथोड़े चलाने आरंभ किए। आश्चर्य की बात हुई .. अणुओं के भी टुकड़े-टुकड़े होने लगे। इन टुकड़ों को परमाणु कहा जाने लगा। सभी समान और सभी ऋणात्मक विद्युत।

**प्रश्न-** क्या थामसन के इस आविष्कार से मैक्सवेल की धारणा बदल गई?

**उत्तर-** हाँ! जिन अणुओं को मैक्सवेल विश्व के अथवा वास्तविकता के अविनाशी आधार स्तंभ मानता था, वे खण्ड-खण्ड हो गये। उनके छोटे-छोटे खण्ड हुए - प्रोटोन तथा इलेक्ट्रोन; क्रमशः धनात्मक तथा ऋणात्मक विद्युत लिए एक निश्चित अविनाशी जड़ पदार्थ समूह की कल्पना विज्ञान से विदा हुई।

**प्रश्न-** इस वैज्ञानिक आविष्कार का बौद्ध दर्शन से क्या संबंध?

**उत्तर-** संबंध यह कि इस शताब्दी में सभी का विश्वास है कि जड़ तत्व का प्रतिक्षण विच्छेद (निरोध) हुआ। भगवान बुद्ध के अनित्यता (प्रतीत्य समुत्पन्न) के सिद्धांत को समर्थन प्राप्त हुआ। विज्ञान ने इस बात को सिद्ध कर दिया है कि विश्व की गति (चीजों के) मेल से किसी चीज के बनने, उनके खण्ड-खण्ड हो जाने तथा फिर मिलने के नियमों पर ही आश्रित है। (विनष्ट-उत्पत्ति का विच्छिन्न प्रवाह यानी प्रतीत्य समुत्पाद सिद्धांत) यही सिद्ध करता है। आधुनिक विज्ञान के अनुसार अंतिम तत्व अनेक होकर (कारण-समूह वाद) एक (प्रवाह) भासित होने वाला है। आधुनिक विज्ञान भगवान बुद्ध के अनित्यता तथा अनात्मवाद के सिद्धांत की प्रतिध्वनि है।

**( 5 ) श्री ई.जी. टेलर**

**प्रश्न–** आपने "बुद्धिज्म एण्ड माडर्न थॉट" नामक अपनी पुस्तक में बौद्धधर्म को किस आधार पर प्रासंगिक है, कहा है?

**उत्तर–** काफी समय से आदमी बाहरी ताकतों के दबाव में रहा है। यदि उसे सभ्य राष्ट्र के वास्तविक अर्थों में सभ्य बनना है तो उसे अपने ही नियमों द्वारा अनुशासित रहना सीखना होगा। बौद्धधर्म ही वह प्राचीनतम नैतिक विचार धारा है जिसमें आदमी को स्वयं अपने आप अनुशासित बनने की शिक्षा दी गई है। इसलिए इस प्रगतिशील संसार को बुद्धधर्म की आवश्यकता है ताकि वह उससे यह ऊँची शिक्षा हासिल कर सके।

**( 6 ) श्री लैसली बोल्टन**

**प्रश्न–** आप तो यूनिटेरीयन सम्प्रदाय के ईसाई पाद्री है। क्या आप भी बौद्ध के औचित्य पर गौर करते हैं?

**उत्तर–** बौद्धों की तरह हम युनिटेरीयम सम्प्रदाय के मानने वाले भी परम्परा, पुस्तकों, व मतों के बाह्य अधिकार को प्रमाण नहीं मानते। हम आदमी के अपने भीतर ही उसका मागदर्शक, प्रदीप्त देखते हैं। युनिटेरियन मत के अनुयायियों को ईसा और बुद्ध दोनों की श्रेष्ठ जीवन के श्रेष्ठ व्याख्याकार प्रतीत होते हैं।

**( 7 ) प्रो. डेविड गोडार्ड**

**प्रश्न–** गोडार्ड जी, बौद्धधर्म के बारे में आपका मत क्या है?

**उत्तर–** संसार में जितने भी धर्म संस्थापक हुए हैं, उनमें भगवान बुद्ध को ही यह गौरव प्राप्त है कि उन्होंने आदमी में मूलतः विद्यमान उस निहित शक्ति को पहचाना जो बिना किसी बाह्य निर्भरता के उसे मोक्ष (निर्वाण) पथ पर अग्रसर कर सकती है। यदि किसी वास्तविक महान पुरुष का माहात्म्य इसी बात में है कि वह मानवता को कितनी मात्रा में महानता की ओर अग्रसर करता है तो तथागत से बढ़कर दूसरा कौन सा आदमी महान हो सकता है?

भगवान बुद्ध ने किसी, बाह्य शक्ति को आदमी के ऊपर बिठाकर उसका दर्जा नहीं घटाया, बल्कि उसे प्रज्ञा और मैत्री के शिखर पर ले जाकर बिठा दिया है।

**( 8 ) श्री ई. जे. टेलर -**

**प्रश्न-** आप "बुद्धिज्म" के ग्रंथकार है। क्या आप बता सकते हैं कि बौद्ध धर्म में वह क्या विशेषता है जो अन्य धर्मों में नहीं है?

**उत्तर-** किसी दूसरे धर्म में "विद्या" को इतना महत्व नहीं दिया गया और अविद्या की इतनी गर्हा नहीं की गई, जितनी बौद्ध धर्म में। कोई दूसरा धर्म अपनी आँख खूली रखने पर इतना जोर नहीं देता। किसी दूसरे धर्म ने आत्म विकास की इतनी विस्तृत, इतनी गहरी तथा इतनी व्यवस्थित योजना पेश नहीं की।

**( 9 ) प्रो. डब्ल्यू.टी. स्टास -**

**प्रश्न-** प्रोफेसर साहेब क्या आपके द्वारा लिखित "बुद्धिस्ट एथिक्स" के आधार पर यह दावा प्रमाणित किया जा सकता है कि बौद्ध धर्म ही श्रेष्ठतम जीवन पद्धति हो सकती है?

**उत्तर-** बौद्ध धर्म का नैतिक आदर्श पुरुष "अर्हत" न केवल सदाचार की दृष्टि से बल्कि मानसिक विकास की दृष्टि से भी महान होना चाहिए। उसे दार्शनिक तथा श्रेष्ठ आचारवान दोनों एक साथ होना चाहिए। बौद्ध धर्म ने "विद्या" को हमेशा मुक्ति के लिए अनिवार्य माना है और अविद्या तथा तृष्णा को मोक्ष का प्रधान बाधक कारण स्वीकार किया है। इसके विरुद्ध ईसाई आदर्श पुरुष के लिए ज्ञानी होना कभी आवश्यक नहीं माना गया है। क्योंकि संस्थापक का अपना स्वरूप ही अदार्शनिक था। इसलिए ईसाईयत में दार्शनिकता का आदमी की नैतिकता से कोई संबंध नहीं माना गया है। संसार के दु:खों के मूल में शरारत से कहीं अधिक अज्ञान और अविद्या ही है। भगवान बुद्ध ने इनके लिए जगह नहीं रखी।"

उपरोक्त साक्षात्कार भगवान बुद्ध और उनका धर्म कितना महान है और कितना अनुपम है यह बताने के लिए पर्याप्त है।

डॉ. आंबेडकर ने बौद्ध धर्म का प्रयोग सामाजिक उत्थान के हेतु भी सर्वोपरि माना है। यहाँ हम बौद्ध धर्म के सामाजिक अंग की चर्चा करेंगे। अर्थात् बौद्ध धर्म के अनुसार आदर्श पुरुष और आदर्श महिला वे ही है जो स्वतंत्र विचारक बनकर जनतंत्र के जीवन पद्धति को साकार करने की आकांक्षा को महत्वपूर्ण समझते हैं।

हर समाज में महिला और पुरुषों का अनुपात लगभग बराबर होता है। समाज में यह अनुपात संख्यात्मक है। जरूरत इस बात की है कि इस संख्यात्मक परिमाण को गुणात्मक मूल्य में कैसे परिवर्तित किया जाए क्योंकि? समाज के उत्थान के लिए ऊँचे जीवनमान की अपेक्षा ऊँची संस्कृति अधिक निश्रेयस और उत्थानक सिद्ध होती है। क्या बौद्ध धर्म समाज में ऊँचे आदर्श स्थापित करने के लिए मौलिक प्रस्ताव प्रस्तुत करता है? क्या वह सामाजिक असमानता के उच्चाटन का प्रस्तावक तथा प्रत्येक व्यक्ति के सामाजिक उत्थान का प्रवर्तक धर्म है? धम्म तथा पुरुष और धम्म तथा महिला का तुलनात्मक समालोचन करना अब क्रम प्राप्त है।

## 6. सामाजिक उत्थान के लिए धम्म

**धम्म और समाज**–समाज क्या है? समाज है धार्मिक आधार पर हिन्दू स्पृश्य तथा हिन्दू अस्पृश्य लोगों, और आर्थिक आधार पर श्रीमंत तथा गरीब वर्गों का एक क्षेत्र में सहअस्तित्व और बराबरी का जीवन संगठन।

धम्म क्या है? धम्म एक सामाजिक प्रकृति है जो समाज को हमेशा खुला और मुक्त रूप में देखता है। उसे संयोग, जन्म या धन्धे के आधार पर हमेशा के लिए वर्गीकृत और विकृत नहीं बनाता।

बुद्ध ने अपने अम्बट्ठ सूत्र नामक उपदेश में जन्म और भेद पर आधारित समाज व्यवस्था की भत्सर्ना की तथा ब्राह्मण का श्रेष्ठता का दावा निराधार बताया। उन्होंने पूछा कि जब ब्राह्मण की माता भी अन्य माताओं की तरह ऋतुमति होकर जन्म देती है तब जन्म से ब्राह्मण श्रेष्ठ है का क्या आधार है। क्या वह इसलिए श्रेष्ठ है कि उसने माता की कोख के बदले ब्रह्म के मुँह से स्वयं के पैदा होने को बताकर अपनी श्रेष्ठता का दावा किया है। ब्रह्म एक वास्तविकता होती तो शायद इसका परिणाम भी होता। बुद्ध ने तो ब्रह्म के रचयिता होने पर ही प्रश्न चिन्ह लगा दिया। ब्राह्मण का जन्म से श्रेष्ठ होने का दावा गलत है इसका नाद कबीर के इस दोहे में भी ध्वनित हुआ है.... तुम कत् ब्राह्मण हम कत सूद। तुम कत लोहू हम कत दूध।

**धम्म और पुरुष**–बुद्ध ने पुरुष और स्त्री को एक व्यक्ति के नाते एक समान समझा। उन्होंने धार्मिक तथा आर्थिक भेदभावों को मिटाने के लिए स्त्री–पुरुषों का एक संगठन समाज के सम्मुख पेश किया। इस संगठन को संघ या प्रजातंत्र समाज घोषित किया। उसके विधान का सूत्रपात हुआ। सभी सांघिक सदस्यों तथा सामाजिक नागरिकों का बंधुत्व या मैत्री से सुखद समन्वय स्थापित

किया। साधारण व्यक्ति उपासक-उपासिका, होकर संघ के उत्थान में योगदान कर सकता था। यदि वह प्रव्रज्जित होना चाहता तो श्रामतोर-श्रामणेरी, भिक्षु-भिक्षुणी बनकर संघ में धार्मिक अनुशासन के जीवन का स्वाद ले सकता था। ध्यान में रुचिवान होकर कोई भी व्यक्ति निर्वाण की धारा में प्रविष्ट होकर मानसिक शांति के लिए श्रोतापत्र, सकृदागामि, अनागामी, अर्हत बन तथा बोधिसत्व के परम परोपकारी आदर्श को ग्रहण कर समाज को सुसंस्कृत बनाने में अपना योगदान दे सकता था।

सामाजिक सांस्कृतिक एकता के लिए यह अत्यंत जरूरी है कि उसके घटक स्त्री-पुरुष दोनों सहचारी तथा सहकारी के नाते बराबरी के न्याय को अपने जीवन में उतारें। यह काम धर्म-संस्था अपने आंदेशों-उपदेशों द्वारा अच्छे ढंग से पूर्ण कर सकती है। बौद्ध धर्म ने अच्छे भारतीय संस्कृति के आदर्श को हमेशा सराहा तथा उसको प्रचारित किया।

डॉ. आंबेडकर ने धम्म और स्त्री का संबंध सामाजिक उत्थान के लिए कितना महत्वपूर्ण है इसे अपनी पुस्तिका "द राइज एण्ड फाल ऑफ हिन्दु विमेन" में सुस्पष्ट किया है।

**धम्म तथा स्त्री**—धम्म की दृष्टि से समाज में महिलाओं का स्थान पुरुषों के बराबर है। भारतीय नारी को जन्म से पापी,[26] सदा परावलंबी[27] हमेशा बंधनयुक्त[28] आर्थिक दास्यत्व में[29] मार खाने योग्य[30] मूक तथा वेद के प्रयोग करने पर नरक में जानेवाली,[31] शैतान पति को पूजने के लिए बाध्य,[32] जिसकी हत्या करना क्षुद्र अपराध हो,[33] और जिसकी मृत्यु उपेक्षित रहे,[34] इस प्रकार समझा जाता रहा है।

परन्तु सुलभा, गार्गी, मैत्रेयी तथा विद्याधरी जैसी वैदिक युग की महिलाएँ भी थी जो क्रमशः जनक, याज्ञवल्क्य तथा शंकर जैसे धर्मपण्डित और दार्शनिकों के साथ वाद-विवाद करती थीं। उपनिषदों में भी महिलाओं की ध्वनि अमर उपदेशों में गूंजती रही। बौद्ध युग में थेर के साथ थेरीओं के उपदेश भी बुद्धवचनों में अपना उत्कृट स्थान पाते हैं। पौराणिक युग में सावित्री की महिमा सर्वविदित ही है। मुगलयुग में बौद्ध स्थविरियाँ (थेरिया) और मीराबाई तथा पद्मिनी का चरित्र भारतीय महिलाओं के हृदय में बस गया था। ब्रिटीश युग में भी झांसी की रानी तथा चांदबीबी की बहादूरी भूली नहीं जा सकती। परन्तु रामायण और महाभारत में महिलाओं की दशा इस पंक्ति में प्रस्फुटित हुई है... ढोल, गंवार, शूद्र, पशु, नारी, सकल ताड़ना के अधिकारी गिरा मुखर तनु अरद भवानी, रति अति दूषित अतनु पति जानी।[35] सीता को अपने निंदक को दण्ड देने का अवसर

न मिला। न द्रोपदी अपने पतियों को जुए में दाव पर लगा सकी। परन्तु यूरोप में एलिजाबेथ ने अपने प्रेमी इसेक्स को फांसी दी। बेसी को राजनैतिक सत्ता प्राप्त करने का अवसर मिला। आस्ट्रिया की मारिया टेरेसा सत्ता की शासक रही। बिजन्टियम की थिओडोरा वेश्या होकर भी रानी बनी।

मनुस्मृति के कानून का साम्राज्य भारतीय समाज में आते ही भारतीय बौद्धजन, नारी तथा शूद्र-अतिशूद्र बुद्ध और धम्म से वंचित हो गये। "स्त्री भी पण्डिता होती है", तथा "बालिका बालक से बेहतर सन्तान हो सकती है क्योंकि वह बुद्धिमान और सुशील माता के रूप में जिस बालक को जन्म देगी वह महापराक्रमी तथा चक्रवर्ती सम्राट भी बन सकता है।"[36] इस बुद्ध के उपदेश का तत्कालीन राजा प्रसेनजित (जिनके महल में उनकी रानी ने एक कन्या को जन्म दिया था, इसी घटना के संदर्भ में बुद्ध ने राजा को संबोधित किया था) पर क्या प्रभाव पड़ा होगा इसकी कल्पना की जा सकती है। क्योंकि उस समय के पश्चात् आज जो बुद्ध के अनुयायी बौद्ध राष्ट्र हैं उन पर उक्त वचन का प्रभाव स्पष्ट है। सारे बौद्ध देशों में बौद्ध नारी पति के मरणशय्या पर मरने या सति होने को मजबूर न रही, न है। व चाहे तो उसे छोड़ सकती थी, चाहे तो पुनर्विवाह कर सकती थी। उनको स्वतंत्रता थी कि वे भी भिक्षुणियाँ बने। मुक्ता, मेत्तिका, सोमा जैसी महिलाएँ बौद्ध भिक्षुणियाँ ही थीं।

बुद्ध ने कहा था "महान कुल और धनी परिवार के चीर काल तक टिकने के पीछे सुशील महिला ही होती है। स्त्री का प्रादुर्भाव होना सात रत्नों में से एक का उत्पन्न होना है।[37]

इसी प्रकार बुद्ध ने स्त्री का मुल्यांकन करते हुए कहा कि स्त्री सर्वोच्च तथा अनिवार्य विधायक तत्व है।[38]

जिस प्रकार बुद्ध ने अपने अंतिम संदेश में कहा कि बुद्ध के निवृत होने के पश्चात् धम्म ही तुम्हारी शरण होगी तथा संघ धम्म का उत्तराधिकारी बने, संपत्ति का नहीं। पच्चीस सौ वर्षों बाद बोधिसत्व बाबासाहेब डॉ. आंबेडकर ने अपने लाखों अनुयायियों के साथ 14 अक्टूबर 1956 की संध्या में नागपुर की दीक्षा भूमि पर बौद्ध धर्म की दीक्षा लेते हुए यही उद्घोषण की-

बुद्धं सरणं गच्छामि, धम्मं सरणं गच्छामि, सघं सरणं गच्छामि।

इसी के साथ भारत में बौद्ध धर्म पुनर्जीवित हुआ। इस घटना के बारे में महापंडित राहुल सांकृत्यायन ने कहा था कि डॉ. आंबेडकर ने बौद्ध धर्म का जो झंडा भारत भूमि में गाड़ दिया उसे कोई हिला नहीं सकता। और आनन्द

कौसल्यायन ने अपना ऐसा मन्तव्य प्रकट किया कि "बाबासाहेब के बौद्ध धर्म के ग्रहण करने से जो भारत के लोग बुद्ध को चीनी, बर्मी, सिंहली, थाई आदि नागरिकों के देवता समझते थे वे पुनः उसे भारतवासियों के भगवान बुद्ध मानने लगे और लावारिस समझी जाने वाली बौद्ध धरोहर फिर से उसके सही उत्तराधिकारियों के हाथों में आ गई।" धम्म का उत्तराधिकारी बनना सचमुच बड़ा ही कठिन है। मौर्य सम्राट अशोक, यवन सम्राट मिलिंद, शक सम्राट कनिष्क तथा कुशानसम्राट हर्षवर्धन को भी अपने-अपने संपन्नता के बावजूद धम्म का उत्तराधिकारी बनना बड़ा मुश्किल रहा क्योंकि अपने पूरे साम्राज्य का हृदय परिवर्तन करना कोई मामूली बात नहीं है। डॉ. आंबेडकर उपरोक्त सम्राटों की तुलना में अपनी विपन्नता के बावजूद एक ही क्षण में लाखों हृदयों का परिवर्तन कर संसार की सबसे बड़े अदभुत घटना अर्थात् पंचशील की शांतिपूर्ण प्रणाली से प्रजातांत्रिक हृदय-क्रांति का सूत्रपात कर सके। उन्होंने जनता के लिए अपना अंतिम संदेश भी दिया।

## 7. डॉ. आंबेडकर का जनता के लिए धम्म-संदेश

**बुद्ध** – डॉ. आंबेडकर ने काठमांडू के अपने ऐतिहासिक भाषण में कहा "साम्यवादियों की सफलता से आप आनंदित मत होना। यदि हम सब बुद्ध का दसवां भाग ज्ञानी बन जाये तो भी हम कम्यूनिस्टों की तरह सफल हो सकते हैं। यह यश हम खूनी क्रांति से नहीं बल्कि सदिच्छा, प्रेम और न्याय से प्राप्त कर सकते हैं।"

**धम्म** – 13 अक्टूबर 1956 की दीक्षा के पूर्व बेला पर डॉ. आंबेडकर ने अपना एक संस्मरण सुनाते हुए कहा, "मैंने एक दफा महात्मा गांधी को बताया था कि यद्यपि वह हमसे अस्पृश्यता के मुद्दे पर असहमत है; तथापि जब समय आया तो मैं अपने देश के लिए कम से कम नुकसान का मार्ग चुनूँगा और वह बुद्ध का धम्म अँगिकार कर देश को अधिक से अधिक परम लाभ पहुँचाना है।"

**संघ** – डॉ. आंबेडकर ने सीखों, संघर्ष करो, संगठित बनो का मंत्र देकर भारतीय संघ को प्रजातंत्रीय संगठन में अपने संविधान से बांध दिया। उन्होंने भविष्यवाणी की, कि आगामी दस या पन्द्रह वर्षों में जनता द्वारा बौद्ध धम्म को स्वीकार करने की लहर सारे देश भर में फैलेगी और भारत एक बौद्ध देश बनेगा। ब्राह्मण उसे सबसे आखिर में स्वीकार करेंगे और करें।

"मैं चाहता हूँ कि सम्पूर्ण भारत बौद्ध धर्म का अनुगामी बने। बौद्ध धर्म केवल हरिजन धर्म न बने। वह सर्वथा विश्व का धम्म है।"[39]

डॉ. आंबेडकर ने जनता के लिए बाईस प्रतिज्ञाओं की बौद्ध धर्म दीक्षा की विधि बतलाई। उन प्रतिज्ञाओं में जिस सनातन विधि का अन्तर्भाव है वह यह है–

नमो तस्स भगवतो अरहतो सम्मा सम्बुद्धस्सऽऽ

बुद्धं सरणं गच्छामि (दुतियम्पि, ततियम्पि)

धम्मं सरणं गच्छामि (दुतियम्पि, ततियम्पि)

संघं सरणं गच्छामि (दुतियम्पि, ततियम्पि)

पाणतिपाता वेरमणी सिक्खापदं समादियामि।

आदिन्नादाना वेरमणी सिक्खापदं समादियामि।

कामेसुमिच्छाचारा वेरमणी सिक्खापदं समादियामि।

मुसावादा वेरमणी सिक्खापदं समादियामि।

सूरामेरयमज्जपमादठाणा वेरमणी सिक्खापदं समादियामि।

अर्थात्– उस भगवान अर्हत सम्यक सम्बुद्ध को त्रिवार नमस्कार है।

प्रथम, द्वितीय, तृतीय बार मैं बुद्ध की शरण जाता हूँ। धम्म की शरण जाता हूँ।

संघ की शरण जाता हूँ । मैं यह शिक्षा पद ग्रहण करता हूँ कि सभी प्राणीमात्र से मैत्री करुँगा।

मैं दूसरों के लिए अपने तन–मन–धन को न्यौछावर करूँगा।

मैं अपने तन–मन–वचन के कर्म संयमित रखूंगा।

मै सार्थक, सुमधुर, सुसंगत तथा सत्य वचन का प्रयोग करूंगा।

मैं शरीर और मन को थकाने, बेहोश करने वाले किसी पदार्थ या पान को ग्रहण नहीं करूंगा।

उक्त भाव के लोगों तक पहुँचाने वाले उस महापुरुष डॉ. आंबेडकर का जन्म पराधीन भारत में 14 अप्रैल 1891 में हुआ तथा उनका परिनिर्वाण स्वाधीन भारत में 6 दिसम्बर 1956 में हुआ। उनके उक्त संदेश को रवीन्द्रनाथ ठाकुर ने निम्न पंक्तियों में सुन्दर ढंग से प्रतिध्वनित किया है।

"इस देश में उस बुद्धनाम को हम फिर से ले आयें,

जिसने आपके जन्मभूमि को सुदूर देशों तक पावन किया।

उस बोधिवृक्ष के तले आपको जो महान बुद्धत्व–प्राप्ति हुई।

उसे हम जीवन में पूर्ण करें।

जो द्वार बंद किए गए है उन्हें हम उन्मुक्त करें।
तथा वह प्रतिध्वनि करने वाला शंखनाद भारत के प्रवेश द्वार पर
आपके आगमन को सुचित करें।
वह असीम प्रेम का संदेश देने वाले
आप के वचनों को हमारी
असंख्य मुखध्वनियां उद्घोषित करें।"

## संदर्भ

1. आंबेडकर: 1950, पैरा 17।
2. सांकृत्यायन: 1944/1978, 7।
3. वही: 380-381।
4. वही: 500।
5. राहुल सांकृत्यायन 1978 : 821।
6. कीर: 253।
7. आंबेडकर: 1946 : 215-23।
8. सी. डी. नाईक: 1995-110 (अभिमान)।
9. आंबेडकर, *टाइम्स ऑफ इण्डिया*, 12.1.1955 महाराष्ट्र सरकार, 1982, 532।
10. नाईक: 1995 : 60 (अभिमान)।
11. आम्बेडकर, *भाषण और लेखन*, भाग-2, 161।
12. आम्बेडकर, महाबोधि, अप्रैल 1950।
13. संयुक्त निकाय, 4-1-4।
14. राहुल सांकृत्यायन, 1978 : 520।
15. दीघनिकाय, 1-11।
16. मज्यिम निकाय, 1-5-9।
17. दीघ निकाय, 1-13।
18. राधाकृष्णन, *इंडियन फिलासफी*, पृ. 387।
19. मज्झिम निकाय, 1, 3, 2
20. अंगुत्तर निकाय, 3, 7, 5।
21. मज्झिम निकाय, 2, 3, 1।
22. वही, 2, 4, 10।

23. उदान, 8, 2।
24. राहुल सांकृत्यायन, 1978 पृ. 535।
25. सी.डी. नाईक, 1989, 57।
26. मनुस्मृति, IX, पृ. 16।
27. वही, V, 148।
28. वही, IX, पृ. 46149।
29. वही, IX, पृ. 416।
30. वही, VIII, पृ. 209।
31. वही, II: 66, XI पृ. 36.37, प्ट : पृ. 205, 206।
32. वही, V, पृ. 154।
33. वही, IXI, पृ. 67।
34. वही, V, पृ. 88, 89।
35. डॉ. रामफल द्वारा श्रवित।
36. संयुक्त निकाय, भाग-1, पृ. 110।
37. अंगुत्तर निकाय, 1-5, पृ. 83,254,255।
38. संयुक्त निकाय, 1, पृ. 62।
39. सद्धातिस्स, 1956, पृ. 7।

# संदर्भ-ग्रंथ

## आर्थिक व्यवस्था, राजनैतिक विचार एवं धार्मिक दर्शन


1. अम्बेडकर बी.आर., द हिंदुस्तान टाइम्स, बॉम्बे नवम्बर 26, 1949
2. 1955 जनवरी 12, टाइम्स ऑफ इण्डिया, दिल्ली
3. 1949, कॉस्टिट्युयंट असेंब्लि डिबेटस्, दिल्ली
4. 1927, असेंब्लि डिबेटस्, बांबे
5. 1955, पार्लमेंटरी डिबेट्स, दिल्ली
6. 1918, रिव्यूव ऑफ बी. रसेल्स प्रिंसिपल्स ऑफ सोशल रिकनस्ट्रक्शन एवं "स्माल होल्डिंग्ज इन इंडिया एण्ड देअर रेमिडीज", इंडियन इकॉनामिक सोसायटी जर्नल
7. 1989, डॉ. आम्बेडकर्स रायटिंग्स एण्ड स्पीचेस, खंड-1, शिक्षा विभाग, महाराष्ट्र शासन, मुंबई।
8. 1982, रायटिंग्ज एण्ड स्पीचेस ऑफ अम्बेडकर, भाग-2 शिक्षा विभाग, महाराष्ट्र शासन मुंबई।
9. 1920, मूकनायक, मुम्बई।

10. 1927, बहिष्कृत भारत, मुंबई।
11. 1982, डॉ. अम्बेडकर और अस्पृश्य आंदोलन के स्त्रोत साधन, भाग एक, शिक्षा विभाग, महाराष्ट्र शासन, मुंबई।
12. 1940, द राइज एण्ड फाल ऑफ हिन्दू वुमन, हैदराबाद तथा रानाडे, गांधी और जित्रा, पूना।
13. 1926 अप्रैल 29, रिव्यूव ऑफ टॅक्सेशन एन्क्वायरी कमिटी रिपोर्ट भाग IX, नं. 13,
14. 1950, बुद्ध एण्ड फ्यूचर ऑफ हिज रिलिजन, महाबोधि, कलकत्ता।
15. 1990, डॉ. अम्बेडकरर्स रायटिंग्ज एण्ड स्पीचेस, खंड-2, शिक्षा विभाग, महाराष्ट्र शासन, मुंबई।
16. 1994 नवंबर बाबासाहेब अम्बेडकर संपूर्ण वाङमय, खंड-6, डॉ. अम्बेडकर प्रतिष्ठान, कल्याण मंत्रालय, भारत सरकार, नई दिल्ली।
17. 1989, डॉ. बाबासाहेब अम्बेडकर रायटिंग्ज एण्ड स्पीचेस खंड-6, शिक्षा विभाग, महाराष्ट्र शासन, बाम्बे।
18. 1947, स्टेटस एण्ड मायनारीटिज, बाम्बे।
19. 1926, टॅक्सेशन एन्क्वायरी कमिटि रिव्यूव, द सर्वंट ऑफ इण्डिया, वाल्यूम IX, नं. 13, शिक्षा विभाग, महाराष्ट्र शासन, खंड।
20. 1946, पाकिस्तान या पार्टिशन ऑफ इण्डिया, बांबे।
21. 1974, द बुद्ध एण्ड हिज धम्म, द्वितीय संस्करण, बाम्बे।
22. 1987, रायटिंग्ज एण्ड स्पीचेस ऑफ बाबासाहेब अम्बेडकर खण्ड3, शिक्षा विभाग, महाराष्ट्र शासन।
23. 1950, बुद्ध एण्ड फ्यूचर ऑफ हिज रिलिजन(अनु) बाली, (हिन्दी) जालंधर।
24. 1989, बुद्ध और उनका धर्म अनु, (कौसल्यायन, हिन्दी) सिद्धार्थ प्रकाशन, मुंबई।
25. अप्पादोराई ए.1965, द सबस्टन्स ऑफ पालिटिक्स, आक्सफर्ड युनिवर्सिटी प्रेस, दिल्ली।
26. अहीर डी. सी. 1982, डॉ. अम्बेडकर ऑन बुद्धिज्म, बाम्बे
27. आनन्द कौसल्यायन भदन्त 1987, हिन्दू धर्म किधर?नागपुर
28. आनन्द मुल्क राज 1950 मई, कानवर्सेशन विंद डॉ. अम्बेडकर, कफ परेड, कोलाबा, मुंबई।
29. एन्दलुरी (संपा) 1965, सितंबर 5, द आंध्र रिपब्लिकन, हैदराबाद
30. एलिनर झेलियट 1992, फ्राम अंटचेबल्स टू दलित, एसेज आन अम्बेडकर मूवमेंट, नई दिल्ली
31. कीर धनंजय 1971, डॉ. अम्बेडकर, जीवन और मिशन, बाम्बे
32. खिमेसरा जे 1995, डॉ. अम्बेडकर का आर्थिक चिंतन, भोपाल

33. गजभिये/वाघमारे 1997, भारत रत्न डॉ. बाबासाबेह अम्बेडकर विचार मंथन खण्ड 2, बुद्धभूमि प्रकाशन, नागपूर।
34. गेटेल आर. जी. 1950, पोलिटिकल सायन्स, वर्ल्ड प्रेस प्रायवेट लिमिटेड, कलकत्ता
35. चलम 1993, रेलिवन्स ऑफ आम्बेडकरिज्म इन इण्डिया, नई दिल्ली।
36. जाधव नरेन्द्र 1993, डॉ. आम्बेडकर्स इकॉनामिक थाट एण्ड फिलासफी, बाम्बे।
37. 1991 अप्रैल 13, निग्लेकटेड इकॉनामिक थाट ऑफ बाबासाहेब अम्बेडकर, इकॉनामिक एण्ड पोलिटिकल वीकली, दिल्ली।
38. जाटव डी. आर. 1990 डॉ. बी. आर. अम्बेडकर का राजनीति दर्शन, जयपुर, द्वितीय संस्करण।
39. जैन भागचंद्र 1991, भारतरत्न डॉ. अम्बेडकर और बौद्ध धर्म, नागपुर।
40. ढाकणेकर हरीश रामदास 1996, साम्यवाद, गांधीवाद, विरुद्ध मानवतावाद, प्रज्ञा प्रकाशन, नागपुर।
41. नाईक सी.डी., बुद्ध जयंति सूवनीर, वुल्वरहम्पटन, यू.के., (चन्दबोधी धम्म नायक), 1981।
42. 1981, बुद्धिस्अ मैरेज एण्ड मेथड, बुल्वरहम्पटन, यू. के.।
43. 1981, द बुद्ध, वुल्वरहम्पअन यू. के.।
44. 1985, सिग्निफिकन्स ऑफ अडाप्शन आफ बुद्धिज्म बाय डॉ. अम्बेडकर इन 1956, लॅंकास्टर, इंग्लैंड।
45. 1986, डॉ. केतकर एक साहित्यिक का जीवन और कार्य, वर्धा।
46. 1987, अशोकाची फुलं, वर्धा।
47. 1987, आकाश मेरी मुट्ठी में है, वर्धा।
48. 1975, बौद्ध धर्म ही क्यों? नागपुर।
49. 1991, डॉ. अम्बेडकरः द लिबरेटर, बैंकाक, थाइलैंड।
50. 1989, बुद्धिदस्ट डेवलपमेंट इन इस्ट एण्ड वेस्ट सिंस 1950 विद स्पेशल रेफरन्स टू डॉ. अम्बेडकर, नागपूर विद्यापीठ-नागपूर।
51. 1995, इनइक्वालिटी ऑफ रिलिजन्स एण्ड नीड फार कनवर्शन विद् स्पेशल रेफरन्स टू बुद्धिज्म एण्ड डॉ. अम्बेडकर, नागपूर विद्यापीठ-नागपूर।
52. 1983, विल अनटचेबिलिटी बी एवर अबालिश्ड, (पेपर) सानफान्सिस्को, अमेरिका।
53. 1980, बुद्धिजम्स कांट्रीब्यूशन टू वर्ल्ड, लंदन।
54. 1986, विदेश में बौद्ध धर्म क्यों फैल रहा, स्मरणिका, नागपूर।
55. 1988, आम्बेडर के लफ्ज भगवान भी नहीं काट सकता (लेख) समता मासिक, नागपूर।
56. 1982, अनटचेबिलिटी एण्ड बुद्धिज्म, टोरंटो, कॅनडा।

57. 1981, बुद्धिस्ट इंडिया (न्यूज लेटर) बुल्वरहम्पटन, इंग्लैंड।

58. 1984, बुद्धिज्म इन कन्टेम्परी सोसायटी, टोरंटो, कॅनडा।

59. 1982, व्हाइस आफ अम्बेडकर (न्यूज लेटर वीकली) वुल्वरहॅम्पटन, इंग्लैंड।

60. 1985, डॉ. अम्बेडकर सेंटर, बुलेटीन, बरमिंघन, इंग्लैंड।

61. 1996, बाबासाहेब कहाँ है (कविता) बौद्धमित्र संदेश, नागपुर

62. 1989, भंतेजींच्या आठवणी, धम्मलिपि, बाम्बे

63. 1995, द फ्रेंड, फिलासाफर एण्ड गाइड, डॉ. कौसल्यायन युग प्रवर्तन, दिल्ली

64. नागर वी.डी./नागर के.पी. 1992, इकॉनामिक थाट एण्ड पॉलिसी ऑफ डॉ. आंबेडकर, नई दिल्ली।

65. नारायनराव/जे.एस.(संपा.), द जर्नरल ऑफ इण्डियन इंस्टिट्युट, 1995 अगस्त, ऑफ इकॉनामिक्स वाल्युम XXXVIII, नं. 2।

66. 1991 अप्रैल 13, निग्लेक्टेड, इकॉनामिक एण्ड पोलिटिकल इकॉनामिक थाट ऑफ, वीकली, दिल्ली, बाबासाहेब अम्बेडकर।

67. न्यूज पॅनोरमा 1997, ए मैगजीन ऑफ करंट अफेअर्स (ऑफ इण्डिया एण्ड वर्ल्ड), नई दिल्ली।

68. परिवेड्डे (संपा)1990, धर्मांतर क्यों? नई दिल्ली।

69. पचोरी सुनिता 1992, डॉ. अम्बेडकर व धर्म, लेख।

70. पझारे (संपा.)1996, बौद्ध मित्र संदेश मासिक, नागपुर।

71. प्रासद बौद्ध गजाधर 1990, बुद्ध के बाद, भारती प्रकाशन, मथुरा, (म.प्र.) द्वितीय संस्करण।

72. भारती कंवल 1981, धम्म-विजय, बोधिसत्व प्रकाशन, नई दिल्ली।

73. भारतीय बौद्ध महासभा 1954-55, (द बुद्धिस्ट सोसायटी ऑफ, इण्डिया) ट्रस्ट कार्यालय, बंबई।

74. भारतीय संविधान, 1990, विधि और न्याय मंत्रालय, नई दिल्ली।

75. मध्यप्रदेश शासन दैनंदिनी, 1996, भोपाल।

76. मॅकआयवर 1947, द माडर्न स्टेट, ऑक्सफर्ड युनिवर्सिटी प्रेस, लन्दन।

77. मौर्य गायत्रीदेवी 1989, सोशल एनवायर्नमेंट आफ इण्डिया, इलाहाबाद

78. रामफल एवं सिंह, जर्नल ऑफ डॉ. बाबासाहेब अम्बेडकर, रा. गो (संपा.) 1996 राष्ट्रीय, समाज विज्ञान संस्थान, महू।

79. रामैया पी/रेड्डी के. एस. डॉ. बी. आर. आम्बेडकर्स इकॉनामिक, (संपा.) 1994 फिलॉसफी, नई दिल्ली।

80. ललई सिंह यादव, 1986, सच्ची रामायण की चाभी, कानपुर, चतुर्थ, संस्करण

81. ललितम्बा बी. वै., 1966, गांधीजी और नारी उत्थान, महू 1996।

82. सद्धातिस्स एच. 1956, डॉ. अम्बेडकर हाऊ ही बिकेम ए बुद्धिस्ट,, महाबोधि विहार, लन्दन।

83. संघसेन सिंघ (संपा.) 1990, अम्बेडकर ऑन बुद्धिस्ट कनवर्शन एण्ड, इटस् इम्पेक्ट, नई दिल्ली।

84. सांकृत्यायन राहुल, 1978, दर्शन दिग्दर्शन, किताब महल, इलाहाबाद।

85. सांकृत्यायन/कश्यप(अनु) सूत्र पिटक, भारतीय बौद्ध परिषद, लखनऊ, 1979।

86. सिंह रा.गो./शर्मा क.(संपा), डॉ. बाबासाहेब अम्बेडकर राष्ट्रीय समाज, 1990-91, विज्ञान संस्थान (स्मारिका) महू।

87. सिंह वी.एन 1990, भारतीय सामाजिक चिंतन, पुनर्मुद्रण, नई दिल्ली।

88. शशि श्यामा सिंह (संपा.), डॉ. बाबासाहेब अम्बेडकर संपूर्ण, 1994 मार्च, वाङ्मय, खंड-3, डॉ.अम्बेडकर प्रतिष्ठा, कल्याण मंत्रालय, भारत सरकार, नई दिल्ली।

89. क्षीरसागर रा. का., 1992, पोलिटिकल थाट ऑफ, डॉ. बाबासाहेब अम्बेडकर, नई दिल्ली।

# 18
# समीक्षा

बुद्ध व्यक्ति घायल का उपचार पहले करते हैं, बाद में अपना दर्शन बताते हैं। आज का वेदी या त्रिवेदी मरीज या वैद्य की अपनी दोनों भूमिकाओं में अपनी या अन्य की पीड़ा का उपचार करने से पहले यह जरुरी समझता है कि जो कुछ भला या बुरा उसके द्वारा या उसके साथ किया जा रहा है, वह जाने कि संलग्न व्यक्ति की जाति क्या है। इसी सामाजिक वर्णव्यवस्था या जातिव्यवस्था के कारण भारत देश को एशिया का मरीज कहा जाता था, जिसका इलाज डॉ. आंबेडकर ने किया और अस्पृश्यता के चिंतन, वचन और व्यवहार को कानूनन अपराध ठहराया।

## बुद्ध का व्यक्तित्व

यशु, मोहम्मद और कृष्ण क्रमशः देवपुत्र, अन्तिम देवदूत तथा देवाधिदेव थे। परंतु बुद्ध केवल मनुष्य रहे। पहले तीन धर्म संस्थानक मोक्षदाता थे। परंतु बुद्ध मार्गदाता रहे। तीनों धर्म संस्थापकों के वचन अपौरुषेय तथा असंशोधनीय थे। परंतु बुद्ध वचन बुद्धि और अनुभवजन्य होने से संशोधनीय थे।

## धम्म तथा धर्म

धर्म वेदोक्त यज्ञ, याग, बलि, कर्मकांड तथा नित्य व नैमित्तिक कर्म का समर्थक है। गीता में निष्काम कर्म का अर्थ नित्य कर्म से है। जैमिनि के मीमांसा में नित्य ओर नैमित्तिक या काम्य इन दोनों को करणीय बताया गया है। इनमें से कोई भी स्वतन्त्र बुद्धि से किया जानेवाला नैतिक कर्म नहीं है। बुद्ध के धम्म की पहली शर्त है। ईश्वर या भगवान का पर्याय यहां कुशल कर्म है।

वर्ण व्यवस्था अथवा असमानता धर्म का सिद्धान्त है। बुद्ध के बौद्धिक प्रहार से ब्राह्मणों ने हिंसा और वेद प्रामाण्य को तो तिलांजली दी परंतु वर्ण व्यवस्था से वे चिपके रहे, यहां तक कि सांख्य दर्शन के त्रिगुण सिद्धान्त का

आधार लेकर गीता में कहा गया है कि सामाजिक वर्गों के सम्बन्ध और व्यवसाय व्यक्ति के गुण और कर्म के अनुररूप मैं (भगवान कृष्ण) ने बनाया। हालांकि न तो सांख्य दर्शन में, न ही गीता में इस प्रश्न का हल है कि शिशु अवस्था में सत्व, रज, तम इन त्रिगुणों में से जो भी गुण बलवतर रहा वही गुण यौवन तथा वृद्धावस्था में भी बलवान रहेगा। शरीर या प्रकृति निरंतर बदल रही है क्योंकि आंतरिक गुण हमेशा बदल रहे हैं। करोड़ों दलितों के लिए मानसिक तथा नैतिक राहत हिंदू धर्म नहीं दे सकता। सभी धर्म न एक जैसे सही हैं, न एक जैसे गलत हैं। मानवता की मुक्ति बुद्ध धम्म से ही हो सकती है। परंतु भारत में बौद्ध धर्म फिर से लौटने की क्या संभावना है? भारत में करोड़ों लोगों को असहाय छोड़नेवाले हिन्दू धर्म को बौद्ध धर्म  क्यों नहीं मिटा सकते?

नये धर्म उत्पन्न होने के दिन लद गये हैं। अतः विद्यमान धर्मों में से ही समाज को चुनाव करना पड़ेगा क्योंकि धर्म सामाजिक जीवन में कानून से भी बढ़कर संचालक तत्व है। अतः समाज को अखण्ड रूप से चलाने के लिये धर्म ऐसा हो, जिसका आधार नैतिकता, सामाजिक जीवन के नैतिक तत्व – समानता, स्वतन्त्रता तथा बंधुत्वः वैज्ञानिक या बौद्धिक तथा दरिद्रता का निर्मुलक हो। ऐसा धर्म बुद्ध धम्म के सिवाय और कौन-सा होगा? संसार को दूसरा पर्याय शेष नहीं है।

धम्म के प्रचारार्थ तीन कदम उठाये जाना आवश्यक है – (1) बौद्ध ग्रंथ का निर्माण, (2) भिक्खू संघ के संगठन, उद्देश्य और ध्येयों में संशोधन और (3) विश्व बौद्ध मिशन की स्थापना।

## बौद्ध धर्म और अस्पृश्यता

जब बुद्ध ने पशु बलि को थामा तो ब्राह्मणों ने गौ को पवित्र पशु का दर्जा देकर बुद्ध से एक कदम आगे बढ़ाया। हिन्दू धर्म ने बुद्ध के दर्शन के अहिंसा, कर्म कांड विरोधी और कुछ अंश में समानता तत्व को आत्मसात किया और वर्ण व्यवस्था का अन्तिम लक्ष्य साधा। ब्राह्मणों ने क्षत्रियों और उनके देवों को बराबरी का स्थान देकर वैश्य और शूद्रों की दोनों बाजूओं में स्थित रह कर उन्हें बौद्ध धर्म में जाने से रोक रखा जैसे दो पुलिस वाले एक कैदी के दोनों तरफ रहकर उसे भाग जाने से बचाते हैं वैसे ही ब्राह्मण-क्षत्रिय वर्णों ने वैश्य-शूद्रों पर पहरा दिया।

परंतु बुद्ध और ब्राह्मण दोनों ने मरे हुये जानवरों का (मुर्दाड़) मांस खाने पर कोई प्रतिबंध नहीं लगाया था। सामाजिक जीवन की पहरेदारी करनेवाला

बिखरा वर्ग गरीब और अछूत की स्थिति में रहते हुये समाज के अन्य सुखी और सम्पन्न नागरिकों की भांति ताजा मांस खाने का खर्च वहन (अफोर्ड) नहीं कर सकता था। अतः वे परंपरा से बौद्ध ही बने रहे परंतु परिणाम स्वरूप उन्हें ब्राह्मणों का द्वेष और अस्पृश्यता का कलंक आज तक झेलना पड़ रहा है।

इस प्रकार अस्पृश्यता का जन्म बौद्ध धर्म के समानता तत्व के प्रति ब्राह्मणवाद के घोर द्वेष से हुआ।

## अवाम के लिये बौद्ध धर्म

डॉ. आंबेडकर ने 11 जनवरी 1955 को पी.टी.आई. को बताया था कि मैसूर के राजप्रमुख ने उन्हें रमन संस्थान और भारतीय विज्ञान संस्थान के बीच स्थित पांच एकड़ का भूखंड दान कर दिया और दो वर्षों के भीतर उस प्लॉट पर बुद्धिस्ट सेमिनार तैयार होगी। उस सेमिनारी का लक्ष्य आम लोगों में बौद्ध धर्म के प्रचारार्थ प्रशिक्षणार्थी तैयार करना होगा। उसमें जाति, पंथ अथवा राष्ट्रीयता के भेद को बिना स्वीकारे छात्रों को प्रवेश दिया जायेगा। वे तुलनात्मक धर्म और अन्य सम्बन्धित विषयों में अभ्यास क्रम का अध्ययन करेंगे। डॉ. आंबेडकर का दृष्टिकोण था कि अन्य धर्मों का वैज्ञानिक पद्धति से अध्ययन किये बिना कोई भी बौद्ध धर्म को सही रूप में नहीं ग्रहण कर सकता। उक्त सेमिनारी में बौद्ध साहित्य छापने हेतु वहां संसार के प्रसिद्ध विद्वान व्यस्त रहेंगे। धर्म और दर्शन के ग्रंथों से पूर्ण वहां एक बड़ा ग्रंथालय होगा। छात्रों, अध्यापकों तथा शोधार्थियों के लिये वहां पूजागृह, क्लासरुम तथा सभागृह होंगे। आलेख स्पर्धा में विजेता को दस हजार रुपये का पुरस्कार भी दिया जायेगा।

## बौद्ध धर्म के पतन का सामाजिक पहलू

डॉ. बी.आर. आंबेडकर ने महाबोधि सभा, कलकत्ता के महासचिव श्री डी. वली सिन्हा को धम्म दीक्षा के बाबत जो पत्र दिनांक 16 फरवरी 1955 को लिखा था, उसमें उन्होंने कहा था कि आम लोगों का धर्मान्तर कोई धर्मान्तर नहीं होता। यह केवल नाम मात्र की बात होती है। तथाकथित बौद्ध गृहस्थ बुद्ध के अतिरिक्त अन्य देवी तथा देवताओं की भी उपासना करते आ रहे हैं, जिनकी स्थापना ब्राह्मणों ने बौद्ध धर्म को नष्ट करने हेतु की थी। भारत से बौद्ध धर्म को सही मायने में निश्चित रूप से प्रस्थापित होना है, तो गृहस्थों को उसके साथ शर्तिया तौर पर बांधना होगा। यह बात पहले नहीं हुई क्योंकि बौद्ध धर्म में भिक्खु संघ में प्रवेश हेतु दीक्षा विधि (प्रव्रज्या) तो थी परंतु उस में धम्म में प्रवेश हेतु

ऐसी कोई विधि नहीं थी। ईसाई धर्म में दो प्रकार की विधियां होती है– (1) बापतिस्मा, जो ईसाई धर्म में प्रवेश की विधि और (2) पादरी की दीक्षा। इस संबंध में बौद्ध धर्म को भारत में प्रचारित करने वाले नये आंदोलन को ईसाई धर्म का अनुकरण करना चाहिए। इस खतरनाक दोष को दूर करने के लिये मैंने धम्म दीक्षा की विधि तैयार की है, जिससे बौद्ध धर्म में प्रवेश के इच्छुक प्रत्येक प्रार्थी को गुजरना पड़ेगा, अन्यथा उसे बौद्ध नहीं माना जायेगा।

## बुद्ध और उनका धम्म

पांच वर्षों की तपस्या के बाद डॉ. आंबेडकर ने *बुद्ध और उनका धम्म* नामक ग्रंथ लिख कर उसकी बीस हजार रुपये लागत की पूर्ति हेतु पं. नेहरु को उसकी पांच सौ प्रतियां ग्रंथालय हेतु शासन के फंड से क्रय करने की अपील की थी। परंतु उन्होंने इस बाबत अपनी असमर्थता दर्शाई। अत: उस समय की बुद्ध जयंति कमेटी के अध्यक्ष डॉ. राधाकृष्णन से इस बाबत चर्चा हुई। परंतु उन्होंने भी अपनी अक्षमता प्रकट की थी।

डॉ. आंबेडकर द्वारा अपने जीवन के अन्त में लिखित द *बुद्ध एण्ड हिज धम्म* ग्रंथ अपने में स्वयं पूर्ण तभी होगा जब इसके साथ अन्य दो ग्रंथों को भी शामिल किया जायेगा, जो निम्नानुसार हैं: (1) बुद्ध और कार्ल मार्क्स और (2) प्राचीन भारत में क्रांति तथा प्रतिक्रांति। ये दोनों बाबासाहेब आंबेडकर द्वारा लिखित भारतीय इतिहास के ग्रंथ हैं, जो महाराष्ट्र शासन के शिक्षा विभाग द्वारा प्रकाशित डॉ. बाबासाहेब आंबेडकर लेखन तथा भाषण सीरिज में प्राप्य हैं।

## धम्म प्रचारक

डॉ. आंबेडकर चाहते थे कि भिक्खू लोग शून्यागारी बनने की अपेक्षा उन्हें ईसाई प्रचारकों की भांति समाजकर्मी और समाज प्रचारक सुधारक बनना चाहिए। आज वे न तो अर्हत हैं, न ही समाज के उपयुक्त सदस्य ही।

जहां तक भारतीय युवाओं के मन की बात है, उन्हें विहार के आदर्शों के प्रति आकर्षित करना कठिन है। सबसे अच्छा मार्ग यही होगा कि जापान के विवाहित भिक्षु या प्रोटेस्टेंट क्रिश्चियन की भांति उन्हें बनाया जा सकता है। उनके शैक्षिक कालावधि के दौरान तथा भिक्षु चर्या के सार्वजनिक जीवन में पदार्पण करते समय हमें उनकी मदद के साधनों की व्यवस्था करनी पड़ेगी।

14 अक्टूबर 1956 को नागपुर की दीक्षा भूमि पर तीन लाख अस्सी हजार, 16 अक्टूबर को चन्द्रपुर की दीक्षा भूमि पर तीन लाख तथा अकोला में हजारों

लोगों ने बौद्ध धर्म की दीक्षा ग्रहण की थी। मुंबई के लाखों लोग बौद्ध बननेवाले थे। डॉ. आंबेडकर कहते थे कि अछूत ही नहीं बल्कि जाति और धर्म से हट कर जिन जिन लोगों को बुद्ध की शिक्षा में यकीन है वे सब दीक्षा में शामिल हों और बौद्ध धर्म की शरण में आ जायें।

डॉ. आंबेडकर कहते थे "यह बड़ी गलत धारणा है कि बुद्ध विष्णु के अवतार है। यह एक झूठ और शरारतपूर्ण प्रचार है। इस खतरनाक सिद्धान्त के प्रचारक और कोई नहीं बल्कि ब्राह्मणवाद के अनुयायी है। उनका एकमेव लक्ष्य समाज पर अपना रौब कायम करने के लिये असमानता पर आधारित संरचना और परस्पर शत्रुता को बरकरार रखना है। जातिभेद और वैरत्व की इन प्रथाओं को मिटाने के लिये मैंने अपनी उम्र भर संघर्ष किया। वास्तव में मुझे अफसोस है कि भारत में बौद्ध धर्म के पुनरुजीवन का कार्य मैने विलंब से आरंभ किया। तब भी मुझे उम्मीद और आशा है कि मेरे लोग अपने सुखों का त्याग कर मेरा प्रामाणिकता से अनुकरण कर रहे हैं। मुझे आशा और विश्वास है कि वे ईमानदारी से भारत में बुद्ध धर्म के प्रचारार्थ संघर्ष को जारी रखेंगे।

## महिलाओं के उत्थान का धर्म

मनुस्मृति बुद्ध वचन को सबसे बड़ा खतरा समझती थी क्योंकि दूसरे में पुरुष और महिला को बराबरी का दर्जा प्राप्त था और ऐसी स्थिति में वह मनुस्मृति का असमानता का समाज स्थापित करने में सबसे बड़ी दिक्कत था। अतः मनु ने कहा, परिवार की जननी महिला को संन्यासी बनने न दिया जाय। यदि वह वैसी बने तो मद्य, महिला, शूद्र, वैश्य और क्षत्रिय तथा नास्तिक का नाश करने से ब्राह्मण के नाश जैसा महापातक न लगकर केवल उपपातक ही लगेगा।

सावित्री ने मृत्युराज को अपने गहन प्रेम से जीता था। मैत्रेयी और गार्गी उपनिषद के अमर सूत्रों में सुनाई देती है और बौद्ध संत थेरियों की गाथायें मीराबाई और पद्मिनी के भक्ति गीतों की भांति भारतीय महिलाओं के हृदयों में हमेशा जीवित रहेंगी।

## भारतीय बौद्ध महासभा

मुंबई में 4 मई 1955 को भारतीय बौद्ध महासभा के मेमोरेण्डम ऑफ एसोशिएसन को स्वयं डॉ. आंबेडकर ने कपनियों के रजिस्ट्रार के अधीन पंजीकृत करवाया और उस के उद्दिष्टों को निम्नानुसार अंकित किया है।

1. भारत में बौद्ध धर्म के प्रचार को प्रवर्तित करना।
2. बौद्ध भावना हेतु विहार की स्थापना करना।
3. धार्मिक और वैज्ञानिक विषयों हेतु स्कूल और कॉलेजों की स्थापना करना।
4. अनाथालय, अस्पताल और सहायता केन्द्रों की स्थापना करना।
5. बौद्ध धर्म के प्रसार हेतु प्रशिक्षकों की निर्मित के लिये बौद्ध सेमिनारियों का आरंभ करना।
6. सभी धर्मों की तुलनात्मक विद्या को बढ़ावा देना।
7. आम लोगों को बौद्ध धर्म की सही जानकारी देने हेतु बौद्ध साहित्य प्रकाशित करना तथा हैण्ड बिलों व पर्चों को निकालना।
8. आवश्यकता होने पर प्रचारकों के एक नवीन व्यवस्था को निर्मित करना।
9. प्रकाशन कार्य को निरंतर चलाने हेतु मुद्रणालयों की स्थापना करना।
10. सामान्य कृति और बंधुत्व के सम्बन्धों के स्थापनार्थ भारतीय बौद्धों के सम्मेलनों तथा संगोष्ठियों को आयोजित करना।

## भारतीय इतिहास

डॉ. आंबेडकर के अनुसार भारतीय इतिहास बौद्ध और ब्राह्मण धर्मों के बीच सत्य के प्रमाणों पर मतभिन्नता के कारण चल रहे अनवरत संघर्ष के सिवाय और कुछ नहीं है। धर्मकीर्ति (इ.स. 600) ने कहा था कि ज्ञान की प्रामाणिकता व्यवहार (प्रयोग, अर्थ क्रिया) से होती है। बाबासाहेब ने बताया कि बौद्ध धर्म और ब्राह्मण धर्म के बीच झगड़ा एक ही बात पर है कि सत्य किसे स्वीकार करें? बुद्ध ने बताया कि दस इन्द्रियों में से किसी भी इन्द्रिय की साक्षी जिस किसी बात को प्राप्त है वह सत्य है। और ब्राह्मणों का कथन था कि जो बात वेदों में वर्णित या घोषित की गई है वही सत्य है।

अपने राजनीतिक, सामाजिक और बौद्धिक जीवन में इस प्रकार बुद्धिहीनता का प्रकोप पैदा हुआ है और जब तक उसके प्रति यथा शीघ्र कुछ किया नहीं जाता तब तक हम इस देश पर महत विपत्ति को निमन्त्रित कर रहे हैं।

## बौद्ध दर्शन

बुद्ध का अनित्यता का दर्शन विद्यमान दुःखों को सुखों में बदलने का संदेश देता है। उसे समझने, ग्रहण करने और हर समस्या पर लागू करने का दायित्व

दर्शन का नहीं बल्कि दार्शनिक का होता है। सामाजिक जीवन पर इस दर्शन का प्रयोग कर डॉ. आंबेडकर ने बौद्ध धर्म को उपयुक्त और अकाट्य प्रमाणित किया।

बौद्ध दार्शनिक नागसेन (इ.स. 150), नागार्जुन (इ.स. 175), असंग (इ.स. 350), वसुबन्धु (इ.स. 375-450), दिग्नाग (इ.स. 425), धर्मकीर्ति (इ.स. 600-635, चन्द्रकीर्ति (इ.स. 600), प्रभृति ने सौत्रान्त्रिक, वैभाषिक योगाचार और माध्यमिक बौद्ध दार्शनिक स्कूलों के माध्यम से प्रतिपक्ष को मुंहतोड़ प्रतिसाद देकर बौद्ध धर्म के मध्यवर्ती सार्वत्रिक सिद्धान्त प्रतीत्य समुत्पाद को जिस गहराई और वाक्पटुता से पुनर्प्रकाशित किया है, उसमें डॉ. आंबेडकर के सटीक प्रतिसाद को जोड़कर देखने से बुद्ध धम्म दर्शन और भी मुखर हो जाता है।

डॉ. आंबेडकर ने प्रथम बार बताया कि निष्काम कर्मयोग का अभिप्राय फल की इच्छा न रखकर कार्य करना कतई नहीं है। जैमिनी ने अपने पूर्व मीमांसा के वैदिक दर्शन में दो प्रकार के कर्म बतलाये, नित्य और नैमित्तिक। परंतु गीता में जो निष्काम शब्द प्रयुक्त हुआ है उसका अर्थ आसक्ति रहित कतई नहीं है बल्कि वेद परंपरा वाले दो प्रकार के कर्मों में से केवल नित्य कर्म ही उसमें अभिप्रेत है। काम्य कर्म अथवा नैमित्तिक कर्म किसी मनोकामना की पूर्ति हेतु किये जानेवाले कर्म थे। अतः गीता में उसका उल्लेख नहीं है।

डॉ. आंबेडकर सामाजिक परिवर्तन के हिमायति थे। अतः उन्हें प्रतीत्य समुत्पाद नामक बौद्ध सिद्धान्त ही लुभाता था। क्योंकि इस सिद्धान्त में सामाजिक जीवन के क्लेश हटाने और नैतिक मूल्य संसार में प्रतिष्ठित करने का गतिशील तत्व है, जो नागसेन से लेकर नागार्जुन तक के समस्त बौद्ध भाष्यकारों ने प्रकाशित किया है।

## डॉ. आंबेडकर की बौद्ध दर्शन पर समीक्षा

उपसंहार में डॉ. अम्बेडकर की बौद्ध धम्म-दर्शन पर निम्न बिंदुओं पर की गई टिप्पणियां विचारणीय है।

1. डॉ. आंबेडकर को चलते फिरते बुद्ध की प्रतिमा पसंद थी।
2. धर्म और कर्म शब्द बौद्ध वैचारिकी में समानार्थी नहीं है।
3. भिक्षु और भिक्षुक तथा संन्यासी में भेद है।
4. निर्वाण का अर्थ मोक्ष नहीं है।
5. बौद्ध दुःखवाद या निराशावाद नहीं है।

6. नैतिकता सभी धर्मों की अभिन्न नींव नहीं है, परंतु नैतिकता का ही दूसरा नाम बौद्ध धर्म है।
7. भारतीयता की गौरवमयी पहचान बौद्ध संस्कृति है।
8. बौद्ध धर्म विश्व की चेतना और एशिया की वाणी है।
9. दर्शन उपचारक, उपकारक और लोक संग्राहक होना चाहिये, न कि दर्शक, अपकारक और लोक विभेदक।
10. बुद्ध की तिथि पुरांतात्विक श्रोतों पर आधारित काल गणना से तय होनी चाहिए।
11. सिद्धार्थ का गृहत्याग निरंतर युद्ध की स्थिति के कारणों व उपायों के शोध हेतु था।
12. चार आर्य सत्य वास्तव में दु:ख सत्य और दु:ख निरोध नामक दो ही सत्य है।
13. बुद्धकालीन समाज में 90 प्रतिशत ब्राह्मण संघ में शामिल थे। विश्व में आज 99.9 प्रतिशत अब्राह्मणों का समाज है।
14. मोहनाशक बौद्धधर्म के अज्ञान हर्ता आइन्स्टाईन, आंबेडकर इत्यादि उपासक हैं।

## बौद्ध धर्म का भविष्य

बौद्ध धर्म इ.पू. 600 से इ.स. 1400 तक यानी 2000 वर्षों तक निरंतर चला आ रहा था। बौद्ध धर्म का लोप बौद्ध संघ में शामिल नब्बे प्रतिशत ब्राह्मणों के हाथों हुआ है। सम्राट अशोक ने ब्राह्मणों की आय के स्रोत कुल देवता को हटा कर बुद्ध को प्रवर्तित किया था। विदेशी आक्रमण, प्रतिकारी संगठन और राजनीतिक प्रतिकूलता के रहते और गौड़पादाचार्य और शंकराचार्य जैसे बुद्धनुयायी के बावजूद उसके अनन्तर जब शैव तथा वैष्णव संप्रदायों का उद्भव हुआ तो इ.स. 1400 के पश्चात बौद्ध धर्म ने भारत से बाहर प्रस्थान किया। यद्यपि भले ही बौद्ध समाज भारत की सीमाओं को लांघ कर गया तथापि बौद्ध मानस आज भी भारत के व्यक्तित्व का प्रधान लक्षण है जैसा कि वह था और भविष्य में भी रहेगा। पश्चिम की अपेक्षा पूर्वीय गोलार्ध अधिक महत्वपूर्ण है परंतु बौद्ध संदेश आत्मसात किये बिना पश्चिम के द्वंद का इतिहास एशिया में भी पुनरावृत्त होगा।

आज का बौद्ध आंदोलन नब्बे प्रतिशत कमजोर वर्गों द्वारा बौद्ध धर्म में प्रवेश करना और विद्यमान ब्राह्मण धर्मियों का विरोध इन दो तत्वों से प्रतिवादित हुआ है। अतः बौद्ध देश अपने उदार वित्तिय सहायता से बौद्ध धम्म के भारतीय सामाजिक स्वरुप को प्रस्थापित करने के ध्येय को अपना पूर्ण सहकार दे सकते हैं। इस हेतु मेरे द्वारा प्रतिपादित बाईस प्रतिज्ञा वाला बौद्ध बापतिस्मा आम लोगों को बौद्ध धम्म में प्रतिष्ठित करेगा।

किसी भी धर्म के पतन के तीन मुख्य कारण ये हैं: (1) धर्म में वैश्विक तत्वों का अभाव, (2) ज्ञानी और अविजित धर्म-व्याख्याताओं का अभाव और (3) सहजता से बोध गम्य तत्वों का अभाव।

बौद्ध धर्म बहुजन हिताय बहुजन सुखाय के सामाजिक परिवर्तन और संपत्ति के निजी स्वामित्व के नाश पर रचित है, जो जीवन को प्रति पल हरा-भरा और ताजा-तरीन बनाये रखने वाला साधन है अस्तु, बुद्धं सरणं गच्छामि, धम्म सरणं गच्छामि संघं सरणं गच्छामि।

## संदर्भ

1. द बॉम्बे कॉनिकल दिनांक 24 फरवरी 1940।
2. द टाईम्स ऑफ इण्ड़िया, 12 फरवरी 1955।
3. खैरमोड़े, खण्ड 12, प्रथम संस्करण, जुलाई 1992, पृ. 24-25।
4. खैरमोड़े, खण्ड 12 पृ. 39-40।
5. महाबोधि, मई 1957, नम्बर 5, पृ. 226।
6. प्रबुद्ध भारत, 17 नवंबर 1956।
7. मनुस्मृति, 11, 67।
8. डॉ. बाबासाहेब आंबेडकर लेखन तथा भाषण, खण्ड 17, भाग 1.2 व 3; डॉ. बाबासाहेब आंबेडकर स्रोत सामग्री प्रकाशन कमेटी, उच्च शिक्षा विभाग, महाराष्ट्र शासन, मुंबई 2003।

# 19

# सामाजिक मरण का दर्शन

डॉ. आंबेडकर ने शिक्षा को भौतिक लाभ कहा है और कहा है कि संस्कृति सभी समय वाणिज्य की अनुगामिनी होती है। अतः सभ्यता और विकास क्रमिक गति से संस्कृति को निखारते हैं। शिक्षा यथार्थ में संस्कृति की रक्षा और संवर्धन करती है। इसी ध्येय की प्राप्ति हेतु भारतीय संविधान अल्पसंख्यक वर्गों को अपने-अपने मूल व संस्कारों को बढ़ाने, संजोने और प्रचारित करने हेतु शिक्षा संस्थापण का अधिकार बहाल करता है।

यद्यपि यह अधिकार अपेक्षित नये समाज संगठन का अधिकार है जो जातिविहीन राजनीति, वर्णविहीन समाज व्यवस्था और लोभविहीन आर्थिक जीवन की प्रजातन्त्र पद्धति का घोषणापत्र है। तथापि वास्तविक जीवन में उक्त संकल्प के विपरीत समाज में आत्मघातक मरण-व्यवस्था, विश्वनाशक आतंकवाद और अन्यायमूलक साम्राज्यवाद का राष्ट्रीय और अंतर्राष्ट्रीय जीवन में बोलबाला है। इसी परिप्रेक्ष्य में इस लघु आलेख के माध्यम से दर्शनशास्त्र के दृष्टिकोण को प्रस्तुत करने की यह स्वल्प चेष्टा है।

हाल ही में मैं भुवनेश्वर के NISWASS द्वारा डॉ. आंबेडकर की वैचारिकी, चतुर्थ विश्व और समाजिक सेवक विषय पर दो दिवसीय राष्ट्रीय संगोष्ठी में दिनांक 5-6 सितंबर 2005 को सत्राध्यक्ष और शोध-आलेख वाचक की हैसियत से सम्मिलित हुआ था। वापिस लौटते समय पूरी का दर्शन कर आया। मैंने पुरी के जगन्नाथ मंदिर के प्रवेश द्वार के दाहिने स्तंभ पर उत्कीर्ण नोटिस "केवल हिंदु ही प्रवेश कर सकते हैं" पढ़ा तो लगा कि अंदर जाने का कोई औचित्य नहीं है, क्योंकि पूरे जगत के नाथ पुरी के पुजारिओं के साम्राज्य में मानवमात्र के न होकर एक हिंदू नाथ हो गये हैं। परंतु मेरे साथ भुवनेश्वर से आये, उस मंदिर का मार्गदर्शन करनेवाले छात्र श्री प्रसाद और उनके मित्र के आग्रह के कारण मैंने मंदिर में प्रवेश किया।

अंदर में स्थित जिस स्तंभ से श्री जगन्नाथ, बलभद्र ओर सुभद्रा के दर्शन किये जाते हैं, वह स्तंभ सम्राट अशोक के धर्मचक्रस्तंभ का टूटा हुआ अवशेष लग रहा था। मंदिर के पास जो प्रसाद का बाजार था वह पवित्रता और गंदगी का अनुपम संगम था। और जिस समाज में गैर–हिंदुओं को मंदिर में प्रवेशका निषेध हो उस समाज का दर्शन वर्ण व्यवस्था नहीं बल्कि सही नामकरण मरण–व्यवस्था होना चाहिए, पर आधारित हो तो किम् आश्चर्यम्।

वर्णव्यवस्था या मरण व्यवस्था पर यूनानी दर्शन के प्रभाव की बातें कुछ भारतीय मनीषियों ने की हैं। परंतु अपने ही देश और समाज में ऐसे तत्वों की कमी नहीं रही, जिन्होंने इस कानूनन कृत्रिम और कठोर रूप में कायम किया है। एक तरफ स्वामी विवेकानंद, आर्य समाज के संसीापक स्वामी दयानंद और गांधीजी जैसे समाज सुधारकों ने उसे कम सख्त बनाने की कोशिश की थी, तो दूसरी ओर एक ईसाई के हाथ से चाय पी लेने पर लोकमान्य तिलक को प्रायश्चित करना पड़ा है और राजर्षी पुरुषोत्तम दास टंडन को ब्राह्मणों ने 'ब्रह्म–ऋषि' की पदवी नहीं दी थी, क्योंकि वे किसी तथाकथित ब्राह्मण की संतान न थे।

उत्कल विश्वविद्यालय के अतिथिगृह में सम्भलपुर से आये श्री पंडा नामक प्राध्यापक ने नाश्ते के टेबल पर मुझसे मेरा कुलनाम पूछा। मैंने कहा, ''नाईक''। वे बोले नाईक तो ब्राह्मण ओर गैर–ब्राह्मण दोनों में पाये जाते हैं। मैंने कहा इस भेद को कैसे पहचानेंगे? तो उन्होंने तपाक से अपने जनेऊ को शर्ट से बाहर निकाल कर दिखाते हुए बोला ''यह देखो, यह है पहचान एक ब्राह्मण की''। जाहिर है मेरे पास वह जनेऊ न देखकर प्रो. पंडा मुझे गैर–ब्राह्मण मानकर गैर–इन्सानियत के दर्शन में अपना विश्वास और अधिक दृढ़ता से कायम कर बैठे हों!

ऐसी वर्णव्यवस्था के राज में ब्राह्मणों ने आज अपने लिए मंदिरों में पुजारी ओर मिठाई की दुकान से लेकर बीड़ी व्यवसाय और जूते की ठेकेदारी तक सभी धन्धों पर अपना कब्जा जमा रखा है। भले ही ब्राह्मण आज जूते की दुकानें भी खोले बैठे हैं, परंतु भंगी माता पिता से उत्पन्न लड़के मिठाई की दुकान क्यों नहीं चला सकते या मन्दिरों के पुजारी क्यों नहीं बन सकते का उत्तर न उस समय के भारतीय आत्मा पंडित माखनलाल चतुर्वेदी के पास था, न आज किसी के पास है। अतः किसी गैर ब्राह्मण उच्च शिक्षित, आर्थिक दुष्टि से सुसम्पनन व्यक्ति के बदले रिक्शा खींचने वाले कुली ब्राह्मण को गांव के लोगों द्वारा 'पंडित जी पा लागन' कहते सुनना अचरज की बात नहीं है।

जो अपने आपको समाजवादी, साम्यवादी तथा मार्क्सवादी कहते हैं, उनका यह दुष्टिकोण कि आर्थिक क्रान्ति होने पर सामाजिक क्रांति स्वयं हो जायेगी, यही पर असफल हुआ प्रतीत होता है। क्योंकि वे इस बात का असर देख नहीं सके या देखना नहीं चाहते थे कि जो बात सन्त कहते हैं उन्हीं पर ग्रामीण जनता विश्वास कर अमल करती है। गोसाई तुलसीदास कह गये कि ज्ञान और गुणों से हीन होने पर भी ब्राह्मण की पूजा करनी चाहिये। ओर ज्ञान और गुणों से युक्त होने पर भी शूद्र की पूजा नहीं करनी चाहिये। ब्राह्मण चाहे श्राप दे, चाहे ताड़ना करे, चाहे कठोर वचन बोले तब भी वह पूज्य ही है, ऐसा सन्तजन कहते हैं। भले ही इसे कहनेवाले असंतजन अधिक जंचते हैं।

भारत में ऐसे कई सन्त या साधु हैं जो अपने भक्तों को मां-बहन की गालियां जितनी अधिरक उग्रता से देते हैं, उतनी ही अधिक भक्ति से भक्तजन उन पर अपने आप को न्यौछावर करते हैं ओर गाली की बौछार स्वयं पर बरस जाने पर अपने आप को धन्य समझते हैं कि उन्हीं में कई सट्टे के नम्बर या कोर्ट की केस जीतने का रहस्य न छिपा हुआ हो। नागपुर के पास टाकहघाट के अनपढ़ विक्तू बाबा के गाली-गलौच के बारे में लेखक ने भी सुना था ओश्र आपने भी सुना ही होगा। परंतु उनमें ओर पुरी के सुशिक्षित और तथाकथित सुसंस्कृत शंकराचार्य में क्या फर्क रहा जो अपनी कलम से वेदान्त-सूत्रों के भाष्य में कमजोर वर्ग के सदस्य को निम्न प्रकार की गाली-गलौच करते हैं: "यदि शूद्र वेदमन्त्रोच्चारण करें, तो उसके मुंह को गर्म सलाख से दाग दें, जो कोई सुने उसके कान में गर्म शीशा पिघलाकर डाल दें"।

"शूद्र को जान से मार डालने में उतना ही पाप होता है, जितना पांप किसी बिल्ली, नेवला, चिड़िया, मेंढक या गधे को मार डालने में होता है" जैसे अपशब्दों से भरे ढेर को भी धर्म-शास्त्र कहेंगे तो अधर्म-शास्त्र की क्या परिभाषा होगी? शास्त्रों के बारे में ऐसी अंधी भक्ति की दाद देना पड़ेगी कि पुरी के शंकराचार्य का कहना है कि उनका शास्त्र उन्हें ऐसा करने को मजबूर करता है।

तामिलनाडु में ऐसी अछूत बस्तियों का और आदिवासियों में ऐसे आदिवासियों का विद्यमान होना, जो ब्राह्मणों के छूने को अपवित्र मानते हों- के पीछे भी ऐसे ही प्रतिक्रांति का हाथ है, जिसे हिंदू धर्म या वर्णश्रम धर्म कहते हैं। भौतिकी विज्ञान का नियम सही है कि every action is equal and opposite to its reaction.

पुरी का मंदिर हिन्दु समाज के लिये जितना पूजित है पुरी के शंकराचार्य के वचन कि कोई भी अछूत किसी भी तरह द्विज नहीं बन सकता सभी चातुवर्णियों के लिये उतना ही प्रमाणभूत है।

जिस समाज के दार्शनिक ब्राह्मणों ने भारत में एक बड़ी संख्या को जरायम-पेशा बने रहने दिया, एक बहुत बड़े समाज को अछूत बने रहने दिया, शूद्रों, स्त्रियों ओर ब्राह्मण वर्ग की स्त्रियों तक को शिक्षा से वंचित रहने दिया, उस ब्राह्मणवाद के बहुत सारे उपदेशक बड़े ऊंचे स्वर से बांग देते रहते हैं कि "इसी भारत में जन्म लिये हुए ब्राह्मणों से-अग्रजन्म वालों से-पृथ्वी के सभी मानवों ने अपनी-अपनी आचार-पद्धति सीखी'।

(एतद्देशप्रसूतस्य सकाशादग्र जन्मनः।

स्वं स्वं चरित्रं शिक्षेरन पृथिव्यां सर्व मानवाः।।)

यह कहने की आवश्यकता नहीं है कि भारत में यदि चातुवर्णी-व्यवस्था नहीं होती तो कुछ लोग न छूत होते न अछूत। और यदि विश्व के सभी राष्ट्रों ने ब्राह्मणवाद के अनुसार अपनी आचार पद्धति बनाई होती तो जितने एड्स के बीमार आज दुनिया भर में फैल चुके हैं उससे कई अधिक सामाजिक अछूतपन के बीमार इस पृथ्वी के तल पर दिखाई देते। सौभाग्य से विश्व में कहीं भी आज और भारत में यवन तथा कम्बोज व दूसरे सीमान्त देशों में पहले भी ब्राह्मण वर्ण होता ही नहीं था।

सांची के पास विदिशा में एक गरूड़-स्तंभ है, जो एक यूनानी का बनवाया है। इससे ऐसा लगता है कि प्राचीन समय में तो हिन्दु-धर्म दूसरों को अपनाने की सामर्थ्य रखता था, लेकिन जब उसे जाति-पांति रूपी राहू ने ग्रसा है, तब से यह अपनी सामथर्य खो बैठा है।

शिमला के श्री स्टोक्स या श्रीमती शर्मिष्टा देवी ने हिन्दू धर्म ग्रहण भी किया था। आधुनिक हिप्पियों ने भी हिन्दू धर्म ग्रहण किया है। परंतु भारत से बाहर जितने भी हिन्दू रहते हैं, वे सभी केवल भारतीय हिन्दू ही है। उनके बारे में यह नहीं कह सकते कि ये जापानी हिन्दू हैं, तिब्बती हिन्दू हैं, सिलानी हिन्दू हैं या बर्मी हिन्दू हैं।

ऐतिहासिक रूप से हिन्दुओं ने स्वयं अपने आपको 'हिन्दू' नहीं कहा है। हिन्दुओं को गैर-हिन्दुओं ने ही ग्यारहवी सदी के आस-पास यह नाम दिया है। अतः 'हिन्दू' की सही परिभाषा यदि कोई हो सकती है, तो इतनी ही कि प्रत्येक भारतीय, जो बौद्ध नहीं, जो मुसलमान नहीं, जो ईसाई नहीं, जो सिक्ख नहीं, जो

जैन तथा पारसी भी नहीं, 'हिन्दू है। तथापि भारतीय संविधान का अनुच्छेद क्र. 25 में गैर–हिन्दुओं को भी हिन्दू वर्गीकरण के अंतर्गत रखा गया।

इस प्रकार हम कल्पना कर सकते हैं कि किस प्रकार भारतीय सामाजिक जीवन में पुरी के मंदिर में विद्यमान ब्राह्मण्य का साम्राज्य काश्मीर से कन्याकुमारी तथा पूर्व से पश्चिम तक फैल रहा है, और किस प्रकार भारतीय राजनीतिक जीवन में विद्यमान गैर–स्मृति संविधान और गैर–हिन्दू राष्ट्रपति भारतीय सामाजिक पुनर्निमाण हेतु एक नये एक नये दर्शन और नये संगठन की प्रेरणा और चुनौती दे रहें हैं।

हमारे पूर्वज तो गिने चुने थोड़े से धंधे करते थे, किन्तु उनकी संतानों के सामने आज हजारों नये–नये धंधे आ उपस्थित हुए हैं। महात्मा गांधी के पिता तो राजकोट में दीवान थे, किन्तु पुत्र को सारी दुनिया जानती है कि वे भंगी भी थे, जुलाहे भी थे, मोची भी थे, किसान भी थे और 'महात्मा जी' तो थे ही।

अतः दर्शन ओर समाज के सम्बन्ध में हम एक बात बड़ी सरलता से कह सकते हैं कि नैसर्गिक विपत्ति ओश्र संहार को छोड़कर, जिस जाति का दर्शन निषेधात्मक रहा है। वह जाति विकसित राष्ट्रों से बहुत पिछड़ी हुई हालात में दीर्घ समय तक जीवित रही और वर्तमान में भी उसी अवस्था में जी रही है।

भारत के वर्तमान राष्ट्रपति ए.पी.जे. अब्दुल कलाम ने अपनी जीवनी ग्रंथ अग्नि की उड़ान में बौद्ध अर्थशास्त्री जर्मन शुल्टज् शुएशर का जिक्र किया है। परंतु हिन्दू सामाजिक रचना से प्रभावित भारतीय नागरिकों में से एक भी अग्रसर और विकासोन्मुख बौद्ध अर्थशास्त्री का उल्लेख करना यानि बड़ी हस्तियों के मुख कमल से गैर–स्मृति संविधान के परम शिल्पी डॉ. बाबासाहेब आंबेडकर और उनके परवर्ती अमर्त्यसेन के नाम मजबूरन उगलवाने जैसा ही है।

स्वर्गीय डॉ. डी.आर भण्डारकर ने "हिन्दु समाज में विदेशी रक्त" शीर्षक से एक निबन्ध लिख कर उसमें बताया था कि "भारत में शायद ही कोई जाति या वर्ण ऐसा हो, जिसमें विदेशी रक्त का समिश्रण न हुआ हो। केवल राजपूतों आदि में ही विदेशी रक्त का समिश्रण नहीं हुआ, बल्कि उन ब्राह्मणों के रक्त में भी हुआ है, जो अज्ञानवश यही समझ बैठे हैं कि उनका रक्त शुद्ध है।"

यही बात भगवान बुद्ध ने अपने समय के ब्राह्मणों से की थी कि "क्या वे इस मामले में आश्वस्त हैं कि पिछली सात पीढ़ियों तक उनकी ब्राह्मणियां ऋतुमती होने पर केवल ब्राह्मणों के पास ही गईं और किसी भी अब्राह्मण के पास नहीं? तो उस समय के ब्राह्मण निरुत्तर थे ओर आज के स्मृतिग्रन्थ के

उपासक भी निरुत्तर हैं क्योंकि हिन्दू समाज की चंडाल, वैदेह, सुत इत्यादि जातियां उसी का परिणाम हैं।

यह बात सत्य है कि वर्णव्यवस्था अपने साथ एक अपना मरण वारंट लेकर आई है और सामाजिक बुराईयों के योग्यतम डॉक्टर और सच्चे हिन्दू–हितैषी बाबासाहेब आंबेडकर ने सही अर्थों में हिंदू जाति को एक मरणोन्मुख जाति कहा था।

बुद्धोत्तर कालीन श्रीमद् भगवद्गीता यह कहते हुए नहीं अघाती कि ब्राह्मणा, क्षत्रिय, वेश्य तथा शूद्र वर्णों का विभाजन भगवान श्रीकृष्ण द्वारा गुण–कर्म के अनुसार किया गया है। भारतीय स्वाधीनोत्तर कालीन राष्ट्रपति सर राधाकृष्णन यह कहते नहीं अघाते थे कि हिन्दूओं में कुछ ऐसी विशेषतायें हैं, जिनके कारण जब अनेक दूसरी जातियां पृथ्वी–तल से मिट गईं, वे आज भी बने हैं। परंतु बुद्ध ने सोणदण्ड माणवक नाकम ब्राह्मण से चर्चोपरांत यह बात समझाई थी कि ब्राह्मण न कर्म से होता न गुण से। क्योंकि सामाजिक अस्तित्व के पहले न कर्म होते हैं न गुण। जब कर्म और गुण समाजोत्तर होते हैं तो उनके आधार पर सामाजिक वर्गीकरण किसी निश्चित चार वर्गों में कैसे संभव है?

बुद्ध ने ब्राह्मण से पूछाः

"ब्राह्मण कितने गुणों के होने से समाज में किसी को ब्राह्मण स्वीकार करते हैं?"

"गौतम! पांच गुणों (अंगों) के होने से समाज में ब्राह्मण किसी को भी ब्राह्मण स्वीकार करते हैं।"

"कौन से पांच?"

"ब्राह्मण माता–पिता की ओर से सुजात हो, वेद मंत्रधारी हो; सुवर्ण या दर्शनीय हो; शीलवान हो तथा मेधावी हो।"

ब्राह्मण! इन पांच गुणों में से किसी एक को छोड़कर क्या केवल चार गुणों से युक्त को भी ब्राह्मण कहा जा सकता है?"

ब्राह्मण ने 'माता–पिता की ओर से सुजाता हों' इस पहले ही गुण को छोड़ दिया। तब भगवान ने चार गुणों के बारे में पूछा– "क्या इनमें से एक छोड़कर तीन गुणों से युक्त को भी ब्राह्मण कहा जा सकता है?"

"ब्राह्मण ने वेदमंत्रधारी होने की बात त्याग दी। इसी तरह सुवर्ण, दर्शनीय होने की बात का भी परित्याग कर दिया।"

तब भगवान ने कहा–"हे ब्राह्मण! तू यह जानता है न कि केवल शीलवान तथा प्रज्ञावान होने से भी किसी को ब्राह्मण कहा जा सकता है?"

साणदण्ड ब्राह्मण बोला– 'हाँ'।

भगवान ने समाधान किया–"सोणदण्ड! यही तो मैं भी कहता हूं।"

सोणदण्ड को पता भी नहीं लगा और सोणदण्ड ब्राह्मण ने भगवान की बात स्वीकार कर ली।

ठीक उसी तरह हिन्दू स्मृति के विधान और सर्वोच्च पदस्थ वेदांती व्यक्तित्व के लोप कब हुये का यहां के सनातनियों को यह पता ही नहीं लगा और सन् 1950 में अमल में आये भारतीय गणराज्य के संविधान ने अनुच्छेद 17 के तहत अछूतपन की सामाजिक बुराई को अमल में लाना एक कानूनी दण्डनीय अपराध घोषित किया है ओर इक्कीसवी सदी की मोड़ पर बने इस गणराज्य के राष्ट्रपति ए.पी.जे. अब्दुल कलाम ने 2020 में भारत को विकसित राष्ट्र बना देने की सामाजिक–शैक्षणिक–अर्थिक ओर वैज्ञानिक फिलासफी नागरिकों के सम्मुख रखी है।

परिणामत: वर्ण व्यवस्था से अप्रभावित नागरिक तथा राष्ट्र तुलनात्मक दृष्टया उस के प्रभावितों से बेहतर दर्शन को सृजित करने ओर विकसित राष्ट्र के निर्माण में अत्यधिक उन्मुख होते हैं।

ब्राह्मणों के ऐसे अनेक अवास्तविक दावे कि वे मरणशील ब्राह्मणी मां की संताने न होकर एक अमर ब्रह्मा के औरस–पुत्र हैं को भी बुद्ध ने जमीनी सचाई का बयान कर चूर–चूर कर दिया था।

बुद्ध ने आश्वलायन माणवक नामक तरुण ब्राह्मण को कहा था कि जब ब्राह्मणों की ब्राह्मणियां ऋतुमति, गर्भिणी होकर, जनन करती, शिशुओं को दूध पिलाती देखी जाती हैं, तब यह कैसे कहा जा सकता है कि ब्राह्मण के औरस–पुत्र हैं; मुख से उत्पन्न, ब्रह्मज, ब्रह्म– निर्मित, ब्रह्म के उत्तराधिकारी हैं?

भारत के पूर्व राष्ट्रपति श्री राधाकृष्णन द्वारा हिन्दू धर्म के बारे में की गई उपरोक्त टिप्पणी के संदर्भ में वर्तमान राष्ट्रपति ए.पी.जे. अब्दुल कलाम का सामाजिक अवलाकन अधिक यथार्थ प्रतीत होता है। वे कहते हैं, "दरअसल मेरा मानना है कि हमारे देश ने लोगों को बड़ा अतिवादी बना दिया है। मैं मानता हूं कि यह इसलिए है, क्योंकि कई शताब्दियों तक विदेशी आक्रमणों के चलते इस देश में उजड़ने–बसने का लगभग अंतहीन सिलसिला चलता रहा और इसने हमारी एक साथ रहने की क्षमता को नष्ट कर दिया। बजाय विद्रोही हो जाने के

हमने अपने भीतर जहां सहृदयता एवं दयालु बनने की असाधारण क्षमता विकसित कर ली, वहीं हम, कहीं भीतर, क्रुर, संवेदनहीन और निर्दयी भी हो गए। साधारण दृष्टि से तो हम सजीव नजर आते हैं, परंतु यहीं दृष्टि आलोचनात्मक हो तो हम विलक्षण हो जाते हैं''।

जब महापंडित राहुल सांकृत्यायन सर राधाकृष्णन की बौद्ध धर्म पर चलाई गई कलम को दार्शनिक इतिहास लिखने के अयोग्य घोषित करते हैं तो उनका यह कथन कहां तक तर्कसंगत था? असल में इसमें मुश्किल यह थी कि गौरव से उनकी बातें प्रमाणित मानते तो बौद्ध और हिन्दू दोनों परंपराओं के प्राचीन और अर्वाचीन दार्शनिक गण उस बाबत जो समझते रहें वह गलत हो जाता और उनके निरंतर सूक्ष्म खोज के निष्कर्ष को चुनौती देना गौरव के मापदंड का क्षेत्राधिकार नहीं था। आखिर राहुल जी बुद्ध के परीक्षात मम वचनम् ग्राह्य न गौरवात् वचन के कायल थे!

दर्शन का सुवर्ण युग 700 ई.पू. से बाद की तीन और चार शताब्दियां हैं, इसी वक्त भारत में उपनिषद् से लेकर बुद्ध तक के, और यूरोप में थेलस् से लेकर अरस्तू तक के दर्शनों का निर्माण होता है। सिकन्दर के बाद यह दोनों दर्शन–धारायें आपस में मिलती हैं और विश्व की सारी दर्शन–धाराओं का उद्गम बनती हैं, जिसका प्रतिनिधित्व आगे नवअफलातूनी दर्शन करता है।

आखिर यूनानी दार्शनिक अफलातून (428–347 ई.पू.) की आदर्श–समाज की कल्पना भी समाज के तीन वर्गों में विभाजन पर ही आधारित थी। परंतु अफलातून के ''प्रजातंत्र'' में वर्णित यह कल्पना ऋग्वेद के पुरुष सुक्त में वर्णित चातुवर्णी समाज की उत्पत्ति की कल्पना से इस बात में भिन्न है कि जहां अफलातून के मस्तिक से सृजित 'आदर्श समाज' की कल्पना यूनान में कभी चरितार्थ नहीं हुई वहां ब्राह्मण मस्तिष्क से उत्पन्न चातुवर्णी–व्यवस्था अफलातून के समय के लगभग 800 वर्षों बाद भारत में व्यवहार में लाई गई, जिससे बहुसंख्यक हिन्दू समाज आज तीन चार नहीं, किन्तु चार हजार से भी अधिक जातियों और उपजातियों में बंटा हुआ है।

सामाजिक मरण का दर्शन लोगों में नया सृजन ओर पुनर्निमाण की क्षमता का खात्मा कर इस पृथ्वी पर इसी समय मृत समाज का अधिशासन स्वीकार करता है, जिसमें विद्यमान जीवित पीढ़ी मृतात्माओं की बलि चढ़कर जीवित लाश बन जाती है, जिसकी ओर महामहिम राष्ट्रपति श्री अब्दुल कलाम ने संकेत किया।

अब हमें देखना है कि जिसे हम सामाजिक जीवन कहते हैं उसके निहितार्थ क्या है? मैकाइवर व पेज ने मानवीय संबंधों के जाल को ही समाज कहा है। दुर्खाइम ने सामूहिकता व पवित्रता पर बल देते हुये स्वर्ग के राज्य को समाज का ही प्रतिरुप कहा है। मार्क्स का मानना था। कि शोषक पूंजीपति और शोषित सर्वहारा के बीच निरंतर वर्ग संघर्ष नये समाज में उत्पादक वर्ग का आधिपत्य स्थापित करेगा। वेबर ने धार्मिक नीति–नियमों की सामाजिक–आर्थिक व्यवस्था में निर्णायक भूमिका दर्शाई है। और डॉ. आंबेडकर ने जीवन में एक छोर पर घटित परिवर्तन को दूसरे छोर तक पहुंचाने योग्य मानवीय संस्थान–समग्र को ही समाज कहा है।

आज सामाजिक वैज्ञानिकों के सामने सामाजिक जीवन में जो चुनौतियां हैं उनमें कुछ प्रमुख व्यक्ति व समाज की कार्यकारणता या पारस्परिकता, स्त्री व पुरुष प्रधान सोच के दिगदर्शन या परिणाम, और विकसित व अविकसित राष्ट्रों के बीच जीवनस्तर की खाईयां, बेरोजगारी, गरीबी, भूखमरी, शिक्षा स्वास्थ्य और सूचना–तकनीकी के संबंध में हैं।

इस संदर्भ में हमें ऐसे सामाजिक जीवन के फलसफे की तलाश है जो विद्यमान विश्व को पृथ्वी का एक ऐसा मैत्री–संघ बनायें कि जिसमें गुरु रविदास की वाणी "ऐसा चाहूं राजा मैं, जहां मिलै सबन को अन्न। छोट–बड़ सब सम बसै, रविदास रहे प्रसन्न"। और भाईचारे, समानता और स्वतंत्रता के संवैधानिक निर्देश साकार हो और जहां कोई भी "ढोर, गंवार, शूद्र, पशु नारी। ये सब ताड़न के अधिकारी", का मानस प्रतिबिंबित न हो।

म.प्र. राज्य के पूर्व राज्यपाल डॉ. भाई महावीर ने मनुस्मृति की दणडनीति को उचित मानते हुए लिखा है, "जैसे चोरी का मामला हो तो भृत्य पर चुराए माल की कीमत का आठ गुना, सामान्य व्यक्ति पर सोलह गुना, शासक पर बत्तीस किन्तु पुजारी पर चौंसठ या पूरे सौ गुना अथवा उसका भी दो गुना दंड निर्धारित है, क्योंकि उसे पाप–पुण्य का ज्ञान होता है"।

इसे यदि इस संदर्भ में देखा जाये कि पुजारी को ज्ञान का एकाधिकार है ओर उसके अधीन क्षत्रिय, वैश्य और शूद्रों के क्रमशः शस्त्र बल, धन बल और सेवा बल भी ब्राह्मण के ही हैं तो दंड चाहें कितना भी गुणा बड़ा क्यों न हो, वह उसकी देय क्षमता से बहुत कम ही आंका जायेगा। परंतु शूद्र पर चुराए माल की कीमत का आठ गुना दंड थोपना यानि उसकी शिक्षा विहीनता, शस्त्र विहीनता, और धन विहीनता पर आठ सौ गुणा अधिक अन्याय करना होगा।

वैश्विक स्तर पर यह सबको ज्ञात है कि अपने शिक्षा–शस्त्र–धन और वैश्विक नेटवर्क के कारण सुपरपावर बना अमेरिका भारत को ईरान के साथ पाइपलाइन से गैस आपूर्ति के समझौते और संयुक्त राष्ट्र संघ के सुरक्षा परिषद में स्थायी सदस्यता की सीट के लिये भारत की उम्मीदवारी में विघ्न डाल रहा है। इतना ही नहीं बल्कि शांति की प्रक्रिया में अग्रणी और विश्व आंतकवाद के विरुद्ध खुलेआम रणशिंग फूंकनेवाले भारत की तुलना में युद्ध–अपराधी जापान को, जो धन बल से गरीब राष्ट्र को अपने पक्ष में कर रहा है ओर जो आतंकवाद के खिलाफ खुल कर सामने भी नहीं आ रहा है, को अमेरिका अधिक पसंद करता है।

ऐसे वैश्विक परिदृश्य में जहां बड़ी मछली छोटी मछली को अपने उपभोग की वस्तु समझ रही हो, स्थानीय घरेलू परिदृश्य में सरकारी नीतियां आम आदमी को लाभ देनेवाली नहीं हो, और पूंजी को बकमेव शत्रु माननेवाले शोषितों के नेता भी विधान सभा ओर लोकसभा के निर्वाचन हेतु रूस ओर रुबल के शरणागत उपासक रहे हों, तो देश या समाज के मरण की दशा इससे अलग और क्या होगी?

इतना ही नहीं बल्कि डॉलर ओर रूबल देश के भीतरी जीवन के संचालन में इतने घुल गये कि आजादी के बाद भी आजाद भारत के सूनेपन और शहीद भारत के संस्मरण के वाकये हमारे घावों को हरा करते जा रहे हैं।

ऐसी स्थिति में जब कि शक्ति संतुलन साम्राज्यवादी अमेरीका के तरफ झुका हो और भारतीय कमजोर महिला, प्रताड़ित शूद्र, और बहिष्कृत अतिशूद्र गैर से भी अधिक जुल्मी अपनों का शिकर हो चुके हो तो इस से छुटकारा दिलाने और निरंतर जीवन बहाल करने का दिग्दर्शन क्या होगा?

जैसे कि वर्तमान राष्ट्रपति ने कहा है कि "एंग्लो–जर्मन प्रबंध दार्शनिक फिट्ज शुएशर ने बौद्ध अर्थशास्त्र की शुरुआत की" और बौद्ध राईट बंधुओं ने सर्वप्रथम मानव जाति को हवा में उड़ने की कला से अवगत कराया, तो ऐसे आर्थिक ओर हवाई प्रबंध ओर टीपू सुल्तान की युद्ध कला के दर्शन को यदि भारतीय गणराज्य, अपने नवनिर्माण में लागू करें तो राष्ट्र के विकास में गति आ सकती है।

यदि भारत सरकार देश के मालिक वर्ग की मलकियत से कुछ अंश देश के कमजोर वर्गों के आर्थिक उत्थान हेतु त्याग करवाने का कार्य करा सकती है तो उससे बेरोजगार नागरिकों के लिए उत्पादक कार्य और आय–अर्जन की व्यवस्था की जा सकती है।

यदि शासन भ्रष्टाचार, मुनाफाखोरी, आतंकवाद और शोषण को मिटा कर दिव्य लोक के समान राष्ट्र बनने का सपना साकार करना चाहता है, तो उसे रूस, चीन और साउथ अफ्रीका जैसे देशों के कुशल गुणों का अमल करने में विलंब नहीं करना चाहिए। चीन में इन्कम–टैक्स नहीं है और रूस में भीखमंगे नहीं हैं। रूस ओर चीन में व्यक्तिगत स्वतंत्रता के नाम पर बहुसंख्यक लोगों को भूखे–नंगे रख कर थोड़े से लोगों को अनाप–शनाप कमाने ओर गुलछर्रे उड़ाने की स्वतन्त्रंता नहीं है। वहां धार्मिक स्वतंत्रता के नाम पर अनुसूचित जाति/जनजाति व अल्पसंख्यक बौद्धों को "बौद्ध" कहलाने पर उनकी सहूलीयतें छीनने का कानून नहीं है ओर न तुच्छ मांगों के लिए इतना गिड़गिड़ाने की आवश्यकता वहां के साधनहीन लोगों को है। और साउथ अफ्रीका में व्यक्ति को कार्यपालिका, विधिपालिका और न्यायपालिका में पृथक रूप से योग्य न्याय दिलाने हेतु तीन अलग–अलग राजधानियां हैं।

यदि चार्वाक्, सांख्य, सौत्रान्तिक–वैभाषिक, न्याय–वैशेषिक, मार्क्सवाद तथा वर्तमान तकनीकी–विज्ञान जैसी बाह्यार्थी दर्शन परंपरायें मनुष्य के लिए मनचाहे भोजन, मनचाहे वस्त्र, रहने के लिए भवन, आने जाने के लिए रेल, पानी के जहाज, हवाई जहाज, भौगोलिक दूरी को दूर करनेवाले टेलीफोन, टेलीग्राम, टेलीविजन, कंप्युटर, सेटलाईट, मोबाईल, ऑल–इन–वन प्रिंटर, इलेक्ट्रानिक मीडिया और ऐसे ही अन्य वैज्ञानिक व तकनीकी साधनों और स्वतंत्रता, समानता और बंधुत्व पर आधारित सुखों के संबंधों को मानवमात्र में स्थापित करने में सहायक होते हैं तो उनका होना सार्थक होगा।

यदि समस्त विश्व लोक प्रणाली बहुत से गरीब किसानों, दरिद्र मजदूरों, अनाथ स्त्रियों एवं असहाय बच्चों का इहलोक नष्ट करने पर उतारू पण्डे–पुरोहितों, पादरियों, मुल्लाओं से बचाये रखने की चेष्टा करें तो सही मायने में चौथी दुनिया भी निश्चित समयावधि में विकसित और साधन सम्पन्न महाशक्ति बन सकेगी।

अन्त में सभी राष्ट्र का अल्पसंख्यक प्रशासक वर्ग दुखी और कष्टी बहुजनों के हित साधन में, सुख साधन में शासन की कल्याणकारी नीतियों का अमल करने हेतु दफ्तर में अपने आपको झोंक दें तो श्री रविंद्रनाथ टैगोर का सुभाषित "यदि मनुष्य को निरन्तर सुख चाहिए तो उसे अपने आपको परोपकार में झोंक देना चाहिए" व्यवहार में और सामाजिक जीवन में उतर जायेगा।

अतः मरण व्यवस्था एक आत्मघाती संबंधों का जाल और असामाजिक तत्वों का मायाजाल है, अतः इसे छोड़कर अलोभ, अदोस, तथा अमोह अर्थात करुणा, मैत्री और प्रज्ञा की त्रिपुटीह पर आधारित दर्शन को अपनाया जाए तो वह सामाजिक जीवन की निरंतरता और प्रगति–विकास का मृत्युंजय सूत्र सिद्ध होगा।

## संदर्भ

1. भदंत आनंद कौसल्यायन, वर्ण व्यवस्था या मरण व्यवस्था, नागपुर 1975।
2. ए.पी.जे. अब्दुल कलाम, अग्नि की उड़ान, दिल्ली 2005, पृ-44।
3. भदंत आनंद कौसल्यायन, दर्शन (वेद से मार्क्स तक), नागपुर 1978।
4. सी. डी. नाईक, सामाजिक पुनर्निर्माण की तलाश में डॉ. आंबेडकर, शोध आलेखा, छपै, भुवनेश्वर, 5-6 सितंबर 2005।
5. राहुल सांकृत्यायन, दर्शन दिग्दर्शन, किताब महल, इलाहाबाद 1978।
6. क्रिस्टोफर एंड्रयूज एण्ड वासिल मितरोखिन, मित्रोखिन आर्काईव-2: द केजीबी एण्ड वर्ल्ड, पेंग्विन बुक, यू. के. 2005 फ्री प्रेस व दैनिक भास्कर, 20 सितंबर 2005।
7. दैनिक भास्कर दिनांक 21 सितंबर 2005, पृ. 10।

प्रो. डॉ. सी. डी. नाईक डॉ. बाबासाहेब आंबेडकर राष्ट्रीय सामाजिक विज्ञान संस्थान, डॉ. आंबेडकर नगर, म.प्र. में डॉ. आंबेडकर के विचार एवं दर्शन विभाग तथा डॉ. आंबेडकर पीठ के प्रधानाचार्य है।